Reading and Expression

主　编◎林春虹
副主编◎陈　静

阅读与表达

厦门大学出版社 国家一级出版社
XIAMEN UNIVERSITY PRESS 全国百佳图书出版单位

图书在版编目(CIP)数据

阅读与表达/林春虹主编.—厦门:厦门大学出版社,2019.9(2021.8 重印)
ISBN 978-7-5615-7615-1

Ⅰ.①阅…　Ⅱ.①林…　Ⅲ.①大学语文课—高等学校—教材　Ⅳ.①H193.9

中国版本图书馆 CIP 数据核字(2019)第 194472 号

出 版 人　郑文礼
责任编辑　章木良
封面设计　张雨秋
技术编辑　朱　楷

出版发行　厦门大学出版社
社　　址　厦门市软件园二期望海路 39 号
邮政编码　361008
总　　机　0592-2181111　0592-2181406(传真)
营销中心　0592-2184458　0592-2181365
网　　址　http://www.xmupress.com
邮　　箱　xmup@xmupress.com
印　　刷　厦门市金凯龙印刷有限公司

开本　787 mm×1 092 mm　1/16
印张　24
字数　479 千字
印数　9 001～13 000 册
版次　2019 年 9 月第 1 版
印次　2021 年 8 月第 3 次印刷
定价　46.00 元

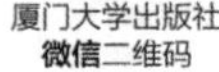
厦门大学出版社
微信二维码

厦门大学出版社
微博二维码

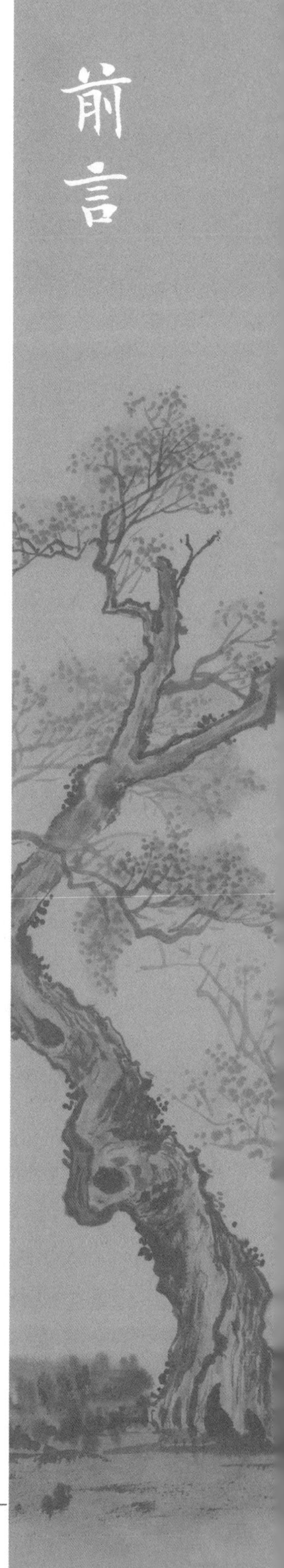

前言

在大学，有一门看起来很重要，却一直被冷落的课程——大学语文；同时，从未有课程像“大学语文”这样意蕴丰富，自定名以来，仍在不断探讨其性质，如“语言文字”“语言文学”“语言文化”“语言人文”等。宽泛的定位与不够实用的功能使“大学语文”课程命运多舛，在大多数高校中被边缘化。教育部《语文课程标准》明确指出:“语文是最重要的交际工具，是人类文化的重要组成部分。工具性和人文性的统一，是语文课程的基本特点。”20 世纪 90 年代中期以来，国家教委将大学语文课程定位为素质教育课程，要求加强对大学生传统文化的教学。自此，语文作为以人文精神为主导的人文学科，在课程性质上具有了语言运用与人文修养的双重意蕴。为了更好地凸显该课程的定位，我们的教材立足于新的通识教育理念，以“阅读与表达”定名，使编者对课程性质的理解和价值期盼呈现于其中，突出经典阅读与语言运用相结合的教学思路，为提高大学生经典阅读能力与表达能力提供文本基础。

自古以来，阅读一直是人们获取知识的主要途径，阅读是否必要，并不成问题。但随着新技术的发展，互联网信息普及带来了巨大的社会冲击，20 世纪末以来的读书人，尤其是青年人，阅读时间大大减少。阅读的必要性问题，成为社会的焦点问题。2006 年，全民阅读活动开始启动，10 多年来，全民阅读活动由浅入深，由小范围行动扩展到全国性立法保障，构建了相对优越的阅读环境。相对于“读书”这个更具有私人旨趣的词语，“阅读”则具有一种公共文化属性，越来越多的专职阅读推广人或组织开始以阅读服务为主业，阅读推广正在成为一个职业。相比于全民范围的阅读推广，高等教育中的阅读推广却显得有些落后。一方面，高等教育大众化导致高等教育的功利性色彩增强，从而影响了大学阅读环境的纯粹性。大学生阅读的功利目的较强，技能型、实用型、考级型的书籍占其书架上的大部分比例。另一方面，数字化阅读带来的便利，导致大学生阅读“量大而质低”，所谓增加的阅读量，主要是一些流行的、通俗的、娱乐的、碎片化的东西，纸质阅读在逐年减少，真正意义上的读书在减少。“我们每天浮光掠影地阅读非常多的信息。可是，除了增加一些谈资外，回想起来，似乎并没有记住多少东西。”“浏览式的浅阅读，收获到的是浮在文字表面的碎片化知识，虽也管用但不能沁人心脾。”有大学生如此评价道。这同时透露出大学生的心底对文化经典阅读的深深渴望。

朱自清在《经典常谈·序》中指出：“在中等以上的教育里，经典训练应该是一个必要的项目。经典训练的价值不在实用，而在文化。”我国传统经典在新时代不仅具有生命力，而且是弘扬中华优秀传统文化、坚定文化自信的重要载体。新时代学生阅读经典，不仅是为了获取知识，而且是为了传统文化的传承与发展。这与当前大学普遍实行的通识教育紧密相关。北大教授温儒敏先生认为，所谓通识教育，包含这几层含义：是面对所有大学生的教育；又是相对专业教育而言，属于非专业、非职业性的教育，与专业教育可以互相补充；同时，这是全人教育或博雅教育，通过接触人类文化的精粹，在人文、社会、自然科学等领域获取通识，培养有教养、有能力、有责任的公民，最好是那种有通融识见、博雅精神和优美情感的人。

通识教育最重要的是阅读，是引导学生接触人类文化经典。在短短四年宝贵的大学时光，与其浮光掠影读许多“节选”或概论，东张西望上各种“好听”的讲座，还不如通读一二十种经典。经典是经过历史筛选沉淀下来的，是人类智慧的结晶。阅读经典，就是了解、思考、涵养的过程，这是“养性”也就是精神成长的必须途径。在理性与感性交融的阅读中，有一份超越，有一份尊崇，才能慢慢培养高雅的兴趣。本教材第一部分文学经典阅读，以文章体裁为编目依据，以我国传统经典为重点，按照年代顺序择选历史上具有代表性的文史哲经典文章。选文时我们求精不求全，力求激发学生阅读的兴趣，养成阅读观察、记录表达的习惯，兼顾文化修养、人文精神、审美情趣、思辨能力培养等多个目标。

通识教育是大学教育之必然。专业教育容易使人单一片面，按米兰·昆德拉（Milan Kundera）的说法，“专门化训练的发展，容易使人进入一个隧道，越往里走就越不能了解外面的世界，甚至也不了解他自己”。通识教育强调价值性、广博性与贯通性，正好可以纠偏矫正，观照专业教育。通识教育的“通”不仅指称在学科领域和专业领域的“通”，更是为人和为学的“通”。这既是通识教育的题中之义，更是大学教育的灵魂。本教材第二部分通识经典阅读，既选取了通识大家的经典文章，又选取了引导通识阅读的指南文章，还收入了关于诗学与叙事学的学术文章，目的在于让大学生拥有广博的学术视野及通达的人生观。

大学通识教育目标的实现，亦要通过语文工具性的特点来实现，我们又把培养学生的母语表达能力作为教材编写的另一目标与追求。现代社会要求公民必须具备良好的语言表达能力，许多用人单位更青睐表达能力强的大学生，因此，提高大学生语言表达能力极为关键。表达能力是指运用语言文字阐明自己观点或抒发思想、感情的能力，主要包括口头表达能力与文字表达能力。现代大学生语言表达能力普遍低下，不仅说话与沟通能力较差，而且文字写作能力也很弱。教育部发布的《大学语文教学大纲》2003 年版指出："大学语文课程的基本任务是培养学生的阅读能力和写作能力，使他们在已有的高中程度的语文知识、能力的基础上，进一步提高汉语言文学和中国文化方面的素养。"这就说明大学语文课程首先具有培养大学生语言能力的工具性特征，我们的教材编写正是基于这样的目标设置了第三部分"口语表达"与第四部分"书面表达"。其中，书面表达当然也包括文艺写作，但因教材篇幅所限，本书仅纳入应用文写作的内容，精选了使用频率较高、具有一定代表性的应用文体。

本书编写得到福建商学院通识教育学院大学语文教学团队的大力支持。各成员具体分工如下：

提纲编制与全书统稿：林春虹

第一编诗词部分：林苹、陈春梅、游云琳

第一编散文部分：邱守仪、杨秀洪、周虹云

第一编小说、戏剧部分：陈静、易虹

第二编通识经典阅读：林春虹、邱守仪

第三编第一章：周虹云

第三编第二章：陈静、易虹

第三编第三章：陈静

第三编第四章：陈静、周颖斌

第四编第一章、第二章：游云琳

第四编第三章：樊燕琴

第四编第四章：蔡雅红

目录

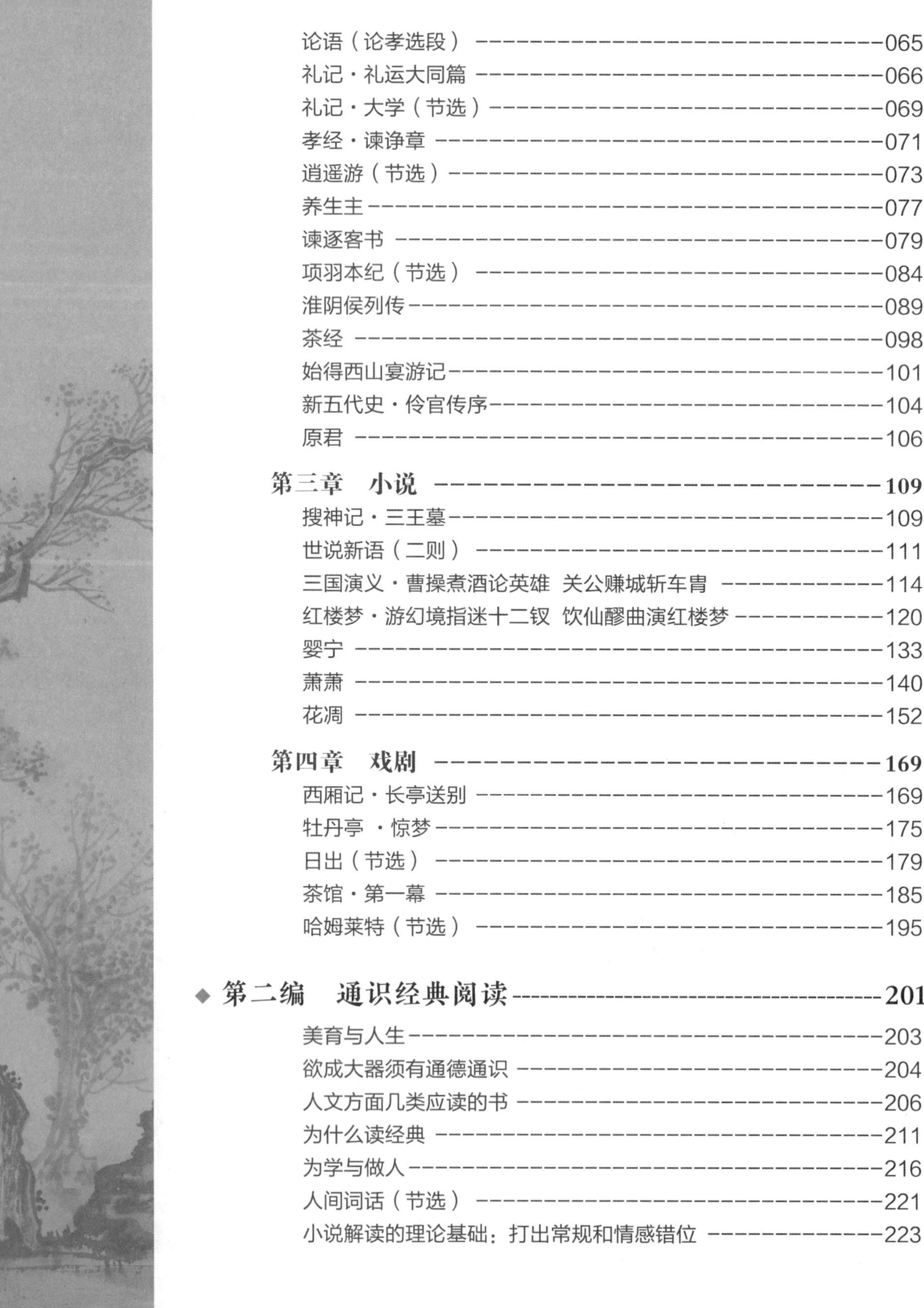

第一编　经典阅读

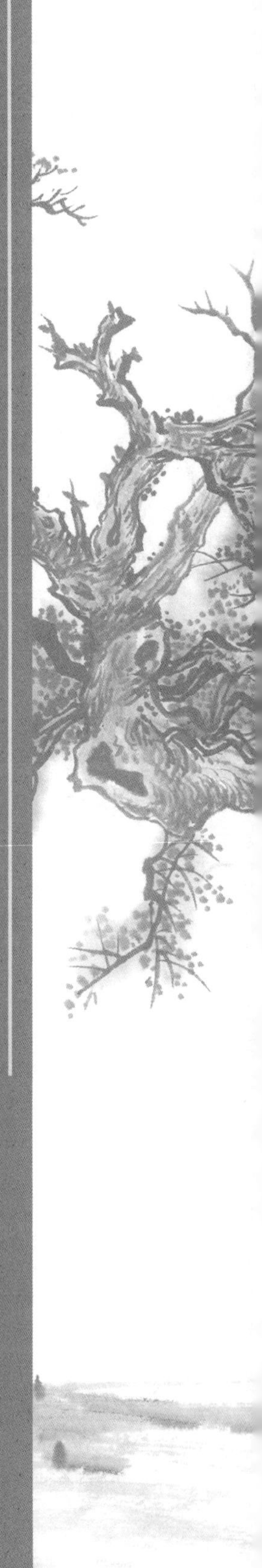

第一章 诗词

诗经·采薇[1]

◆ 作家作品简介

《采薇》是《诗经》中的一篇。《诗经》是我国最早的诗歌总集，收集的多是西周至春秋中期的作品。春秋末期，经孔子整理删订，共收诗311篇，其中6篇为有题目而无文词的“笙诗”，实际收录诗歌305篇。先秦时通称“诗”或“诗三百”，到了汉代被儒家奉为经典之一，才称作《诗经》。这些诗歌根据音乐的不同，分为风、雅、颂三部分。“风”是带有地方色彩的乐歌，含周南、召南、邶、鄘、卫、王、郑、齐、魏、唐、秦、陈、桧、曹、豳等十五国风，共160篇；“雅”用的是周朝王畿的乐调，根据音节律吕分为大雅、小雅，共105篇；“颂”多采用庙堂祭祀舞曲，含商颂、周颂、鲁颂，共40篇。这些诗歌从多方面具体、深刻地反映了当时的社会生活、社会各阶层的精神风貌，充满着浓郁的乡土气息，洋溢着真、善、美的情感，具有讽喻的精神，奠定了我国现实主义诗歌的传统。

《诗经》也是富有艺术表现力的诗歌典范著作，给中国诗歌留下了辉煌的开端。“赋、比、兴”三种艺术表现手法，给后代诗歌以巨大的影响。另外，其句式多以四言为主，和谐明快，多用双声叠韵词，优美动人，还运用了对比、烘托、反衬等多种修辞手法，使诗歌更富有魅力。

◆ 原文

采薇采薇[2]，薇亦作止[3]。曰归曰归[4]，岁亦莫止[5]。
靡室靡家[6]，猃狁之故[7]。不遑启居[8]，猃狁之故。

采薇采薇，薇亦柔止。曰归曰归，心亦忧止。
忧心烈烈[9]，载饥载渴[10]。我戍未定[11]，靡使归聘[12]。

采薇采薇，薇亦刚止[13]。曰归曰归，岁亦阳止[14]。
王事靡盬[15]，不遑启处[16]。忧心孔疚[17]，我行不来[18]。

彼尔维何[19]？维常之华[20]。彼路斯何[21]？君子之车[22]。
戎车既驾[23]，四牡业业[24]。岂敢定居，一月三捷[25]。

驾彼四牡，四牡骙骙[26]。君子所依[27]，小人所腓[28]。
四牡翼翼[29]，象弭鱼服[30]。岂不日戒[31]，猃狁孔棘[32]！

昔我往矣，杨柳依依[33]；今我来思[34]，雨雪霏霏[35]。
行道迟迟[36]，载渴载饥。我心伤悲，莫知我哀！

注释

[1] 本篇选自《诗经 · 小雅》。
[2] 薇：豆科植物，今俗名称大巢菜，嫩茎叶与种子可食用。
[3] 亦：语助词，无义。作：起，兴起。这里指生长。止：语助词，无义。
[4] 曰：说。一说为语助词，无实义。
[5] 莫：“暮”的本字。
[6] 靡：无，没有。室：家室。
[7] 猃狁（xiǎnyǔn）：古代北方少数民族。春秋时称为狄，战国、秦、汉称匈奴。
[8] 遑：闲暇。不遑：没空。启：跪坐。居：安居。全句意为因连年奔波，无暇安居。
[9] 烈烈：猛、盛，炽烈。这里形容忧心如焚。
[10] 载：语助词。
[11] 戍：驻守。定：固定地点。
[12] 使：使者。聘：探问。此句意为没有人替戍边战士探问家讯。
[13] 刚：坚硬。指薇菜由嫩而老，变得粗硬。
[14] 阳：阳月，指农历十月。
[15] 盬（gǔ）：止息。
[16] 启处：意同“启居”。
[17] 孔：很，甚。疚：痛苦。
[18] 行：离家出征。来：归来。一说，作“抚慰、慰问”解。
[19] 尔：“薾”的假借，花盛开的样子。维：是。维何：是什么。
[20] 常：常棣，即棠棣，树名。华：花。
[21] 路：“辂”的假借，大车。斯何：意同“维何”，是什么。
[22] 君子：周代贵族的通称，这里指将领。
[23] 戎车：战车。
[24] 牡：公马。业业：壮健高大的样子。
[25] 三：泛指多数。捷：“接”的假借，接战。
[26] 骙（kuí）：马强壮的样子。

[27] 依：凭借依靠。这里指君子依仗战车。

[28] 腓（féi）：庇护，掩护。

[29] 翼翼：行列整齐的样子。

[30] 象弭（mǐ）：用象牙装饰的弓。弭本指弓的两端系弦处，后亦借指弓。鱼服：鱼皮制成的箭袋。

[31] 日戒：天天戒备。

[32] 棘："亟"，急，紧急。

[33] 依依：柳枝随风飘拂的样子。

[34] 思：语助词。

[35] 雨（yù）：动词，下。雨雪：下雪。霏霏：大雪纷飞的样子。

[36] 迟迟：步履缓慢的样子。

◆ 作品赏析

这首诗的《小序》说："文王之时，西有昆夷之患，北有猃狁之难，以天子之命，命将率，遣戍役，以守卫中国。"由此可见，这首诗大概是周文王时的作品。全诗写了一位饱受久戍思乡之苦的戍卒在归途中的回顾和自述，反映了远征生活的艰苦，表达了思家之情的凄楚。

全诗共分六章，共分三层。前三章为一层，以倒叙手法写起。首章写了岁暮不能归家的原因。第二章写驻地流动不定，无法给家人音信。第三章写征战劳苦紧张，没有休止，很难回乡。三章中同时交织着恋家思亲的个人情感和为国赴难的责任感，这是两种互相矛盾又真实的思想感情，构成了全诗的情感基调。

四、五两章笔锋陡转，由前面忧伤的思归之情转为激昂的战斗之情。诗人先自问自答，进而描写了在战车的掩护和将帅的指挥下，士卒们冲锋陷阵的场面，最后又写到将士的装备。这两章流露出诗人欣喜自豪的感情。可以看出，尽管远离家乡亲人，内心非常痛苦，但主人公出于深切的爱国之情自愿并勇敢地投入了戍边的战斗。

末章写还家途中追今抚昔的哀伤心情。以"昔"与"今"的风光景物两相对照，感时伤事，"以乐景写哀，以哀景写乐，一倍增其哀乐"（王夫之《薑斋诗话》）。

全诗有很强的艺术表现力。以"采薇"起兴，用薇之出芽，由嫩而老的变化过程，暗示了戍边之久，也烘托了戍卒的思乡愁绪之深；还以棠棣盛开象征军容之壮、军威之严；还用叠字和重章叠句的表现手法，细致深刻地展现了人物的心理活动，感情强烈，也加强了音乐节奏感。末章"昔我"四句，言浅意深，情景交融，婉转生动，是历来传诵的名句。

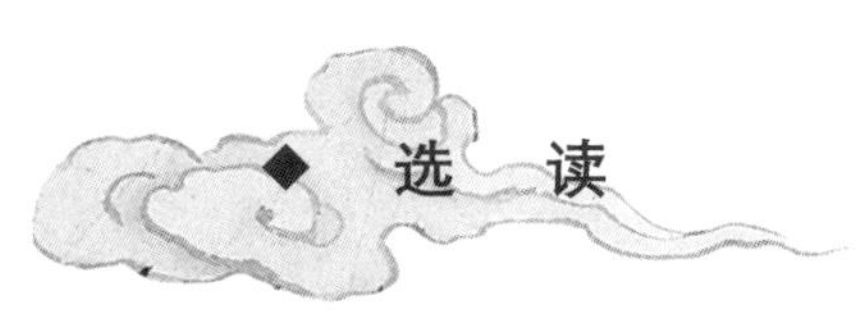

◆ 选读

诗经·蒹葭

蒹葭苍苍，白露为霜。所谓伊人，在水一方。
溯洄从之，道阻且长。溯游从之，宛在水中央。

蒹葭萋萋，白露未晞。所谓伊人，在水之湄。
溯洄从之，道阻且跻。溯游从之，宛在水中坻。

蒹葭采采，白露未已。所谓伊人，在水之涘。
溯洄从之，道阻且右。溯游从之，宛在水中沚。

◆ 作品赏析

《蒹葭》选自《诗经·秦风》，大约是2500年以前产生在秦地的一首民歌。这是《诗经》中历来备受赞赏的一首抒情诗。诗分三章，每章首两句借景起兴，三、四句点明主题：隔河企望、追寻“伊人”。后四句描述追寻境况：一是道阻且长，二是幻象迷离，两者皆以“伊人”不可得为旨归。全诗流溢着诗人对“伊人”的真诚向往、执着追求以及追寻不得的失望、惆怅心情。

意境朦胧、含蕴不尽是这首诗的主要特点。“伊人”不坐实，且飘忽不定、幻象丛生，给人以扑朔迷离、悠渺难测之感，引人遐想。有人认为这是一首招贤诗，“伊人”指隐居的贤人；有人认为这是一曲怀念情人的恋歌，“伊人”指意中人；两说皆可通。其实，只要把“在水一方”视作一种象征，它就涵容了世间各种可望而不可即的人生境遇。这样，贤才难觅、情人难得的怅惘，乃至前途渺茫、理想不能实现的失望等心灵的回响，也就都可以从《蒹葭》的意境中得到回应。

本诗所采用的重章叠句形式，不仅有回环往复、一唱三叹之美，而且有层层推进、步步深化诗歌意境的作用。白露之“为霜”“未晞”“未已”，体现了时间的推移；暗示了追求时间的漫长与追求者的执着；伊人之“在水一方”“在水之湄”“在水之涘”，体现了空间的转移，暗示了追寻对象的飘忽难觅。虽然只用了几个字来表现，但其间的微妙变化和幽深意蕴十分耐人寻味。

九章·橘颂[1]

屈 原

◆ 作家作品简介

屈原（约前340—前278），名平，字原，战国后期楚国丹阳（今湖南秭归）人。出身贵族，“博闻强记，明于治乱，娴于辞令”，曾深受楚怀王信任，任左徒、三闾大夫等职。他有远大的政治抱负，对内举贤任能、修明法度，对外主张联齐抗秦。但他的政治主张触犯了贵族保守势力的利益，因而遭到诬陷和排斥，先后被怀王流放于汉北，顷襄王放逐于沅湘一带。前278年，楚国郢都被秦兵攻破，屈原满怀悲愤，自投汨罗江而死，以身殉国。

屈原是“书楚语，作楚声，纪楚地，名楚物”的诗体“楚辞”的创作者。其作品大部分写于两次被放逐期间，包括《九章》九篇、《九歌》十一篇，加上《离骚》《天问》《招魂》，共计二十三篇。他的作品表现了热爱楚国的真挚感情，追求理想的执着精神，不同流合污的高洁品质。

屈原是我国文学史上第一位伟大的浪漫主义诗人，他的作品想象丰富，感情强烈，辞采瑰丽，具有浓郁的浪漫主义气息。

◆ 原 文

后皇嘉树[2]，橘徕服兮[3]。受命不迁[4]，生南国兮。深固难徙，更壹志兮[5]。绿叶素荣[6]，纷其可喜兮[7]。曾枝剡棘[8]，圆果抟兮[9]。青黄杂糅[10]，文章烂兮[11]。精色内白[12]，类可任兮[13]。纷缊宜修[14]，姱而不丑兮[15]。

嗟尔幼志[16]，有以异兮[17]。独立不迁[18]，岂不可喜兮？深固难徙，廓其无求兮[19]。苏世独立[20]，横而不流兮[21]。闭心自慎[22]，终不失过兮[23]。秉德无私[24]，参天地兮[25]。愿岁并谢[26]，与长友兮[27]。淑离不淫[28]，梗其有理兮[29]。年岁虽少，可师长兮[30]。行比伯夷[31]，置以为像兮[32]。

注释

[1] 选自《楚辞·九章》。

[2] 后皇：后土皇天，指天地。嘉树：优良的树种。

[3] 徕：同“来”。服：习惯。这句是说橘树一来到南方就适应这里的水土气候。

[4] 受命：禀受天地之气而生，即禀性。迁：迁徙。王逸《楚辞章句》："言橘受天命生于江南，不可移徙，种于北地则化而为枳也。屈原自比志节如橘，亦不可移徙。"

[5] 壹志：志向专一。

[6] 素荣：白花。

[7] 纷：繁茂的样子。可喜：惹人喜爱。

[8] 曾：通"层"，重叠。剡（yǎn）：锐利。棘：刺。这句是说橘树层叠的枝条上长着利刺。

[9] 抟（tuán）：同"团"，用人力使物成圆形。这句是说圆圆的果实个个饱满。

[10] 杂糅：杂错相间。

[11] 文章：花纹色彩。烂：色彩鲜明艳丽的样子。"青黄"二句是说果实或青或黄杂错相间，色彩鲜明又艳丽。

[12] 精色：鲜明的颜色，指橘子表皮。一说，指果肉。内白：洁白的果肉。

[13] 类：似。可任：可以承担重任。"精色"二句是说橘子不仅有色彩鲜明的外表，而且有洁白甘美的内瓤，好像一个可以担任重任的君子。

[14] 纷缊（yūn）：同"纷纭"，繁盛众多的样子。宜脩：修饰得恰如其分。一说，美好。

[15] 姱（kuā）：美好。丑：通"俦"，同类。不丑：与众不同，出类拔萃。

[16] 嗟（jiē）：赞叹词。尔：指橘。幼志：幼年时的志向。

[17] 异：不同凡俗。

[18] 独立：特立独行，卓然不凡。

[19] 廓：空寂。这里是孤寂超脱而不合于世俗的意思。

[20] 苏：醒。

[21] 横：横绝，指特立独行的品格。"苏世"二句是说独自清醒地立于世上，我行我素，决不随波逐流。

[22] 闭心：关闭心灵，意思是摒弃欲念，不为外物所动。慎：谨慎，小心。

[23] 失过：过失。

[24] 秉：持。

[25] 参：比，配合。"秉德"二句是说怀着高尚的道德，没有自私之心，就可以与天地相匹配。

[26] 岁：岁月，年岁。并谢：一起凋谢，这里是生死与共的意思。

[27] 长友：长久为朋友。"友"用作动词。

[28] 淑：善。离：通"丽"，美好。一说，犹"离丽"，孤独特立。一说，犹"寂历"，凋疏的样子。淫：邪，偏斜。

[29] 梗：坚硬挺直。理：纹理。"淑离"二句是说橘树繁茂美好而不可动摇，是因其枝干坚硬挺拔，纹理清楚。

[30] 师长：作动词用，作为师长，即效法、学习。

[31] 伯夷：殷末孤竹君之长子，因辞让君位逃至周。曾谏阻周武王伐纣。周灭殷后，耻食周粟，逃至首阳山饿死在山里。古人把伯夷看作清高守节的高士。

[32] 置：犹"植"，树立。像：榜样。

◆ 作品赏析

《橘颂》选自《九章》第八章，是一首咏物诗。

诗歌第一节，开笔"后皇嘉树，橘徕服兮"等三句就不同凡响：一树坚挺的绿橘，突然升立在广袤的天地之间，它深深扎根于"南国"之土，任凭什么力量也无法使之迁徙。那凌空而立的意气,“受命不迁”的坚毅神采,顿令读者升起无限敬意!诗人接着以精工的笔致，勾勒它充满生机的纷披“绿叶”，晕染它雪花般蓬勃开放的“素荣”；它的层层枝叶间虽也长有“剡棘”，但那只是为了防范外来的侵害；它所贡献给世人的,却有“精色内白”、光采照人的无数“圆果”！屈原笔下的南国之橘，正是如此“纷缊宜修”、如此堪托大任！从字里行间，人们可强烈地感受到，诗人对祖国“嘉树”的一派自豪、赞美之情。

诗歌第二节，即从对橘树的外美描绘，转入对它内在精神的热情讴歌。橘树年岁虽少，即已抱定了“独立不迁”的坚定志向；它长成以后，更是“横而不流”“淑离不淫”，表现出梗然坚挺的高风亮节；纵然面临百花“并谢”的岁暮，它也依然郁郁葱葱，决不肯向凛寒屈服。诗中的“愿岁并谢，与长友兮”一句，乃是沟通“物我”的神来之笔：在颂橘中突然揽入诗人自己，并愿与橘树长相为友，面对严峻的岁月，这便顿使傲霜斗雪的橘树形象，与遭谗被废、不改操守的屈原自己叠印在了一起。而后思接千载，以“行比伯夷，置以为像兮”收结，全诗境界就一下得到了升华，身处逆境、不改操守的伟大精神顿时彰显了出来！

屈原巧妙地抓住橘树的生态和习性，运用类比联想，将它与人的精神、品格联系起来，给予热烈的赞美。借物抒志，以物写人，既沟通物我，又融汇古今，由此造出了清人林云铭所赞扬的“看来两段中句句是颂橘，句句不是颂橘，但见（屈）原与橘分不得是一是二，彼此互映，有镜花水月之妙”(《楚辞灯》) 的奇特境界。从此以后，南国之橘便蕴含了志士仁人“独立不迁”、热爱祖国的丰富文化内涵，而永远为人们所歌咏和效法了。

燕歌行[1]

曹　丕

◆ 作家作品简介

曹丕（187—226)，即魏文帝。魏文学家。字子桓，他是曹操之妻卞氏所生长子。少有逸才，广泛阅读古今经传、诸子百家之书，年仅8岁即能为文，又善骑射、好击剑。汉建安十六年（211)，为五官中郎将、副丞相，二十二年，立为魏太子。二十五年正月，曹操卒，曹丕嗣位为丞相、魏王。同年十月，以“禅让”方式代汉自立，改元黄初。登基以后，在魏黄初三年（222）、六年曾两次亲征孙吴，皆未能过江，不果而还。七年五月病卒于洛阳。

曹丕的文学成就，以诗歌和文学批评最为突出。曹丕今存诗歌，较完整的约40首，可以分两大类。一类是本人生活的写照，一类是拟作的征夫思妇词。前一类作品，如《芙蓉池作》《于玄武陂作》《夏日诗》等，描写了在邺城诗酒流连、优游宴乐的生活。后一类作品，如《燕歌行》二首、《清河见挽船士新婚与妻别作》、《杂诗》二首等，以征夫或思妇的口气，写出了他们内心的苦楚。曹丕诗歌的特色首先是笔致比较细腻，特别是那些思妇、弃妇、寡妇题材的作品，一般都写得凄婉动人，对她们的心理活动有较好的刻画。其次是语言不尚繁缛，比较流畅，民歌风味相当浓，显得格调清新，即刘勰所说："洋洋清绮。"他的《钓竿行》《临高台》《艳歌何尝行》《上留田》等篇，与汉乐府民歌风格很接近；《杂诗》《清河作》等篇，则与"古诗"颇相类似，这些都表明他在向乐府民歌学习方面是做了很大努力的。曹丕诗歌的体裁，多数是五言，也有些四言、七言、杂言。七言以《燕歌行》为代表，它是中国诗歌史上较早出现的完整、成熟的七言作品。《典论·论文》是一篇开文学批评风气的重要论文。曹丕的作品集有《魏文帝集》。

◆ 原　文

秋风萧瑟天气凉，草木摇落露为霜，群燕辞归雁南翔。
念君客游思断肠，慊慊思归恋故乡[2]，君何淹留寄他方[3]？
贱妾茕茕守空房[4]，忧来思君不敢忘，不觉泪下沾衣裳。
援琴鸣弦发清商[5]，短歌微吟不能长。
明月皎皎照我床，星汉西流夜未央[6]。
牵牛织女遥相望，尔独何辜限河梁[7]？

注释

[1] 燕歌行：乐府诗题。乐府诗题目上冠以地名，是表示乐曲的地方特点。燕是北方边地（今北京、河北省北部一带）。因当地征战不断，所以《燕歌行》大多用来写离别之情。

[2] 慊慊（qiān）：空虚的样子。

[3] 淹留：久留。

[4] 茕茕（qióng）：孤独的样子。

[5] 援：取。清商：乐曲名。

[6] 星汉西流：银河转向西，表示夜已很深。夜未央：夜已深而未尽之时。

[7] 尔：指银河两边的牵牛、织女星。辜：罪。河梁：河上的桥，这里指银河。限河梁：指为银河所阻隔，不能会面。

◆ 作品赏析

这是曹丕《燕歌行》二首中的第一首。《燕歌行》不见古辞，这个曲调可能就创始于曹丕。这篇作品反映的是秦汉以来四百年间的历史现象，同时也是他所亲处的建安时期的社会现实，表现了作者对下层人民疾苦的关心与同情。

“秋风萧瑟天气凉”开头三句写出了深秋的肃杀情景。这里的形象有视觉的，有听觉的，有感觉的，它给人一种空旷、寂寞、衰落的感受。这是借写秋景以抒离别与怀远之情。

“念君客游思断肠”三句，女主人公在想象她的丈夫在外面思念故乡的情景。这里有期待，有疑虑，同时也包含着无限的悬心。这种写法是巧妙的，也是具体、细致的。这是借写被思念人的活动以突出思念者感情急切深沉的方法。

“贱妾茕茕守空房”三句描写了女主人公在家中的生活情景。这一方面表现了她生活上的孤苦无依和精神上的寂寞无聊；另一方面又表现了女主人公对她丈夫的无限忠诚与热爱。尽管她的生活这样凄凉孤苦，但是她除了想念丈夫，除了盼望着他的早日回归外，别无任何要求。

“援琴鸣弦发清商，短歌微吟不能长。”汉乐府有长歌行、短歌行，是根据“歌声有长短”（《乐府诗集》语）来区分的，大概是长歌多表现慷慨激昂的情怀，短歌多表现低回哀伤的思绪。女主人公在这秋月秋风的夜晚，愁怀难释，她取过瑶琴想弹一支清商曲，以遥寄自己难以言表的衷情，但是口中吟出的都是急促哀怨的短调，总也唱不成一曲柔曼动听的长歌。女主人公寂寞忧伤到了极点，即使她想弹别样的曲调，又怎么能弹得成呢？

“明月皎皎照我床”等句，“夜未央”在这里有两层含意，一层是说夜正深沉，我们的女主人公何时才能捱过这凄凉的漫漫长夜啊！另一层是象征的，是说战争和徭役无穷无尽，女主人公的这种人生苦难，就如同这漫漫黑夜，还长得很，还看不到个尽头呢！女主人公对牵牛织女所说的这两句如愤如怨、如惑如痴的话，既是对天上双星说的，也是对自己说的，同时也是对和自己命运相同的千百万被迫分离、不能团聚的男男女女们说的。这个声音是一种强烈的呼吁，是一种悲凉的控诉，是一种愤怒的抗议，它仿佛响彻了当时的苍穹，而且在以后近两千年的封建社会里年年月月、时时刻刻都还可以听到它的响亮的回声。这样语涉双关，言有尽而余味无穷，低回而又响亮的结尾，是十分精彩的。

在艺术上，曹丕把抒情女主人公的感情、心理描绘得淋漓尽致，她雍容而又矜重，炽烈而又含蓄，急切而又端庄。作品把写景抒情、写人叙事和女主人公的自言自语，巧妙地融为一体，构成了一种千回百转、凄凉哀怨的风格。它的辞藻华美，抒情委婉细腻，音节和谐流畅。前人对这两首诗的评价是很高的。清代吴淇说："风调极其苍凉，百十二字，首尾一笔不断，中间却具千曲百折，真杰构也。"（《六朝选诗定论》）王夫之说："倾情倾度，倾色倾声，古今无两。"（《薑斋诗话》）

《燕歌行》二首在七言诗的发展史上有重要地位，它使诗歌真正摆脱了楚歌形式的羁绊。《燕歌行》句句押韵，而且都是平声，格调清丽婉转，这是七言古诗发展的一个阶段。到唐代卢照邻、骆宾王那种隔句用韵、平仄相押的鸿篇巨制出现的时候，七言古诗就进入一个更新的发展阶段了。

○ ○ ○ ○ ○ ○ ○ ○ ○ ○

饮酒（其五）[1]

陶渊明

◆ 作家作品简介

陶渊明（约 365—427），字元亮，又名潜，世称靖节先生，浔阳柴桑人。东晋末至南朝宋初期伟大的诗人、辞赋家。曾任江州祭酒、建威参军、镇军参军、彭泽县令等职，最末一次出仕为彭泽县令，80 多天便弃职而去，从此归隐田园。他是中国第一位田园诗人，被称为"古今隐逸诗人之宗"。

陶渊明现存诗歌 120 多首，多为五言诗，内容上主要可分为田园诗、咏怀诗、咏史诗、行役诗、赠答诗等。陶诗继承了汉魏以来古诗的艺术传统，质朴精练，意境淡远淳厚，风格平淡自然，对唐以后的诗歌影响极大。他的《饮酒》20 首以"醉人"的语态或指责是非颠倒、毁誉雷同的上流社会，或揭露世俗的腐朽黑暗，或反映仕途的险恶，或表现诗人退出官场后怡然陶醉的心情，或表现诗人在困顿中的牢骚不平。数量最多、成就最高的是他描写田园生活的诗篇，如《归去来兮辞》《归园田居》《桃花源诗并记》。这些诗描写了田园风光的恬美、生活的简朴、躬耕的甘苦。辞赋如《归去来兮辞》，散文如《桃花源记》《五柳先生传》等，都是历史传诵的佳作。陶渊明的辞赋、散文同他的诗一样，都善于以平淡质朴的语言描写自然景物，以寄托作者的个性和情操，有《陶渊明集》。

结庐在人境，而无车马喧[2]。
问君何能尔[3]，心远地自偏[4]。
采菊东篱下，悠然见南山[5]。
山气日夕佳[6]，飞鸟相与还[7]。
此中有真意，欲辩已忘言[8]。

注释

[1] 陶渊明的《饮酒》诗共二十首，本篇为第五首，写于归隐后不久。因这组诗都写于饮酒酒醉之后，所以取名叫《饮酒》，实际上是借以述怀，取其漫然不受拘束之意。

[2] 结庐：建造住宅，这里是居住的意思。人境：人间，世间。车马喧：指世俗交往的喧扰。

[3] 君：指作者自己。尔：如此。

[4] 心远地自偏：只要存心远离尘世，尽管住的地方很喧闹，也能像在偏僻安静之处一样。

[5] 悠然：闲适自得的样子。南山：泛指山，也有说是庐山。

[6] 山气：山中景象。日夕：黄昏的时候。

[7] 相与还：结伴而归。

[8] “此中”二句：意思是说，从大自然得到启发，领会到人生的真谛，但这是无法用言语表达，也无须用言语表达的。此：既指山中景象，也指作者的隐逸生活。

◆ 作品赏析

诗的开头四句是以问答形式出现的：“结庐在人境，而无车马喧。问君何能尔，心远地自偏。”生活在人世间，而没有俗世的烦恼，这本是很难做到的，但经作者解答以后显得合情合理，这就是“心远地自偏”。只要“心”远离俗世的种种欲念，则虽处闹市而无名利纷争之感。接下来，作者借写景具体地解答了“心远”的内涵：自由自在怡然自得地采菊东篱下，无意间与南山之景相遇，暮色苍茫中，一群飞鸟相伴归林……这一画面将作者悠然自得的生活情趣非常传神地传达出来，使“心远”有了非常具体的内涵。最后两句“此中有真意，欲辩已忘言”体现了作者与自然融为一体，已顿悟了生活的真谛，达到了物我两忘的境界，“妙处难与君说”。这正应了庄子所说的“大辩不言”“得意而忘言”，虽不能言表却余味无穷。

议论、写景、抒情的有机融合是本诗的一大特色。前四句着重议论，阐述“心远地自偏”的道理，而“采菊东篱下，悠然见南山。山气日夕佳，飞鸟相与还”在表面上是写景，实际上是写景抒情兼而有之。“见”字的妙用，体现了作者的一种生活理想，是对“心远”的一种形象化的说明和阐释，“见”和“望”不同，“望”是一种有着主体内趋力的动作，表明了动作主体的一种主观意愿，而“见”则是诗人在无意中和景物的相会。诗中的“飞鸟”也不仅是一种“景”，而更大程度上是一种“情”:从飞鸟投林自然会联想到对混浊的世道的厌倦和对宁静的田园生活的向往。这种情景共生的特色使本诗含蕴丰富而又朴实无华。

西洲曲[1]

◆ 作家作品简介

南北朝时期，南朝民歌清丽缠绵，内容多是反映人民热烈真挚的爱情生活。和汉朝乐府民歌一样，南朝民歌也是由乐府机构采集而保存下来的。汉朝统治者采集民歌有“观风俗，知薄厚”的目的，而南朝统治者采集民歌则完全是为了满足其纵情声色享乐的需要。那些来自民间有关男女恋情的歌唱，更适合统治者的生活情调。南朝民歌产生于长江中下游地区，与江南幽美的环境和富裕的经济条件有直接的联系。这些民歌多半出自商贾、妓女、船户和一般市民之口，主要反映城市中下层人民的生活和思想。

《西洲曲》作为南朝民歌名篇，保存在郭茂倩所编《乐府诗集》里。该诗集主要有吴歌和西曲两类，吴歌 326 首，西曲 142 首。吴歌是长江下游以建业（今南京）为中心的民歌，主要有《子夜歌》《读曲歌》《华山畿》等。西曲是长江中游和汉水一带的民歌，主要有《石城乐》《莫愁乐》《那呵滩》等。南朝民歌的形式特点是体制小巧，大多为五言四句。语言清新自然、精巧活泼，且大量运用双关语，在表情达意上更加含蓄委婉。

◆ 原 文

忆梅下西洲，折梅寄江北[2]。单衫杏子红，双鬓鸦雏色[3]。
西洲在何处？两桨桥头渡。日暮伯劳飞，风吹乌臼树[4]。
树下即门前，门中露翠钿[5]。开门郎不至，出门采红莲。
采莲南塘秋，莲花过人头。低头弄莲子，莲子清如水[6]。
置莲怀袖中，莲心彻底红。忆郎郎不至，仰首望飞鸿[7]。
鸿飞满西洲，望郎上青楼[8]。楼高望不见，尽日栏杆头[9]。
栏杆十二曲，垂手明如玉[10]。卷帘天自高，海水摇空绿[11]。
海水梦悠悠，君愁我亦愁[12]。南风知我意，吹梦到西洲[13]。

[1]《西洲曲》是经过文人加工润饰的南朝后期民歌。

[2] 下：往。西洲：在诗中女子住所附近。江北：指男子所在之地。

[3] 杏子红：指单衫的颜色是杏黄色。鸦雏色：像幼小的乌鸦一样的颜色，指两鬓乌黑发亮。

[4] 伯劳：鸟名，仲夏始鸣，好单栖。在此既表示仲夏季节，也暗喻女子孤单的处境。乌臼树：乌桕树，落叶乔木，高二丈，夏季开花。

[5] 翠钿：用翠玉镶嵌的首饰。

[6] 莲子：谐音"怜子"（爱你）。清如水：比喻对男子的爱情的纯洁。

[7] 望飞鸿：双关语，这里是盼望书信的意思。古代有鸿雁传书的故事。

[8] 鸿飞：暗指深秋。青楼：以青色涂饰之楼，为古代女子居处的统称。唐以后称妓院。

[9] 尽日：终日。

[10] 曲：曲折。十二曲：言栏杆曲折多。

[11]"卷帘"二句：写卷起帘子只看见天是那么高，江水摇荡着透亮的绿色。海水：江水。

[12] 海水梦悠悠：相思之梦如江水悠悠无尽。

[13]"南风"二句：南风若是有情意，请把我梦中思念的人儿吹到西洲，让我在梦中与情郎相会。

◆ 作品赏析

这首民歌是南朝乐府民歌中篇幅最长的一首，标志着南朝民歌在艺术发展上的最高成就。全篇按春到秋季节的变换，描写一个美丽多情的少女对情郎真挚、热烈、深长的相思之情。

全诗分三层。第一层，开头四句写女子回忆曾同情郎相会，欲折梅相赠。第二层从"西洲在何处"到"海水摇空绿"，委婉地描述女子自春至秋思念情人的情景。第三层，最后四句，女子直述相思之苦。

这首诗语言委婉含蓄，感情缠绵悱恻，体现了南方乐府民歌的特色。风光旖旎的江南水乡是少女的生活背景，诗中仅用"单衫""双鬓""翠钿"数语，随意点染，勾勒出一位纯情美丽少女的形象。诗中人与物、情与景结合在一起，既暗示不同的季节，又通过她一系列行动来表现其内心活动，深情的相思写得很含蓄。如"折梅寄江北""日暮伯劳飞""出门采红莲""仰首望飞鸿""望郎上青楼"等，在富于动态的描写中，少女执着的情爱贯穿始终。与缠绵缱绻的情思相适应，诗中多用双关语，主要是谐音双关，如"采莲""弄莲子""莲子清如水"等，来表达少女对情郎坚贞不渝的爱情。还使用顶针手法，如"风吹乌臼树，树下即门前""低头弄莲子，莲子清如水"，使诗歌结构紧密，增加诗歌的节奏感，形成回环往复、余味不尽的情韵。诗歌注意了用韵，全诗基本上是四句一换韵，使音节和谐，婉转动人。

春江花月夜[1]

张若虚

◆ 作家作品简介

张若虚（660？—720？），是初盛唐之交的一位诗人，大致与陈子昂等人同时登上诗坛。由于历史无确载，其生平事迹不详，只知他是扬州人，做过兖州兵曹，以吴越名士扬名京都，与贺知章、张旭和包融齐名，被称为“吴中四士”，均以“文词俊秀”著名。他的诗作亦多散佚,仅《全唐诗》录存《代答闺梦还》《春江花月夜》二首。但《春江花月夜》历来受到称颂，奠定了他在唐诗史上的大家地位。

《春江花月夜》是一首七言长篇歌行，沿用的是乐府旧题，但作者脱出六朝宫体诗浮艳的窠臼，以不同凡响的艺术构思，开拓新的意境，表现新的情趣，“以孤篇压倒全唐”。

◆ 原文

春江潮水连海平，海上明月共潮生[2]。滟滟随波千万里，何处春江无月明[3]。
江流宛转绕芳甸，月照花林皆似霰[4]。空里流霜不觉飞，汀上白沙看不见[5]。
江天一色无纤尘，皎皎空中孤月轮[6]。江畔何人初见月，江月何年初照人[7]？
人生代代无穷已，江月年年望相似[8]。不知江月待何人，但见长江送流水[9]。
白云一片去悠悠，青枫浦上不胜愁[10]。谁家今夜扁舟子？何处相思明月楼[11]？
可怜楼上月徘徊，应照离人妆镜台[12]。玉户帘中卷不去，捣衣砧上拂还来[13]。
此时相望不相闻，愿逐月华流照君[14]。鸿雁长飞光不度，鱼龙潜跃水成文[15]。
昨夜闲潭梦落花，可怜春半不还家[16]。江水流春去欲尽，江潭落月复西斜[17]。
斜月沉沉藏海雾，碣石潇湘无限路[18]。不知乘月几人归，落月摇情满江树[19]。

注释

[1]《春江花月夜》：乐府旧题，属《清商曲辞·吴声歌》。

[2]“春江”二句：写江潮与大海连成一片，一轮明月随着海潮涌升的壮观景象。连海平：江潮滚滚，与大海连成一片。共潮生：一轮明月从海上升起，好像是从海潮中涌动而出。

[3]“滟滟”二句：月光照耀千里春江，千里江面一片波光闪烁。滟滟[yàn]：水波闪烁发光的样子。

[4]“江流”二句：写江流环绕芳甸、月光笼罩花林的景象。芳甸：花草丛生的原野。霰[xiàn]：细密的雪珠。

[5]“空里”二句：月光像流霜下泻，月色与江畔白沙浑然一片。流霜：比喻月光自上而下地照射。古人以为霜与雪一样是从空中飘落的，故有此喻。汀：水中或水边的平地，这里指江畔沙滩。白沙看不见：白色的月光与白沙连成一片，分不清彼此，故云。

[6] “江天”二句：江天一色，澄明净洁，只有那一轮孤月高悬中天。纤尘：细小的尘埃。皎皎：明亮的样子。孤月轮：一轮孤月。

[7] “江畔”二句：是遥想人与月的最初因缘，不知是谁最早见到月光？不知月光何时开始照临人间？

[8] “人生”二句：人生短暂，却代代无穷；江月永恒，却年年相似。穷：尽。已：止。

[9] “不知”二句：大意是说，明月永照人间，不知它究竟是在期待什么，而年复一年，见到的只是那日夜奔腾的长江，送走了流水，也送走了光阴。但：只，只是。

[10] “白云”二句：写离别情景，游子像天上的白云一样，渐渐远去，只留下思妇在离别的地方不胜忧愁。去：离去。悠悠：白云缓缓飘行而去的样子。青枫浦：一名双枫浦，在今湖南浏阳市南浏水中。这里泛指离别地点。不胜（shēng）：禁不起，受不了。

[11] “谁家”二句：大意是说，人间处处有游子，处处有思妇，处处有两地相思。“谁家”“何处”互文见义。扁 [piān] 舟子：乘小船在江湖上飘零的人，指游子。扁舟：小船。明月楼：明月照耀下的闺楼，泛指思妇住处。

[12] “可怜”二句：以月影移动，光照梳妆台，暗示思妇望月思人、对镜伤怀。徘徊：指月影移动。妆镜台：妇女梳妆台。

[13] “玉户”二句：写月光帘卷不去，手拂还来，暗示相思之情难以排遣。玉户帘：思妇居室的窗帘、门帘。开启户帘，意在望月思人，放下户帘，意在排解思念，但无论怎样，都卷不去思妇心头的离愁。捣衣砧 [zhēn]：捣衣用的垫石。捣制衣服是为了寄给游子征夫，故历来诗人多以捣衣寓写离别相思之情。

[14] “此时”二句：思妇不得游子音信，痴想追逐着月光一起流到游子身边。月华：月光。君：指游子。

[15] “鸿雁”二句：写相思之情无法传送。鸿雁：此指信使。《汉书·苏武传》记有鸿雁传递书信之事。长飞光不度：鸿雁可以传书，能够飞得很远，但也无法飞渡月光到达你的身边。光不度：不能飞渡月光。一说不能随月光飞渡。度：通“渡”，飞渡。鱼龙：此指鲤鱼。《古诗·饮马长城窟行》：“客从远方来，遗我双鲤鱼。呼儿烹鲤鱼，中有尺素书。”说鲤鱼可以传递书信。潜跃水成文：鲤鱼可以传书，能够潜游到远处，但也无法游到你的身边，而只能在水面激起阵阵波纹。潜跃：潜游跃动。文：通“纹”，波纹。

[16] “昨夜”二句：春花已开始凋谢，游子仍不得还家。闲潭梦落花：梦见花落闲潭，暗示春将归去。闲潭：幽静的潭水。可怜：可惜。

[17] “江水”二句：江水天天流走春光，落月夜夜空自西斜。江水流春：春光随江水流逝。落月：将要西沉的残月。复西斜：又西斜。月西斜，谓夜将尽。

[18] “斜月”二句：以斜月渐渐沉入迷蒙的海雾，暗示希望渺茫，团圆无望。以碣石、潇湘相距遥远，暗示离人远隔，相见极难。藏海雾：斜月在西，海雾在东，说斜月沉入海雾中，当为虚拟象征之词。碣石：山名，在今河北昌黎县。潇湘：水名，在今湖南。碣石潇湘：泛指天南地北。无限路：言离人相距之远。

[19] “不知”二句：游子浪迹天涯，有几人能乘着月光回家？江边树林洒满那落月的余晖，浸透着离情，轻轻摇曳着离情别绪。乘月：乘着月光。

◆ 作品赏析

这首七言古诗是一首脍炙人口的长篇抒情诗。诗作细致地描绘了江南春江花月之夜清幽宁静的自然美景，抒写了人间缠绵悱恻的离情别绪，表现出诗人对人情难圆的感叹和对宇宙永恒、人生短暂的思索。

全诗可分为四部分。开首八句展现春江花月夜的自然景色，主要是描绘从海上月出到明月当空照亮整个江天的绚丽景观。接下来八句由写景转向观照人生，主要是以明月长存对照人生短暂，抒写诗人心中对人生的迷惘和感叹。再接下来十二句由感叹人生进而抒写人间离情别绪，主要是渲染高楼思妇难以排解的相思之情。最后八句又由写思妇转向写游子，主要是抒发江湖游子辗转反侧的思归之情。景物、人生、思妇、游子，这四者依次就是四个部分的基本着眼点。

此诗的最大特点，是全篇借景抒情，处处情景交融，创造出玲珑透彻的诗境；而且各部分的情景交融又有不同的方式和作用。第一部分描绘自然景观，以明月的渐渐升起为中心，紧扣诗题中春、江、花、月、夜五字逐步展开，构成一幅天地一体、色彩绚丽的完整图画；从总体上为下文的人情抒写营造引人遐思的氛围。后面三部分都是合写景物和人情。二、三两部分主要是用江月永照，引发生命短暂；用明月常圆，引发人间离别；用月光倾泻，引发思妇绵绵不尽的相思。在这里，情景交融的基本特征是相反相成的：通过景与情的对比反衬，鲜明地表现出月圆人不圆的旨意。最后一部分，主要是用春归、花落、雾漫、月残来引发游子的思归之情。景物的色调与人情的色调完全一致，情景交融的特点是同步相生：通过景与情的相互渲染，离别相思之苦就显得更加伤感、动人。

诗中许多写景之句，实际上是通过暗示手法在抒写人情。“白云一片去悠悠”，暗示游子远去；“月徘徊”，暗示思妇徘徊楼台、望月相思；“妆镜台”，暗示思妇对镜伤怀；“卷不去”“拂还来”暗示相思之情缠绵悱恻，难以排遣；“光不度”，暗示情不度；“梦落花”，暗示春将尽等，使人与物、情与景达到了水乳交融的境界。

哲理美增强了这首诗的艺术生命力。“人生代代无穷已，江月年年望相似”不仅是诗人从大自然美景中得到了欣慰，更是对宇宙奥秘和人生哲理的体察，是对人生有限、宇宙无穷这一传统主题的深化和超越。从这包含辩证思想的慨叹中，我们听到了初盛唐之交时，有识之士对青春生命的歌唱与追求。

音韵声律之美也是此诗得以流传的重要因素。全诗三十六句，四句一转韵，每韵正好构成一幅感情色彩鲜明的形象画面，九个画面组成一个完整的艺术境界。诗人还使用了排比、对偶和顶针等手法，反复咏唱，清词丽句，婉转悠扬。虽用乐府旧题，但在思想和艺术上都超越了前人，闻一多誉之为“诗中的诗，顶峰上的顶峰”。

渭川田家[1]

王 维

◆ 作家作品简介

王维（701—761），字摩诘，祖籍太原祁（今山西祁县），其父徙居蒲州（今山西永济）。唐开元九年（721）考中进士，授大乐丞，不久因事贬济州司库参军。张九龄执政，擢为右拾遗。开元二十五年秋，以监察御史出使凉州，后迁殿中侍御史。开元二十九年春，辞官归隐终南。安史之乱中被俘，迫受伪职，官给事中。乱平后降为太子中允，后官至尚书右丞，世称“王右丞”。王维多才多艺，精于诗文、书画、音乐。其诗诸体兼善，尤擅长山水田园诗。诗风清新秀雅，诗中有画，气韵生动，熔诗情、画意、禅理于一炉，有《王右丞集》。《渭川田家》是王维名篇。

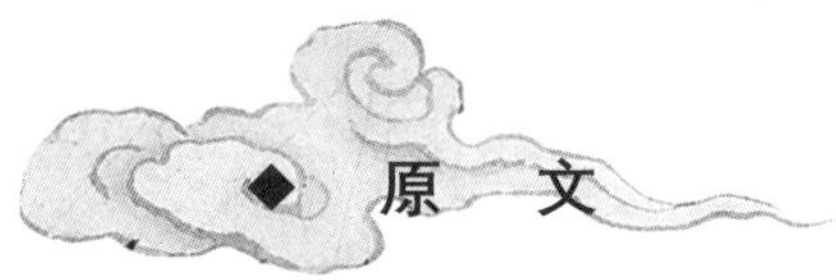

◆ 原 文

斜光照墟落[2]，穷巷牛羊归[3]。
野老念牧童，倚杖候荆扉[4]。
雉雊麦苗秀[5]，蚕眠桑叶稀。
田夫荷锄至，相见语依依[6]。
即此羡闲逸，怅然吟式微[7]。

注释

[1] 渭川：渭水。
[2] 斜光：指夕阳。墟落：村庄。
[3] 穷巷：深僻的里巷。
[4] 荆扉：柴门。
[5] 雉雊（zhì gòu）：野鸡鸣叫。秀：指庄稼吐穗开花。
[6] 依依：形容恋恋不舍的样子。
[7] 吟式微：用《诗经·邶风·式微》中“式微，式微，胡不归”的意思。

◆ 作品赏析

本篇抒写诗人对闲逸的田家生活的向往，表达了自己急欲弃官归隐的意愿。

全篇以“归”为主旨，以“闲逸”为基调，把初夏傍晚农村中的各种寻常景象贯串起来，构成一幅乡村晚景图。诗一开篇，描写夕阳斜照村落，渲染暮色苍茫的气氛，接着诗人就点出一个“归”字，描写牛羊徐徐归村的情景。“穷”虽是修饰“巷”字，但却暗示：诗人正站在村口，深情地望着牛羊在斜光和暮色中从田野结群归来，并一直目送它们没入深深的村巷之中。接着，诗中又写一位慈祥老人，拄着拐杖，倚在柴门边，正迎候放牧归来的小孩。诗人对着暮色笼罩的田野沉思，忽然听到野鸡的欢鸣声。麦子吐华了，野鸡大概也在呼唤配偶吧？放眼桑林，桑叶稀少，蚕儿已吐丝作茧，进入了休眠状态，它们都找到了自己的归宿了。农人们扛着锄头下地归来，在田间小道相遇，亲切交谈，简直是乐而忘返呢。这些画面看似散漫无序，其实无不紧扣着一个“归”字，无不洋溢着一种宁静闲逸的情调。这自然要触动仍浮沉于宦海极度苦闷与失意的诗人，使他一方面由衷地羡慕起这种闲适安逸的田园生活，另一方面更为自己仍彷徨中路、未能找到人生归宿而惆怅感慨。诗的结尾，诗人怅然吟起《式微》，借“式微，式微，胡不归”的诗句，表达自己急欲归隐的心情。妙的是这“式微，胡不归”的诗句又扣紧了黄昏和归家的意蕴，与首联前后映照，从而使全篇写景与抒情，开头、篇中和结尾紧密交融，契合无间，意境浑然一体。

诗中描写的各种意象和画面，如牛、羊、雉、蚕、麦苗、桑叶，是农村中常见的禽畜和作物；墟落、穷巷、荆扉，是农村的普通景物环境；而野老倚仗、牧童晚归、田夫荷锄、村头絮语，又都是农村平常的人事活动。诗人运用白描手法，以自然而精练、质朴而清新的语言将这些意象画面平实地一一展现出来，从而荡漾着亲切的人情味，散发出浓郁的乡土气息，充满了诗情画意。

○ ○ ○ ○ ○ ○ ○ ○ ○ ○

将进酒[1]

李　白

◆ 作家作品简介

李白（701—762），字太白，号青莲居士，祖籍陇西成纪（今甘肃天水附近），他的家世和出生至今是个谜。幼时随父迁居绵州昌隆（今四川江油）青莲乡。大约18岁时，隐居大匡山读书，从赵蕤学纵横术。25岁辞亲远游，寓居安陆（今属湖北）。天宝元年（742），因道士吴筠的推荐，被召至长安，供奉翰林。文章风采，名动一时，颇为玄宗所赏识。后因不能见容于权贵，在京仅三年，就被迫离京，仍然继续他那飘荡四方的生活。安史之乱发生的第二年，他应永王李璘之聘，入佐幕府。不幸，永王与肃宗发生了争夺帝位的斗争，兵败之后，李白受牵累，流放夜郎（今贵州境内），途中遇赦。晚年漂泊东南一带，寓居当涂县李阳冰家。不久即病卒，年仅62岁。

李白的诗以抒情为主，带有强烈的主观色彩，是继屈原之后我国又一伟大的浪漫主义诗人，素有“诗仙”之称。他经历坎坷，思想复杂，儒家、道家和游侠三种思想在他身上都有体现。李白的诗歌内容丰富，有对国事现实的强烈关注，对豪门权贵的大胆抨击，对祖国山川的纵情描绘，对真挚友情的热情歌颂，最突出地反映了封建社会上升时期知识分子追求功业、追求自由、追求人生价值的理想。在艺术上，他善于从民歌及神话传说中汲取营养，诗风雄奇豪放，想象丰富，意境独特。一切可惊可喜、令人兴奋、发人深思的现象，无不尽归笔底，素有“诗仙”之称。杜甫评之“笔落惊风雨，诗成泣鬼神”。他才华横溢，兼善各体，以古体诗与七绝成就最高，今存诗900余首，有《李太白集》。《将进酒》是其古体诗代表作。

◆ 原　文

君不见黄河之水天上来[2]，奔流到海不复回。
君不见高堂明镜悲白发，朝如青丝暮成雪[3]。
人生得意须尽欢[4]，莫使金樽空对月[5]。
天生我材必有用[6]，千金散尽还复来[7]。
烹羊宰牛且为乐[8]，会须一饮三百杯[9]。
岑夫子，丹丘生[10]，将进酒，杯莫停[11]。
与君歌一曲[12]，请君为我侧耳听[13]。
钟鼓馔玉不足贵[14]，但愿长醉不复醒[15]。
古来圣贤皆寂寞，惟有饮者留其名。
陈王昔时宴平乐[16]，斗酒十千恣欢谑[17]。
主人何为言少钱，径须沽取对君酌[18]。
五花马[19]，千金裘[20]，
呼儿将出换美酒[21]，与尔同销万古愁[22]。

注释

[1] 这首诗是天宝十一载（752）李白在嵩山友人元丹丘处所作。将（qiāng）进酒：汉乐府诗题，属《鼓吹曲辞·铙歌》。将：请。

[2] 君不见：乐府体诗中提唱的常用语。君：此为泛指。天上来：黄河发源于青藏高原之巴颜喀拉山，以其地极高，故云。

[3] 朝[zhāo]：早晨。青丝：乌黑的头发。

[4] 尽欢：纵情欢乐。

[5] “莫使”句：切莫空着酒杯，辜负这月夜美景。

[6]“天生”句：一作“天生我身必有财”。

[7] 千金：指大量钱财。还复来：还会再来的。

[8] 且为乐：姑且作乐。

[9] 会须：应该。

[10] 岑夫子、丹丘生：李白友人。岑夫子：岑勋，南阳人。丹丘生：元丹丘。

[11] 将进酒，杯莫停：一作“进酒君莫停”。

[12] 与君：给你们，为你们。

[13] 倾：一作“倾”。

[14] 钟鼓馔[zhuàn]玉：指富贵生活。钟鼓：古代富贵人家鸣钟而食。馔玉：形容饮食精美。馔：吃喝。

[15] 但愿：只希望。

[16] 陈王：三国魏曹植，曹操第三子，曾被封为陈思王，故称“陈王”。平乐：观名，故址在今河南省洛阳市附近。曹植《名都篇》：“归来宴平乐，美酒斗十千。”

[17] 恣：任性，尽情。欢谑[xuè]：嬉笑作乐。谑：开玩笑。

[18] 径须沽取：只管打酒来。沽：买。对君酌：和你们对饮。

[19] 五花马：指名贵的马。或说马毛色作五花纹者，或说把马鬣剪成五瓣花形者。

[20] 千金裘：价值千金的皮衣。《史记·孟尝君列传》：“孟尝君有一狐白裘，直（值）千金。”裘：皮衣。

[21] 将出：拿出。

[22] 尔：你们。万古愁：无穷无尽的愁闷。

◆ 作品赏析

此诗题为《将进酒》，却不是一首劝人饮酒的泛泛之作。诗人豪饮高歌，借酒消愁，抒发了忧愤深广的人生感慨。诗中交织着失望与自信、悲愤与抗争的情怀，体现出强烈的豪纵狂放的个性。

本诗情感饱满，无论喜怒哀乐，其奔涌迸发均如江河流泻，不可遏止，且起伏跌宕，变化剧烈。发端以“君不见”提唱，两个句势若天风海雨，表露出诗人对蹉跎岁月的深沉忧虑。五、六两句起诗情陡然逆折，由悲转乐，且渐趋狂放。但至“钟鼓”以下八句，却又在酣饮纵乐中见出埋没于时的愤激。末四句再作跌宕，以借酒消愁呼应开篇，揭明题旨。本诗情感色彩的强烈、情绪变化的剧烈及其结构上的大开大阖，充分展现了李白七言歌行的特色。他把自己的个性气质融入诗中，形成行云流水的抒情方式，有一种奔腾回旋的动感。这种动感见诸字句音节时，常表现为句式的参差错落和韵律的跌宕舒展。同时诗中多用夸张手法，往往以巨大的数量词进行修饰，如“千金”“三百杯”“千金裘”“万古愁”等，既使诗作本身显得笔墨酣畅、激情澎湃，又充分表现出诗人狂放自信、豪迈洒脱的人格风采。

◆ 扩展阅读

宣州谢朓楼饯别校书叔云

李　白

弃我去者，昨日之日不可留；乱我心者，今日之日多烦忧。
长风万里送秋雁，对此可以酣高楼。蓬莱文章建安骨，中间小谢又清发。
俱怀逸兴壮思飞，欲上青天揽明月。抽刀断水水更流，举杯消愁愁更愁。
人生在世不称意，明朝散发弄扁舟。

◆ 作品赏析

这是天宝末年李白在宣城期间饯别秘书省校书郎李云之作。谢朓楼，系南齐著名诗人谢朓任宣城太首时所创建，又称北楼、谢公楼。

思想感情的瞬息万变，波澜迭起，和艺术结构的腾挪跌宕，跳跃发展，在这首诗里被完美地统一起来了。诗一开头就平地起波澜，揭示出郁积已久的强烈精神苦闷；紧接着却完全撇开“烦忧”，放眼万里秋空，从“酣高楼”的豪兴到“揽明月”的壮举，扶摇直上九霄，然后却又讯即从九霄跌入苦闷的深渊。直起直落，大开大合，没有任何承转过度的痕迹。这种起落无端、断续无迹的结构，最适宜表现诗人因理想与现实的尖锐矛盾而产生的急遽变化的感情。

自然与豪放和谐结合的语言风格，在这首诗里也表现得相当突出。必须有李白那样阔大的胸襟抱负、豪放坦率的性格，又有高度驾驭语言的能力，才能达到豪放与自然和谐统一的境界。这首诗开头两句简直像散文的语言，但其间却流注着豪放健举的气势。“长风”两句，境界壮阔，气概豪放，语言则高华明朗。这种自然豪放的语言风格，也是这首诗虽极写烦忧苦闷，却并不阴郁低沉的一个原因。

天末怀李白

杜 甫

◆ 作家作品简介

杜甫（712—770），字子美，巩县（今属河南）人，出身于一个世代“奉儒守官”的封建官僚家庭。祖父是初唐著名诗人杜审言。开元中，年轻的杜甫曾漫游吴、越、齐、赵一带。唐天宝三载（744）在洛阳与李白相识，结下了深厚友谊。天宝五载赴长安应试落第，困顿京城十年。天宝十四载四十四岁时，才被授予右卫率府胄曹参军的微职。安史乱起，在流离颠沛中被叛军所俘，后从长安只身逃奔凤翔，受任左拾遗。不久，因疏救房琯，被贬为华州司功参军。唐乾元二年（759），弃官西行，经关陇、秦州、同谷入蜀，定居成都浣花溪草堂。西川节度使严武荐举杜甫为节度参谋、检校工部员外郎，故世称杜工部。唐永泰元年（765），离蜀东下，滞留夔州二年。唐大历三年（768），携家出峡，漂泊于江陵、公安、岳州、衡阳一带。大历五年，病逝于湘水上的舟中，年五十九岁。

杜甫生活在唐朝由盛转衰、祸乱迭起的时代。在政局日趋腐败的形势下，他那“致君尧舜上，再使风俗淳”的理想彻底破灭，饱经忧患的不幸遭遇使他对人民大众的苦难有了亲身的感受。他的诗歌相当真实、深刻地反映了广阔的社会生活，充满着强烈的忧国忧民感情，被誉为“诗史”。他是我国古代最伟大的现实主义诗人。

杜甫善于从一切优秀文学传统中汲取营养并加以发扬光大，形成了“沉郁顿挫”的创作风格。他兼长各体，尤其对七律的发展做出了杰出贡献。他的许多反映民生苦难的诗歌，继承了《诗经》和汉乐府的传统，又有自己的开拓和艺术创造，是白居易倡导的新乐府运动的先声。今存诗一千四百余首，有《杜少陵集》。

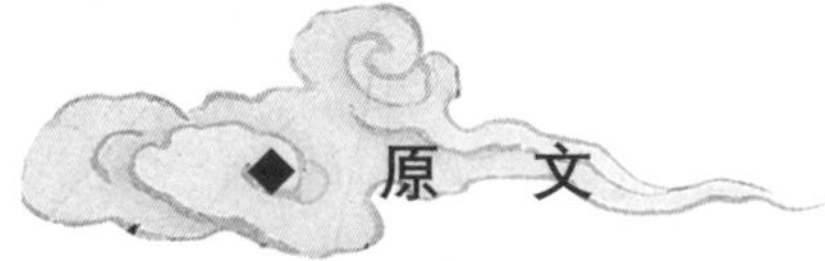

◆ 原 文

凉风起天末[1]，君子[2]意如何？鸿雁几时到？江湖秋水多[3]。
文章憎命达[4]，魑魅喜人过[5]。应共冤魂语[6]，投诗赠汨罗[7]。

注释

[1] 天末：天的尽头。秦州地处边塞，如在天之尽头。当时李白因永王李璘案被流放夜郎，途中遇赦还至湖南。

[2] 君子：指李白。

[3] 江湖：喻指充满风波的路途。这是为李白的行程担忧之语。

[4] 命：命运，时运。文章：这里泛指文学。这句意思是有文才的人总是薄命遭忌。

[5] 魑（chī）魅：鬼怪，这里指坏人或邪恶势力。过：过错，过失。这句指魑魅喜欢幸灾乐祸，说明李白被贬是被诬陷的。

[6] 冤魂：指屈原。屈原被放逐，投汨罗江而死。杜甫深知李白从永王李璘实出于爱国，却蒙冤放逐，正和屈原一样。所以说，应和屈原一起诉说冤屈。

[7] 汨（mì）罗：汨罗江，在湖南湘阴县东北。

◆ 作品赏析

这首诗为诗人客居秦州（今甘肃天水）时所作。当时李白坐永王璘事长流夜郎，杜甫因此赋诗怀念他。

首句以秋风起兴，给全诗笼罩一片悲愁。诗人说：时值凉风乍起，景物萧疏，怅望云天，此意如何？只此两句，已觉人海茫茫，世路凶险，无限悲凉，凭空而起。次句不言自己心境，却反问远人："君子意如何？"看似不经意的寒暄，却是许多话不知应从何说起时，用这不经意语，反表现出最关切的心情。这是返朴归真的高度概括，言浅情深，意象悠远。以杜甫论，自身沦落，本不足虑，而才如远人，罹此凶险，定知其意之难平远过于自己，含有"与君同命，而君更苦"之意。此无边揣想之辞，更见诗人想念之殷。代人着想，"怀"之深也。挚友遇赦，急盼音讯，故问"鸿雁几时到"；潇湘洞庭，风波险阻，因虑"江湖秋水多"。李慈铭曰："楚天实多恨之乡，秋水乃怀人之物。"悠悠远隔，望消息而不可得；茫茫江湖，唯寄语以祈珍摄。然而鸿雁不到，江湖多险，觉一种苍茫惆怅之感，袭人心灵。

对友人深沉的怀念，进而发为对其身世的同情。"文章憎命达"，意为文才出众者总是命途多舛，语极悲愤，有"怅望千秋一洒泪"之痛；"魑魅喜人过"，隐喻李白长流夜郎，是遭人诬陷。此二句议论中带情韵，用比中含哲理，意味深长，有极为感人的艺术力量，是传诵千古的名句。高步瀛引邵长蘅评："一憎一喜，遂令文人无置身地。"这二句诗道出了自古以来才智之士的共同命运，是对无数历史事实的高度总结。

此时李白流寓江湘，杜甫很自然地想到被谗放逐、自沉汨罗的爱国诗人屈原。李白的遭遇和这位千载冤魂有某些相同点，所以诗人飞驰想象，遥想李白会向屈原的冤魂倾诉内心的愤懑："应共冤魂语，投诗赠汨罗。"

这一联虽系想象之词，但因诗人对屈原万分景仰，觉得他自沉殉国，虽死犹存；李白是亟思平定安史叛乱，一清中原，结果获罪远谪，虽遇赦而还，但有满腔的怨愤，自然会对前贤因秋风而寄意。这样，"应共冤魂语"一句就很生动真实地表现了李白的内心活动。最后一句"投诗赠汨罗"，用一"赠"字，是想象屈原永存，他和李白千载同冤，斗酒诗百篇的李白一定作诗相赠以寄情。这一“赠”字之妙，正如黄生所说：“不曰吊而曰赠，说得冤魂活现。”(《读杜诗说》)

这首因秋风感兴而怀念友人的抒情诗，感情十分强烈，但不是奔腾浩荡、一泻千里地表达出来，感情的潮水千回百转，萦绕心际。吟诵全诗，如展读友人书信，充满殷切的思念、细微的关注和发自心灵深处的感情，反复咏叹，低回婉转，沉郁深微，实为古代抒情名作。

○ ○ ○ ○ ○ ○ ○ ○ ○ ○

◆ 扩展阅读

长恨歌

白居易

◆ 作家作品简介

白居易（772—846），字乐天，晚年又号香山居士，河南新郑（今郑州新郑）人，一生以 44 岁被贬江州司马为界，可分为前后两期。前期是兼济天下时期，后期是独善其身时期。白居易于唐贞元十六年（800）29 岁时中进士，先后任秘书省校书郎、盩至尉、翰林学士，唐元和年间任左拾遗，写了大量讽喻诗，代表作是《秦中吟》十首、《新乐府》五十首，这些诗使权贵切齿、扼腕、变色。白居易的叙事诗如《长恨歌》《琵琶行》，描写细腻，生动感人，具有独特的艺术风格，影响极为广泛。

◆ 原　文

汉皇重色思倾国，御宇多年求不得。杨家有女初长成，养在深闺人未识。
天生丽质难自弃，一朝选在君王侧。回眸一笑百媚生，六宫粉黛无颜色。
春寒赐浴华清池，温泉水滑洗凝脂。侍儿扶起娇无力，始是新承恩泽时。
云鬓花颜金步摇，芙蓉帐暖度春宵。春宵苦短日高起，从此君王不早朝。
承欢侍宴无闲暇，春从春游夜专夜。后宫佳丽三千人，三千宠爱在一身。
金屋妆成娇侍夜，玉楼宴罢醉和春。姊妹弟兄皆列土，可怜光彩生门户。
遂令天下父母心，不重生男重生女。骊宫高处入青云，仙乐风飘处处闻。

缓歌慢舞凝丝竹，尽日君王看不足。渔阳鼙鼓动地来，惊破霓裳羽衣曲。
九重城阙烟尘生，千乘万骑西南行。翠华摇摇行复止，西出都门百余里。
六军不发无奈何，宛转蛾眉马前死。花钿委地无人收，翠翘金雀玉搔头。
君王掩面救不得，回看血泪相和流。黄埃散漫风萧索，云栈萦纡登剑阁。
峨嵋山下少人行，旌旗无光日色薄。蜀江水碧蜀山青，圣主朝朝暮暮情。
行宫见月伤心色，夜雨闻铃肠断声。天旋地转回龙驭，到此踌躇不能去。
马嵬坡下泥土中，不见玉颜空死处。君臣相顾尽沾衣，东望都门信马归。
归来池苑皆依旧，太液芙蓉未央柳。芙蓉如面柳如眉，对此如何不泪垂？
春风桃李花开日，秋雨梧桐叶落时。西宫南内多秋草，落叶满阶红不扫。
梨园弟子白发新，椒房阿监青娥老。夕殿萤飞思悄然，孤灯挑尽未成眠。
迟迟钟鼓初长夜，耿耿星河欲曙天。鸳鸯瓦冷霜华重，翡翠衾寒谁与共？
悠悠生死别经年，魂魄不曾来入梦。临邛道士鸿都客，能以精诚致魂魄。
为感君王辗转思，遂教方士殷勤觅。排空驭气奔如电，升天入地求之遍。
上穷碧落下黄泉，两处茫茫皆不见。忽闻海上有仙山，山在虚无缥缈间。
楼阁玲珑五云起，其中绰约多仙子。中有一人字太真，雪肤花貌参差是。
金阙西厢叩玉扃，转教小玉报双成。闻道汉家天子使，九华帐里梦魂惊。
揽衣推枕起徘徊，珠箔银屏迤逦开。云鬓半偏新睡觉，花冠不整下堂来。
风吹仙袂飘摇举，犹似霓裳羽衣舞。玉容寂寞泪阑干，梨花一枝春带雨。
含情凝睇谢君王，一别音容两渺茫。昭阳殿里恩爱绝，蓬莱宫中日月长。
回头下望人寰处，不见长安见尘雾。惟将旧物表深情，钿合金钗寄将去。
钗留一股合一扇，钗擘黄金合分钿。但教心似金钿坚，天上人间会相见。
临别殷勤重寄词，词中有誓两心知。七月七日长生殿，夜半无人私语时。
在天愿作比翼鸟，在地愿为连理枝。天长地久有时尽，此恨绵绵无绝期。

◆ 作品赏析

这首诗是作者的名篇，作于元和元年（806）。全诗形象地叙述了唐玄宗与杨贵妃的爱情悲剧。诗人借历史人物和传说，创造了一个回旋婉转的动人故事，通过塑造的艺术形象，再现了现实生活的真实，感染了千百年来的读者。

诗的主题是“长恨”。从“汉皇重色思倾国”起第一部分，叙述安史之乱前，玄宗如何好色、求色，终于得到了杨氏。而杨氏由于得宠，鸡犬升天。长反复渲染玄宗之纵欲，沉于酒色，不理朝政，因而酿成了“渔阳鼙鼓动地来”的安史之乱。这是悲剧的基础，也是“长恨”的内因。

“六军不发无奈何”起为第二部分，具体描述了安史之乱起后，玄宗的仓皇出逃西蜀，引起了“六军”驻马要求除去祸国殃民的贵妃，“宛转娥眉马前死”是悲剧的形成。这是故事的关键情节。杨氏归阴后，造成玄宗寂寞悲伤和缠绵悱恻的相思。诗以酸恻动人的语调，描绘了玄宗这一“长恨”的心情，揪人心痛，催人泪下。

“临邛道士鸿都客”起为第三部分，写玄宗借道士帮助于虚无缥缈的蓬莱仙山中寻到了杨氏的踪影。在仙景中再现了杨氏“带雨梨花”的姿容，并以含情脉脉，托物寄词，重申前誓，表示愿作“比翼鸟”“连理枝”，进一步渲染了“长恨”的主题。结局又以“天长地久有时尽，此恨绵绵无绝期”深化了主题，加重了“长恨”的分量。

《长恨歌》是一首抒情成分很浓的叙事诗，诗人在叙述故事和人物塑造上，采用了我国传统诗歌擅长的抒写手法，将叙事、写景和抒情和谐地结合在一起，形成诗歌抒情上回环往复的特点。

○ ○ ○ ○ ○ ○ ○ ○ ○ ○

马嵬（其二）

李商隐

◆ 作家作品简介

李商隐(812？—858)，字义山，号玉谿生，又号樊南生，怀州河内（今河南沁阳市）人。唐文宗开成二年(837)进士，授秘书省校书郎，补弘农尉。当时牛（僧孺）李（德裕）的党争激烈，由于李商隐十七岁时以文采受到牛党令狐楚的赏识，任幕府巡官，后又娶李党王茂元之女为妻，被牛党视为背恩。李商隐虽素有济世雄心，但由于个性孤介和深受朋党倾轧的牵累，长期受到压抑，“一生襟抱未尝开”，未满五十即抑郁而逝。

李商隐是晚唐著名诗人。其诗内容丰富，各体皆工，成就斐然，尤以七律最为突出。他用七律写成的爱情诗、无题诗，辞采华美，属对精工，擅用比兴、象征、暗示、典故等手法，深情绵邈、兴寄深微，对心灵世界做出了前人未曾有过的深入开拓与细腻传神的展示，开拓了诗歌创作的新境界，对后世有深远的影响。但某些无题篇章或因顾虑太多，旨意过于朦胧而流于晦涩，使人不易解索。今存诗约六百首，有《李义山诗集》和《樊南文集》。

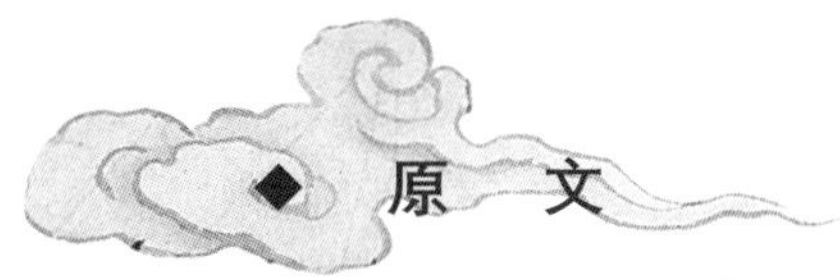

◆ 原 文

海外徒闻更九州[1]，他生未卜此生休。
空闻虎旅[2]传宵柝[3]，无复鸡人[4]报晓筹[5]。
此日六军[6]同驻马，当时七夕笑牵牛[7]。
如何四纪[8]为天子，不及卢家有莫愁[9]？

注释

[1] 海外、九州：指传说中的仙境。他生未卜：指唐、杨二人曾订立的“愿世世为夫妇”的盟誓。

[2] 虎旅：指禁军。

[3] 宵柝（tuò）：夜间巡逻报警的梆子。

[4] 鸡人：皇宫中负责夜呼晓唱报告时间的人。

[5] 晓筹：（竹签）报晓。

[6] 六军：禁军。

[7] 笑牵牛：嘲笑牛郎织女一年只能相会一次。

[8] 四纪：古代以十二年为一纪，唐玄宗在位四十五年，将近四纪。

[9] 莫愁：古代女子名，洛阳人，后嫁卢家为妇。此句讽刺唐玄宗身为帝王，反而不如民间夫妇能够白头相守。

◆ 作品赏析

李商隐的《马嵬》是唐代自杜甫以来咏马嵬之变之诗中的杰作，也是李商隐咏史诗中，借历史上荒淫腐败而招致祸乱败亡之君昭示历史教训、讽刺现实政治的以古鉴今之作。作品中，诗人不是在劝诫惋惜，而是在挖苦与讽刺。

首联从杨贵妃死后唐玄宗令人寻其魂魄写起，暗示唐玄宗的无奈。“海外”，指杨玉环死后，唐玄宗曾令方士去海外寻其魂魄，有方士回说在海外仙山（即蓬莱山）见到了杨玉环，并且杨玉环授之以钿合金钗，并承诺坚守生前之他生誓约。然而，这只不过是“徒闻”的传说而已，唐玄宗、杨贵妃二人他生永为夫妇的愿望显然是渺然“未卜”的，而现实中杨贵妃倒是真的一命长“休”了。

颔联紧接首联次句，追述出逃的情景，暗指杨玉环被缢于马嵬事。夜间只能听见禁军中报更的刁斗声，哪里还能像平时在宫中那样听到宫廷卫士传唱的报晓鸡鸣呢！这两句将出逃生活与宫内生活放在一起加以对照，又用“空闻”二字写出了唐玄宗失去往日宫中沉迷美色、高枕无忧生活的寂寞与失落以及失去杨贵妃之后品尝自酿苦酒的孤独滋味。

颈联从对比的角度继续写李、杨的爱情悲剧。那一天，禁军不起程，终于逼迫唐玄宗赐死杨贵妃。而此前唐玄宗和杨贵妃还山盟海誓，愿世世为夫妇，并曾嘲笑过牛郎、织女一年只能相会一次呢！写法上有很大的跳跃性，但在内容上却有因果的联系。正因为唐玄宗昔日的沉溺女色、废政误国，才带来“六军驻马”逼迫其赐贵妃自缢，才有后来的悲剧结果。“此日”“当时”的强烈对比，使唐玄宗的始乱终弃受到了无情的鞭挞。“六军”，《周礼》说天子有“六军”，后来诗人用它泛指皇帝的军队。事实上那时候只有左、右龙武，左、右羽林四军。

尾联以对比手法和反诘语气作结，寄托感慨，点明题旨，警醒后世，把批判的锋芒直接指向唐玄宗。唐玄宗贵为天子却不得不赐死宠妃，而平民百姓卢家夫婿，却能与莫愁女白头偕老，这到底是为什么呢？语言虽直白了些，表达出来的情至深至痛，鞭挞有力。

在写作艺术技巧上，作品首先采用了倒叙的手法，使作品一波三折，曲折幽深，令人读之心痛。同时又运用了对比手法，使作品暗含讽刺，读后回味无穷。

○ ○ ○ ○ ○ ○ ○ ○ ○ ○

浪淘沙 · 帘外雨潺潺[1]

李　煜

◆ 作家作品简介

李煜(937—978)，字重光，初名从嘉，号钟隐，又号莲蓬居士，徐州人。他是五代南唐中主李璟第六子，961 年继任，是南唐的最后一个君主，世称李后主。他嗣位时，南唐已对宋称臣，他苟安于江南一隅，过了十五年纵情享乐的腐朽生活，是一个昏庸无能的皇帝。975 年，宋灭南唐，后主肉袒出降，被俘至汴京，封违命侯，过着“日夕只以眼泪洗面”的阶下囚生活。978 年七夕是他四十二岁生日，宋太宗赵光义恨他有“故国不堪回首月明中”之词，命人在宴会上下牵机药将他毒死。追封为吴王，葬洛阳邙山。

李煜少有才华，除擅长经籍文学外，书画音律，无所不通。前期的词多写宫廷享乐生活，风格柔靡；后期的词反映亡国之痛，题材扩大，意境深远，感情真挚，语言清新，极富艺术感染力。其词在题材内容上前后期虽有所不同，当有其一贯的特点，那就是“真”。他在词中一任真实情感倾泻，而较少有理性的节制。后期写亡国之痛，血泪至情；前期写宫廷享乐生活，对自己的沉迷与陶醉，也不加掩饰。他的词为五代之冠，对词的发展有较大的影响，《浪淘沙 · 窗外雨潺潺》是后期代表作之一，收录于《南唐二主词》中。

◆ 原 文

帘外雨潺潺[2]，春意阑珊[3]。罗衾不耐五更寒[4]。梦里不知身是客[5]，一晌贪欢[6]。独自莫凭栏，无限江山，别时容易见时难。流水落花春去也[7]，天上人间[8]。

注释

[1] 此词原为唐教坊曲，又名《浪淘沙令》。唐人多用七言绝句入曲，南唐李煜始演为长短句，分上下片。双调，五十四字（宋人有稍作增减者），平韵，此调又由柳永、周邦彦演为长调《浪淘沙漫》，是别格。

[2] 潺潺：形容雨声。

[3] 阑珊：衰残，将尽。一作“将阑”。

[4] 罗衾（qīn）：绸被子。不耐：受不了。一作“不暖”。

[5] 身是客：指被拘汴京，形同囚徒。

[6] 一晌（shǎng）：一会儿，片刻。贪欢：指贪恋梦境中的欢乐。

[7] “流水”句：谓胜景难再。

[8] “天上”句：谓如天上人间的间隔遥远，永无见期。

◆ 作品赏析

李煜在南唐做皇帝时生活极端奢华，投降入宋后，过着屈辱的囚徒般的生活。这首词是他思念故国，追忆往事，抒发亡国别恨的伤痛之作。

这首词本色而不加雕琢，不用典故，多用口语和白描，词篇虽美，却是丽质天成，不靠容饰。词的上片用倒叙手法，帘外雨，五更寒，是梦后事；忘却身份，一晌贪欢，是梦中事。潺潺春雨和阵阵春寒，惊醒残梦，使他又回到了真实人生的凄凉景况中来。梦中梦后，实际上是今昔之比。他的《菩萨蛮》中有句“故国梦重归，觉来双泪垂”，所写情事与此相同。但《菩萨蛮》写得较直率，此词则婉转曲折，词中的自然环境和身心感受，更多象征性，也更有典型性。下片首句“独自莫凭栏”的“莫”字，有入声与去声两种读法。作“莫凭栏”，是因凭栏而见故国江山，将引起无限伤感；作“暮凭栏”，是晚眺江山遥远，深感“别时容易见时难”。两种说法都可通。“流水落花春去也”，与上片“春意阑珊”相呼应，美好的东西总是不能长久，水流花落，春去人逝，暗示自己来日无多，一生也即将结束。

李煜善于把自己的生活感受同高度的艺术概括力结合起来。身为亡国之君，他诉说着自己无限的故国之思，“别时容易见时难”，而这样的不幸和哀苦便是常人在生活中也会经历到的，与其说它是帝王的伤别体验，毋宁说它概括了离别中人们的普遍遭遇，因而能引起人们感情上的普遍共鸣。他在亡国之后不曾冷静地自省，而是直悟人生苦难无常之悲哀：“无奈朝来寒雨晚来风”“自是人生常恨水常东”“问君能有几多愁，恰是一江春水向东流”，把自身国破家亡的惨痛泛化，使得深刻而又广泛的人世之悲通向了对于人生悲剧性的体验与审视。王国维先生在《人间词话》里对他赞美道："词至李后主，而眼界始大，感慨遂深，遂变伶工之词而为士大夫之词。"

○ ○ ○ ○ ○ ○ ○ ○ ○ ○

望海潮·东南形胜[1]

柳 永

◆ 作家作品简介

柳永（约987—约1053），北宋著名词人，婉约派代表词人。崇安（今福建武夷山）人，原名三变，字景庄，后改名永，字耆卿，排行第七，又称柳七。宋仁宗朝进士，官至屯田员外郎，故世称柳屯田。他自称"奉旨填词柳三变"，以毕生精力作词，并以"白衣卿相"自诩。其词多描绘城市风光和歌妓生活，尤长于抒写羁旅行役之情，创作慢词最多。铺叙刻画，情景交融，语言通俗，音律谐婉，柳永词在当时流传极其广泛，人称"凡有井水饮处，皆能歌柳词"，对宋词的发展有重大影响。著有《乐章集》，《望海潮·东南形胜》为其中一首。

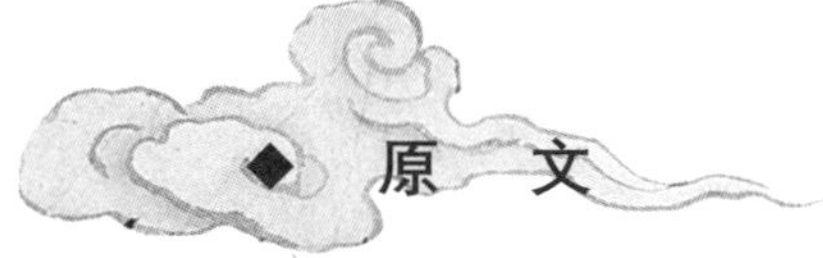

◆ 原 文

东南形胜[2]，三吴都会[3]，钱塘自古繁华[4]。烟柳画桥[5]，风帘翠幕[6]，参差十万人家[7]。云树绕堤沙[8]。怒涛卷霜雪[9]，天堑无涯[10]。市列珠玑[11]，户盈罗绮竞豪奢[12]。重湖叠巘清嘉[13]。有三秋桂子[14]，十里荷花[15]。羌管弄晴[16]，菱歌泛夜[17]，嬉嬉钓叟莲娃[18]。千骑拥高牙[19]。乘醉听箫鼓，吟赏烟霞[20]。异日图将好景[21]，归去凤池夸[22]。

注释

[1]《望海潮》：柳永自制曲，盖因词中写及钱塘潮而取以为名。《乐章集》注仙吕调。南北宋之交的杨湜在《古今词话》中谓此词乃赠孙何之作，唐圭璋在《柳永事迹新证》（见上海古籍出版社1986年版《词学论丛》一书）中对《古今词话》所记深信不疑，并由此推断柳永卒年；罗忼烈在《话柳永》中（罗文最初发表于《社会科学战线》1986年第2期，后经作者修改增补，于1988年7月由香港星岛教育出版社出版）详加考证，指出《古今词话》之误；薛瑞生在《乐章集校注》（中

华书局 1994 年版）中考出是宋皇祐五年（1053）赠帅杭孙沔之作而非赠孙何；吴熊和在《柳永与孙沔的交游与柳永卒年新证》（杭州大学出版社 1999 年版《吴熊和词学论集》）中也考出是赠帅杭孙沔之作而非赠孙何，但认为作于宋至和元年（1054）。吴说编年是，今从之。

[2] 形胜：地理位置重要，风光美丽。

[3] 三吴：吴兴、吴郡、会稽，此指今江苏、浙江一带。都会：大都市。

[4] 钱塘：今杭州市。钱塘于秦时置县，五代时吴越王在此建都，故曰“自古繁华”。

[5] 画桥：桥上饰有图画，或言如画之桥。

[6] 风帘：挡风的帘子。翠幕：绿色的帷幕。

[7] 参差：指楼阁房屋高低错落。《西湖老人繁胜录》：“回头看城内山上，人家层层叠叠，观宇楼台参差，如花落仙宫。”

[8] 云树：相连一片如云之树木。堤沙：因堤边多沙路，故曰“堤沙”。

[9] 怒涛：汹涌的潮水，此指钱塘江潮，是当地的一大景观。

[10] 天堑：天然壕沟，此指钱塘江。无涯：无边，看不到岸。

[11] 珠玑：泛指各种珠宝。

[12] 盈：满。罗绮：泛指各种绫罗绸缎。

[13] 重湖：西湖因白堤将其分为外湖、里湖，故称重湖。叠巘：重叠的山峰。此指西湖边的灵隐山、南屏山、慧日峰等。清嘉：秀美。

[14] 三秋桂子：秋季三个月中的桂花。西湖边多植桂花树。

[15] 十里：泛指辽阔的水面。白居易《余杭形胜》：“绕郭荷花三十里，拂城松树一千株。”

[16] 羌管弄晴：羌管所演奏的乐曲声与风和日丽的晴日相得益彰。“弄”为嬉闹、戏弄之意。

[17] 菱歌泛夜：采菱女的歌声在夜空中飘荡。

[18] 嬉嬉：游乐貌。莲娃：采莲女。

[19] 千骑：太守众多的卫士。汉太守有随从千骑，此指当时杭州太守孙何威风的仪仗，并暗示其官阶。高牙：高高飘扬的旗帜。古将军旗帜以象牙装饰，故称牙旗，或言将军乃朝廷爪牙，所以有牙旗的称呼。

[20] 吟赏烟霞：面对着如烟似霞的山水风光，或作诗，或游赏。

[21] 异日：他日。图将：画出。

[22] 凤池：凤凰池，皇帝的园林，中书省所在地。此句说孙何将要回朝廷任官，是对孙何的恭维话。

◆ 作品赏析

此词是柳词中的名作，历来为人所称道。词中描写了杭州的繁华富庶和湖光山色，既有廓大的自然景物，又有生动的人物场面，造语有气势，也很雅致。如上片之“烟柳画桥，风帘翠幕”，下片之“三秋桂子，十里荷花。羌管弄晴，菱歌泛夜，嬉嬉钓叟莲娃”等，都极有风韵，可谓“承平气象，形容曲尽”。此词是投赠之作，据《古今词话》载，当时杭州知府孙何门禁甚严，柳永作此词请当时名妓楚楚寻机会在孙何面前演唱，孙何在中秋之夜听到此词，遂将柳永迎至府中。又据《鹤林玉露》载，此词传到金国，金主完颜亮“欣然有羡于三秋桂子、十里荷花，遂起投鞭渡江之志”。把金国南侵的原因归结于这首词当然无稽，但由此可以看出这首词作有着巨大的艺术感染力。

定风波·莫听穿林打叶声

苏 轼

◆ 作家作品简介

苏轼（1037—1101），著名文学家，字子瞻，又字和仲，号东坡居士。北宋眉州眉山（今四川眉山）人。宋仁宗嘉祐二年（1057）与弟苏辙同登进士，授福昌县主簿、大理评事、签书凤翔府节度判官，召直史馆。神宗元丰二年（1079）知湖州时，以讪谤系御史台狱，次年贬黄州团练使，筑室于东坡，自号东坡居士。哲宗元祐元年（1086）还朝，为中书舍人，翰林学士，知制诰。绍圣元年（1094），又被劾奏讥斥先朝，远贬惠州、儋州。元符三年（1100），始被召北归，次年卒于常州。

苏轼诗、词、文、书、画皆工，是继欧阳修之后北宋文坛的领袖人物。词存340多首，具有广阔的社会内容，将北宋诗文革新运动的精神扩大到词的领域，扫除了晚唐五代以来的传统词风，开创了与婉约派并立的豪放派，扩大了词的题材，丰富了词的意境，冲破了诗庄词媚的界限，对词的革新和发展做出了重大贡献。作品今存《东坡全集》115卷。词有《东坡乐府》等。

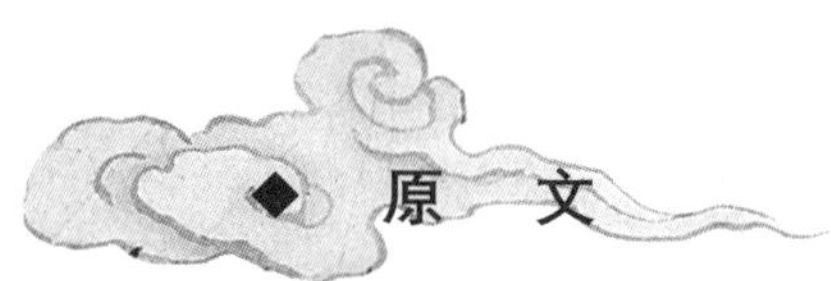

◆ 原 文

三月七日，沙湖道中遇雨[1]，雨具先去，同行皆狼狈，余独不觉。已而遂晴，故作此词。

莫听穿林打叶声，何妨吟啸且徐行[2]。竹杖芒鞋轻胜马[3]，谁怕？一蓑烟雨任平生。料峭春风吹酒醒，微冷，山头斜照却相迎。回首向来萧瑟处[4]，归去，也无风雨也无晴。

注释

[1] 沙湖：在黄州东南三十里。
[2] 吟啸：放声吟咏。
[3] 芒鞋：芒草所制之鞋。
[4] 萧瑟：一作“潇洒”，指风雨声。

◆ 作品赏析

本篇为东坡代表作，后人有“倚声之能事尽之矣”（郑文焯《手批东坡乐府》）的好评。

本篇还是东坡一生心迹的寓言式表征，同时又是一首几乎无须任何注释的词。全篇无一处用典，明白如话，谁都可以看懂。但是随着各人阅历和心境之不同，又可以衍发出无限的理解维度，有如高僧偈语，使人参详不尽。

起首“莫听”二字不讲任何道理地就使纷纷扰扰的画面消音，整个场景进入飘忽的慢镜头状态。雨滴慢慢飞，树叶慢慢摇，诗人凌波微步，罗袜生尘。悠然自得，无物无我。“何妨吟啸且徐行”“一蓑烟雨任平生”，这是一种入世的心态，是基于高度自信的飘逸独行，是遭遇终风苦雨时的一抹微笑，是绚烂之极归于平淡的一分释然。初到黄州曾经是“拣尽寒枝不肯栖”，而今却为一抹斜阳而心怀温暖；而“回首向来萧瑟处，归去，也无风雨也无晴”则是一种出世的状态，不再“心为形役”，自然不再“惆怅独悲”。回望来时路，胜负已成烟云，这是淡定的极致，是低调的炫丽，也是最高意义上的笑傲江湖。词如其“牌”，料想东坡用《定风波》这个调子，也有自此“风定波止”的期冀与寄托吧。

○ ○ ○ ○ ○ ○ ○ ○ ○ ○

摸鱼儿·更能消几番风雨

辛弃疾

◆ 作家作品简介

辛弃疾（1140—1207），南宋爱国词人，原字坦夫，改字幼安，别号稼轩，历城（今山东济南）人。出生时，中原已为金兵所占。21 岁参加抗金义军，不久归南宋。历任湖北、江西、湖南、福建、浙东安抚使等职，一生力主抗金。由于与当政的主和派政见不合，后被弹劾落职，退隐。1207 年秋，辛弃疾逝世，享年 68 岁。

辛弃疾艺术风格多样，以豪放为主，曾上《美芹十论》与《九议》，现存词600多首，条陈战守之策。其词抒写力图恢复国家统一的爱国热情，倾诉壮志难酬的悲愤，对当时执政者的屈辱求和颇多谴责；也有不少吟咏祖国河山的作品。题材广阔又善化用前人典故入词，风格沉雄豪迈又不乏细腻柔媚之处。《破阵子·为陈同甫赋壮词以寄之》《永遇乐·京口北固亭怀古》《水龙吟·登建康赏心亭》《菩萨蛮·书江西造口壁》等均有名，但部分作品也流露出抱负不能实现而产生的消极情绪。有《稼轩长短句》，今人辑有《辛稼轩诗文钞存》。

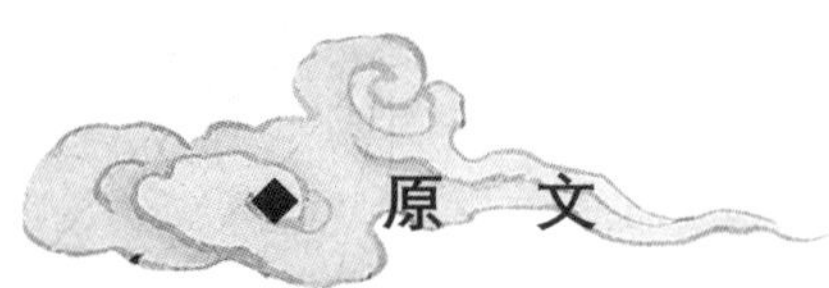

◆ 原 文

淳熙己亥，自湖北漕移湖南，同官王正之置酒小山亭[1]，为赋。

更能消[2]、几番风雨。匆匆春又归去。惜春长怕花开早，何况落红无数。春且住。见说道、天涯芳草无归路[3]。怨春不语。算只有殷勤，画檐蛛网[4]，尽日惹飞絮。　　长门事[5]，准拟佳期又误。蛾眉曾有人妒[6]。千金纵买相如赋[7]，脉脉此情谁诉。君莫舞。君不见、玉环飞燕皆尘土[8]。闲愁最苦。休去倚危栏[9]，斜阳正在，烟柳断肠处。

注释

[1] 淳熙己亥：孝宗淳熙六年（1179）。漕：转运司的简称。时年辛弃疾由湖北转运副使移任湖南转运副使。王正之：名正已，字正之。时任湖北转运判官，是辛弃疾的同僚下属，故称之为“同官”。亦能诗，著有《酌古堂文集》。正之系楼钥的姑父，事迹参楼钥《攻媿集》卷五二《酌古堂文集序》、卷九九《朝议大夫秘阁修撰致仕王公墓志铭》。小山亭：在转运司官署内。据《舆地纪胜·荆湖北路鄂州》载：“绍兴二年复置荆湖北路转运副使，治鄂州（按，今武汉市武昌区）。有副使、判官东西二衙。”“小山，在东漕衙之乖崖堂。”而宋湖北漕司官署，在今武汉武昌区蛇山北麓。乖崖堂，为北宋名臣张咏所建。李焘《湖北漕司乖崖堂记》云：“乖崖堂，为忠定张公复之（咏）作也。乖则违众，崖不利物，此复之自赞其画像云尔。像故在成都仙游阁上，或摹写置鄂之部刺史听事后屋壁间，迫隘嚣尘，与像弗称。余既更诸爽垲，并书所以作堂意，揭示来者。”（张咏《乖崖集》附录）当时知鄂州赵善括有和作。赵氏《摸鱼儿·和辛幼安韵》曰：“喜连宵、四郊春雨。纷纷一阵红去。东君不爱闲桃李，春色尚余分数。云影住。任绣勒香轮，且阻寻芳路。农家相语。渐南亩浮青，西江涨绿，芳沼点萍絮。　西成事，端的今年不误。从他蝶恨蜂妒。莺啼也怨春多雨，不解与春分诉。新燕舞。犹记得、雕梁旧日空巢土。天涯劳苦。望故国江山，东风吹泪，渺渺在何处。”

[2] 能消：能承受，经得起。

[3] “何况”三句：化用苏轼词意。苏轼《桃源忆故人·暮春》词：“华胥梦断人何处，听得莺啼红树。几点蔷薇香雨，寂寞闲庭户。暖风不解留花住，片片著人无数。楼上望春归去，芳草迷归路。”

[4] 画檐蛛网：苏轼《虚飘飘》诗中有“画檐蛛结网”。

[5] 长门事：用汉武帝陈皇后失宠居长门宫事。司马相如《长门赋序》：“孝武皇帝陈皇后时得幸，颇妒，别在长门宫，愁闷悲思。闻蜀郡成都司马相如，天下工为文，奉黄金百斤为相如、文君取酒，因于解悲愁之词。而相如为文以悟主上，陈皇后复得亲幸。”

[6] 蛾眉：女子美丽的容貌，代指美女。戴叔伦《宫词》：“贞心一任蛾眉妒，买赋何须问马卿。”此句借陈皇后之被妒，写自己累被人中伤。辛弃疾本年到湖南后所作《淳熙己亥论盗贼札子》即说：“臣孤危一身，久荷陛下保全，事有可为，杀身不顾。”“但臣生平刚拙自信，年来不为众人所容。”可为印证。

[7] “千金”二句：即使用千金买一篇司马相如的赋，也难以诉说心中的愁恨。相如赋，指司马相如为陈皇后写的《长门赋》。

[8] 玉环：唐玄宗宠妃杨玉环。《新唐书·后妃传》：玄宗贵妃杨氏，始为寿王妃。开元二十四年，

武惠妃薨，后廷无当帝意者，或言妃姿质天挺，宜充掖廷，遂召内禁中。异之，即为自出妃意者，丐籍女官，号太真，更为寿王聘韦昭训女，而太真得幸。善歌舞，邃晓音律，且智算警颖，迎意辄悟，帝大悦，遂专房宴，宫中号娘子，仪体与皇后等。天宝初，进册贵妃。飞燕：汉成帝皇后赵飞燕。《汉书·外戚传》：孝成赵皇后，本长安宫人，初生时，父母不举，三日不死，乃收养之，及壮，属阳阿主家。学歌舞，号曰飞燕。成帝尝微行，出过阳阿主，作乐，上见飞燕，而悦之，召入宫，大幸。有女弟，复召入，俱为婕妤。贵倾后宫。姊弟专宠十余年。后被废自杀。

[9] 倚危栏：李商隐《北楼》中有“此楼堪北望，轻命倚危栏”。

◆ 作品赏析

这是饯行酒宴上所赋离别词，然不在离别上着笔，而写人生感慨。写人生感慨，又不正面着笔，却从伤春惜春入手。首二句说伤春，意蕴层深。“春”“归去”是一层感伤。春，象征着青春、年华、生命。春尽，意味着生命又流逝一年，青春又减却一年，敏感的古人总是为之感伤。春“归去”，倒也罢了，却是“又”归去，意味着以前有若干春天归去，今年春“又”归去，一个“又”字，表达时间上的重复，前年如是，去年如是，今年如是，来年又如是。这是第二层感伤。“春又归去”也罢了，谁知是“匆匆”归去，归去得那么快速，那么决然，还没提防，还没意识到，春天就走了，这是第三层感伤。春天因何“匆匆归去”？原来是“几番风雨”摧残着春天，春天归去，不是安然无恙地离开，而是被风雨迫害，被外力摧残才归去的，这就更令人伤心了。有此四层感伤，故开篇说哪能承受春天在风雨的折磨中匆匆归去的命运！这是说春天吗？是，又不是。是写春天，也是隐喻象征人生。接下来，由伤春而惜春。惜春人总怕花早开，也就是说，花还没开时，惜春人就担惊受怕，生怕花开早了就零落得早。何况如今花已全部凋零了呢！春已归去，花已飘零，遂生留春之念。期待春天暂留脚步，让惜春人有缘再睹春天春花的芳容。可无论词人怎样呼唤挽留，春天也不停留，更不言无语。因此又心生哀怨，春天何以这般不听人劝，走得如此匆忙而决然？幸有屋檐蛛网，稍通人意，晓得把飞絮网罗，留存一点春日的信息与见证。一种伤春惜春之情，写来千回百折又层次井然，由伤春而惜春，由惜春而留春，由留春而怨春。

上片伤春惜春，隐喻人生的短暂、人生的无奈、年华时光的无法逆转。下片写受朝臣的谗言中伤，刚来湖北，欲有所为，就被调离，心中满腹怨愤，借着酒劲，面对友人一吐为快。但对小人的谗言中伤，不是直说，而是借历史故事来曲折表现。谗言害人的小人，稼轩心中定有所指，但读者不必对号入座，把它看成古往今来一种普遍现象可也。

凤凰台上忆吹箫·香冷金猊

李清照

◆ 作家作品简介

李清照（1084—约1155），号易安居士，济南（今山东济南市）人，婉约派著名的代表词人。李清照18岁嫁宋代著名的金石学家赵明诚，婚后生活平静美满，与丈夫一起研究金石书画，并致力于文学创作。宋室南渡不久，赵明诚病死。高宗建炎三年（1129），金兵南下，遭国难之忧和丧夫之痛的李清照又在浙东亲历变乱，生活颠沛流离，此后即在孤寂中度过晚年。

李清照的词善用白描手法，状物抒情，细腻精致，曲折尽意，风格上清新天然，淡雅脱俗而情韵深厚，语言上清新自然，音律上和谐优美。早期词作以亲身感受和内心体验写闺情相思，真挚动人，音韵优美；南渡后，遭受国破家亡的痛苦，漂泊的身世和悲凉的心情融入词中，风格凄黯深婉。有《漱玉词》。

◆ 原　文

香冷金猊[1]，被翻红浪[2]，起来慵自梳头。任宝奁尘满[3]，日上帘钩。生怕离怀别苦，多少事，欲说还休。新来瘦，非干病酒[4]，不是悲秋。休休，这回去也，千万遍《阳关》，也则难留。念武陵[5]人远，烟锁秦楼[6]。惟有楼前流水，应念我、终日凝眸。凝眸处，从今又添，一段新愁。

注释

[1] 金猊：狻猊形状的铜香炉。狻猊：传说中的一种野兽。
[2] 红浪：红锦被乱翻在床上。
[3] 宝奁：华贵的镜匣。尘满，一作“闲掩”。
[4] 病酒：酒醉如病。
[5] 武陵：武陵源，即桃花源。武陵人指远在异乡的爱人。
[6] 秦楼：原指秦穆公女弄玉与其夫萧史共同居住的楼，又称凤台。此指自己所住妆楼。

◆ 作品赏析

李清照与赵明诚婚姻美满，感情深厚，即使是一次短暂的分别，也会使词人感到沉重而痛苦。李清照这首词作于赵明诚离家远游之际，写出了她与丈夫分别时的痛苦心情，表达出对丈夫的深情和刻骨的思念。词的上片写离别前的情景，着意刻画慵懒的情态，体现不忍丈夫离去的复杂矛盾的心理和茫然若失的情绪。上片开头五句处处突出一个“慵”字。香冷了也不去换，被乱摊在床上也不去叠，起床后连头也不愿梳，梳妆匣上落满了灰尘，日上帘钩人才起床。这一切都因“生怕离怀别苦”，此句点明题旨。“多少事，欲说还休。”因不忍给丈夫增添烦恼，宁可把痛苦埋藏心底。“新来瘦，非干病酒，不是悲秋。”本来因怕分别才容颜瘦损，但作者偏不直接说出，体现出对丈夫的体贴与深爱，表达了女性特有的深婉细腻的感情。下片写别后的情景，着重写怀念和痴情，笔触细腻生动，抒情极凄婉。“这回去也”以下五句直接写别后的痛苦。“惟有楼前流水”以下三句，用一“念”字领起，楼前的流水本是无情物，因可以映出她凝眸的神情，所以可证明也可体验她的痴情，突出词人的孤独与痴情，写出了终日在楼前凝眸远眺、盼信望归的离愁。结尾三句用顶针格更加深化离愁。全词心理刻画十分细腻精致，上片写别绪，下片写离愁，以景寓情，情景交融，真切感人，反映了深厚的夫妻之情，表达了女性特有的深婉细腻的感情，体现了李清照早期作品的特色。

○ ○ ○ ○ ○ ○ ○ ○ ○ ○

偶　然

徐志摩

◆　作家作品简介

徐志摩（1897—1931），浙江海宁人，现代著名诗人、散文家。1915 年毕业于杭州一中，先后就读于上海沪江大学、天津北洋大学和北京大学。1918 年赴美国留学，1921 年赴英国留学，入剑桥大学当特别生，研究政治经济学。在剑桥两年深受西方教育的熏陶以及欧美浪漫主义和唯美派诗人的影响，奠定其浪漫主义诗风。1923 年成立新月社。1924 年任北京大学教授。1931 年 11 月 19 日因飞机失事罹难。

徐志摩倡导新诗格律，对中国新诗的发展做出了重要的贡献。徐志摩的诗字句清新，韵律和谐，比喻新奇，想象丰富，意境优美，神思飘逸，富于变化，并追求艺术形式的整饬、华美，具有鲜明的艺术个性。代表作品有《再别康桥》《翡冷翠的一夜》《偶然》。他的散文也自成一格，取得了不亚于诗歌的成就，其中《自剖》《想飞》《我所知道的康桥》《翡冷翠山居闲话》等都是佳作。

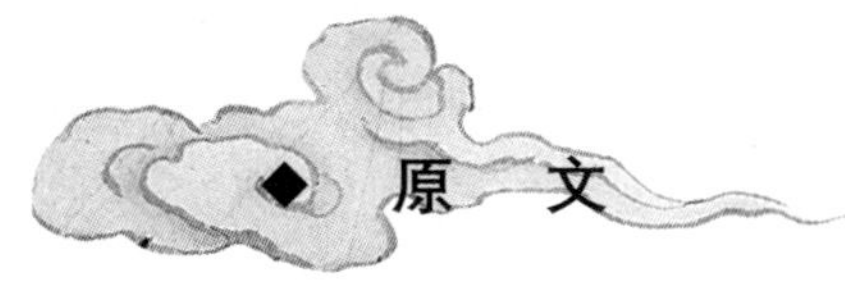

◆ 原　文

我是天空里的一片云，
偶尔投影在你的波心——
你不必讶异，
更无须欢喜——
在转瞬间消灭了踪影。

你我相逢在黑夜的海上，
你有你的，我有我的，方向；
你记得也好，
最好你忘掉，
在这交会时互放的光亮！

◆ 作品赏析

徐志摩的《偶然》作于 1926 年 5 月。诗人运用多种意象将自己的人生历程融入于此，表明诗人人生中经历了太多的偶然，将偶然形象化，不仅充满情趣意味，还给读者留下了足够的想象空间。让人不禁联想：他与张幼仪的结合是偶然，与林徽因的恋情是偶然，与陆小曼的风波也是偶然；他学习金融是偶然，倾心康桥是偶然，飞机失事更是偶然。这些偶然就像颗颗待穿线的珠子。

全诗语言生动，形式完美，情节波澜起伏，给人以无穷的想象空间。诗歌前后两节相互对应，读起来朗朗上口，耐人寻味。从表面上去看是一首爱情诗歌，仔细去品读，其中蕴含了深层的人生哲理和人生感悟，不乏一篇经典名作。新月诗人陈梦家也认为："《偶然》等几首诗，划开了他前后两期的鸿沟，他抹去了以前的火气，用整齐柔丽清爽的诗句，来写那微妙的灵魂的秘密。"作者将平常熟悉的意象穿插于整首诗歌中，给人以清新自然的感觉。诗人采用两两相对的事物将其矛盾化，可谓匠心独运的写作手法，将其动静结合。

致橡树

舒 婷

◆ 作家作品简介

舒婷（1952— ），原名龚佩瑜，女，福建厦门人，中国当代女诗人，朦胧诗派的代表人物。1969年下乡插队，1972年返城当工人，1979年开始发表诗歌作品，1980年至福建省文联工作，从事专业写作。

舒婷的《致橡树》是朦胧诗潮的代表作之一。著有诗集《双桅船》《会唱歌的鸢尾花》《始祖鸟》,散文集《心烟》《秋天的情绪》《硬骨凌霄》《露珠里的“诗想”》《舒婷文集》《真水无香》等。诗歌《祖国啊，我亲爱的祖国》获1980年全国中青年优秀诗歌作品奖，并被选入苏教版高一《语文》必修三和人教版《语文》九年级下册；《双桅船》获全国首届新诗优秀诗集奖、1993年庄重文文学奖；《真水无香》获第六届华语文学传媒盛典“年度散文家授奖”。

舒婷擅长自我情感律动的内省，在捕捉复杂细致的情感体验方面，特别表现出女性独有的敏感。舒婷又能在一些常常被人们漠视的常规现象中，发现尖锐深刻的诗化哲理（《神女峰》《惠安女子》），并把这种发现写得既富有思辨力量，又楚楚动人。舒婷的诗，有明丽隽美的意象、缜密流畅的思维逻辑，从这方面说，她的诗并不“朦胧”。只是多数诗的手法采用隐喻、局部或整体象征，很少以直抒告白的方式，表达的意象有一定的多义性。

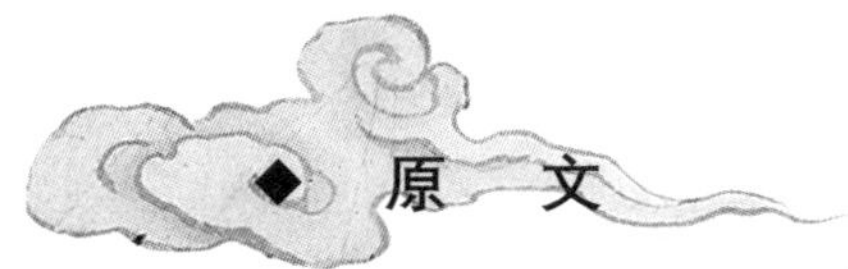

◆ 原 文

我如果爱你——
绝不像攀援[1]的凌霄花，
借你的高枝炫耀自己；
我如果爱你——
绝不学痴情的鸟儿，
为绿荫重复单纯的歌曲；
也不止像泉源，
常年送来清凉的慰藉[2]；
也不止像险峰，
增加你的高度，衬托你的威仪。

甚至日光。
甚至春雨。
不，这些都还不够！
我必须是你近旁的一株木棉，
作为树的形象和你站在一起。
根，紧握在地下；
叶，相触在云里。
每一阵风过，
我们都互相致意，
但没有人
听懂我们的言语。
你有你的铜枝铁干，
像刀，像剑，
也像戟；
我有我红硕的花朵，
像沉重的叹息，
又像英勇的火炬。
我们分担寒潮、风雷、霹雳；
我们共享雾霭[3]、流岚[4]、虹霓[5]。
仿佛永远分离，
却又终身相依。
这才是伟大的爱情，
坚贞就在这里：
爱——
不仅爱你伟岸的身躯，
也爱你坚持的位置，足下的土地。

注释

[1] 攀援：同“攀缘”，比喻投靠有权有势的人往上爬。

[2] 慰藉：安慰。

[3] 雾霭：雾气。

[4] 流岚：这里指云雾。

[5] 虹霓：同“虹蜺”，指彩虹。

◆ 作品赏析

这首诗通过整体象征的艺术手法，用“木棉”对“橡树”的内心独白，热情而坦诚地歌唱自己的人格理想以及要求比肩而立、各自独立又深情相对的爱情观。可以看出，诗人在选取诗歌创作材料时有着精心的设计：橡树是那样适合代表男性的阳刚之美，而木棉则又是那样贴切地代表了女性的自强自立以及与男性平等的要求。这首诗一诞生，橡树和木棉，就成为我国爱情诗中一组崭新的意象。

诗篇一开始用了两个假设和六个否定性比喻，表达出了自己的爱情观：她既不想高攀对方，借对方的显赫来炫耀虚荣；也不想一厢情愿地淹没在对方的冷漠浓荫下，独唱那单恋的歌曲。作为女性，她默认应该具有脉脉含情的体贴和温柔，但又认为不能仅仅停留在这种状态；她承认铺垫和衬托能使对方的形象更加出众和威武，但又觉得这仍不能代表爱情的全部。为了对方，自己应奉献出“日光”般的温暖，应倾泻出“春雨”般的情意。但她并不满足于这些：“不，这些都不够！我必须是你近旁的一株木棉，作为树的形象和你站在一起。”诗人鲜明地表示她必须和对方站在同等的位置——你是树，我必须是树且是同样高大挺拔的树；你站着，我也必须站着，且要平等地立于天地间。

接下来诗人描绘了理想爱情中的男女应有的姿态：“根，紧握在地下；叶，相触在云里。每一阵风过，我们都互相致意，但没有人听懂我们的言语。”他们心心相印，息息相通。这木棉用一种为橡树自豪、为自己骄傲的口吻说道：“你有你的铜枝铁干，像刀，像剑，也像戟；我有我红硕的花朵，像沉重的叹息，又像英勇的火炬。”显然，木棉深深懂得她和橡树各自的特点和价值。她接着以“分担寒潮、风雷、霹雳”和“共享雾霭、流岚、虹霓”表达出真正的爱情应当同甘共苦的信念。他们表面上“仿佛永远分离”，实质上却“终身相依”。“爱——不仅爱你伟岸的身躯，也爱你坚持的位置，足下的土地。”诗人认为：爱情，不仅止于倾慕对方“伟岸的身躯”，而是把对方的事业追求、理想信念也纳入自己爱的怀抱，在精神上完全相融相通，“这才是伟大的爱情”。

在艺术表现上，诗歌采用了内心独白的抒情方式，便于坦诚、开朗地直抒诗人的心灵世界。同时，以整体象征的手法构造意象（全诗以橡树、木棉的整体形象对应地象征爱情双方的独立人格和真挚爱情），使得哲理性很强的思想、意念得以在亲切可感的形象中生发、诗化，因而这首富于理性气质的诗却让人感觉不到任何说教意味，而只是被其中丰美动人的形象所征服。

全诗采用抒情主体“木棉”对“橡树”做诚挚的表白，把二者人格化、心灵化，使这两个中心意象从外到内都闪射出思想和审美的光芒。木棉可以理解为充满青春气息的柔中带刚的现代女性美的象征，也可以理解为炽热、丰富的感情及独有一份深沉的个性。橡树则显示了阳刚的气质，是伟岸、刚强的性格象征。此诗有了这种独特、精美的意象作为象征核心，就自然地脱离了具体的有限的形体，具有丰富的内涵。它既可以看作男女之间平等真诚的爱情，也可以理解为一种亲密、平等、和谐的人际关系。诗人巧借“木棉”的表白，派生并组合了一系列蕴含丰富的具体意象。这些意象要么是暗示木棉对传统人生观中不和谐不平衡，甚至向一方倾斜的人际关系的看法，要么是大胆肯定在人格独立基础上的互相依存，显示了对和谐的人际关系、新型的爱情观、人生价值的向往和追求。全诗章法及句法的精心安排，使抒情与议论自然融合，使丰富细腻的感情带有理性的光彩。

○ ○ ○ ○ ○ ○ ○ ○ ○ ○

我愿是一条急流

裴多菲

◆ 作家作品简介

裴多菲·山陀尔（Petöfi Sándor，1823—1849），匈牙利爱国诗人。他于 1823 年 1 月 1 日出生在匈牙利一个贫苦屠户家庭，少年时期过流浪生活，做过演员，当过兵。裴多菲 15 岁开始写诗，1842 年正式发表诗歌《酒徒》，开始写作生涯。他一生前后共计写了 800 多首抒情诗和 8 首长篇叙事诗。裴多菲以反抗外敌入侵和追求自由来诠释整个生命，积极投身于祖国解放战争，1849 年 7 月 31 日，年仅 26 岁的他在瑟克什堡大血战中同沙俄军队作战时英勇牺牲。裴多菲最著名的抒情诗作品有《民族之歌》《我的歌》《一个念头在烦恼着我》《自由与爱情》《我愿是一条急流》《把国王吊上绞架》等。

他的政治抒情诗，语言犀利，感召力强，对匈牙利民族解放运动有直接影响。

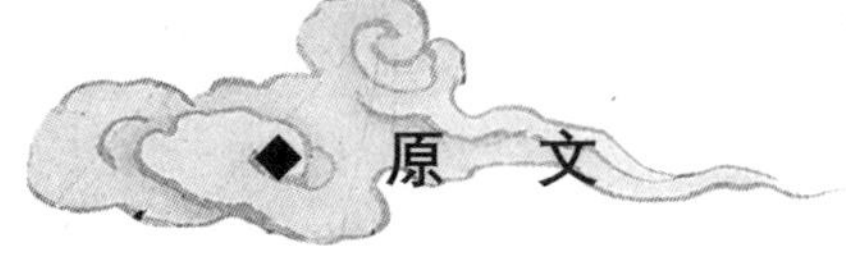

◆ 原　文

我愿是一条急流，
是山间的小河，
穿过崎岖[1]的道路，
从山岩中间滚过……

只要我的爱人
是一条小鱼，
在我的浪花中间，
愉快地游来游去。

我愿是一座荒林，
坐落在河流两岸；
我高声呼叫着，
同暴风雨作战……
只要我的爱人
是一只小鸟，
停在枝头上啼叫，
在我的怀里作巢。

我愿是城堡的废墟[2]，
耸立在高山之巅，
即使被轻易毁灭，
我也并不懊丧[3]……
只要我的爱人
是一根常春藤，
绿色枝条恰似臂膀，
沿着我的前额上升。

我愿是一所小草棚，
在幽谷中隐藏，
饱受风雨的打击，
屋顶留下了创伤……
只要我的爱人
是我胸中的烈火，
在我的炉膛里，
愉快而缓慢地闪烁。

我愿是一块云朵，
是一面破碎的大旗，
在旷野的上空，

疲倦地飘来飘去……
只要我的爱人
是黄昏的太阳，
照射我苍白的脸，
射出红色的光焰。

注释

[1] 崎岖：形容地势或道路高低不平。

[2] 废墟：城市、村庄等遭受毁灭性破坏而变成的荒凉地方。

[3] 懊丧：懊恼沮丧。

◆ 作品赏析

为了爱，诗人愿意奉献所有，愿意为这份爱坚守一生。“我愿是”，短短的三个字包含了诗人无比厚重、深切的情感，更是诗人对相伴终生的承诺。“我愿是”作为全诗反复响起的主旋律外，诗人还运用了大量意象设想了爱情中双方所处的位置，这些意象生动传达出诗人对爱的深情。

《我愿是一条急流》寄寓了作者的理想与追求，和其他抒写着豪情壮志的诗篇构成了创作思路上的统一和情感诉求上的一致。侠骨与柔肠从根本上来说就是一个有机体。“我的爱人”在诗中象征着诗人心中的价值理想和行动目标。妇孺皆知，理想从来不是触手可及的,追求很可能是咫尺天涯。它们需要人们有“咬定青山不放松”的坚强,有“立根原在破岩中”的坚韧，斗雪傲霜，不折不挠，奋不顾身，全力以赴。因此，诗作通篇以“我愿是——”这掷地有声的人格宣言，强烈表达了为理想而努力的气概和情怀。诗歌字里行间洋溢着汩汩滔滔的殉道精神，并由此彰显着诗人内心的虔诚、忠贞、执着。这是对爱情生活中的敢于奉献、甘于奉献的转述与升华。在诗人所寄寓的各种理想之中，自由是不可或缺的。透过字面，透过对“我的爱人”和“我”本人的生存状态的畅想，是不难理解“是一条小鱼 / 在我的浪花中间 / 愉快地游来游去”“是一只小鸟 / 停在枝头上啼叫 / 在我的怀里作巢”“我愿是一块云朵 / 是一面破碎的大旗 / 在旷野的上空 / 疲倦地飘来飘去”其背后正高扬着自由精神。这也再次显示了裴多菲创作上的一贯特色。《我愿是一条急流》是从爱情出发，又在超拔着爱情。它是爱情诗，同时又是箴言诗，予人以劝慰鼓舞的力量。

这首诗极富有朦胧性和象征意味，意象的内涵极其丰富，这也给读者鉴赏提供了一个广阔的思维空间。这种情感可以上升为一种对于民族、国家的情感。一位热血男儿，对待爱情至死不渝，无私奉献，道出了古往今来爱情之真谛，此乃诗中之高致；小而对于个人爱情，大而对于祖国，皆能抱一种忠实之态度，即使当其不幸而处于绝望之境地、生死之难关，也能体现一种无私奉献、生死不渝之精神。唯其有此一种精神，小而至于个人爱情，才能够肝胆相照、心心相印；大而至于祖国民族，才能够苦尽甘来、生生不息。裴多菲并没有把爱情看成生命的唯一，最后他也用自己的实际行动诠释了“若为自由故，二者皆可抛”这句诗的内涵。但他却把爱情看得高于生命，这就够了。

第二章 散文

左传·郑伯克段于鄢[1]

◆ 作家作品简介

《左传》又名《左氏春秋》《春秋左氏传》，是我国第一部叙事详细、记述完整的编年体史书，也是具有文学价值的散文名著。相传，《左传》作者是春秋末期的鲁国人左丘明，今人多认为它是战国初年的人根据各国史料编纂而成的。

《左传》约 18 万字，以鲁国十二公（隐、桓、庄、闵、僖、文、宣、成、襄、昭、定、哀）的世次纪年，记载了鲁隐公元年至鲁哀公四年（前 722—前 468 年）共 254 年间周王朝及各诸侯国在政治、经济、军事、外交和文化等方面的重大史实，还收纳了春秋以前的一些古史传说。

《左传》记载既系统又有条理，尤其擅长描写战争，将许多重大战役的起因、过程、双方的谋划、战场内外的斗争和战役的结果都叙写得清楚、详尽，笔法又多变化，还常常着眼于政治问题以揭示胜负的原因。《左传》还善于通过人物对话、行动、心理和其他细节描写来刻画人物形象，全书语言简洁生动。《郑伯克段于鄢》是其名篇。

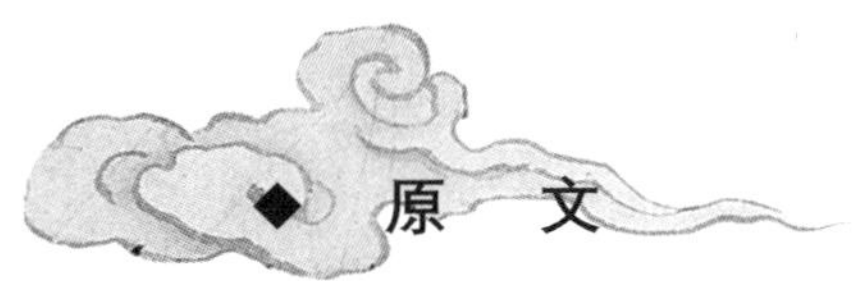

◆ 原文

初[2]，郑武公娶于申[3]，曰武姜[4]，生庄公及共叔段。庄公寤生[5]，惊姜氏，故名曰寤生，遂恶之[6]。爱共叔段，欲立之。亟请于武公[7]，公弗许。

及庄公即位，为之请制[8]。公曰："制，岩邑也[9]，虢叔死焉[10]，他邑唯命[11]。"请京[12]，使居之，谓之京城大叔[13]。祭仲曰[14]："都城过百雉[15]，国之害也。先王之制：大都不过参国之一[16]；中，五之一；小，九之一。今京不度，非制也，君将不堪[17]。”公曰：“姜氏欲之，焉辟害[18]？”对曰：“姜氏何厌之有[19]？不如早为之所[20]，无使滋蔓。蔓，难图也[21]。蔓草犹不可除，况君之宠弟乎？”公曰：“多行不义，必自毙[22]，子姑待之[23]。”

既而大叔命西鄙、北鄙贰于己[24]。公子吕曰[25]：“国不堪贰，君将若之何[26]？欲与大叔，臣请事之[27]。若弗与，则请除之，无生民心[28]。”公曰：“无庸[29]，将自及[30]。”大叔又收贰以为己邑，至于廪延[31]。子封曰：“可矣。厚将得众[32]。”公曰：“不义不昵[33]，厚将崩。”大叔完聚[34]，缮甲兵[35]，具卒乘[36]，将袭郑，夫人将启之[37]。公闻其期，曰：“可矣！”命子封帅车二百乘以伐京[38]。京叛大叔段。段入于鄢。公伐诸鄢[39]。五月辛丑[40]，大叔出奔共[41]。书曰[42]：“郑伯克段于鄢。”段不弟[43]，故不言弟；如二君，故曰克；称郑伯，讥失教也；谓之郑志[44]，不言出奔，难之也[45]。

遂置姜氏于城颍[46]，而誓之曰[47]：“不及黄泉[48]，无相见也！”既而悔之。颍考叔为颍谷封人[49]，闻之，有献于公。公赐之食。食舍肉[50]。公问之。对曰：“小人有母，皆尝小人之食矣；未尝君之羹[51]，请以遗之[52]。”公曰：“尔有母遗，繄我独无[53]！”颍考叔曰：“敢问何谓也[54]？”公语之故，且告之悔。对曰：“君何患焉[55]？若阙地及泉[56]，隧而相见[57]，其谁曰不然[58]？”公从之。公入而赋[59]：“大隧之中，其乐也融融[60]。”姜出而赋：“大隧之外，其乐也泄泄[61]。”遂为母子如初。君子曰[62]：“颍考叔，纯孝也[63]，爱其母，施及庄公[64]。诗曰[65]：‘孝子不匮，永锡尔类[66]’，其是之谓乎[67]！”

注释

[1] 本篇选自《左传·隐公元年》。郑伯：郑庄公。春秋时天下有公、侯、伯、子、男五等爵。郑国是伯爵级的诸侯国，姬姓，在今河南新郑一带，所以称它的国君为郑伯。鄢（yān）：地名，在今河南鄢陵。

[2] 初：当初。

[3] 郑武公：郑国第二代国君，名“掘突”，“武”是其死后谥号。申：国名，姜姓，是侯爵一级的诸侯国，在今河南南阳一带。

[4] 武姜：后人对武公之妻姜氏的追称。“武”是其夫的谥号，“姜”则表示其母家之姓。

[5] 寤（wù）生：逆生，即难产。

[6] 恶（wù）：厌恶，不喜欢。

[7] 亟（qì）：屡次。

[8] 为之请制：（姜氏）为段请求封给制这个地方。制：地名，在今河南省荥阳市汜水附近的虎牢关一带。

[9] 岩：险要。

[10] 虢（guó）叔：东虢国的国君。虢：国名，分为东虢、西虢。东虢故城在今河南荥阳东北，虢叔曾仗恃地势险要，不修德政，后为郑武公所灭，死在制这个地方。焉：于是，在此。

[11] 唯命："唯命是从"的省略。

[12] 京：地名，在今河南荥阳东南，距郑国都城新郑很近。

[13] 大叔：太叔，是对段的尊称。大：通"太"。

[14] 祭（zhài）仲：字足，郑国大夫。

[15] 雉（zhì）：古代度量单位，长三丈高一丈为一雉。当时的制度规定，侯伯一级的国都只能方五里，径三百雉，它下面所属的城市，大的不能超过的它的三分之一，就是不能超过一百雉，中的不能超过它的五分之一，小的不能超过它的九分之一。

[16] 参国之一：国都的三分之一。参：通"三"。

[17] 堪：经受得起。

[18] 焉：哪里，怎么。辟：通"避"。

[19] 何厌之有："有何厌"。厌：通"餍"，满足。

[20] 早为之所：早一点给他安排一个地方。所：处所。

[21] 图：图谋，谋划。

[22] 自毙：自趋灭亡。毙：原意是因病或身体受伤倒下去。

[23] 子：古时对人的尊称。姑：姑且。

[24] 既而：不久。鄙：边邑。贰于己：指共叔段让郑国西、北边邑一方面属于庄公，一方面属于自己。贰：两属。

[25] 公子吕：郑国大夫，字子封。

[26] 若之何：对它怎么办。

[27] 事：侍奉。

[28] 无生民心：使人民产生二心。无：通"毋"。

[29] 无庸：不用，指不用这么做。庸：通"用"。

[30] 自及：自己遭殃，自取灭亡。及：赶上。

[31] 廪延：郑国的邑名，在今河南延津县北。

[32] 厚：指土地扩大。众：民众。

[33] 不义不昵（nì）：对君不义，对兄不亲。昵：亲近。

[34] 完：修治，这里指修治城郭。聚：聚集，这里指聚集粮草。

[35] 缮：修理整治。甲：盔甲。兵：武器。

[36] 具：准备，备置。卒：步兵。乘（shèng）：战车。古时一车四马叫作一乘。车上站士兵三人，车后跟步兵七十二人。

[37] 夫人将启之：指郑武公的夫人将为共叔段打开城门做内应。启：开。

[38] 帅：通"率"。

[39] 诸："之于"的合音。"之"指代共叔段。

[40] 五月辛丑：古人用天干地支纪日，六十天一循环。五月辛丑，是鲁隐公元年（722）五月二十三日。

[41] 出奔共：逃奔到共国（在今河南辉县）避难。

[42] 书：指《春秋》。

[43] 弟：通"悌"，顺从兄长。不弟：不顺从兄长。一说为不像弟弟。

[44] 郑志：指郑伯要杀弟的意图。志：意志，意图。

[45] 难：指难以下笔。一说"难"音"nàn"，责难。

[46] 置：安置，这里有幽禁的意思。颍：郑国邑名，在今河南临颍县西北。

[47] 誓之：向她发誓。

[48] 黄泉：古人认为天玄地黄，泉在地下，人死后葬入地下墓穴，因此称人死亡为赴黄泉。

[49] 颍考叔：郑国大夫。颍谷：郑边邑名，在今河南省登封市西南。封人：管理疆界的官。

[50] 舍：舍弃，放下。这里指放下不吃。

[51] 羹：带汁的肉。

[52] 遗（wèi）：送给。

[53] 繄（yī）：语气助词，无义。

[54] 敢：表示谦敬的副词，有“冒昧”的意思。何谓：“谓何”，说的是什么意思。

[55] 患：担心，忧虑。

[56] 阙（jué）：通“掘”，挖掘。

[57] 隧：隧道。这里用作挖隧道的意思。

[58] 其：用在句首，加强反问语气。然：这样。

[59] 赋：吟诗。

[60] 融融：融洽的样子。

[61] 泄泄（yì）：舒畅的样子。

[62] 君子曰：这是作者假托“君子”发表议论。

[63] 纯孝：笃孝，指孝心真诚、纯笃。

[64] 施（yì）：延及，扩展。

[65] 诗：指《诗经》。

[66] “孝子”二句：这是《诗经·大雅·既醉》篇中的诗句，意思是说孝子的孝道没有穷尽，永久地把它赐给同类的人。匮：竭尽。锡：通“赐”。类：指同类的人。

[67] “其是”句：大概就是说的这种事情。

◆ 作品赏析

“郑伯克段于鄢”出自《春秋》，这句简单的记载提醒人们：前722年，郑国发生了一件骨肉相残的事件。《左传》中的这段选文则为我们提供了更翔实更精彩的内容。

本文对人物的刻画很成功。作者通过矛盾冲突刻画人物性格。文中矛盾斗争的一方是郑庄公，另一方是共叔段和武姜。庄公的阴险狡诈、工于心计，共叔段的贪得无厌、不善智谋，姜氏的褊狭昏聩、助子为虐，在矛盾斗争中被展现得栩栩如生。本文对郑庄公的刻画尤为成功。从庄公即位到共叔段外逃，共经过二十二年的时光，在这漫长的岁月中，庄公明知姜氏的偏袒、共叔段的骄横狂妄，却没有发于一时，而是暗中蓄谋。先以“制，岩邑也，虢叔死焉，他邑唯命”拒绝姜氏为共叔段请制，再答应姜氏为共叔段请京，并以“姜氏欲之，焉辟害”避开大臣对共叔段为京城大叔的质疑与提醒。“多行不义，必自毙”则道出庄公的真实意图，表面上，郑庄公竭力容忍其弟的得寸进尺，实际上是养其骄，纵其欲，使其自取灭亡。这就使兄弟之间的战争及其结局成为必然，也使庄公阴险狡诈的性格特征跃然纸上。后文郑庄公对姜氏态度的起伏变化，也很形象地表现了郑庄公的冷酷和伪善。除了主要人物外，次要人物的形象也很鲜明：祭仲老成、公子吕直率、颍考叔聪敏，这些也给人留下了印象。

全文按事件发展的自然顺序组织结构，脉络清楚。作者善于剪裁史料，详略得当。略写战争经过，详写矛盾发生、发展、激化的过程，用大量笔墨刻画人物的形象，揭示人物内心。另外，作者还择取了许多生动的生活细节与严肃的政治斗争结合起来描写，使文章盎然生趣。

○ ○ ○ ○ ○ ○ ○ ○ ○ ○

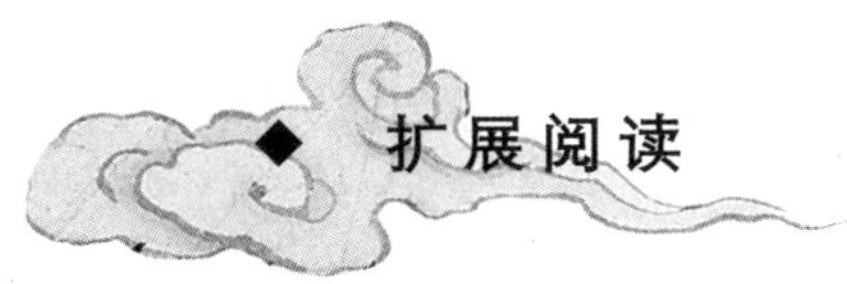

◆ 扩展阅读

左传·晏子对齐侯问

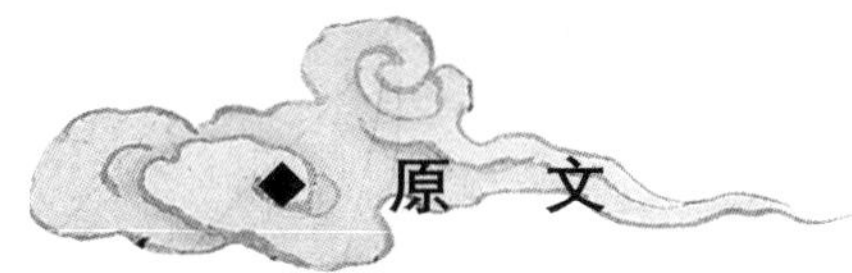

◆ 原 文

齐侯至自田，晏子侍于遄台，子犹驰而造焉。公曰：“唯据与我和夫！”晏子对曰：“据亦同也，焉得为和？”公曰：“和与同异乎？”对曰：“异。和如羹焉，水火醯醢盐梅，以烹鱼肉，燀之以薪，宰夫和之，齐之以味；济其不及，以泄其过。君子食之，以平其心。君臣亦然。君所谓可而有否焉，臣献其否以成其可。君所谓否而有可焉，臣献其可以去其否。是以政平而不干，民无争心。故《诗》曰：‘亦有和羹，既戒既平。鬷嘏无言，时靡有争。’先王之济五味，和五声也，以平其心，成其政也。声亦如味，一气，二体，三类，四物，五声，六律，七音，八风，九歌，以相成也。清浊，小大，短长，疾徐，哀乐，刚柔，迟速，高下，出入，周疏，以相济也。君子听之，以平其心。心平，德和。故《诗》曰：‘德音不瑕。’今据不然。君所谓可，据亦曰可；君所谓否，据亦曰否。若以水济水。谁能食之？若琴瑟之专一，谁能听之？同之不可也如是。”

◆ **作品赏析**

本文主要从国家政治的角度论证了“和”与“同”的本质区别，晏子认为，君臣之间的“和”，不是不分黑白、混淆是非的稀泥，而是要承认矛盾存在的客观性和不同意见的合理性。君可则献其否，君否则献其可，君臣之间应允许存在不同看法和不同意见，在彼此充分发表各自意见的基础上达成“和”，才是国家政治的应有状态和理想境界。而“同”则相反，“同”否定不同，回避矛盾，不允许不同意见、不同认识的存在及发表，如梁丘据之同于齐侯，乃是为利益驱使谄媚君王，不说真话实话，以保持表面的一致。这不仅表明官员人品低下，也容易助长君王的专制思想。

战国策·苏秦始将连横说秦[1]

◆ **作家作品简介**

《战国策》简称《国策》，原来名称不一，或称《国策》《国事》《短长》《事语》《长书》《修书》等名。《战国策》为当时战国策士的集体创作，其作者已不可考。今所见《战国策》是经西汉刘向（前 77—前 6）整理、编次、定名的。全书共 33 篇，分西周、东周、秦、齐、楚、赵、魏、韩、燕、宋、卫、中山十二策，记载了从春秋末期到汉以前（前 454—前 209 年）共 245 年的历史，记录了各国在政治、军事、外交等方面的一些重大事件，以及谋臣、策士、纵横家的言论和活动，保存了许多史料。

《战国策》不仅是一部国别体史书，也是一部优秀的散文集。其叙事状物，铺张扬厉，夸张渲染，运笔灵活自如，文辞活泼流畅；其说理论事，纵横驰骋，指陈利害，感情充沛，气势逼人。书中还常常引用历史典故阐明历史的经验教训，同时善于运用寓言故事做比喻增强文章的生动性。全书虽不乏后人增饰、虚夸的东西，却具有较高的艺术成就和很强的感染力，对中国文学的发展产生了极其深远的影响。《苏秦始将连横说秦》是《战国策》的代表作之一。

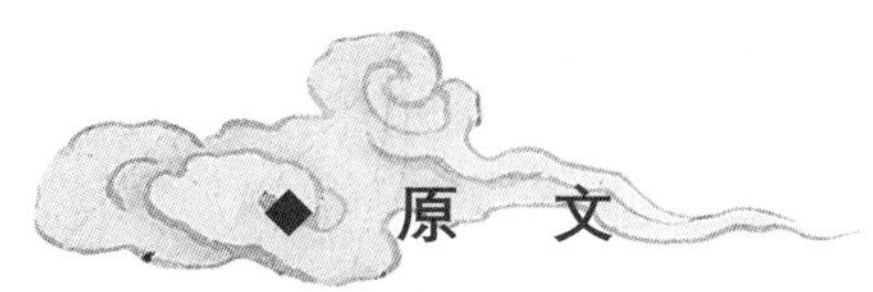

原 文

苏秦始将连横说秦惠王曰[2]："大王之国，西有巴、蜀、汉中之利[3]，北有胡貉、代马之用[4]，南有巫山、黔中之限[5]，东有肴、函之固[6]。田肥美，民殷富，战车万乘，奋击百万[7]，沃野千里，蓄积饶多，地势形便[8]，此所谓天府[9]，天下之雄国也。以大王之贤，士民之众，车骑之用，兵法之教[10]，可以并诸侯，吞天下，称帝而治。愿大王少留意，臣请奏其效[11]。"

秦王曰："寡人闻之：毛羽不丰满者，不可以高飞；文章不成者[12]，不可以诛罚；道德不厚者，不可以使民；政教不顺者，不可以烦大臣[13]。今先生俨然不远千里而庭教之[14]，愿以异日[15]。"

苏秦曰："臣固疑大王之不能用也。昔者神农伐补遂[16]，黄帝伐涿鹿而禽蚩尤[17]，尧伐驩兜[18]，舜伐三苗[19]，禹伐共工[20]，汤伐有夏[21]，文王伐崇[22]，武王伐纣[23]，齐桓任战而伯天下[24]。由此观之，恶有不战者乎[25]？古者使车毂击驰[26]，言语相结[27]，天下为一；约从连横[28]，兵革不藏[29]；文士并饬[30]，诸侯乱惑；万端俱起，不可胜理；科条既备，民多伪态[31]；书策稠浊[32]，百姓不足；上下相愁，民无所聊[33]；明言章理，兵甲愈起[34]；辩言伟服，战攻不息[35]；繁称文辞，天下不治；舌弊耳聋[36]，不见成功；行义约信[37]，天下不亲。于是，乃废文任武，厚养死士，缀甲厉兵[38]，效胜于战场[39]。夫徒处而致利，安坐而广地，虽古五帝三王五伯、明主贤君[40]，常欲坐而致之。其势不能，故以战续之。宽则两军相攻，迫则杖戟相撞[41]，然后可建大功。是故兵胜于外，义强于内，威立于上，民服于下。今欲并天下，凌万乘[42]，诎敌国[43]，制海内，子元元[44]，臣诸侯，非兵不可。今之嗣主[45]，忽于至道[46]，皆惛于教[47]，乱于治，迷于言，惑于语，沉于辩，溺于辞。以此论之，王固不能行也！"

说秦王书十上，而说不行。黑貂之裘弊，黄金百镒尽[48]，资用乏绝，去秦而归。羸縢履蹻[49]，负书担橐[50]，形容枯槁，面目犁黑[51]，状有归色。归至家，妻不下纴[52]，嫂不为炊，父母不与言。苏秦喟叹曰："妻不以我为夫，嫂不以我为叔，父母不以我为子，是皆秦之罪也！"乃夜发书，陈箧数十[53]，得太公《阴符》之谋[54]，伏而诵之，简练以为揣摩[55]。读书欲睡，引锥自刺其股[56]，血流至足。曰："安有说人主不能出其金玉锦绣、取卿相之尊者乎？"期年，揣摩成，曰："此真可以说当世之君矣。"

于是乃摩燕乌集阙[57]，见说赵王于华屋之下[58]，抵掌而谈[59]。赵王大悦，封为"武安君"，受相印。革车百乘，锦绣千纯[60]，白璧百双，黄金万镒，以随其后。约从散横[61]，以抑强秦。

故苏秦相于赵而关不通[62]。当此之时，天下之大，万民之众，王侯之威，谋臣之权，皆欲决苏秦之策。不费斗粮，未烦一兵，未战一士，未绝一弦，未折一矢，诸侯相亲，贤于兄弟。夫贤人在而天下服，一人用而天下从[63]。故曰：式于政[64]，不式于勇；式于廊庙之内[65]，不式于四境之外。当秦之隆，黄金万镒为用，转毂连骑[66]，炫熿于道[67]，山东之国[68]，从风而服，使赵大重。

且夫苏秦特穷巷掘门、桑户棬枢之士耳[69]，伏轼撙衔[70]，横历天下[71]，廷说诸侯之王，杜左右之口[72]，天下莫之能伉[73]。将说楚王，路过洛阳。父母闻之，清宫除道[74]，张乐设饮[75]，郊迎三十里。妻侧目而视，倾耳而听，嫂蛇行匍伏[76]，四拜自跪而谢[77]。苏秦曰："嫂，何前倨而后卑也[78]？"嫂曰："以季子之位尊而多金。"苏秦曰："嗟乎！贫穷则父母不子，富贵则亲戚畏惧。人生世上，势位富贵，盖可忽乎哉[79]！"

注释

[1] 本文选自《战国策·秦策》。

[2] 苏秦：字季子，战国时洛阳人，约卒于前 284 年。相传他与张仪同从鬼谷子学纵横术。据长沙马王堆汉墓出土的帛书记载，他的主要活动年代是在战国中后期齐闵王时，稍晚于张仪，其一生主要的政治活动是谋求燕国强大，在齐国从事间谍活动，破坏齐赵之间的关系，使齐国与燕国交好，后因间谍身份暴露，被齐闵王用车裂之刑处死。将：以，用。连横：一般称南北为"纵"，东西为"横"。战国时秦在西，六国在东，故秦与东边个别国家联合攻击其他国家称"连横"，六国联合起来共同对抗秦国则称"合纵"或"约从"。说（shuì）：游说。秦惠王：姓嬴，名驷，秦孝公之子，前 336—前 312 年在位。

[3] 巴：今四川东部及湖北西部一带地区。蜀：今四川西部。汉中：今陕西南部、湖北西部。巴、蜀、汉中三地均以物产丰富著称。利：利益，指物产丰富。

[4] 胡貉（hé）：北方少数民族地区所产的一种珍贵小兽，形似狐狸，皮可制裘。代：地名，在今山西省东北部和河北蔚（yù）县一带。其地盛产良马。

[5] 巫山：山名，在今重庆市巫山县东。黔中：今湖北、湖南两省西部交界处及贵州东部一带。原属楚地，此时已属秦。限：屏障，险阻。

[6] 肴（xiáo）：通"崤"，山名，在今河南省洛宁县北。函：函谷关，在今河南省灵宝市。以上两地形势极其险要，易守难攻。

[7] 奋击：奋击之士，奋勇作战之士。

[8] 形便：得形势，擅便利，指地理形势利于作战。

[9] 天府：物产丰富，就像天然的府库。府：古代财物所聚之处。

[10] 教：教习，训练。

[11] 奏：陈述。效：效验，成效。

[12] 文章：法令制度。成：完备。

[13] 烦：劳烦。此处指对外用兵。

[14] 俨然：郑重其事的样子。庭：通“廷”。庭教：当面指教。

[15] 异日：他日，指合适的日子。

[16] 神农：炎帝，姜姓，传说中的古代帝王，实际上是古代部落的首领，早于黄帝。补遂：又作“辅遂”，传说中古代部落名。

[17] 黄帝：传说中的古代帝王，姓公孙，号轩辕氏，建国于有熊（今河南省新郑市），与神农俱为传说中华夏族的始祖。涿（zhuō）鹿：地名，在今河北省涿鹿县西南。蚩尤：传说为黄帝时九黎部落的首领，与黄帝作战，为黄帝所擒。

[18] 尧：传说古帝名，姓姬，名放勋，国号唐，后让位于舜，曾放逐其乱臣驩兜于崇山。

[19] 舜：传说古帝名，姓姚，名重华，国号虞，后让位于禹，曾伐三苗。三苗：古代苗族，在今湖南溪洞一带，亦称苗、有苗。

[20] 禹：传说古帝名，姓姒（sì），名文命，国号夏，治水有功，受舜禅让，曾放逐暴臣共工。

[21] 汤：商开国国君，本为夏诸侯，因夏王桀无道，攻桀建商朝。有夏：指夏王桀。

[22] 文王：周文王，姓姬名昌，殷纣时，为西方诸侯首领，又称西伯。崇：诸侯国名，在今陕西省户县。据传崇侯虎助纣为虐，文王伐之。

[23] 武王：周文王之子，姓姬名发，起兵灭纣，建周朝。纣：商朝的末代君主，名辛，又名受，为古代著名暴君之一，被武王所灭。

[24] 齐桓：齐桓公，姓姜，名小白，春秋五霸之一，前685—前643年在位。任战：用武装斗争。伯：通“霸”。

[25] 恶（wū）：哪，岂。

[26] 毂（gǔ）：车轮中心辐条辏集处的圆木。车毂击驰：车辆往来奔驰，车毂互相撞击。形容车辆之多，奔驰之急，外交活动频繁。

[27] 言语相结：指用外交辞令缔结盟约。

[28] 从：通“纵”。

[29] 兵：武器。革：甲、胄。

[30] 文士并饬（shì）：指各国使者和策士用巧伪之言来游说诸侯。饬：通“饰”，巧伪。

[31] 科条既备，民多伪态：指各种规章条款具备后，人民小心防范，多作虚假情态。

[32] 书策：指政令公文。稠浊：繁多而混乱。

[33] 聊：依靠。

[34] 明言章理，兵甲愈起：指道理愈讲明，战争愈接连不断。

[35] 辩言伟服，战攻不息：善辩的策士使者穿着庄严的礼服活动，战争并不停止。

[36] 舌弊耳聋：指谋士们的舌头说破了，君主的耳朵都听聋了。

[37] 行义：讲究仁义。约信：信守盟约。

[38] 缀甲厉兵：缝制盔甲，磨砺兵器。厉：通“砺”。

[39] 效：通“较”，较量。

[40] 五帝：传说中的五位帝王，一般指黄帝、颛顼（zhuān xū）、帝喾（kù）、尧、舜。一说指

伏羲、神农、黄帝、尧、舜。三王：夏启、商汤、周武王。五伯：五霸，指齐桓公、晋文公、秦穆公、宋襄公、楚庄王。一说指齐桓公、晋文公、楚庄王、吴王阖闾、越王勾践。

[41] 戟：古兵器名。

[42] 凌万乘：凌驾万乘兵车的大国。

[43] 诎敌国：使敌国屈服。诎（qū）：通“屈”，此处为使动用法。

[44] 子：意动用法，以……为子。元元：百姓。

[45] 嗣主：继位之主，即当代君主。暗指秦惠王，因其刚继位不久。

[46] 忽：忽略。至道：重要的道理、方法，指用兵之道。

[47] 惛：通“昏”，糊涂。

[48] 黄金：战国时代黄金指铜。镒（yì）：古代重量单位，相当于二十两或二十四两。

[49] 羸（léi）：通“缧”，缠绕。縢（téng）：绑脚布。蹻（juē）：通“屩”，草鞋。

[50] 橐（tuó）：一种口袋。此处指行李。

[51] 犁黑：黑黄色，形容憔悴困顿状。犁：通“黧”。

[52] 纴（rèn）：织布帛的丝缕，指代织机。

[53] 箧（qiè）：小箱子。此指书箱。

[54] 太公：姜姓，名尚，周文王臣，佐武王伐纣有功，封于齐，传曾著作《阴符》，又称《阴符经》《太公兵法》，为兵法书。

[55] 简：选择。练：精练。揣摩：揣量研求以领会其意。一说为苏秦节取《太公兵法》而著成之书名。

[56] 股：大腿。

[57] 摩：仿，揣摩。燕乌集阙：燕乌，乌鸦的一种。按《汉书》注，有“乍合乍离，如乌之集”说。这里即以乌集宫阙之状，比喻博喻宏辞、纵横开阖的说辩艺术。旧注，释“摩”为靠近、经过，以“燕乌集阙”为地名或宫阙名，当系注者推测之词，史籍无据可凭。

[58] 赵王：指赵惠文王（前298—前266年在位）。一说为赵武灵王（前325—前299年在位）。华屋：华丽堂皇之房屋，指宫廷。

[59] 抵掌：击掌，表示兴奋状。

[60] 纯（tún）：古代计量单位，一纯相当于二尺四寸。一说“一纯”即“一匹”。

[61] 约从：合纵。散（sàn）横：拆散秦与东方各国的联盟。

[62] 关：指函谷关，为秦与六国的交通要道。关不通，意为六国抗秦，不与秦来往。

[63] 从：通“纵”，合纵。

[64] 式：用，依赖。

[65] 廊庙：庙是古代君主祭祖之处，庙旁为廊。古代国家大事皆在廊庙中商讨。这里指代朝廷。

[66] 转毂连骑：指车马成队。

[67] 炫熿：通“炫煌”，光耀显赫。

[68] 山东：崤山以东。

[69] 特：只，不过。掘门：窟门，挖壁洞为门。桑户：以桑木为门板。棬（quān）枢：用弯木做门轴。以上并言其住房之简陋。

[70] 伏轼撙衔：扶住车前横木，拉着马缰绳，意为坐车乘马。伏：扶。轼：车前横木。撙：控制，勒住。衔：马嚼子。

[71] 横历：遍历。

[72] 杜：塞。

[73] 伉：通“抗”，匹敌。

[74] 清：打扫。宫：室，住室。除：治，修治。

[75] 张：设。

[76] 匍伏：同“匍匐”，爬行。

[77] 谢：致歉，请罪。

[78] 倨（jù）：傲慢。

[79] 盖（hé）：通“盍”，何。

◆ 作品赏析

本文记载了纵横家的代表人物苏秦发迹的经过。他最初主张连横，想帮助秦国攻打六国，秦惠王不用他，他就转而主张合纵，造成六国联合、共同抗秦的局面。全文叙事层次清晰，可分两部分。第一部分叙述了苏秦游说秦王的失败。苏秦对秦国的政治、经济、军事、地理等方面的情况做过认真的研究，也知道秦王有统一天下的雄心，因而投其所好，强调用战争统一天下。然而，由于秦国内部的矛盾，秦王认为条件不成熟，没有采纳他的意见。第二部分写苏秦在政治上获得成功的经过。苏秦游说失败以后，穷困潦倒，狼狈不堪，饱尝炎凉世态，这反而强化了追求功名富贵的决心，刻苦读书，引锥刺股，终于得到谋略，使合纵成功，以至秦国十多年不敢出兵。

文中使用对比手法来描写人物，十分形象、鲜明、生动。作者通过苏秦的几段说辞、读书时的自白，以及先颓废后得意的情态的细节描写，从正面塑造了一个坚韧不拔、刻苦好学、有胆有识、能言善辩的策士形象，但字里行间又流露了更隽永的意味。比如，文末，作者高度赞扬了苏秦的合纵使人民免于战争的流血灾难，这和文章第一部分中，苏秦在游说秦王中反复阐述用战争统一天下的理论形成了鲜明的对比。这就说明了苏秦的初衷只不过是为了个人的飞黄腾达。再如，游说秦王失败后，累计“说秦王书十上”，旷日持久，直拖到裘敝金尽，无可奈何，才“去秦而归”，心犹未死，而后回去下苦功，反复揣摩，“于是乃摩燕乌集阙，见说赵王于华屋之下”，前后文的不同表现也足以反映了其利欲熏心、投机取巧的政客本性。对比的手法不仅用于塑造人物，还用于反映当时的庸俗世态。苏秦失志归家，妻目中无夫，不下织机，嫂目中无叔，不为炊，父母目中无子，不与言；而苏秦得志归家，这些全亲之人全然另一副嘴脸，父母隆重远迎，妻子不敢仰视正听，嫂子则匍匐拜谢，十分生动地刻画出了世态炎凉。

作者还善于运用夸张铺陈手法和排比错综句式来体现纵横家谈笑风生、纵论横议的风格。如开篇部分，为了迎合秦王，分别从东西南北分叙秦的农桑猎牧、山岭关塞，又合写田肥民富、车多卒众，使文章气势奔放、辞意飞扬。再如批评“今之嗣主”，连续以六个三字排比句直逼惠王，有不可挡之势。另外，全文语言流畅，音调铿锵，文势起伏，声律多变，给人留下了深刻的印象。

道德经·小国寡民

老　子

◆ 作家作品简介

《道德经》又名《老子》，是道家学派的经典著作，约成书于战国初期。老子，姓李，名耳，字聃，春秋时期楚国人，曾做过周朝管理图书的史官，及周室衰，西出函谷退隐。道教兴起后，封老子为教主，奉为“太上老君”，唐高宗追封其为“太上玄元皇帝”。

《道德经》的哲学系统，由宇宙论而人生论，再由人生论而政治论。“道”是最高范畴，也是宇宙万物的本体，含有朴素的辩证法思想，其社会政治观集中体现为“无为而治”。此书语言简约而幽深，多有对偶，以古音读之，大致合韵，今音读来亦有诗歌之节奏韵味。现代《道德经》通行本是王弼注本，字数为 5162 字。

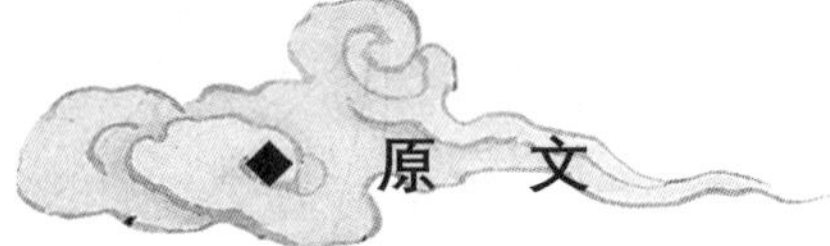

◆ 原　文

小国寡民[1]。使[2]有什伯之器[3]而不用；使民重死[4]而不远徙[5]；虽有舟舆[6]，无所乘之；虽有甲兵[7]，无所陈之[8]。使人复结绳[9]而用之。至治之极。甘美食，美其服，安其居，乐其俗[10]，邻国相望，鸡犬之声相闻，民至老死不相往来。

注释

[1] 小国寡民：小，使……变小，寡，使……变少。此句意为使国家变小使人民稀少。

[2] 使：即使。

[3] 什伯之器：各种各样的器具。什伯：极多，多种多样。

[4] 重死：看重死亡，即不轻易冒着生命危险去做事。

[5] 徙：迁移，远走。

[6] 舆：车子。

[7] 兵：武器装备。

[8] 陈：陈列，引申为布阵打仗。

[9] 结绳：文字产生以前，人们以结绳记事。

[10] 甘其食，美其服，安其居，乐其俗：使人民吃得香甜，穿得漂亮，住得安适，过得习惯。

◆ 作品赏析

《道德经》第八十章“小国寡民”，是老子所描绘的理想社会，它反映了中国古代社会自给自足的生活方式。老子幻想着回归到原始社会的状态，在那里，没有战争和掠夺，没有文化，也没有凶悍和恐惧，那里的人民单纯而质朴，过着理想化的平淡、安宁的生活。

◆ 思　考

试分析“小国寡民”和“大同”的异同。

◆ 扩展阅读

道德经·上善若水

老　子

◆ 原　文

上善若水。水善利万物而不争，处众人之所恶，故几于道。居善地，心善渊，与善仁，言善信，政善治，事善能，动善时。夫唯不争，故无尤。

◆ 作品赏析

老子认为上善的人，就应该像水一样。水造福万物，滋养万物，却不与万物争高下，这才是最为谦虚的美德。江海之所以能够成为一切河流的归宿，是因为它善于处在下游的位置上，所以成为百谷王。世界上最柔的东西莫过于水，然而它却能穿透最为坚硬的东西，没有什么能超过它，例如滴水穿石，这就是“柔德”所在。所以说弱能胜强，柔可克刚。不见其形的东西，可以进入没有缝隙的东西中去，由此我们知道了“不言”的教导、“无为”的好处。

论语（三章）

孔　子

◆　作家作品简介

孔子（前551—前479），名丘，字仲尼，春秋末年鲁国陬邑（今山东曲阜）人，中国古代伟大的思想家、教育家、儒家学说的创始者，世界文化名人。祖先为宋国贵族。少年时“贫且贱”，做过“委吏”“乘田”等事。曾由鲁中都宰升任司寇，摄行相事。又曾周游宋、卫、陈、蔡、齐、楚等国，最终不受重用。晚年致力于教育，整理《诗》《书》《礼》《易》等古代文化典籍，并修订了鲁国编年史《春秋》。他开创了个人讲学的风气，相传前后有弟子三千人，著名的有七十多人。

孔子创立了以“仁”为核心的儒家伦理学思想体系，政治上强调“为政以德”，以礼治国。教育上主张“有教无类”，重视“因材施教”，提倡“学而不厌，诲人不倦”。他的思想对中国传统思想文化各个方面都产生了深远的影响。

《论语》是孔子及其弟子们言行的记录，由孔子弟子和再传弟子根据记录和传闻编辑而成，约成书于春秋战国之交。全文为语录体散文，文字简朴而隽永。本篇三章均选自《论语·微子》。

◆　原　文

（一）

楚狂接舆歌而过孔子[1]，曰：“凤兮[2]，凤兮！何德之衰[3]？往者不可谏[4]，来者犹可追。已而，已而！今之从政者殆而[5]！”

孔子下[6]，欲与之言。趋而辟之[7]，不得与之言。

（二）

长沮、桀溺耦而耕[8]。孔子过之，使子路问津焉[9]。

长沮曰：“夫执舆者为谁[10]？”子路曰：“为孔丘。”曰：“是鲁孔丘与？”曰：“是也。”曰：“是知津矣[11]！”

问于桀溺。桀溺曰：“子为谁？”曰：“为仲由。”曰：“是鲁孔丘之徒与？”对曰：“然。”曰：“滔滔者天下皆是也[12]，而谁以易之[13]？且而与其从辟人之士也[14]，岂若从辟世之士哉[15]？”耰而不辍[16]。

子路行以告，夫子怃然曰[17]：“鸟兽不可与同群[18]，吾非斯人之徒与而谁与？天下有道，丘不与易也[19]。”

（三）

子路从而后[20]，遇丈人[21]，以杖荷蓧[22]。

子路问曰：“子见夫子乎[23]？”

丈人曰：“四体不勤，五谷不分[24]，孰为夫子？”植其杖而芸[25]。

子路拱而立[26]。

止子路宿[27]，杀鸡为黍而食之[28]，见其二子焉[29]。

明日，子路行以告。子曰：“隐者也！”使子路反见之[30]。至，则行矣[31]。

子路曰：“不仕无义[32]。长幼之节，不可废也；君臣之义，如之何其废之！欲洁其身而乱大伦[33]！君子之仕也，行其义也。道之不行[34]，已知之矣。”

注释

[1] 楚狂接舆：楚国的狂人，名为接舆。过：经过。

[2] 凤：以凤比喻孔子。

[3] 何德之衰：意为你的道德为何这样衰微。这里讥讽孔子不能隐退。

[4] 谏：挽救。

[5] 殆：危险。

[6] 下：下车。

[7] 趋：快走。辟：通“避”。

[8] 长沮、桀溺：指两位隐耕者。耦而耕：两人配合进行的一种耕作方式。

[9] 津：渡口。

[10] 舆：车。执舆：执辔，因赶车人手握马缰绳以控制车驾，所以叫执舆。执舆者：这里指孔子。本来是子路驾车，因子路下车问路，故孔子代为执舆。

[11] 是知津者：这里讽刺孔子周游列国，应该知道渡口。

[12] 滔滔：水弥漫的样子，比喻混乱的社会局面。是：这样。

[13] 以：与。易：改变。此句意为又与谁一起来改变这个社会?

[14] 而：通“尔”，你，指子路。辟：通“避”。辟人之士，指孔子。

[15] 辟世之士：完全不问世事的人，桀溺自称。

[16] 耰（yōu）：本指榔头一类击碎土块的农具，这里指播种后用耰平土盖种子。辍：停止。

[17] 怃（wǔ）然：失意的样子。

[18] 鸟兽不可与同群：人不可以与鸟兽同群。这里指人类不可脱离社会群体，避世隐居。

[19] “天下”二句：如果天下政治都已走上正道，我就不必参与变革工作了。

[20] 后：动词，落在后面。此句指子路跟随孔子却落在后面。

[21] 丈人：老人，老头。

[22] 荷[hè]：担、扛、背着。蓧（tiáo）：古代锄草的农具。此句意为用拐杖背着锄草工具。

[23] 夫子：这里指孔子。

[24] 四体：四肢。此两句一般认为是丈人责备子路不事农耕。另一说认为是丈人说自己年迈眼花。

[25] 植：通“置”，安置，放下。芸：通“耘”，锄草。

[26] 拱：两手合抱表示敬意。

[27] 止：留。宿：过夜。

[28] 黍：黄米。为黍：用黍米做饭。食（sì）之：使之食。食，使动用法。

[29] 见（xiàn）：同“现”。此句意为丈人引二子拜见子路。

[30] 反：通“返”，返回。

[31] 行：出行。此句意为子路返回丈人家，丈人却出行不在。

[32] 仕：做官。

[33] 大伦：这里指重大的伦理关系，君臣之义。此句意为丈人洁身自好不出仕是违反伦常的。

[34] 道：这里指儒家的政治主张、理想、原则。行：推行。

◆ 作品赏析

这三章记载了孔子周游列国途中，遇到楚狂接舆、长沮、桀溺、荷蓧丈人等几位隐士并受到他们讥讽的故事。通过这些隐士与孔子及其弟子形象的鲜明对比，表现了孔子“知其不可而为之”的积极救世精神。

第一章通过楚国隐士接舆过孔子而歌，反映了春秋末期社会的动乱和孔子“不得与之言”的冷遇。字数不多，但记叙得有头有尾。隐者通过歌辞对孔子发表政见，并把孔子比作德衰的凤凰，形象生动。

第二章通过长沮、桀溺、孔子等人言论的记叙，反映了动乱的春秋末年人们不同的处世态度：一种是孔子积极入世的态度；一种是长沮、桀溺等消极避世的态度。本章通过对话来表现人物的政治观点和政治态度，语言简明。本章还形象描绘了人物的神情语态，例如，用“耰而不辍”描写长沮、桀溺对孔子师生态度的冷淡，用“怃然”描绘孔子听到隐士言论后的迷惘失望的情态，给人留下深刻印象。

第三章通过孔子弟子子路遇到荷蓧丈人的一些情况的记叙，反映了乱世中的隐士鄙弃孔子师徒周游列国、汲汲进取的行为。故事曲折、生动。人物的语言、动作写得简洁明快，寥寥几笔就勾画出丈人、子路两个栩栩如生的人物。

论语（论孝选段）

1. 子曰："父在，观其志；父没，观其行；三年无改于父之道，可谓孝矣。"

2. 子曰："父母之年，不可不知也，一则以喜，一则以惧。"

3. 子曰："父母在，不远游，游必有方。"

4. 子夏问孝，子曰："色难，有事，弟子服其劳；有酒食，先生馔，曾是以为孝乎？"

5. 孟懿子问孝，子曰："无违。"

6. 孟武伯问孝，子曰："父母唯其疾之忧。"

7. 子曰："弟子入则孝，出则弟，谨而信，泛爱众，而亲仁。行有余力，则以学文。"

8. 子夏曰："贤贤易色，事父母能竭其力，事君能致其身，与朋友交，言而有信；虽曰未学，吾必谓之学矣。"

9. 子游问孝，子曰："今之孝者，是谓能养。至于犬马，皆能有养；不敬，何以别乎？"

10. 子曰："事父母几谏。见志不从，又敬不违，劳而不怨。"

◆ 作品赏析

"孝"是中国古代思想文化中非常重要的概念，占有非常重要的地位。孔子认为，孝是一切德行的根本，是教化产生的根源，是社会和谐稳定的基础，是实现其政治理想"仁"的出发点。《论语》中"孝"字出现了 17 次。孔子认为，孝不仅是肉体上对父母的养活，比如日用方面的奉养，更重要的是要在这种奉养中加进敬爱之情，使父母得到物质享受的同时，还能得到精神亨受。

礼记·礼运大同篇[1]

◆ 作家作品简介

《礼运大同篇》出自《礼记》。《礼记》作为儒家经典之一,又称《小戴礼记》或《小戴记》,是西汉戴圣对秦汉以前各种礼仪论著加以辑录、编纂而成,共49篇。戴圣,字次君,礼学博士,生平不详,曾任九江太守。《礼运》大约是战国末年或秦汉之际儒家学者托名孔子答问的著作。《礼运大同篇》是论述礼之源头和礼之实的专论,其开篇提出了“大同”这一最高社会理想,是战国诸子的社会理想,具有强烈的时代特征。

◆ 原 文

昔者仲尼与于蜡宾,事毕,出游于观之上,喟然而叹。仲尼之叹,盖叹鲁也。言偃在侧,曰:“君子何叹?”孔子曰:“大道之行也[2],与三代之英,丘未之逮也,而有志焉。

大道之行也,天下为公[3],选贤与能[4],讲信修睦[5]。故人不独亲其亲[6],不独子其子[7],使老有所终,壮有所用,幼有所长,矜、寡、孤、独、废疾者皆有所养[8],男有分[9],女有归[10]。货恶其弃于地也,不必藏于己[11];力恶其不出于身也,不必为己[12]。是故谋闭而不兴[13],盗窃乱贼而不作[14],故外户而不闭[15]。是谓大同[16]。

今大道既隐[17],天下为家[18],各亲其亲,各子其子,货力为己,大人世及以为礼[19],域郭沟池以为固[20],礼义以为纪[21],以正君臣,以笃父子[22],以睦兄弟,以和夫妇,以设制度,以立田里[23],以贤勇知[24],以功为己[25]。故谋用是作[26],而兵由此起。禹、汤、文、武、成王、周公由此其选也[27]。此六君子者,未有不谨于礼者也[28]。以著其义[29],以考其信[30],著有过,刑仁讲让[31],示民有常[32],如有不由此者,在执者去[33],众以为殃[34]。是谓小康[35]。”

言偃复问曰:“如此乎礼之急也?”孔子曰:“夫礼,先王以承天之道,以治人之情,故失之者死,得之者生。诗曰:‘相鼠有体,人而无礼。人而无礼,胡不遄死[36]?’是故夫礼,必本于天，淆于地[37]，列于鬼神，达于丧祭射御[38]、冠昏朝聘[39]。故圣人以礼示之，故天下国家可得而正也。”

注释

[1] 选自《礼记·礼运第九》。

[2] 大道：古代指政治上的最高理想。行：施行。

[3] 为：是，表判断。

[4] 选贤与[jǔ]能：把品德高尚的人、能干的人选拔出来。与：通“举”，推举，选举。

[5] 讲信修睦[mù]：讲求诚信，培养和睦（气氛）。修：培养。

[6] 亲：意动用法，用如动词，以……为亲，抚养。下文“子其子”中的第一个“子”也是动词。

[7] 子：以……为子。

[8] 矜[guān]、寡、孤、独、废疾者：矜：通“鳏”，老而无妻的人。寡：老而无夫的人。孤：幼而无父的人。独：老而无子的人。废疾：残疾人。

[9] 男有分[fèn]：男子有职务。分：职分，指职业、职守。

[10] 女有归：意思是女子有归宿。归：指女子出嫁。

[11] “货恶”二句：意思是，对于财货，人们憎恨把它扔在地上的行为，却不一定要自己私藏。恶[wù]：憎恶，唯恐，恐怕。藏：私藏。于：在。货恶：宾语前置。

[12] “力恶”二句：意思是，人们憎恨在公共劳动中不出力的行为，却不一定为自己谋私利。力恶：宾语前置。

[13] 是故：“故是”，可译为“因此”“所以”“这样一来”。谋闭而不兴：奸邪之谋不会发生。闭：杜绝。兴：发生。

[14] 盗窃乱贼而不作：盗窃、造反和害人的事情不发生。乱：造反。贼：害人。作：兴起。

[15] 外户：泛指大门。闭：用门闩插门。

[16] 谓：叫作。大同：指理想社会。同，有和平的意思。

[17] 既隐：已经隐没衰微。

[18] 天下为家：天下成为一家一姓的天下。

[19] 大人：指天子诸侯。世及：父子相传叫“世”，兄弟相传叫“及”。“世及”是介词“以”的前置宾语。下两句“城郭沟池”“礼义”同。礼：礼制，古代的等级制度和相应的规定。

[20] 沟池：指护城河。固：指防守设施或工事。

[21] 纪：纲纪，准则。

[22] 笃：纯厚。用作使动，使……纯厚。

[23] 田里：指土地户籍制度。里：闾里，住处。

[24] 贤：形容词作意动，“认为……贤”，含有奖许的意思。勇知：用作名词，勇者、智者。“知”这一意义后来写作“智”。

[25] 功：名词用作意动，认为有功，“为己”是它的宾语。

[26] 谋：谋虑，指坏心。

[27] 选：选拔。旧注：“言用礼义为之选也。”

[28] 谨于礼：认真谨慎地遵守礼法。

[29] 著：这里用作使动，使之显著，表彰。其：指百姓。

[30] 考：成全。

[31] 刑：法式。后来写作“型”。这里用作意动，即“以为法式”。

[32] 示民有常：“以示民有常”的省略。示：指示。常：不变的，这里指规定。由：依照，遵循。

[33] 执：势力，权力，后来写作“势”。
[34] 殃：灾祸。
[35] 小康：小安。和“大同”相对而言。康：安康，安定。
[36] 遄 [chuán]：速，快。
[37] 淆：混杂，彻底地掺和。
[38] 射：乡射礼。古代乡饮酒礼之后举行乡射礼。
[39] 昏：婚礼。朝 [cháo]：朝廷，朝堂，朝苑，朝省，朝家；朝政；朝班，古代群臣朝见帝王时按官品分班排列的位次。聘：访问、探问、考问，聘请、聘任。

◆ 作品赏析

《礼运》记录帝王时代的礼乐之因革，其中孔子阐论的大同、大道是儒家最高道德，是和平、公正的社会政治状态。儒家不仅描绘了大同的理想，还指出了通过实行礼制来实现大同的途径，并提出阶段性目标。冠于篇首的“大同小康”思想，为后世人描绘了一个民族理想中的世界图案,故后世有“礼运大同”的说法。“大同”和“小康”，是相对的两种社会形态，在对立之中相得益彰。

在大同思想中，贯穿着一个道德递衰的史观，即三代以前称“大同”，三代以后称“小康”。但与道家不同的是，儒家的上古时代并非自然原始时代，而是孔子称赞的尧舜时代。这个时代虽然“无为而治”却不是自然无为,而是道德自觉地运行，不再有强迫的礼仪制约。“大同”与“小康”的概念对中国人的历史观念影响很大，今天也被我们用来代称阶段性的社会目标。选文假托孔子与言偃的对话，选文思想境界开阔，感情充沛，语言气势很盛，句式排比自然，给人高屋建瓴之感，具有战国后期文风的犀利论辩等特点。行文流露出对人类历史的深刻思考和对人类命运的关爱之情，可谓情理并重，典雅崇高，很多文句已成为格言。

◆ 思　考

大同社会是中国古代先哲构设的理想社会，试分析大同社会的基本特征及其对后世的影响。

礼记·大学（节选）

◆ 作家作品简介

本篇选自《礼记》，原为《礼记》第四十二篇。宋朝程颢、程颐兄弟把它从《礼记》中抽出，编次章句。朱熹将《大学》《中庸》《论语》《孟子》合编注释，称“四书”，从此《大学》成为儒家经典。《大学》一般认为是曾子所作，也有人认为是秦汉时的儒家作品，程颢、程颐认为是“孔氏之遗言也”。

◆ 原文

大学之道[1]，在明明德[2]，在亲民[3]，在止于至善。

知止而后有定[4]，定而后能静，静而后能安，安而后能虑，虑而后能得[5]。物有本末，事有终始。知所先后，则近道矣。

古之欲明明德于天下者，先治其国；欲治其国者，先齐其家[6]；欲齐其家者，先修其身[7]；欲修其身者，先正其心；欲正其心者，先诚其意；欲诚其意者，先致其知[8]。致知在格物[9]。物格而后知至，知至而后意诚，意诚而后心正，心正而后身修，身修而后家齐，家齐而后国治，国治而后天下平。自天子以至于庶人[10]，壹是皆以修身为本[11]。

其本乱，而末治者否矣[12]。其所厚者薄，而其所薄者厚[13]，未之有也[14]。

注释

[1] 大学之道：大学的宗旨。“大学”一词在古代有两种含义：一是“博学”的意思；二是相对于小学而言的“大人之学”。古人八岁入小学，学习“洒扫应对进退、礼乐射御书数”等文化基础知识和礼节；十五岁入大学，学习伦理、政治、哲学等“穷理正心，修己治人”的学问。所以，后一种含义其实也和前一种含义有相通的地方，同样有“博学”的意思。“道”的本义是道路，引申为规律、原则等，在中国古代哲学、政治学里，也指宇宙万物的本原、个体，一定的政治观或思想体系等，在不同的上下文环境里有不同的意思。

[2] 明明德：前一个“明”作动词，有使动的意味，即“使彰明”，也就是发扬、弘扬的意思。后一个“明”作形容词，明德也就是光明正大的品德。

[3] 亲民：根据后面的“传”文，“亲”应为“新”，即革新、弃旧图新。亲民，也就是新民，使人弃旧图新、去恶从善。

[4] 知止：知道目标所在。

[5] 得：收获。

[6] 齐其家：管理好自己的家庭或家族，使家庭或家族和和美美，蒸蒸日上，兴旺发达。

[7] 修其身：修养自身的品性。

[8] 致其知：使自己获得知识。

[9] 格物：认识、研究万事万物。

[10] 庶人：指平民百姓。

[11] 壹是：都是。本：根本。

[12] 末：相对于本而言，指枝末、枝节。

[13] 厚者薄：该重视的不重视。薄者厚：不该重视的却加以重视。

[14] 未之有也：未有之也。没有这样的道理（事情、做法等）。

◆ 作品赏析

宋代以前，《大学》在儒家思想学术中的地位并不是很突出，由于它论述了儒家为学治世的基本原理、原则、方针、步骤和方法等，所以中唐以后，逐渐受到儒家学者的重视。唐代韩愈、李翱始把它看作与《孟子》《易经》同样重要的“经书”。到北宋得到程颢、程颐竭力尊崇，南宋朱熹又作《大学章句》，《大学》成为儒家经典中重要的篇章。朱熹为《大学》作成章句，通过注释阐发己意，并将它与《中庸》《论语》《孟子》合编成一书，这就是《四书章句集注》。元仁宗延祐年间复科举，官方规定以《四书章句集注》取士，从此《四书章句集注》奠定了它在古代正统思想文化中的地位。原属于《礼记》中的《大学》，也从此获得了官方的正式认可与推崇，对古代教育，甚至整个中国社会、传统文化都产生了极大的影响。

《大学》是体现儒家思想的一篇政论文。“大学”是对“小学”而言，是说它不是“详训诂，明句读”的“小学”，而是治国安邦的大学问。全文仅两千余字，却是先秦、秦汉儒家学说的总括性著作，是儒家人生教育的道德纲领，也是维护封建宗法制度的政治纲领。《大学》以相当成熟的理论思维构建了儒家人生教育的总体框架，构建了古代士人人生发展的宏观图式。全篇将道德修养和政治议论结合在一起，将人生哲学和政治哲学合而为一，是儒家“入世”思想的全面体现。

《大学》采用了很多递进论述的方法，条目之间脉络清晰，无论是由大至小的条件关系，还是由小至大的因果关系，剖析深刻，逻辑严密。其论述可谓“微言大义”，精微的言辞中蕴含着深刻的道理。它告诉人们只有通过格物致知，摆脱外在诱惑、困扰，真心诚意地培养高尚的情操，才能够使自己的精神境界得以提高，进而使自己的家庭关系符合人伦道德，并最终完成为国建功立业、使天下太平的伟大理想。

◆ 思　考

《大学》提出的“三纲领”(明明德、亲民、止于至善)和“八条目”(格物、致知、诚意、正心、修身、齐家、治国、平天下),强调修己是治人的前提,修己的目的是治国平天下,说明治国平天下和个人道德修养的一致性。你是否赞同这个观点?这一观点对现代教育是否有意义?

孝经·谏诤章

◆ 作家作品简介

《孝经》是中国古代儒家的伦理著作,十三经之一。传说是孔子作,但南宋时已有人怀疑是出于后人附会。清代纪昀在《四库全书总目》中指出,该书是孔子“七十子之徒之遗言”,成书于秦汉之际。自西汉至魏晋南北朝,注解者及百家。现流行的版本是唐玄宗李隆基注,宋代邢昺疏。全书共分 18 章,篇幅虽小,却全面又系统地论述了儒家所倡导的“孝道”思想,分别叙述了在“事亲”的前提下,天子、诸侯、卿大夫、士、庶人等应遵守的孝道及推广孝道的方法和步骤,同时对以“孝”修身、治家、治官、治国的目的进行了充分的阐述。

◆ 原　文

曾子曰:“若夫慈爱[1]恭敬、安亲、扬名,则闻命矣。敢问子从父之令,可谓孝乎?”子曰:“是何言与[2]!是何言与!昔者,天子有争臣七人[3],虽无道,不失其天下;诸侯有争臣五人[4],虽无道,不失其国;大夫有争臣三人[5],虽无道,不失其家;士有争友,则身不离于令名[6];父有争子,则身不陷于不义。故当不义,则子不可以不争于父;臣不可以不争于君;故当不义则争之。从父之令,又焉得为孝乎!”

注释

[1] 若夫：句首语气词，用于引起下文。慈爱：指爱亲。慈，通常指上对下之爱，但也可指下对上之爱。

[2] 与：通“欤”[yú]，句末语气词，表感叹或疑问语气。

[3] 天子有争臣七人：旧注说，天子的辅政大臣有三公、四辅，合在一起是七人。“三公”是太师、太傅、太保。“四辅”是前曰疑、后曰丞、左曰辅、右曰弼。争臣，敢于直言规劝的臣僚。

[4] 诸侯有争臣五人：诸侯的辅政大臣五人，或说是三卿及内史、外史，合计五人。孔传说，五人是天子所任命的孤卿（天子派去辅佐诸侯的师、傅一类的官员）、三卿（指司马、司空、司徒）与上大夫。

[5] 大夫有争臣三人：大夫的家臣主要有三人。孔传说，三人是家相（管家）、室老（家臣之长）、侧室（家臣）。

[6] 令名：好名声。令：善，美好。

◆ 作品赏析

《孝经·谏诤章》是论述孝道的内容。与《孝经》之前各章不同的是，之前各章论的是顺，而这一章论的是逆，即孝子要对父母的不义行为进行劝谏，而不是无条件地顺从。本章先以曾参的提问来引出话题，即本章的中心内容，子女完全顺从父亲的意见，是不是孝。孔子列举了古代天子、诸侯、大夫、士等各个不同层次的人，只要有人向他谏诤，就可以不出大事，而能保住其天下、其国、其家，说明谏诤在任何时候对任何人都是必要的、有效果的。儿子对父亲的行为也是如此。《谏诤章》体现了早期儒家思想中的积极因素，是本书中最为闪光的部分。

◆ 思　考

孔子认为孝是敬爱父母的伦理意识，是一种家庭伦理。曾子则将孝发展成为一种抽象的、具有普遍意义的准则，使其成为道德的总和、天经地义的原则。那么，几千年过去了，“孝”对现代社会是否还有意义？

逍遥游（节选）

庄 子

◆ 作家作品简介

庄子（约前369—前286），名周，战国时宋国蒙（今河南商丘东北）人。出身没落贵族，做过蒙地的漆园吏，是老子以后道家学派的主要代表人物，世人并称“老庄”。在哲学思想上，主张顺应自然，反对人为，提倡无为无不为，认为一切事物对应的两个方面都是相对的，幻想一种绝对自由的主观精神世界。庄子在政治上采取消极避世的态度，蔑视权贵，不与统治者合作，鄙弃功名利禄，力图在乱世保持独立的人格，追求精神的自由。

《庄子》一书今存三十三篇。其中《内篇》七篇，为庄子所作；《外篇》十五篇；《杂篇》十一篇可能为庄子后学所记。庄子是我国浪漫主义文学的鼻祖，《庄子》中的文章多用寓言形式，思想深邃，充满哲理，又汪洋恣肆、仪态万方，具有超现实的丰富想象，并善用夸张手法，词采瑰丽。鲁迅先生曾高度评价《庄子》的艺术成就“晚周诸子之作，莫能先也”。庄子的思想和艺术成就对后世作家产生了极其深远影响。

◆ 原 文

北冥[1]有鱼，其名为鲲[2]。鲲之大，不知其几千里也；化而为鸟，其名为鹏[3]。鹏之背，不知其几千里也；怒[4]而飞，其翼若垂[5]天之云。是鸟也，海运[6]则将徙于南冥，——南冥者，天池[7]也。《齐谐》[8]者，志怪者也。《谐》之言曰：“鹏之徙于南冥也，水击[9]三千里，抟[10]扶摇[11]而上者九[12]万里，去[13]以[14]六月息[15]者也。”野马[16]也，尘埃也，生物之以息相吹也。天之苍苍，其正色邪[17]？其远而无所至极[18]邪？其视下也，亦若是则已矣。且夫水之积也不厚，则其负大舟也无力。覆杯水于坳堂[19]之上，则芥[20]为之舟，置杯焉则胶[21]，水浅而舟大也。风之积也不厚，则其负大翼也无力。故九万里，则风斯在下矣，而后乃今培[22]风；背负青天，而莫之夭阏[23]者，而后乃今将图南[24]。蜩[25]与学鸠[26]笑之曰：“我决[27]起而飞，抢[28]榆枋[29]而止，时则不至，而控[30]于地而已矣，奚以[31]之九万里而南为？”适莽苍[32]者，三餐而反，腹犹果然[33]；适百里者，宿春粮[34]；适千里者，三月聚粮。之二虫又何知！

小知不及大知，小年不及大年。奚以知其然也？朝菌[35]不知晦朔[36]，蟪蛄[37]不知春秋，此小年也。楚之南有冥灵[38]者，以五百岁为春，五百岁为秋；上古有大椿者，以八千岁为春，八千岁为秋，此大年也。而彭祖[39]乃今以久特闻，众人匹之，不亦悲乎！汤之问棘[40]也是已。穷发[41]之北，有冥海者，天池也。有鱼焉，其广数千里，未有知其修者，其名为鲲。有鸟焉，其名为鹏，背若泰山，翼若垂天之云，抟扶摇羊角[42]而上者九万里，绝[43]云气，负青天，然后图南，且适南冥也。斥鴳[44]笑之曰："彼且奚适也？我腾跃而上，不过数仞[45]而下，翱翔蓬蒿之间，此亦飞之至[46]也。而彼且奚适也？"此小大之辩[47]也。

故夫知效[48]一官，行比[49]一乡，德合[50]一君，而[51]征一国者，其自视也，亦若此矣。而宋荣子[52]犹然[53]笑之。且举[54]世而誉之而不加劝，举世非[55]之而不加沮，定[56]乎内外之分，辩乎荣辱之境，斯已矣。彼其于世，未数数[57]然也。虽然，犹有未树也。夫列子御风而行，泠然[58]善也，旬有五日而后反。彼于致福者，未数数然也。此虽免乎行，犹有所待[59]者也。若夫乘[60]天地之正[61]，而御六气之辩[62]，以游无穷者，彼且[63]恶[64]乎待哉？故曰：至人[65]无己，神人无功，圣人无名。

注释

[1] 冥：通假"溟"，指海色深黑。"北冥"，北海。下文"南冥"，指南海。传说北海无边无际，水深而黑。

[2] 鲲（kūn）：传说中的大鱼。

[3] 鹏：本为古"凤"字，这里指传说中的大鸟。

[4] 怒：奋起的样子，这里指鼓起翅膀。

[5] 垂：同"陲"，边际。

[6] 海运：海动。古有"六月海动"之说。海运之时必有大风，因此大鹏可以乘风南行。

[7] 天池：天然形成的大海。

[8]《齐谐》：书名。出于齐国，多载诙谐怪异之事，故名。一说人名。

[9] 水击：指鹏鸟的翅膀拍击水面。击：拍打。

[10] 抟（tuán）：回旋而上。一作"搏"（bó），拍。

[11] 扶摇：一种旋风，又名飙，由地面急剧盘旋而上的暴风。

[12] 九：表虚数，不是实指。

[13] 去：离，这里指离开北海。

[14] 以：凭借。

[15] 息：风。"去以六月息者也"指大鹏飞行六个月才止息于南冥。一说息为大风，大鹏乘着六月间的大风飞往南冥。

[16] 野马：指游动的雾气。古人认为春天万物生机萌发，大地之上游气奔涌如野马一般。

[17] 其正色邪：或许是上天真正的颜色？其：抑，或许。正色：真正的颜色。邪：同“耶”，疑问语气词。

[18] 极：尽。

[19] 坳堂：指堂中低凹处。坳（ào）：凹陷不平。

[20] 芥：小草。

[21] 置杯焉则胶：将杯子放于其中则胶着搁浅。置：放。焉：于此。胶：指着地。

[22] 培：凭。

[23] 莫之夭阏（yāo è）：无所滞碍，即“莫夭阏之”的倒装。夭：挫折。阏：遏制，阻止。

[24] 图南：计划向南飞。

[25] 蜩（tiáo）：蝉。

[26] 学鸠：斑鸠之类的小鸟名。

[27] 决（xuè）：疾速的样子。

[28] 抢（qiāng）：触，碰，着落。一（yī）作“枪”。

[29] 榆枋：两种树名。榆：榆树。枋：檀木。

[30] 控：投，落下。

[31] 奚以：何以。

[32] 莽苍：色彩朦胧，遥远不可辨析。本指郊野的颜色，这里引申为近郊。

[33] 果然：吃饱的样子。

[34] 宿舂粮：舂宿粮，舂捣一宿的粮食。宿：这里指一夜。

[35] 朝菌：一种大芝，朝生暮死的菌类植物。

[36] 晦朔：晦，农历每月的最后一天；朔，农历每月的第一天。一说“晦”指月末，“朔”指月初。

[37] 蟪蛄（huì gū）：寒蝉，春生夏死或夏生秋死。

[38] 冥灵：大树名。一说为大龟名。

[39] 彭祖：传说中尧的臣子，名铿，封于彭，活了约 800 岁。

[40] 棘：汤时的贤大夫，《列子汤问》篇作“夏革（jí）”。

[41] 穷发：传说中极荒远的不生草木之地。发：指草木植被。

[42] 羊角：一种旋风，回旋向上如羊角状。

[43] 绝：穿过。

[44] 斥鴳（yàn）：池沼中的小雀。斥：池，小泽。

[45] 仞：古代长度单位，周制为八尺，汉制为七尺。这里应从周制。

[46] 至：极点。

[47] 小大之辩：小和大的区别。辩：同“辨”：分辨，分别。

[48] 效：效力，尽力。

[49] 比：合。

[50] 合：使……满意。

[51] 而：通“能”，能够。

[52] 宋荣子：一名宋钘（jiān），宋国人，战国时期的思想家。

[53] 犹然：喜笑的样子。犹：通“繇”，喜。

[54] 举：全。

[55] 非：责难，批评。

[56] 定：认清。

[57] 数数（shuò）然：汲汲然，指急迫用世、谋求名利、拼命追求的样子。

[58] 泠（líng）然：轻妙飘然的样子。

[59] 待：凭借，依靠。

[60] 乘：遵循，凭借。

[61] 正：本。这里指自然的本性。

[62] 御六气之辩：驾驭六气的变化。御：驾驭、把握。六气：指阴、阳、风、雨、晦、明。辩：通“变”，变化的意思。

[63] 且：将要。

[64] 恶（wū）：何，什么。

[65] 至人：庄子认为修养最高的人。下文“神人”“圣人”义相近。

◆ 作品赏析

《逍遥游》是《庄子》的第一篇，与其他《庄子·内篇》一样，被多数学者公认为庄子手笔。本篇在全书中占有特殊的地位。马叙伦《为庄子义证成率题绝句》说：“胜义无疑第一禅，几个曾解笑前贤。开宗不了‘逍遥’字，空读南华三十篇。”可见理解本篇对于领会全书是至关重要的，它不仅表达了作者的根本思想，也能代表作者文章的主要风格。“逍遥”，作为一个复音词，始见于《诗经·郑风·清人》篇“河上乎逍遥”与“河上乎翱翔”对举。“逍遥”即“翱翔”。《庄子》本篇有“彷徨乎无为其侧，逍遥乎寝卧其下”，《大宗师》篇有“茫然彷徨乎尘垢之外，逍遥乎无为之业”，“逍遥”又与“彷徨”义同。“逍遥”“翱翔”“彷徨”都有悠然自得、纵任无为的意思。“游”，即活动之意。本篇有“以游无穷者”句。故逍遥游即指悠然自得，适心任性地活动。

《逍遥游》的篇旨，历来理解不一。晋代向秀与郭象的注释是：“小大虽差，各任其性。苟当其分，逍遥一也。”认为大鹏鸟与雀尽管各不相同，但都是逍遥的。按照以上的观点，欲望得到满足，快意于一时，就可以算是逍遥了。支道林反对这种观点，指出：“若夫有欲当其所足，足于所足，快然有似天真，犹饥者一饱，渴者一盈，岂尝于糗粮，绝觞爵于醪醴哉！苟非至足，岂所以逍遥乎？”在支道林看来，“至足”才能逍遥，“饥者一饱，渴者一盈”，只是一时的、相对的满足。只有“至人乘天地之正而高兴，游无穷于放浪”才是“至足”，是绝对的满足、真正的逍遥。于是后人有抛弃向、郭之见而“用支理”。二说之外，还有主张以鲲鹏之大而化为篇旨的。清人林西仲谓“大字是一篇之纲”，浦江清亦云：“以大为道，以小为陋，此类思想即逍遥游之正解。”

怎样才算是真正的逍遥游呢？即“乘天地之正，而御六气之辩，以游无穷者”。陆树芝《庄子雪》于此评曰：“此则与造化者游而逍遥之极致者。通篇主意，至此方点出，为全书之纲。”“天地之正”的“正”字，如《骈拇》中“道德之正”“天下之至正”，《德充符》中“唯尧舜独也正”中的“正”字，均作“真”解。天地之真即天地之本质，亦即道。乘者，置身其中之意。“乘天地之正”就是《天下》篇所说的“与造物者游”。“六气之辩”，指阴阳风雨晦明的变化。道一而不变，六气的变化是道的作用。六气与天地万物的变化是由道所主宰的，道又称“真宰”。“御”者，主宰之谓。不过道的主宰是无为的，是任物自然。故御六气之变，实质只是随任六气之变化。简单说来，以道为体，任物自然，就是逍遥游了。这种游是“无穷”的，没有局限；“恶乎待哉？”无须凭依，是彻底的自由。

“至人无己”三句下，宣颖《南华经解》评曰：“此三句一篇之主也。第一句又三句中之主也。”功名在人生中的意义，古今思想家的看法截然不同。庄子视之为乌有，并在哲理上进行了论证。

本文语言奇伟怪谲，最能代表庄子的语言风格。清代文人胡文英评价说：“前段如烟雨迷离，龙变虎跃。后段如清风月朗，梧竹潇疏。善读者要须拨开枝叶，方见本根。千古奇文，原只是家常茶饭也。”

◆ 扩展阅读

养生主

庄　子

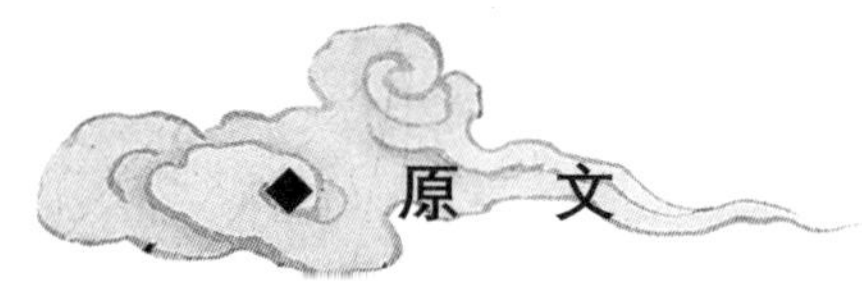

◆ 原　文

吾生也有涯，而知也无涯。以有涯随无涯，殆已！已而为知者，殆而已矣！为善无近名，为恶无近刑，缘督以为经，可以保身，可以全生，可以养亲，可以尽年。

庖丁为文惠君解牛，手之所触，肩之所倚，足之所履，膝之所倚，砉然响然，奏刀騞然，莫不中音，合于桑林之舞，乃中经首之会。

文惠君曰："嘻，善哉！技盍至此乎？"庖丁释刀对曰："臣之所好者道也，进乎技矣。始臣之解牛之时，所见无非全牛者；三年之后，未尝见全牛也；方今之时，臣以神遇而不以目视，官知止而神欲行。依乎天理，批大郤，导大窾，因其固然。技经肯綮之未尝，而况大軱乎！良庖岁更刀，割也；族庖月更刀，折也；今臣之刀十九年矣，所解数千牛矣，而刀刃若新发于硎。彼节者有间而刀刃者无厚，以无厚入有间，恢恢乎其于游刃必有余地矣。是以十九年而刀刃若新发于硎。虽然，每至于族，吾见其难为，怵然为戒，视为止，行为迟，动刀甚微，謋然已解，如土委地。提刀而立，为之而四顾，为之踌躇满志，善刀而藏之。"文惠君曰："善哉！吾闻庖丁之言，得养生焉。"

公文轩见右师而惊曰："是何人也？恶乎介也？天与？其人与？"曰："天也，非人也。天之生是使独也，人之貌有与也。以是知其天也，非人也。"

泽雉十步一啄，百步一饮，不蕲畜乎樊中。神虽王，不善也。老聃死，秦失吊之，三号而出。弟子曰："非夫子之友邪？"曰："然。""然则吊焉若此可乎？"曰："然。始也吾以为其人也，而今非也。向吾入而吊焉，有老者哭之，如哭其子；少者哭之，如哭其母。彼其所以会之，必有不蕲言而言，不蕲哭而哭者。是遁天倍情，忘其所受，古者谓之遁天之刑。适来，夫子时也；适去，夫子顺也。安时而处顺，哀乐不能入也，古者谓是帝之县解。"

指穷于为薪，火传也，不知其尽也。

◆ 作品赏析

这是一篇谈养生之道的文章，论述以"无己"顺应自然，藏锋慎用，警惕地在夹缝中求自在宽绰，避免被残酷专制统治毁灭；强调"不失己"，保全本性，提高精神境界，延续精神生命。庄子认为，养生之道重在顺应自然，忘却情感，不为外物所滞。

全文可分成三个部分。第一部分至"可以尽年"，是全篇的总纲，指出养生最重要的是要做到"缘督以为经"，即秉承事物中虚之道，顺应自然的变化与发展。第二部分至"得养生焉"，以厨工分解牛体比喻人之养生，说明处世、生活都要"因其固然""依乎天理"，而且要取其中虚有间，方能游刃有余，从而避开是非和矛盾的纠缠。余下为第三部分，进一步说明圣人不凝滞于事物，与世推移，以游其心，顺应自然，安时而处顺，穷天理、尽道性，以至于命的生活态度。这就是文惠君基本理解到的东西。但是，庄子想要表达的可不只这些。庄子思想的中心，一是无所依凭自由自在，一是反对人为顺其自然，此文字里行间虽是在谈论养生，实际上体现了作者的哲学思想和生活旨趣。

○ ○ ○ ○ ○ ○ ○ ○ ○ ○

谏逐客书[1]

李 斯

◆ 作家作品简介

李斯（？一前 208），战国时楚国上蔡（今河南上蔡西南）人，秦代著名政治家。初为郡小吏，曾与韩非子一起受业于儒学大师荀子。战国末去楚入秦，为相国吕不韦舍人，后得秦王政的器重，拜为客卿。秦统一六国后，官至丞相。秦始皇死后，李斯被胁迫参与赵高矫诏谋杀太子扶苏，拥立二世的阴谋，最终受赵高诬陷，被腰斩于咸阳，夷灭三族。

李斯以卓越的政治才能和远见，辅佐秦王统一了中国。统一后，他建议秦始皇废除分封制，实行郡县制，统一文字和度量衡，在巩固秦朝政权、维护国家统一、促进经济和文化的发展等方面做出了很多贡献。但是，李斯“焚书坑儒”的主张，给秦以前的文化典籍带来了极其严重的破坏。

李斯是秦代散文作家中的代表人物。鲁迅先生在《汉文学史纲要》中说：“秦之文章，李斯一人而已。”他的文章散见于《史记》及《古文苑》中。其传世作品除了《谏逐客书》外，还有《泰山刻石文》《琅琊台刻石文》等颂德铭文，这些铭文对后代的碑志铭文很有影响。李斯的文章说理透辟、文辞华丽、气势奔放。

◆ 原 文

臣闻吏议逐客，窃以为过矣[2]。

昔缪公求士[3]，西取由余于戎[4]，东得百里奚于宛[5]，迎蹇叔于宋[6]，来丕豹、公孙支于晋[7]。此五子者，不产于秦，而缪公用之，并国二十[8]，遂霸西戎。孝公用商鞅之法[9]，移风易俗，民以殷盛，国以富强，百姓乐用[10]，诸侯亲服，获楚、魏之师[11]，举地千里[12]，至今治强[13]。惠王用张仪之计[14]，拔三川之地[15]，西并巴、蜀[16]，北收上郡[17]，南取汉中[18]，包九夷[19]，制鄢、郢[20]，东据成皋之险[21]，割膏腴之壤，遂散六国之从[22]，使之西面事秦，功施到今[23]。昭王得范雎[24]，废穰侯[25]，逐华阳[26]，强公室[27]，杜私门[28]，蚕食诸侯，使秦成帝业。此四君者，皆以客之功。由此观之，客何负于秦哉？向使四君却客而不内[29]，疏士而不用，是使国无富利之实，而秦无强大之名也。

今陛下致昆山之玉[30]，有随、和之宝[31]，垂明月之珠[32]，服太阿之剑[33]，乘纤离之马[34]，建翠凤之旗[35]，树灵鼍之鼓[36]。此数宝者，秦不生一焉，而陛下悦之，何也？必秦国之所生而然后可，则是夜光之璧不饰朝廷；犀、象之器不为玩好[37]；郑、卫之女不充后宫[38]；而骏良駃騠不实外厩[39]；江南金锡不为用，西蜀丹青不为采[40]。所以饰后宫、充下陈、娱心意、说耳目者[41]，必出于秦然后可，则是宛珠之簪、傅玑之珥、阿缟之衣、锦绣之饰不进于前[42]；而随俗雅化、佳冶窈窕赵女不立于侧也[43]。夫击瓮叩缶[44]，弹筝搏髀[45]，而歌呼呜呜快耳者，真秦之声也。《郑》《卫》《桑间》《韶虞》《武象》者[46]，异国之乐也。今弃击瓮叩缶而就《郑》《卫》，退弹筝而取《韶虞》，若是者何也？快意当前，适观而已矣[47]。今取人则不然，不问可否，不论曲直[48]，非秦者去，为客者逐。然则是所重者，在乎色乐珠玉，而所轻者，在乎民人也。此非所以跨海内、制诸侯之术也。

臣闻地广者粟多，国大者人众，兵强则士勇。是以泰山不让土壤，故能成其大；河海不择细流，故能就其深；王者不却众庶，故能明其德。是以地无四方，民无异国，四时充美，鬼神降福，此五帝、三王之所以无敌也[49]。今乃弃黔首以资敌国，却宾客以业诸侯[50]，使天下之士退而不敢西向，裹足不入秦，此所谓“借寇兵而赍盗粮”者也[51]。

夫物不产于秦，可宝者多；士不产于秦，而愿忠者众。今逐客以资敌国，损民以益仇，内自虚而外树怨于诸侯，求国无危，不可得也。

注释

[1] 本篇选自《史记·李斯列传》，写于秦王政十年（前237）。当时，韩人郑国为秦修筑水利工程，消耗了秦国的财力，使秦无暇东征。秦国宗室大臣以此为借口，提出“诸侯人来事秦者，大抵为其主游间于秦耳，请一切逐客”的建议。于是秦王下令逐客，李斯因此上书劝谏。他抓住秦王急于统一天下的心理，陈述了逐客同统一天下的矛盾，有力地批驳了逐客的错误，最终使秦王撤销了逐客令。谏：规劝君王或尊长，使改正错误。客：客卿，指客籍官员。书：上书，是古代臣子向君主陈述意见的一种文体。

[2] 窃：私下，自谦之辞。过：错误。

[3] 缪（mù）公：秦穆公（前659—前621年在位），名任好，春秋时五霸之一。缪：通“穆”。

[4] 由余：春秋时晋国人，流亡于戎，后奉戎王命出使秦国。秦穆公用计收他为谋臣，遂灭十二戎国，扩疆千里，称霸西戎。戎：古代对西部少数民族的统称。

[5] 百里奚：楚国宛（今河南南阳）人，曾任虞国大夫。晋灭虞后，成为晋俘，又做晋献公女儿的陪嫁奴仆入秦，中途逃到楚国，被楚兵抓获。穆公听说其贤能，设计用五张黑羊皮赎回，并任为相。

[6] 蹇（jiǎn）叔：岐（今陕西境内）人，客居于宋，是百里奚的好友。经百里奚推荐，穆公用重金聘为上大夫。

[7] 丕豹：晋大夫丕郑之子。因其父被杀，豹逃到秦国，穆公任他为大将，率兵攻晋，攻破八城，生擒晋君。公孙支：字子桑，岐人，居于晋，后入秦，穆公任其为大夫。

[8] 并：吞并。

[9] 孝公：秦孝公（前361—前338在位），即嬴渠梁。他任用商鞅，实行变法，使秦富强。商鞅：战国时卫人，姓公孙，名鞅，又称卫鞅。因封地在商，故名商鞅。任秦相十年，先后两次变法，改革制度，发展经济，奠定了秦统一六国的基础。

[10] 乐用：乐于为国效力。

[11] 获楚、魏之师：秦孝公二十二年（前340），商鞅大破魏军，俘魏公子卬（áng），魏割河西之地（今陕西澄城以东一带）予秦。同年又南侵战胜楚国。

[12] 举：攻取。

[13] 治强：安定强盛。

[14] 惠王：秦惠王，也称惠文王，孝公之子，名驷。张仪：魏国人，惠文王时为秦相，用连横之计破六国合纵之盟，使秦国各个击破六国。

[15] 拔：攻取。三川：黄河、洛水、伊水。

[16] 巴、蜀：当时的两个小国，巴国在今四川省东部巴县一带，蜀国在今四川省西部成都一带。秦惠文王更元九年（前316），派司马错伐蜀，并吞巴、蜀后，设置巴郡、蜀郡。

[17] 上郡：魏地，在今陕西省北部和宁夏、内蒙古部分地区。惠文王十年（前328），派公子华和张仪攻魏，魏献上郡十五县求和。

[18] 汉中：楚地，在今陕西省西南部。前312年，秦大破楚军于丹阳，斩首八万，后又攻占楚汉中六百里地，设置汉中郡。

[19] 包：吞并。九夷：指当时楚国境内的少数民族。

[20] 制：控制。鄢（yān）：楚地名，在今湖北宜城市。郢（yǐng）：当时楚国的都城，在今湖北江陵县。

[21] 成皋：又名虎牢，今河南荥阳汜（sì）水镇，为古代军事要地。

[22] 散：解散、瓦解。从（zòng）：通“纵”，即合纵，指南北六国联合抗秦。

[23] 施（yì）：延续。

[24] 昭王：秦昭襄王（前307—前251年在位），名则，又名稷，惠文王子，武王异母弟。范雎（jū）：战国时魏人，因受魏相魏齐迫害而事秦，昭王时为秦相，封应侯，他提出远交近攻的策略，使秦逐个征服邻国。

[25] 穰（rǎng）侯：即魏冉，昭王母宣太后异父弟，曾为秦相，擅权三十余年，封于穰，故称穰侯。

[26] 华阳：即华阳君，名芈（mǐ）戎，宣太后的同父弟，封于华阳。华阳与穰侯二人，因宣太后的关系而擅权，昭王用范雎计，废太后并逐穰侯、华阳于关外。

[27] 公室：王室。

[28] 私门：指豪门贵族。

[29] 向使：当初假使。却：拒绝。内：通“纳”。

[30] 昆山：即昆仑山，古代传说昆山北麓和田产美玉。

[31] 随、和之宝：指随侯珠、和氏璧。随：周初小国，在今湖北境内。传说随侯用药敷治了一条受伤的大蛇，后来此蛇于夜间衔一珠来报恩，故称随侯珠。和：春秋时楚人卞和。传说他曾于山中得一璞玉，献给楚王，琢成美玉，因称和氏之璧。

[32] 明月之珠：夜光珠。一说指随侯之珠。

[33] 服：佩戴。太阿（ē）：古代宝剑名，相传是春秋时吴国名匠干将和欧冶子所铸。

[34] 纤离：古骏马名。

[35] 建：树立。翠凤之旗：用翠羽编成凤鸟形状所装饰的旗帜。

[36] 树：设置。灵鼍（tuó）：鳄鱼类，产于长江下游，也称“扬子鳄”，皮可制鼓。

[37] 犀：犀牛角。象：象牙。玩好：供赏玩的东西。

[38] 郑、卫之女：郑、卫均为东周时国名，郑、卫的女子以善歌舞著称。

[39] 駃騠（juétí）：骏马名。厩（jiù）：马棚。

[40] 丹青：两种绘画颜料，丹砂和青雘（huò）。

[41] 下陈：后列，指站在后列侍奉皇帝的宫女。

[42] 宛珠：宛（今河南省南阳市）地出产的珍珠。傅玑之珥：附有玑珠的耳饰。傅：通“附”。玑：不圆的珠子。珥：耳饰。阿：齐国东阿（今山东阳谷东北阿城镇）。缟：白色的丝绸。锦：织锦。绣：刺绣。

[43] 随俗雅化：随着时尚打扮得时髦漂亮。佳冶窈窕：美好艳丽、体态优美。赵女：赵国的女子。传说赵国一带多美女。

[44] 瓮、缶（fǒu）：瓦器，秦人作为打击乐器。

[45] 筝：古秦地的一种弦乐器。搏：拍击。髀（bì）：大腿。

[46]《郑》《卫》：指郑卫两国的乐曲。《桑间》：卫国濮水之滨（今河南濮阳地区）的音乐。《韶虞》：相传是舜时的乐曲。《武象》：周武王时的乐舞曲。

[47] 适观：适合观赏。

[48] 曲直：邪正。

[49] 五帝：指黄帝、颛顼（zhuān xū）、帝喾（kù）、尧、舜。一说指伏羲、神农、黄帝、尧、舜。三王：夏启、商汤、周武王。

[50] 业诸侯：使诸侯成就功业。业：动词。

[51] 赍（jī）：给予，赠送。

◆ 作品赏析

本文叙述了历代客卿对秦国历史发展的重要贡献，指出当时秦王所爱之物多非秦国所产的事实，具体分析了纳贤与逐客的是非得失，从而阐述了广集贤才必成帝业，“非秦者去，为客者逐”必致国危的道理。

文章论点鲜明，论据充分，反复采用正反对比的论证方法。一开头，作者就明确提出自己的观点：逐客是错误的。紧接着，作者从秦国兴旺发展的历史进程中，举出了穆公、孝公、惠王、昭王由于重用客卿而使秦国“民以殷盛，国以富强”，“至今治强”的大量事实，说明客卿的巨大功绩，得出客卿无负于秦的结论。在此基础上，又从反面提出假设：“向使四君却客而不内，疏士而不用，是使国无富利之实，而秦无强大之名也。”这样正反两方面的论述，周密而雄辩地否定了逐客的做法。接着，作者又从现实生活中提出新的论据，指出秦王所喜爱之物多非产于秦国，进而推论到用人问题上，并再从正反两方面加以论述，加以对比，非常有说服力地否定了“不问可否，不论曲直，非秦者去，为客者逐”的做法，进一步论述了不应逐客的论点。在后面，作者又进一步从正面提出了广揽贤才的主张，肯定了这是“五帝、三王之所以无敌”于天下的根本原因，而且又从反面说明逐客的严重后果。作者就这样从古到今，由远到近，从正到反，由物及人，用大量事实反复论述中心思想，使其层层深入，分析透辟，无懈可击，有很强的说服力。

作者广引史实，博涉时事，雄辩有力，颇有战国纵横家游说人主的气魄。作者在行文中常采用夸张比喻的手法和排比的句式，增强文章的气势和感染力。全文语言生动，文辞华丽。全文的语言不仅讲求整齐的形式美，也追求和谐的节奏美；不仅注重语言的准确性，也注意语言的形象美。

○ ○ ○ ○ ○ ○ ○ ○ ○ ○

项羽本纪（节选）[1]

司马迁

◆ 作家作品简介

司马迁（前145—？），字子长，夏阳龙门（今陕西韩城）人，西汉史学家、文学家。司马迁10岁开始学习古文书传，博览群书。20岁时，从京师长安南下漫游，足迹遍及江淮流域和中原地区，所到之处考察风俗，采集传说。不久仕为郎中，成为汉武帝的侍卫和扈从，多次随驾西巡，曾出使巴蜀。元封三年（前108），司马迁继承其父司马谈之职，任太史令，掌管天文历法及皇家图籍，因而得读史官所藏图书。太初元年（前104），与唐都、落下闳等共订《太初历》，以代替由秦沿袭下来的《颛顼历》，新历适应了当时社会的需要。司马迁继承其父编写一部史书的遗志，开始撰写《史记》。后因替投降匈奴的李陵辩护，获罪下狱，受腐刑。出狱后任中书令，忍辱含垢，继续发愤著书，终于在征和初年（前92）左右完成了《史记》的撰写。

《史记》代表了古代历史散文的最高成就，鲁迅称它是“史家之绝唱，无韵之离骚”。《史记》原名《太史公书》，是我国历史上第一部纪传体通史。《史记》开创了写史以人物为中心的编写体例，通过展示人物的活动来再现多彩的历史画面。全书记载了上自传说中的黄帝，下至汉武帝太初年间共3000多年的历史。全书共130篇，52万余字，分5个体例，其中“本纪”12篇，“表”10篇，“书”8篇，“世家”30篇，“列传”70篇。书中所记载的人物，上自帝王将相，下至市井细民，三教九流，应有尽有，共有4000多人，重要人物数百人。《史记》也是优秀的文学作品。语言生动，人物形象鲜明，个性突出，栩栩如生。作者善于从多角度来刻画人物，展示人物的多重性格。司马迁还撰有《报任安书》，记述了他下狱受刑的经过和著书的抱负，为历代传颂。

◆ 原　文

项籍者，下相人也[2]，字羽。初起时[3]，年二十四。其季父项梁[4]。梁父即楚将项燕，为秦将王翦所戮者也[5]。项氏世世为楚将，封于项，故姓项氏[6]。

项籍少时，学书不成，去[7]；学剑，又不成。项梁怒之。籍曰：“书，足以记名姓而已[8]。剑，一人敌，不足学。学万人敌[9]。”于是项梁乃教籍兵法。籍大喜，略知其意，又不肯竟[10]学。项梁尝有栎阳逮，乃请蕲狱掾曹咎书，抵栎阳狱掾司马欣，以故事得已[11]。项梁杀人，与籍避仇于吴中[12]，吴中贤士大夫皆出项梁下[13]，每吴中有大徭役及丧，项梁常为主办，阴以兵法部勒宾客及子弟，以是知其能[14]。秦始皇帝游会稽，渡浙江[15]。梁与籍俱观。籍曰："彼可取而代也！"梁掩其口，曰："毋妄言，族矣[16]！"梁以此奇籍[17]。籍长八尺余，力能扛鼎，才气过人，虽吴中子弟，皆已惮籍矣。

……

项王军壁垓下[18]，兵少食尽，汉军及诸侯兵围之数重[19]。夜闻汉军四面皆楚歌，项王乃大惊曰："汉皆已得楚乎？是何楚人之多也！"项王则夜起，饮帐中。有美人名虞，常幸从[20]；骏马名骓[21]，常骑之。于是项王乃悲歌慷慨[22]，自为诗曰："力拔山兮气盖世，时不利兮骓不逝[23]。骓不逝兮可奈何，虞兮虞兮奈若何[24]！"歌数阕，美人和之[25]。项王泣数行下，左右皆泣，莫能仰视。

于是项王乃上马骑，麾下壮士骑从者八百余人，直夜溃围南出[26]，驰走。平明[27]，汉军乃觉之，令骑将灌婴以五千骑追之[28]。项王渡淮，骑能属者百余人耳[29]。项王至阴陵[30]，迷失道，问一田父，田父绐[31]曰："左[32]。"左，乃陷大泽中，以故汉追及之。项王乃复引兵而东，至东城[33]，乃有二十八骑。汉骑追者数千人。项王自度不得脱，谓其骑曰："吾起兵至今八岁矣，身七十余战，所当者破，所击者服，未尝败北，遂霸有天下[34]。然今卒[35]困于此，此天之亡我，非战之罪也。今日固决死，愿为诸君快战，必三胜之，为诸君溃围，斩将，刈旗[36]，令诸君知天亡我，非战之罪也。"乃分其骑以为四队，四向[37]。汉军围之数重。项王谓其骑曰："吾为公取彼一将。"令四面骑驰下，期山东为三处[38]。于是项王大呼驰下，汉军皆披靡[39]，遂斩汉一将。是时，赤泉侯为骑将，追项王，项王瞋目而叱之，赤泉侯人马俱惊，辟易数里[40]。与其骑会为三处。汉军不知项王所在，乃分军为三，复围之。项王乃驰，复斩汉一都尉，杀数十百人，复聚其骑，亡其两骑耳。乃谓其骑曰："何如？"骑皆伏[41]曰："如大王言！"

于是项王乃欲东渡乌江[42]。乌江亭长檥船待[43]，谓项王曰："江东虽小，地方千里，众数十万人，亦足王也[44]。愿大王急渡！今独臣有船，汉军至，无以渡。"项王笑曰："天之亡我，我何渡为[45]？且籍与江东子弟八千人渡江而西，今无一人还，纵江东父兄怜而王我[46]，我何面目见之？纵彼不言，籍独不愧于心乎？”乃谓亭长曰：“吾知公长者。吾骑此马五岁，所当无敌，尝一日行千里，不忍杀之，以赐公。”乃令骑皆下马步行，持短兵接战[47]。独籍所杀汉军数百人。项王身亦被十余创[48]。顾见汉骑司马吕马童[49]，曰：“若非吾故人乎？”马童面之[50]，指[51]王翳曰：“此项王也。”项王乃曰：“吾闻汉购我头千金，邑万户，吾为若德[52]。”乃自刎而死。

太史公[53]曰：吾闻之周生曰“舜目盖重瞳子”[54]，又闻项羽亦重瞳子，羽岂其苗裔邪？何兴之暴也[55]！夫秦失其政，陈涉首难[56]，豪杰蜂起，相与并争，不可胜数。然羽非有尺寸，乘势起陇亩之中[57]，三年，遂将五诸侯灭秦，分裂天下，而封王侯，政由羽出，号为“霸王”；位虽不终[58]，近古以来，未尝有也。及羽背关怀楚，放逐义帝而自立，怨王侯叛己，难矣[59]。自矜功伐，奋其私智而不师古，谓霸王之业，欲以力征经营天下，五年卒亡其国，身死东城，尚不觉寤而不自责，过矣[60]。乃引“天亡我，非用兵之罪也”，岂不谬哉[61]！

注释

[1] 本纪：帝王或实际统治者的事迹。

[2] 下相：地名，今江苏省宿迁市西。

[3] 初起时：指初起兵时，在秦二世元年（前 209 年）。

[4] 季父：叔父。

[5] 王翦：秦始皇时名将。前 224 年，王翦击破楚军，虏楚王。楚将项燕立昌平君为王，驻兵淮南反秦。第二年，王翦等破楚军，昌平王死，将军项燕自杀。

[6] 项：地名，今河南省项城市东北。古代有以封国或封地为姓氏的，这里是以封地为姓氏。

[7] 书：文字。学书：学习认字、写字。去：丢开，抛开。

[8] 足：足够。

[9] 一人敌：抵挡一个人。不足学：不值得学习。学万人敌：学习能够抵挡万人的本领，即学习兵法。

[10] 竟：完毕。竟学：学到底。

[11] 栎（yuè）阳：秦县名，今陕西临潼东北。逮：及，到，这里是受人连累被官吏追捕的意思。蕲：秦县名，今安徽宿县南。狱掾：古代掌管刑狱的小官吏。曹咎：人名，后为项羽的大司马。司马欣：人名，后为秦长史，从章邯降楚。已：止，了结。

[12] 吴中：地名，今江苏苏州市。秦时是会稽的郡治。

[13] 皆出项梁下：都在项梁之下，即都比不过项梁。

[14] 阴：暗中。部勒：组织，调度。宾客：指依附于项梁手下的客籍人士。子弟：指本地的青壮年人。以是：因此。

[15] 会稽：山名，今浙江绍兴县东南。前 201 年，秦始皇巡行东南，上会稽山，祭大禹，望于东海，立石刻，歌颂秦德。浙江：钱塘江。

[16] 族：杀尽全族人，作动词用。
[17] 奇籍：认为项羽不平凡。奇：奇特，不平凡，这里是意动用法，以……为奇。
[18] 壁：安营扎寨，作动词用。垓下：地名，今安徽灵璧县东南。
[19] 诸侯兵：指当时站在刘邦一边的韩信、彭越等率领的几支反秦部队。
[20] 常幸从：经常受到项羽的宠幸，跟在项羽身边。
[21] 骓（zhuī）：毛色青白相间的马。
[22] 慷慨：悲愤激昂。
[23] 逝：向前跑。
[24] 奈若何：你将怎么办。
[25] 阕：曲终。数阕：数遍。和（hè）：应和。这两句的意思是：唱了好几遍，虞姬应和着一起唱。
[26] 直夜：当夜。直夜溃围：当夜突破重围。
[27] 平明：天刚亮。
[28] 骑将：统帅骑兵的将领。灌婴：少年时以贩帛业，后跟从刘邦平定天下，封为颍阴侯。
[29] 骑能属者：能跟上他的骑兵。属（zhǔ）：跟随。
[30] 阴陵：地名，今安徽定远县西北。
[31] 田父：农夫。绐（dài）：欺骗。
[32] 左：向左边走。
[33] 东城：地名，今安徽定远县西北。
[34] 当：抵挡。这六句的意思是：我起兵至今八年了，亲身参加过七十多次战斗，敢于抵挡的总被我击破，被我击败的无不降服，从来没有打过败仗，因而称霸天下。
[35] 卒：终于。
[36] 决死：必死。快战：痛痛快快地打一仗。必三胜之：一定要取得三项胜利。“三胜”即“溃围，斩将，刈旗”。刈（yì）旗：砍倒军旗。
[37] 四向：向着四面。
[38] 期山东为三处：约定在山的东面分三处集合。
[39] 披靡（mǐ）：本是草木随风倒伏散乱的样子，这里形容汉军溃败的样子。
[40] 赤泉侯：名杨喜，后因破项羽有功，封赤泉侯。辟易：倒退。
[41] 伏：通“服”。
[42] 乌江：今安徽和县东北四十里长江岸的乌江浦。
[43] 亭：秦汉时十里一亭，设亭长一人，管理乡里事务。檥（yǐ）：通“舣”，撑船靠岸。
[44] 江东：指长江南岸的江苏、安徽等地。
[45] 天之亡我，我何渡为：老天要亡我，我渡过了江又有什么用呢。为：语气词，呢。
[46] 纵：即使。怜：怜惜。王我：拥戴我为王。
[47] 短兵：指刀、剑等短小轻便的武器。
[48] 被：受。创：伤。
[49] 顾：回头看。骑司马：官名，骑兵将领。吕马童：后因战功被封为中水侯。
[50] 面：通“偭”，背对着。
[51] 指：指给……看。
[52] 购：悬赏购买。若：你。德：恩惠、好处。这三句的意思是：我听说刘邦出一千斤黄金、一万户封邑悬赏购买我的头颅，我给你这点好处吧。
[53] 太史公：司马迁自称。“曰”下面的话，是司马迁对项羽一生的总结性评论。

[54] 周生：大概是和司马迁同时代的儒生，姓名不详。重瞳子：眼睛里有两个眸子。

[55] 苗裔（yì）：后代子孙。暴：突然，急速。

[56] 首难：首先发难，起义。

[57] 非有尺寸：没有一点点基础可凭借，指土地。陇亩：田间，民间。将：带领。五诸侯：指齐、赵、韩、魏、燕五地的反秦力量。

[58] 位：指西楚霸王的权势地位。

[59] 关：指函谷关。背关怀楚：放弃关中，怀念楚地，指项羽放弃秦地，定都彭城。义帝：指楚怀王。放逐义帝：项羽因楚怀王孙熊心坚守“先入定关中者王之”的约定，心怀愤恨。后来表面上尊怀王为“义帝”，实际上把他放逐到长沙郡，最后暗中派人把义帝杀死。

[60] 矜：夸耀。伐：功，功伐，战功。奋：逞。师古：以古代建功立业的帝王为师。五年：指项羽称霸到败死的时间。寤：通“悟”。这几句的意思是：项羽自负战功，凭借自己的才智不肯效法古人，以为完成霸王之业，统治天下只靠武力就行了，结果短短五年间国家覆灭，自己死在东城。到这时还不觉悟，不责备自己，那就错了。

[61] 引：借口。这三句的意思是：还借口“这是天要灭我，并非在战场上我犯有什么过失”（以此掩饰自己的错误），岂不是很荒谬吗?

◆ 作品赏析

本文节选自《史记·项羽本纪》。第一、二段介绍项羽的身世。第三、四、五段写楚汉战争的最后一仗——垓下之围，叙述项羽别姬、突围、自刎的经过。第六段是司马迁对项羽的评论。

“垓下之围”部分记叙的是项羽这位悲剧英雄的最后生涯，主要表现他失败时的英雄风采。项羽一生叱咤风云，英雄盖世，最后在垓下被围，虽身陷重围，仍不失其英雄本色。本篇在塑造项羽这个人物形象时，选择最能影响项羽命运发展的关键事件，同时也是最能体现他个性特征的事件来展开具体的描述，通过故事情节的发展来展示人物的命运与人物的性格特征。司马迁用饱含感情的笔，通过霸王别姬、东城突围、乌江自刎三个场面的描写，多角度、多层次地刻画了他的性格：“霸王别姬”写英雄末路，在垓下与爱姬诀别，慷慨悲歌，那份多情与无奈，何等悲壮与凄凉。“东城突围”写项羽被重重围住，兵剩无几。面对失败，他并不服气，而是归罪于天意，体现了他的寡谋和自负。“乌江自刎”写项羽拒渡乌江、赠马赐头的临终壮举，体现了项羽知耻重义、宁死不屈、慷慨豪爽。本文重点塑造项羽，抓住人物的语言、行动、表情等细节描写来刻画人物，形象丰满，性格鲜明，且能展示出他的性格的不同方面。其他人物寥寥数笔，但也个性鲜明。

本篇巧于构思，善于将复杂的事件安排得井然有序，丝毫没有杂乱之感。作者在激烈的军事冲突中，突然插入情意缠绵的悲歌别姬一段，使情节发展急徐有致，节奏疏密相间。对突围、快战诸场面，描摹得异常精彩。各战事皆有高潮迭起，各情节之间连接紧密，过渡自然，整篇结构浑成，气势磅礴。

篇末的“太史公曰”，热情歌颂了项羽在灭秦过程中建立的丰功伟绩，充分肯定了他的历史贡献，同时也批评了他自矜武力以经营天下的错误，对他的失败寄予了惋惜与同情。

◆ 扩展阅读

淮阴侯列传

司马迁

淮阴侯韩信者，淮阴人也。始为布衣时，贫无行，不得推择为吏，又不能治生商贾，常从人寄食饮，人多厌之者，常数从其下乡南昌亭长寄食，数月，亭长妻患之，乃晨炊蓐食。食时信往，不为具食。信亦知其意，怒，竟绝去。

信钓于城下，诸母漂，有一母见信饥，饭信，竟漂数十日。信喜，谓漂母曰：“吾必有以重报母。”母怒曰：“大丈夫不能自食，吾哀王孙而进食，岂望报乎！”

淮阴屠中少年有侮信者，曰：“若虽长大，好带刀剑，中情怯耳。”众辱之曰：“信能死，刺我；不能死，出我袴下。”于是信孰视之，俛出袴下，蒲伏。一市人皆笑信，以为怯。

及项梁渡淮，信杖剑从之，居戏下，无所知名。项梁败，又属项羽，羽以为郎中。数以策干项羽，羽不用。汉王之入蜀，信亡楚归汉，未得知名，为连敖。坐法当斩，其辈十三人皆已斩，次至信，信乃仰视，适见滕公，曰：“上不欲就天下乎？何为斩壮士！”滕公奇其言，壮其貌，释而不斩。与语，大说之。言于上，上拜以为治粟都尉，上未之奇也。

信数与萧何语，何奇之。至南郑，诸将行道亡者数十人，信度何等已数言上，上不我用，即亡。何闻信亡，不及以闻，自追之。人有言上曰：“丞相何亡。”上大怒，如失左右手。

居一二日，何来谒上，上且怒且喜，骂何曰："若亡，何也？"何曰："臣不敢亡也，臣追亡者。"上曰："若所追者谁何？"曰："韩信也。"上复骂曰："诸将亡者以十数，公无所追；追信，诈也。"何曰："诸将易得耳。至如信者，国士无双。王必欲长王汉中，无所事信；必欲争天下，非信无所与计事者。顾王策安所决耳。"王曰："吾亦欲东耳，安能郁郁久居此乎？"何曰："王计必欲东，能用信，信即留；不能用，信终亡耳。"王曰："吾为公以为将。"何曰："虽为将，信必不留。"王曰："以为大将。"何曰："幸甚。"于是王欲召信拜之。何曰："王素慢无礼，今拜大将如呼小儿耳，此乃信所以去也。王必欲拜之，择良日，斋戒，设坛场，具礼，乃可耳。"王许之。诸将皆喜，人人各自以为得大将。至拜大将，乃韩信也，一军皆惊。

信拜礼毕，上坐。王曰："丞相数言将军，将军何以教寡人计策？"信谢，因问王曰："今东乡争权天下，岂非项王邪？"汉王曰："然。"曰："大王自料勇悍仁强孰与项王？"汉王默然良久，曰："不如也。"信再拜贺曰："惟信亦为大王不如也。然臣尝事之，请言项王之为人也。项王喑噁叱咤，千人皆废，然不能任属贤将，此特匹夫之勇耳。项王见人恭敬慈爱，言语呕呕，人有疾病，涕泣分食饮，至使人有功当封爵者，印刓敝，忍不能予，此所谓妇人之仁也。项王虽霸天下而臣诸侯，不居关中而都彭城。有背义帝之约，而以亲爱王，诸侯不平。诸侯之见项王迁逐义帝置江南，亦皆归逐其主而自王善地。项王所过无不残灭者，天下多怨，百姓不亲附，特劫于威强耳。名虽为霸，实失天下心。故曰其强易弱。今大王诚能反其道：任天下武勇，何所不诛！以天下城邑封功臣，何所不服！以义兵从思东归之士，何所不散！且三秦王为秦将，将秦子弟数岁矣，所杀亡不可胜计，又欺其众降诸侯，至新安，项王诈阬秦降卒二十余万，唯独邯、欣、翳得脱，秦父兄怨此三人，痛入骨髓。今楚强以威王此三人，秦民莫爱也。大王之入武关，秋豪无所害，除秦苛法，与秦民约，法三章耳，秦民无不欲得大王王秦者。于诸侯之约，大王当王关中，关中民咸知之。大王失职入汉中，秦民无不恨者。今大王举而东，三秦可传檄而定也。"于是汉王大喜，自以为得信晚。遂听信计，部署诸将所击。

八月，汉王举兵东出陈仓，定三秦。汉二年，出关，收魏、河南，韩、殷王皆降。合齐、赵共击楚。四月，至彭城，汉兵败散而还。信复收兵与汉王会荥阳，复击破楚京、索之间，以故楚兵卒不能西。

汉之败却彭城，塞王欣、翟王翳亡汉降楚，齐、赵亦反汉与楚和。六月，魏王豹谒归视亲疾，至国，即绝河关反汉，与楚约和。汉王使郦生说豹，不下。其八月，以信为左丞相，击魏。魏王盛兵蒲坂，塞临晋，信乃益为疑兵，陈船欲度临晋，而伏兵从夏阳以木罂缻渡军，袭安邑。魏王豹惊，引兵迎信，信遂虏豹，定魏为河东郡。汉王遣张耳与信俱，引兵东，北击赵、代。后九月，破代兵，禽夏说阏与。信之下魏破代，汉辄使人收其精兵，诣荥阳以距楚。

信与张耳以兵数万，欲东下井陉击赵。赵王、成安君陈馀闻汉且袭之也，聚兵井陉口，号称二十万。广武君李左车说成安君曰："闻汉将韩信涉西河，虏魏王，禽夏说，新喋血阏与，今乃辅以张耳，议欲下赵，此乘胜而去国远斗，其锋不可当。臣闻千里馈粮，士有饥色，樵苏后爨，师不宿饱。今井陉之道，车不得方轨，骑不得成列，行数百里，其势粮食必在其后。原足下假臣奇兵三万人，从间道绝其辎重；足下深沟高垒，坚营勿与战。彼前不得斗，退不得还，吾奇兵绝其后，使野无所掠，不至十日，而两将之头可致于戏下。原君留意臣之计。否，必为二子所禽矣。"成安君，儒者也，常称义兵不用诈谋奇计，曰："吾闻兵法十则围之，倍则战。今韩信兵号数万，其实不过数千。能千里而袭我，亦已罢极。今如此避而不击，后有大者，何以加之！则诸侯谓吾怯，而轻来伐我。"不听广武君策，广武君策不用。

韩信使人间视，知其不用，还报，则大喜，乃敢引兵遂下。未至井陉口三十里，止舍。夜半传发，选轻骑二千人，人持一赤帜，从间道萆山而望赵军，诫曰："赵见我走，必空壁逐我，若疾入赵壁，拔赵帜，立汉赤帜。"令其裨将传飧，曰："今日破赵会食！"诸将皆莫信，详应曰："诺。"谓军吏曰："赵已先据便地为壁，且彼未见吾大将旗鼓，未肯击前行，恐吾至阻险而还。"信乃使万人先行，出，背水陈。赵军望见而大笑。平旦，信建大将之旗鼓，鼓行出井陉口，赵开壁击之，大战良久。于是信、张耳详弃鼓旗，走水上军。水上军开入之，复疾战。赵果空壁争汉鼓旗，逐韩信、张耳。韩信、张耳已入水上军，军皆殊死战，不可败。信所出奇兵二千骑，共候赵空壁逐利，则驰入赵壁，皆拔赵旗，立汉赤帜二千。赵军已不胜，不能得信等，欲还归壁，壁皆汉赤帜，而大惊，以为汉皆已得赵王将矣，兵遂乱，遁走，赵将虽斩之，不能禁也。于是汉兵夹击，大破虏赵军，斩成安君泜水上，禽赵王歇。

信乃令军中毋杀广武君，有能生得者购千金。于是有缚广武君而致戏下者，信乃解其缚，东乡坐，西乡对，师事之。

诸将效首虏，毕贺，因问信曰："兵法右倍山陵，前左水泽，今者将军令臣等反背水陈，曰破赵会食，臣等不服。然竟以胜，此何术也？"信曰："此在兵法，顾诸君不察耳。兵法不曰'陷之死地而后生，置之亡地而后存'？且信非得素拊循士大夫也，此所谓'驱市人而战之'，其势非置之死地，使人人自为战；今予之生地，皆走，宁尚可得而用之乎！"诸将皆服曰："善。非臣所及也。"

于是信问广武君曰："仆欲北攻燕，东伐齐，何若而有功？"广武君辞谢曰："臣闻败军之将，不可以言勇，亡国之大夫，不可以图存。今臣败亡之虏，何足以权大事乎！"信曰："仆闻之，百里奚居虞而虞亡，在秦而秦霸，非愚于虞而智于秦也，用与不用，听与不听也。诚令成安君听足下计，若信者亦已为禽矣。以不用足下，故信得侍耳。"因固问曰："仆委心归计，原足下勿辞。"广武君曰："臣闻智者千虑，必有一失；愚者千虑，必有一得。故曰'狂夫之言，圣人择焉'。顾恐臣计未必足用，原效愚忠。夫成安君有百战百胜之计，一旦而失之，军败鄗下，身死泜上。今将军涉西河，虏魏王，禽夏说阏与，一举而下井陉，不终朝破赵二十万众，诛成安君。名闻海内，威震天下，农夫莫不辍耕释耒，褕衣甘食，倾耳以待命者。若此，将军之所长也。然而众劳卒罢，其实难用。今将军欲举倦弊之兵，顿之燕坚城之下，欲战恐久力不能拔，情见势屈，旷日粮竭，而弱燕不服，齐必距境以自强也。燕齐相持而不下，则刘项之权未有所分也。若此者，将军所短也。臣愚，窃以为亦过矣。故善用兵者不以短击长，而以长击短。"韩信曰："然则何由？"广武君对曰："方今为将军计，莫如案甲休兵，镇赵抚其孤，百里之内，牛酒日至，以飨士大夫醳兵，北首燕路，而后遣辩士奉咫尺之书，暴其所长于燕，燕必不敢不听从。燕已从，使諠言者东告齐，齐必从风而服，虽有智者，亦不知为齐计矣。如是，则天下事皆可图也。兵固有先声而后实者，此之谓也。"

韩信曰："善。"从其策，发使使燕，燕从风而靡。乃遣使报汉，因请立张耳为赵王，以镇抚其国。汉王许之，乃立张耳为赵王。

楚数使奇兵渡河击赵，赵王耳、韩信往来救赵，因行定赵城邑，发兵诣汉。楚方急围汉王于荥阳，汉王南出，之宛、叶间，得黥布，走入成皋，楚又复急围之。六月，汉王出成皋，东渡河，独与滕公俱，从张耳军脩武。至，宿传舍。晨自称汉使，驰入赵壁。张耳、韩信未起，即其卧内上夺其印符，以麾召诸将，易置之。信、耳起，乃知汉王来，大惊。汉王夺两人军，即令张耳备守赵地。拜韩信为相国，收赵兵未发者击齐。

信引兵东，未渡平原，闻汉王使郦食其已说下齐，韩信欲止。范阳辩士蒯通说信曰："将军受诏击齐，而汉独发间使下齐，宁有诏止将军乎？何以得毋行也！且郦生一士，伏轼掉三寸之舌，下齐七十余城，将军将数万众，岁余乃下赵五十余，为将数岁，反不如一竖儒之功乎？"于是信然之，从其计，遂渡河。齐已听郦生，即留纵酒，罢备汉守御信因袭齐历下军，遂至临菑。齐王田广以郦生卖己，乃烹之，而走高密，使使之楚请救。韩信已定临菑，遂东追广至高密西。楚亦使龙且将，号称二十万，救齐。

齐王广、龙且并军与信战，未合。人或说龙且曰："汉兵远斗穷战，其锋不可当。齐、楚自居其地战，兵易败散。不如深壁，令齐王使其信臣招所亡城，亡城闻其王在，楚来救，必反汉。汉兵二千里客居，齐城皆反之，其势无所得食，可无战而降也。"龙且曰："吾平生知韩信为人，易与耳。且夫救齐不战而降之，吾何功？今战而胜之，齐之半可得，何为止！"遂战，与信夹潍水陈。韩信乃夜令人为万余囊，满盛沙，壅水上流，引军半渡，击龙且，详不胜，还走。龙且果喜曰："固知信怯也。"遂追信渡水。信使人决壅囊，水大至。龙且军大半不得渡，即急击，杀龙且。龙且水东军散走，齐王广亡去。信遂追北至城阳，皆虏楚卒。

汉四年，遂皆降平齐。使人言汉王曰："齐伪诈多变，反覆之国也，南边楚，不为假王以镇之，其势不定。原为假王便。"当是时，楚方急围汉王于荥阳，韩信使者至，发书，汉王大怒，骂曰："吾困于此，旦暮望若来佐我，乃欲自立为王！"张良、陈平蹑汉王足，因附耳语曰："汉方不利，宁能禁信之王乎？不如因而立，善遇之，使自为守。不然，变生。"汉王亦悟，因复骂曰："大丈夫定诸侯，即为真王耳，何以假为！"乃遣张良往立信为齐王，征其兵击楚。

楚已亡龙且，项王恐，使盱眙人武涉往说齐王信曰："天下共苦秦久矣，相与勠力击秦。秦已破，计功割地，分土而王之，以休士卒。今汉王复兴兵而东，侵人之分，夺人之地，已破三秦，引兵出关，收诸侯之兵以东击楚，其意非尽吞天下者不休，其不知厌足如是甚也。且汉王不可必，身居项王掌握中数矣，项王怜而活之，然得脱，辄倍约，复击项王，其不可亲信如此。今足下虽自以与汉王为厚交，为之尽力用兵，终为之所禽矣。足下所以得须臾至今者，以项王尚存也。当今二王之事，权在足下。足下右投则汉王胜，左投则项王胜。项王今日亡，则次取足下。足下与项王有故，何不反汉与楚连和，三分天下王之？今释此时，而自必于汉以击楚，且为智者固若此乎！"韩信谢曰："臣事项王，官不过郎中，位不过执戟，言不听，画不用，故倍楚而归汉。汉王授我上将军印，予我数万众，解衣衣我，推食食我，言听计用，故吾得以至于此。夫人深亲信我，我倍之不祥，虽死不易。幸为信谢项王！"

武涉已去，齐人蒯通知天下权在韩信，欲为奇策而感动之，以相人说韩信曰："仆尝受相人之术。"韩信曰："先生相人何如？"对曰："贵贱在于骨法，忧喜在于容色，成败在于决断，以此参之，万不失一。"韩信曰："善。先生相寡人何如？"对曰："原少间。"信曰："左右去矣。"通曰："相君之面，不过封侯，又危不安。相君之背，贵乃不可言。"韩信曰："何谓也？"蒯通曰："天下初发难也，俊雄豪桀建号壹呼，天下之士云合雾集，鱼鳞襍遝，熛至风起。当此之时，忧在亡秦而已。今楚汉分争，使天下无罪之人肝胆涂地，父子暴骸骨于中野，不可胜数。楚人起彭城，转斗逐北，至于荥阳，乘利席卷，威震天下。然兵困于京、索之间，迫西山而不能进者，三年于此矣。汉王将数十万之众，距巩、雒，阻山河之险，一日数战，无尺寸之功，折北不救，败荥阳，伤成皋，遂走宛、叶之间，此所谓智勇俱困者也。夫锐气挫于险塞，而粮食竭于内府，百姓罢极怨望，容容无所倚。以臣料之，其势非天下之贤圣固不能息天下之祸。当今两主之命县于足下。足下为汉则汉胜，与楚则楚胜。臣原披腹心，输肝胆，效愚计，恐足下不能用也。诚能听臣之计，莫若两利而俱存之，三分天下，鼎足而居，其势莫敢先动。夫以足下之贤圣，有甲兵之众，据强齐，从燕、赵，出空虚之地而制其后，因民之欲，西乡为百姓请命，则天下风走而响应矣，孰敢不听！割大弱强，以立诸侯，诸侯已立，天下服听而归德于齐。案齐之故，有胶、泗之地，怀诸侯以德，深拱揖让，则天下之君王相率而朝于齐矣。盖闻天与弗取，反受其咎；时至不行，反受其殃。原足下孰虑之。”

韩信曰：“汉王遇我甚厚，载我以其车，衣我以其衣，食我以其食。吾闻之，乘人之车者载人之患，衣人之衣者怀人之忧，食人之食者死人之事，吾岂可以乡利倍义乎！”蒯生曰：“足下自以为善汉王，欲建万世之业，臣窃以为误矣。始常山王、成安君为布衣时，相与为刎颈之交，后争张黡、陈泽之事，二人相怨。常山王背项王，奉项婴头而窜，逃归于汉王。汉王借兵而东下，杀成安君泜水之南，头足异处，卒为天下笑。此二人相与，天下至驩也。然而卒相禽者，何也？患生于多欲而人心难测也。今足下欲行忠信以交于汉王，必不能固于二君之相与也，而事多大于张黡、陈泽。故臣以为足下必汉王之不危己，亦误矣。大夫种、范蠡存亡越，霸句践，立功成名而身死亡。野兽已尽而猎狗烹。夫以交友言之，则不如张耳之与成安君者也；以忠信言之，则不过大夫种、范蠡之于句践也。此二人者，足以观矣。原足下深虑之。且臣闻勇略震主者身危，而功盖天下者不赏。臣请言大王功略：足下涉西河，虏魏王，禽夏说，引兵下井陉，诛成安君，徇赵，胁燕，定齐，南摧楚人之兵二十万，东杀龙且，西乡以报，此所谓功无二于天下，而略不世出者也。今足下戴震主之威，挟不赏之功，归楚，楚人不信；归汉，汉人震恐：足下欲持是安归乎？夫势在人臣之位而有震主之威，名高天下，窃为足下危之。”韩信谢曰：“先生且休矣，吾将念之。”

后数日，蒯通复说曰：“夫听者事之候也，计者事之机也，听过计失而能久安者，鲜矣。听不失一二者，不可乱以言；计不失本末者，不可纷以辞。夫随厮养之役者，失万乘之权；守儋石之禄者，阙卿相之位。故知者决之断也，疑者事之害也，审豪氂之小计，遗天下之大数，智诚知之，决弗敢行者，百事之祸也。故曰‘猛虎之犹豫，不若蜂虿之致螫；骐骥之跼躅，不如驽马之安步；孟贲之狐疑，不如庸夫之必至也；虽有舜禹之智，吟而不言，不如瘖聋之指麾也’。此言贵能行之。夫功者难成而易败，时者难得而易失也。时乎时，不再来。原足下详察之。”韩信犹豫不忍倍汉，又自以为功多，汉终不夺我齐，遂谢蒯通。蒯通说不听，已详狂为巫。

汉王之困固陵，用张良计，召齐王信，遂将兵会垓下。项羽已破，高祖袭夺齐王军。汉五年正月，徙齐王信为楚王，都下邳。

信至国，召所从食漂母，赐千金。及下乡南昌亭长，赐百钱，曰：“公，小人也，为德不卒。”召辱己之少年令出胯下者以为楚中尉。告诸将相曰：“此壮士也。方辱我时，我宁不能杀之邪？杀之无名，故忍而就于此。”

项王亡将钟离眛家在伊庐，素与信善。项王死后，亡归信。汉王怨眛，闻其在楚，诏楚捕眛。信初之国，行县邑，陈兵出入。汉六年，人有上书告楚王信反。高帝以陈平计，天子巡狩会诸侯，南方有云梦，发使告诸侯会陈：“吾将游云梦。”实欲袭信，信弗知。高祖且至楚，信欲发兵反，自度无罪，欲谒上，恐见禽。人或说信曰：“斩眛谒上，上必喜，无患。”信见眛计事。眛曰：“汉所以不击取楚，以眛在公所。若欲捕我以自媚于汉，吾今日死，公亦随手亡矣。”乃骂信曰：“公非长者！”卒自刭。信持其首，谒高祖于陈。上令武士缚信，载后车。信曰：“果若人言，‘狡兔死，良狗亨；高鸟尽，良弓藏；敌国破，谋臣亡’。天下已定，我固当亨！”上曰：“人告公反。”遂械系信。至雒阳，赦信罪，以为淮阴侯。

信知汉王畏恶其能，常称病不朝从。信由此日夜怨望，居常鞅鞅，羞与绛、灌等列。信尝过樊将军哙，哙跪拜送迎，言称臣，曰：“大王乃肯临臣！”信出门，笑曰：“生乃与哙等为伍！”上常从容与信言诸将能不，各有差。上问曰：“如我能将几何？”信曰：“陛下不过能将十万。”上曰：“于君何如？”曰：“臣多多而益善耳。”上笑曰：“多多益善，何为为我禽？”信曰：“陛下不能将兵，而善将将，此乃言之所以为陛下禽也。且陛下所谓天授，非人力也。”

陈豨拜为钜鹿守，辞于淮阴侯。淮阴侯挈其手，辟左右与之步于庭，仰天叹曰：“子可与言乎？欲与子有言也。”豨曰：“唯将军令之。”淮阴侯曰：“公之所居，天下精兵处也；而公，陛下之信幸臣也。人言公之畔，陛下必不信；再至，陛下乃疑矣；三至，必怒而自将。吾为公从中起，天下可图也。”陈豨素知其能也，信之，曰："谨奉教！"汉十年，陈豨果反。上自将而往，信病不从。阴使人至豨所，曰："弟举兵，吾从此助公。"信乃谋与家臣夜诈诏赦诸官徒奴，欲发以袭吕后、太子。部署已定，待豨报。其舍人得罪于信，信囚，欲杀之。舍人弟上变，告信欲反状于吕后。吕后欲召，恐其党不就，乃与萧相国谋，诈令人从上所来，言豨已得死，列侯群臣皆贺。相国绐信曰："虽疾，强入贺。"信入，吕后使武士缚信，斩之长乐钟室。信方斩，曰："吾悔不用蒯通之计，乃为儿女子所诈，岂非天哉！"遂夷信三族。

高祖已从豨军来，至，见信死，且喜且怜之，问："信死亦何言？"吕后曰："信言恨不用蒯通计。"高祖曰："是齐辩士也。"乃诏齐捕蒯通。蒯通至，上曰："若教淮阴侯反乎？"对曰："然，臣固教之。竖子不用臣之策，故令自夷于此。如彼竖子用臣之计，陛下安得而夷之乎！"上怒曰："亨之。"通曰："嗟乎，冤哉亨也！"上曰："若教韩信反，何冤？"对曰："秦之纲绝而维弛，山东大扰，异姓并起，英俊乌集。秦失其鹿，天下共逐之，于是高材疾足者先得焉。跖之狗吠尧，尧非不仁，狗因吠非其主。当是时，臣唯独知韩信，非知陛下也。且天下锐精持锋欲为陛下所为者甚众，顾力不能耳。又可尽亨之邪？"高帝曰："置之。"乃释通之罪。

太史公曰：吾如淮阴，淮阴人为余言，韩信虽为布衣时，其志与众异。其母死，贫无以葬，然乃行营高敞地，令其旁可置万家。余视其母冢，良然。假令韩信学道谦让，不伐己功，不矜其能，则庶几哉，于汉家勋可以比周、召、太公之徒，后世血食矣。不务出此，而天下已集，乃谋畔逆，夷灭宗族，不亦宜乎！

◆ 作品赏析

《淮阴侯列传》出自《史记卷九十二·淮阴侯列传第三十二》。本传记载了西汉开国功臣韩信一生的事迹。功高于世，却落个夷灭宗族的下场，注入了作者无限同情和感慨。本文细节描写非常精彩，韩信受胯下之辱的细节不仅形象刻画了屠中少年的个性特征，而且也很好地描写出韩信的心理特征。对于韩信的评价，历来纷纷。司马贞曰："君臣一体，自古所难。相国深荐，策拜登坛。沈沙决水，拔帜传餐。与汉汉重，归楚楚安。三分不议，伪游可叹。"易中天《汉代风云人物·韩信成败之谜》: 韩信，一代名将，旷世功臣。他在困境中挣扎，在草莽中崛起，在战斗中奋进，在胜利中沉沦。他在最能够背叛刘邦的时候忠贞不贰，却在最不可能反叛时涉嫌谋反。正如司马迁所说："天下已集，乃谋畔逆。"因此，有人认为韩信釜底抽薪谋反并不可能，也有人认为其造反证据确凿，还有人认为他是被逼上梁山。但这也许并不重要。重要的是，韩信作为我们英雄时代的英雄人物，他的忍辱负重，他的自强不息，他的叱咤风云，甚至他的犹豫狐疑、患得患失，都给我们留下了深刻的印象和永久的记忆，耐人寻味，发人深思。

茶　经

陆　羽

◆　作家作品简介

陆羽，名疾，字鸿渐、季疵，号桑苎翁、竟陵子，唐代复州竟陵（今湖北天门）人。733 年出生，幼年托身佛寺，自幼好学用功，学问渊博，诗文亦佳，且为人清高，淡泊功名。一度招拜为太子太学、太常寺太祝而不就。760 年为避安史之乱，陆羽隐居浙江苕溪（今湖州）。其间在亲自调查和实践的基础上，认真总结、悉心研究了前人和当时茶叶的生产经验，完成创始之作《茶经》，因此被尊为茶神和茶仙。

《茶经》是中国乃至世界现存最早、最完整、最全面介绍茶的专著，被誉为茶叶百科全书。《茶经》分三卷十节，约 7000 字。此书是关于茶叶生产的历史、源流、现状、生产技术以及饮茶技艺、茶道原理的综合性论著，是划时代的茶学专著、精辟的农学著作、阐述茶文化的书。其将普通茶事升格为一种美妙的文化艺能，推动了中国茶文化的发展。

◆　原　文

一之源

茶者，南方之嘉木也。一尺、二尺乃至数十尺；其巴山峡川有两人合抱者，伐而掇之。其树如瓜芦，叶如栀子，花如白蔷薇，实如栟榈，蒂如丁香，根如胡桃。

其字，或从草，或从木，或草木并。其名，一曰茶，二曰槚，三曰蔎，四曰茗，五曰荈。

其地，上者生烂石，中者生栎壤，下者生黄土。凡艺而不实，植而罕茂。法如种瓜，三岁可采。野者上，园者次。阳崖阴林，紫者上，绿者次；笋者上，牙者次；叶卷上，叶舒次。阴山坡谷者，不堪采掇，性凝滞，结瘕疾。

茶之为用，味至寒，为饮最宜精行俭德之人，若热渴、凝闷、脑疼、目涩、四肢烦、百节不舒，聊四五啜，与醍醐、甘露抗衡也。采不时，造不精，杂以卉莽，饮之成疾。

茶为累也，亦犹人参。上者生上党，中者生百济、新罗，下者生高丽。有生泽州、易州、幽州、檀州者，为药无效，况非此者！设服荠苨，使六疾不瘳。知人参为累，则茶累尽矣。

二之具

籝，一曰篮，一曰笼，一曰筥。以竹织之，受五升，或一斗、二斗、三斗者，茶人负以采茶也。

灶无用突者，釜用唇口者。

甑，或木或瓦，匪腰而泥。篮以箅之，篾以系之。始其蒸也，入乎箅；既其熟也，出乎箅。釜涸注于甑中，又以榖木枝三亚者制之，散所蒸牙笋并叶，畏流其膏。

杵臼，一曰碓，惟恒用者为佳。

规，一曰模，一曰棬。以铁制之，或圆、或方、或花。

承，一曰台，一曰砧。以石为之，不然，以槐、桑木半埋地中，遣无所摇动。

檐，一曰衣。以油绢或雨衫单服败者为之。以檐置承上，又以规置檐上，以造茶也。茶成，举而易之。

芘莉，一曰嬴子，一曰蒡莨，以二小竹，长三尺，躯二尺五寸，柄五寸。以篾织，方眼如圃，人土罗阔二尺，以列茶也。

棨，一曰锥刀。柄以坚木为之。用穿茶也。

扑，一曰鞭。以竹为之。穿茶以解茶也。

焙，凿地深二尺，阔二尺五寸，长一丈。上作短墙，高二尺，泥之。

贯，削竹为之，长二尺五寸。以贯茶焙之。

棚，一曰栈。以木构于焙上，编木两层，高一尺，以焙茶也。茶之半干，升下棚；全干，升上棚。

穿，江东、淮南剖竹为之；巴川峡山，纫谷皮为之。江东以一斤为上穿，半斤为中穿，四、五两为小穿。峡中以一百二十斤为上穿，八十斤为中穿，四五十斤为小穿。穿，旧作钗钏之“钏”字，或作贯“串”。今则不然，如“磨、扇、弹、钻、缝”五字，文以平声书之，义以去声呼之，其字，以“穿”名之。

育，以木制之，以竹编之，以纸糊之。中有隔，上有覆，下有床，旁有门，掩一扇。中置一器，贮塘煨火，令煴煴然。江南梅雨时，焚之以火。

◆ 作品赏析

中国是茶的故乡，也是茶文化的发源地。中国茶的发现和利用已有4700多年的历史，且长盛不衰，传遍全球。茶文化的精神内涵即通过沏茶、赏茶、闻茶、饮茶、品茶等习惯，与中国的文化内涵和礼仪相结合形成的一种具有鲜明中国文化特征的文化现象。《茶经》系统地总结了唐代以及唐以前茶叶生产、饮用的经验，提出了精行俭德的茶道精神。重视茶的精神享受和道德规范，讲究饮茶用具、饮茶用水和煮茶艺术，并与儒、道、佛哲学思想交融，而逐渐使人们进入他们的精神领域。全书分上、中、下三卷，共十个部分。其主要内容和结构有：一之源；二之具；三之造；四之器；五之煮；六之饮；七之事；八之出；九之略；十之图。本文节选卷上第一、二两节：一之源，讲茶的起源、形状、功用、名称、品质；二之具，谈采茶制茶的用具。

◆ 思　考

读完本文谈谈你对茶的认识。

始得西山宴游记[1]

柳宗元

◆ 作家作品简介

柳宗元（773—819），字子厚，河东（今山西永济）人，世称柳河东。唐德宗贞元年间进士，曾任集贤院正字、蓝田尉、监察御史里行等职。顺宗即位，任礼部员外郎，参加了政治革新的王叔文集团，反对宦官专权和藩镇割据。不久宪宗继位，废新政，打击革新派。被贬为永州司马，十年后召还长安，复出为柳州刺史。病逝于柳州，年四十七岁。后世称柳柳州。

柳宗元与韩愈发起古文运动，提出了一系列进步的思想理论和文学主张，世称“韩柳”。他的作品反映了中唐时代人民的悲惨生活，对社会生活中的不合理现象能无情地加以批判，说理透彻，笔锋犀利。他的山水游记刻画细致，寄托深远，往往寓情于景，既生动表达了人对自然美的感受，也抒发受迫害的心情，表露怀才不遇的苦闷，具有很高的艺术性，从而确立了山水游记作为独立的文学体裁在文学史上的地位。著有《永州八记》，《始得西山宴游记》是其第一记。

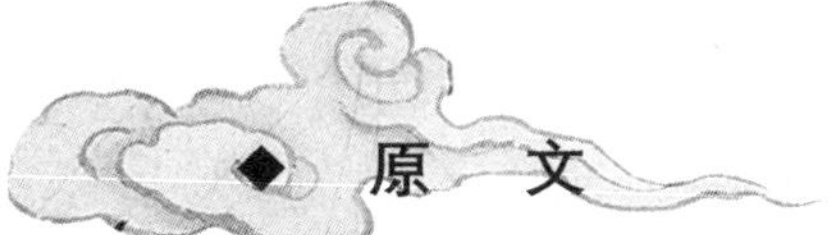

◆ 原　文

自余为僇人[2]，居是州[3]，恒惴栗[4]。其隙也[5]，则施施而行[6]，漫漫而游[7]。日与其徒上高山[8]，入深林，穷回溪[9]，幽泉怪石，无远不到。到则披草而坐[10]，倾壶而醉。醉则相枕以卧[11]，卧而梦。意有所极，梦亦同趣[12]。觉而起，起而归。以为凡是州之山水有异态者，皆我有也[13]。而未始知西山之怪特[14]。

今年九月二十八日，因坐法华西亭[15]，望西山，始指异之[16]。遂命仆人，过湘江，缘染溪[17]，斫榛莽[18]，焚茅茷[19]，穷山之高而止。攀援而登，箕踞而遨[20]，则凡数州之土壤[21]，皆在衽席之下[22]。其高下之势[23]，岈然洼然[24]，若垤若穴[25]；尺寸千里[26]，攒蹙累积[27]，莫得遁隐[28]，萦青缭白[29]，外与天际[30]，四望如一[31]。然后知是山之特立[32]，不与培塿为类[33]。悠悠乎与颢气俱[34]，而莫得其涯[35]；洋洋乎与造物者游[36]，而不知其所穷[37]。引觞满酌[38]，颓然就醉[39]，不知日之入[40]。

苍然暮色，自远而至，至无所见[41]，而犹不欲归。心凝形释，与万化冥合[42]，然后知吾向之未始游[43]。游于是乎始[44]，故为之文以志[45]。

是岁，元和四年也[46]。

注释

[1] 西山：在湖南零陵西。

[2] 僇[lù]：同“戮”，指犯罪受刑。僇人：罪人。指唐宪宗即位后，作者因在顺宗时参与王叔文集团而贬谪永州司马。

[3] 是州：此州，即指永州。

[4] 惴栗：惊恐不安。

[5] 隙：谓公余闲暇，抽空。

[6] 施施[yí]：行走缓慢的样子。

[7] 漫漫：谓漫无目的。

[8] 其徒：指与自己遭遇相同的一帮朋友。

[9] 穷：走到头。回溪：曲折的溪水。

[10] 披草：拨开野草。

[11] 相枕以卧：相互依靠着睡觉。

[12] “意有”二句：谓心里最想什么，梦中也就见到什么，意趣相同。

[13] “以为”二句：意为我认为，凡是永州所有的奇形异态的山水都被我发现了。异态：一作“胜态”。有：占有，指别人不知道，只有他发现。

[14] 怪特：指形态特别怪异。

[15] 法华：寺名，在永州地势最高处。西亭：在法华寺西面，为作者所筑，常与朋友在亭中宴游赋诗，有《永州法华寺新作西亭记》《法华寺西亭夜饮赋诗序》等记其事。

[16] 指异之：指点西山，发现它不平常。

[17] 缘：沿着。染溪：一作“冉溪”，即愚溪。

[18] 斫[zhuó]：砍伐。榛莽：泛指灌木杂草。

[19] 茅茷[fá]：泛指枯落草叶。

[20] 箕踞：席地而坐，两脚伸直，形似箕斗，在古代是一种无礼的放肆举动，此用以表示自由不拘。遨：随意游玩。

[21] 数州：指永州及毗邻几个州。

[22] 衽（rén）席：古时的睡席。这句是说，从西山上看四野，都在身下，十分渺小。

[23] 其高下之势：谓各州的地形高低。

[24] 岈[yá]：大谷。洼：深池。这句是说，那些看来是大谷深池的地方。

[25] 垤[dié]：小土堆。

[26] 尺寸千里：谓视野里很小一点地方，实际包括极大面积地区。

[27] 攒[cuán]：凑集。蹙[cù]：紧缩。这句是说，地面的山水看起来都像紧凑重叠在一起。

[28] 遁：逃避。这句是说，每一处都看得见，一处也躲不了。

[29] 萦青缭白：谓白云在蓝天上萦回缭绕。

[30] 外与天际：谓天外与天相连的边际，喻望远之极。外：一作“水”。

[31] 四望如一：谓无论朝哪个方向远望，都是与上述八句所写一样。

[32] 是山：指西山。

[33] 培塿 [pǒulǒu]：小土山。类：相似。

[34] 悠悠：形容存在极其久远。颢 [hào] 气：浩气，指天地间的元气。俱：同在。

[35] 涯：边际。

[36] 洋洋：形容极其广阔。造物者：创造天地万物的神。游：来往。

[37] 不知其所穷：不知哪里是尽头。

[38] 引：举起。觞：酒杯。满酌：灌满酒。

[39] 颓然：醉倒的样子。

[40] 日之入：太阳落山。

[41] 至无所见：谓直到天黑。

[42]“心凝”二句：谓心平静得像凝结似的，躯体的一切束缚都解脱了，仿佛与天地万物化合在一起了。

[43] 向：从前，指上文所说“无远不到”“皆我有也”。未始游：还是一点也没有游过。

[44]“游于”句：谓游赏永州山水，这次游西山才真正开了头。

[45] 志：记叙。

[46] 元和四年：809 年。

◆ 作品赏析

柳宗元在永贞元年（805），因参加王叔文改革集团而获罪，被贬为永州司马。遂与永州山水结缘，孕育出许多优美的游记篇章，借以抒发被贬后的情怀，其中《永州八记》尤为著称。

本文叙事写景，饱含着作者的感情色彩，表现了作者寂寞惆怅、孤标傲世的情怀。例如，写“披草而坐，倾壶而醉”，正是他孤寂性格的表现；写西山“特立”，正是他傲世蔑俗的写照。实际上，柳宗元所描写的西山一带只是一般的丘陵，并非崇山峻岭。他不过是借景抒怀，在山水之间浇灌自己的情感，赋予山水以个人的情志。

本文构思精巧，结构严谨。开始先概写平日游览之胜，继而再写西山之宴游。作者采用曲折入题的方法，欲写今日始见西山，先写昔日未见西山；欲写昔日未见西山，先写昔日得见诸山，即先写未得西山之游，然后笔锋一转，折入始得西山之宴游。铺垫充分，转折自然，说明西山之游既是昔日游遍诸山的继续，又是一系列新的宴游的开始。文章紧扣“始得”，前后照应，气脉贯通，可谓新颖、巧妙、匠心独具。

新五代史·伶官传序[1]

欧阳修

◆ 作家作品简介

欧阳修（1007—1072），字永叔，号醉翁，又号六一居士，庐陵（今江西吉安）人，北宋著名的政治家、文学家、史学家。幼年丧父，家境贫困，读书刻苦，宋仁宗天圣八年（1030）中进士，后以右正言（谏官）充任知制诰（主管给皇帝起草诏令）。由于上疏为先后被排挤出朝的杜衍、范仲淹、韩琦、富弼等名臣分辩，被贬为滁州太守。后又知扬州、颍州，再回朝廷任翰林学士、史馆修撰。晚年曾任枢密副使、参知政事（副宰相）等高官，死后追赠太子太师，谥文忠。

欧阳修继承唐代韩愈“文以载道”的精神，发扬唐代古文运动传统，反对宋初以来追求形式主义的靡丽文风，主张文章应“明道”“致用”“事信”“言文”，被公认为北宋中期的文坛领袖，在散文、诗词、史传等方面都有较高成就。曾与宋祁合修《新唐书》并独撰《新五代史》，尤以散文对后世影响最大，是“唐宋八大家”之一。其诗文合为《欧阳文忠公文集》。

◆ 原　文

呜呼！盛衰之理，虽曰天命，岂非人事哉！原庄宗之所以得天下[2]，与其所以失之者，可以知之矣。

世言晋王之将终也，以三矢赐庄宗而告之曰：“梁，吾仇也；燕王，吾所立；契丹与吾约为兄弟，而皆背晋以归梁。此三者，吾遗恨也。与尔三矢，尔其无忘乃父之志[3]！”庄宗受而藏之于庙[4]，其后用兵，则遣从事以一少牢告庙[5]，请其矢，盛以锦囊，负而前驱，及凯旋而纳之[6]。

方其系燕父子以组[7]，函梁君臣之首[8]，入于太庙，还矢先王，而告以成功，其意气之盛，可谓壮哉！及仇雠已灭[9]，天下已定，一夫夜呼，乱者四应，仓皇东出，未及见贼而士卒离散，君臣相顾，不知所归，至于誓天断发，泣下沾襟[10]，何其衰也！岂得之难而失之易欤？抑本其成败之迹，而皆自于人欤[11]？

《书》曰："满招损，谦得益。"忧劳可以兴国，逸豫可以亡身[12]，自然之理也。故方其盛也，举天下之豪杰[13]，莫能与之争；及其衰也，数十伶人困之，而身死国灭，为天下笑[14]。夫祸患常积于忽微[15]，而智勇多困于所溺[16]，岂独伶人也哉[17]！

作《伶官传》。

注释

[1] 本文选自《新五代史・伶官传》。后人为了将宋初薛居正所编《五代史》和欧阳修所编《五代史》区别开来，通称薛著为《旧五代史》，欧著为《新五代史》。伶：古时称演戏、歌舞、作乐的人。

[2] 原：推本求原。庄宗：李存勖（xù），唐末西突厥沙陀部族的首领，消灭后梁称帝，建立后唐。

[3] 其：语气副词，表示期望、命令的语气。乃：你的。

[4] 庙：太庙，帝王祭祀祖先的宗庙。

[5] 一少牢：用猪、羊各一头做祭品（祭祀时，牛、猪、羊三牲齐备，称太牢）。牢：祭祀用的牲畜。告：祷告。

[6] 及：等到。纳：放回。之：代词，指箭。

[7] 方：当……时。系燕父子以组：912 年，李存勖遣将攻破幽州，俘获刘仁恭，追捕了刘守光，押回了太原，献于太庙。系（jì）：捆绑。组：丝带，这里指绳索。

[8] 函梁君臣之首：923 年，李存勖攻破大梁。梁末皇帝朱友贞（朱温的儿子）命令部将皇甫麟将自己杀死，随即皇甫麟也刎颈自杀。函：木匣，这里意为用木匣装盛，名词作动词用。

[9] 仇雠（chóu）：仇敌。

[10] "一夫"八句：926 年，驻扎贝州（今河北清河）的军人皇甫晖因夜间聚赌不胜，发动兵变，攻入邺（今河北临漳）。邢州（今河北邢台）和沧州（今河北沧州）的驻军相继兵变响应。庄宗派李嗣源（李克用养子）前往镇压，不料李嗣源被部下拥立为帝，联合邺城乱军向京都洛阳进击。庄宗慌慌张张地率军东进，至万胜镇，闻李嗣源已占据大梁（今河南开封），被迫引兵折回，至洛阳城东的石桥，置酒悲涕，部将元行钦等百余人剪断头发，向天立誓，表示以死报国，君臣相顾哭泣。一夫：一个人，指皇甫晖。仓皇：匆促，慌张。

[11] "岂得"三句：难道是因为得天下困难、失天下容易的缘故吗？或者认真推究他成败的原委，其实就是人为的呢？抑：或，还。本：推究本源，名词作动词用。自：由于。

[12] 忧劳：忧患勤劳。逸豫：逍遥游乐，不能居安思危。

[13] 举：全，所有的。

[14] "数十伶人"三句：庄宗灭梁后，宠用伶人，纵情声色，朝政日非。继李嗣源兵变后，伶人出身的皇帝近卫军首领郭从谦乘机作乱，庄宗中流矢而死。国灭：庄宗死后，李嗣源即位，称明宗，后唐并未灭亡。不过李嗣源是李克用的养子，并非嫡传，按照当时的传统观念来看，也可以说是"国灭"。

[15] 积于忽微：从细微小事逐渐积累起来。

[16] 所溺：沉溺迷爱的人或事物。

[17] 岂独伶人也哉：难道仅仅是伶人吗？

◆ 作品赏析

本文通过对五代时期后唐盛衰过程的具体分析，得出"忧劳可以兴国，逸豫可以亡身”和“夫祸患常积于忽微，而智勇多困于所溺”的结论，说明国家兴衰败亡不由天命而取决于“人事”，借以告诫当时北宋的当政者要吸取历史教训，居安思危，防微杜渐，力戒骄奢淫逸。

本文采用正反对比论证，有极强的说服力。作者将庄宗成功时“意气之盛，可谓壮哉”与其失败时“士卒离散”“泣下沾襟”进行对比，鲜明而强烈，以突出庄宗历史悲剧的根源，使“抑本其成败之迹，而皆自于人欤”这一结论，更加突显出成败由人的道理，令人信服，发人深省。

作者在论述过程中多用警戒性的断语，如“忧劳可以兴国，逸豫可以亡身”“夫祸患常积于忽微，而智勇多困于所溺”“满招损，谦得益”的名言，来印证中心论点。两个问句“岂得之难而失之易欤？”“抑本其成败之迹，而皆自于人欤？”也发人深思，前句以反问否定了得难失易，后句用“自于人”，与开头“岂非人事哉”呼应，再引用古训，进一步追本求源，明确指出“忧劳可以兴国，逸豫可以亡身”之理，强化了论点。

○ ○ ○ ○ ○ ○ ○ ○ ○ ○

原　君

黄宗羲

◆ 作家作品简介

黄宗羲（1610—1695），字太冲，号南雷，浙江余姚人，学者尊为梨洲先生。明末清初杰出思想家，被称为“中国思想启蒙之父”，并与顾炎武、王夫之、方以智并称为清初四大家。黄宗羲一生著述大致依史学、经学、地理、律历、数学、诗文杂著为类，多至50余种，300多卷，其中最为重要的有《明儒学案》《宋元学案》《明夷待访录》《孟子师说》《思旧录》《明文海》《行朝录》《大统历推法》《四明山志》等。黄宗羲生前曾自己整理编定《南雷文案》，又删订为《南雷文定》《文约》。

《原君》是《明夷待访录》的首篇，文章继承孟子“民为贵，社稷次之，君为轻”的思想而进一步对后世君主专制涂毒生民的最激烈最犀利的鞭挞，对后世反专制斗争起了积极的推动作用。

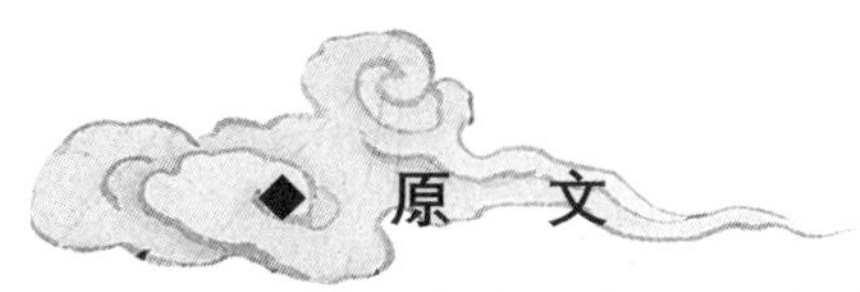

◆原　文

有生之初，人各自私也，人各自利也；天下有公利而莫或兴之，有公害而莫或除之。有人者出，不以一己之利为利，而使天下受其利；不以一己之害为害，而使天下释其害。此其人之勤劳，必千万于天下之人。夫以千万倍之勤劳，而己又不享其利，必非天下之人情所欲居也。故古之人君，量而不欲入者，许由、务光[1]是也；入而又去之者，尧、舜是也；初不欲入而不得去者，禹是也。岂古之人有所异哉？好逸恶劳，亦犹夫人之情也。

后之为人君者不然，以为天下利害之权皆出于我，我以天下之利尽归于己，以天下之害尽归于人，亦无不可。使天下之人不敢自私，不敢自利，以我之大私为天下之大公。始而惭焉，久而安焉，视天下为莫大之产业，传之子孙，受享无穷。汉高帝所谓“某业所就，孰与仲多”[2]者，其逐利之情，不觉溢之于辞矣。

此无他，古者以天下为主，君为客，凡君之所毕世而经营者，为天下也。今也以君为主，天下为客，凡天下之无地而得安宁者，为君也。是以其未得之也，屠毒天下之肝脑，离散天下之子女，以博我一人之产业，曾不惨然。曰：“我固为子孙创业也。”其既得之也，敲剥天下之骨髓，离散天下之子女，以奉我一人之淫乐，视为当然。曰：“此我产业之花息也。”然则为天下之大害者，君而已矣！向使无君，人各得自私也，人各得自利也。呜呼！岂设君之道固如是乎？

古者，天下之人爱戴其君，比之如父，拟之如天，诚不为过也。今也天下之人怨恶其君，视之如寇仇，名之为独夫，固其所也。而小儒规规焉以君臣之义无所逃于天地之间，至桀、纣之暴，犹谓汤、武不当诛之，而妄传伯夷、叔齐无稽之事[3]，乃兆人万姓崩溃之血肉，曾不异夫腐鼠。岂天地之大，于兆人万姓之中，独私其一人一姓乎！是故，武王，圣人也；孟子之言，圣人之言也。后世之君，欲以如父如天之空名，禁人之窥伺者，皆不便于其言，至废孟子而不立，非导源于小儒乎？

虽然，使后之为君者，果能保此产业，传之无穷，亦无怪乎其私之也。既以产业视之，人之欲得产业，谁不如我？摄缄縢，固扃鐍，一人之智力，不能胜天下欲得之者之众。远者数世，近者及身，其血肉之崩溃，在其子孙矣。昔人愿世世无生帝王家[4]，而毅宗之语公主，亦曰："若何为生我家？"[5]痛哉斯言！回思创业时，其欲得天下之心，有不废然摧沮者乎？是故明乎为君之职分，则唐、虞之世，人人能让，许由、务光非绝尘也；不明乎为君之职分，则市井之间，人人可欲，许由、务光所以旷后世而不闻也。然君之职分难明，以俄顷淫乐，不易无穷之悲，虽愚者亦明之矣！

注释

[1] 许由、务光：传说中的高士。唐尧让天下于许由，许由认为是对自己的侮辱，就隐居箕山中。商汤让天下于务光，务光负石投水而死。

[2] "汉高"句：《史记·高祖本纪》载汉高祖刘邦登帝位后，曾对其父说："始大人常以臣无赖，不能治产业，不如仲（其兄刘仲）力，今某之业所就，孰与仲多？"

[3] 伯夷、叔齐无稽之事：《史记·伯夷列传》载伯夷、叔齐反对武王伐纣，天下归周之后，又耻食周粟，饿死于首阳山。

[4] "昔人"句：《南史·王敬则传》载南朝宋顺帝刘准被逼出宫，曾发愿愿后身世世勿复生天王家！

[5] "而毅宗"二句：毅宗，明崇祯帝，南明初谥思宗，后改毅宗。李自成军攻入北京后，他叹息公主不该生在帝王家，以剑砍长平公主，断左臂，然后自缢。

◆ 作品赏析

《原君》是黄宗羲的政论和史论专著《明夷待访录》的开篇之作，也是全书的主旨所在。"原君"就是推究君主的起源与演变，论述君主应有的职分。文章的中心思想便是阐明君主的职分在于为天下人"兴利""释害"。

《原君》是一篇杰出的推论性政论文。作者采用了纵向的逻辑结构、比较的论证方法，层层推进，严密有序，把探讨的问题不断地引向深入。通过"前世之君"和"后世之君"的多重对比，以及运用汉高祖、宋顺帝、明崇祯帝的史料，人们对于君主的职分和本质有了清晰透彻的认识。

第三章 小说

搜神记·三王墓

干 宝

◆ 作家作品简介

干宝，字令升，东晋新蔡（今河南新蔡县）人，生卒年不详。勤学博览，好阴阳数术。东晋初，任史官，著《晋纪》二十卷，今全书已佚失。

《搜神记》是一部志怪小说集，它继承了先秦、两汉以来的神话传说、寓言故事而又有所发展。原书已佚失，流传下来的是后人辑录整理而成的，有二十卷。内容多为神仙怪异之事，有的封建迷信色彩和唯心说教成分较浓。但书中保存了不少优秀的神话传说和民间故事，反映了当时的一些社会现实，曲折地表达了古代人民的美好愿望，有一定的积极意义。如《三王墓》《韩凭妻》《李寄》《东海孝妇》等。

《搜神记》是六朝志怪小说的代表作品。它的作品，叙述曲折，描写细致，语言简练，笔调质朴，初具小说的格局，对唐、宋及以后的小说有一定的影响。

◆ 原 文

楚干将莫邪[1]为楚王作剑，三年乃成。王怒，欲杀之。剑有雌雄。其妻重身当产[2]，夫语妻曰："吾为王作剑，三年乃成。王怒，往必杀我。汝若生子是男，大，告之曰：'出户望南山，松生石上，剑在其背。'"于是即将[3]雌剑往见楚王。王大怒，使相[4]之。剑有二，一雄一雌，雌来雄不来。王怒，即杀之。

莫邪子名赤，比[5]后壮，乃问其母曰："吾父所在？"母曰："汝父为楚王作剑，三年乃成。王怒，杀之。去时嘱我：'语汝子：出户望南山，松生石上，剑在其背。'"于是子出户南望，但睹堂前松柱下石低之上[6]，即以斧破其背，得剑，日夜思欲报楚王。

王梦见一儿眉间广尺[7]，言欲报仇。王即购之千金。儿闻之，亡去。入山行歌[8]，客有逢者，谓："子年少。何哭之甚悲耶？"曰："吾干将莫邪子也。楚王杀吾父，吾欲报之。"客曰："闻王购子头千金。将子头与剑来，为子报之。"儿曰："幸甚[9]！"即自刎，双手捧头及剑奉之，立僵。客曰："不负子也。"于是尸乃仆。

客持头往见楚王，王大喜。客曰："此乃勇士头也，当于汤镬[10]煮之。"王如其言煮头，三日三夕不烂。头踔[11]出汤中，踬[12]目大怒。客曰："此儿头不烂，愿王自往临[13]视之，是必烂也。"王即临之。客以剑拟[14]王，王头随堕汤中，客亦自拟己头，头复堕汤中。三首俱烂，不可识别。乃分其汤肉葬之，故通名三王墓。今在汝南北宜春县界。

注释

[1] 干将莫邪（yé）：《吴越春秋》说："干将，吴人也。莫邪，干将之妻也。干将作剑，金铁之精不流，于是干将夫妻乃断发剪爪投于炉中，金铁乃濡，遂以成剑，阳曰干将，阴曰莫邪，阳作龟文，阴作缦理（长条状纹理）。"

[2] 重（chóng）身：双身，即怀孕。

[3] 将：携带。

[4] 相（xiàng）：察看。

[5] 比：及，等到。

[6] 下：竖立，作动词用。低：当是"砥"，石砥：以石为柱底，即石础。

[7] 眉间广尺：两眉间宽达一尺。夸张说法，形容额头宽。

[8] 行歌：边走边唱。

[9] 幸甚：好极了。

[10] 汤镬（huò）：煮水的大锅。镬：形似鼎而无足，秦汉时用作刑具，烹有罪的人。

[11] 踔（chuō）：跳，跃。

[12] 踬（zhì）：疑应为瞋。瞋[chēn]目：睁大眼睛。

[13] 临：靠近，接近。

[14] 拟：对准。

◆ 作品赏析

这则故事选自《搜神记》，原无题，后人根据故事内容题为《三王墓》，也有题为《干将莫邪》的。这则故事题材来源于民间传说，且有不同的版本。

《三王墓》叙述了楚国工匠干将莫邪为楚王铸剑，反被楚王杀害，其子长大后为父报仇的故事。故事揭露了统治者的凶残面目，反映了劳动人民对统治阶级的刻骨仇恨和顽强反抗的精神，赞扬了助人除暴、勇于牺牲的高尚行为。第一段写干将莫邪夫妇为楚王铸剑，三年铸成雌雄两剑。因误了时间，干将被楚王所杀。自知必死，干将先藏起雄剑，留下隐语，为日后复仇埋下伏笔。第二段写干将的儿子赤长大了，猜破隐语，找到雄剑，决心杀楚王报仇。第三段写楚王悬赏捉拿赤，赤被迫逃亡。赤在山中遇到一行客，愿意替赤报仇。第四段写行客带着赤的头和雄剑来见楚王，设计骗楚王，乘机斩之，客亦自杀。最后赤、行客与楚王同归于尽。

全文以“复仇”为线索，内容完整，有起因、发展、高潮、结局，情节曲折，故事性强，初具小说的规模。作品中人物性格鲜明。赤是一少年，得知父亲被杀真相，就立下替父报仇的决心。但因人小力微，斗不过楚王，只能悲歌山中。当行客答应替他报仇后，赤立即割下自己的头颅交给行客，表现他复仇意志的坚定和顽强的反抗精神。行客是一个大侠，他同情赤，痛恨楚王。“不负子也”体现了他讲信用守诺言。他设计接近并杀死楚王，与楚王同归于尽，完成赤的报仇心愿，说明他机智勇敢、不怕牺牲的品格。反面人物楚王高居人上，炙手可热，随意杀人，暴露了统治阶级残酷而虚弱的本性。作品运用了浪漫主义的写作手法。文中赤自刎捧头、尸立不倒、头踔出汤中、踬目大怒的情节，都富有浪漫色彩，有助于表现作品主题。

世说新语（二则）

刘义庆

◆ 作家作品简介

刘义庆（403—444），彭城（今江苏省徐州市）人，南朝宋武帝刘裕的侄子，袭封临川王，曾任荆州刺史、江州刺史等职。据《宋书·宗室传》载，刘义庆“为性简素，寡嗜欲”，“爱好文义”，“招聚文学之士，近远必至”。除《世说新语》外，还著有《徐州先贤传赞》《典叙》以及志怪小说《幽明录》等。

《世说新语》是志人小说集，分为德行、言语、政事、文学、方正、雅量等三十六门，每门有若干个小故事，主要叙述魏晋士族的言谈、逸事，反映士族的生活情趣、精神面貌及社会风气。《世说新语》是研究魏晋时代上层社会风尚的极好史料。作品注重对人物的刻画，所载人物的言行往往是一些零星片断，但言简意赅，寥寥几笔就能勾勒出人物的个性。鲁迅称它“记言则玄远冷隽，记行则高简瑰奇”。其文质朴而意味隽永，在中国小说中自成一体，历来为人们所喜爱。

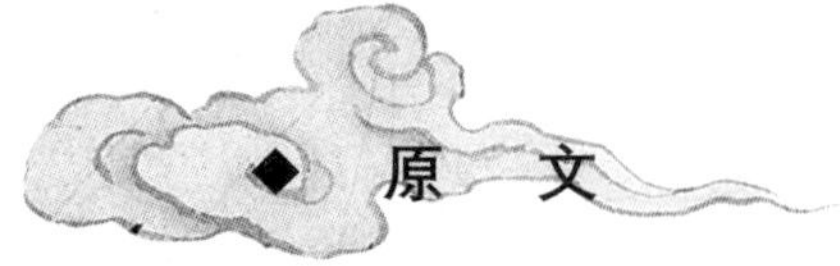

◆ 原 文

过江诸人[1]

过江诸人，每至美日[2]，辄相邀新亭[3]，藉卉[4]饮宴。周侯[5]中坐而叹曰：“风景不殊，正自有山河之异[6]！”皆相视流泪。唯王丞相[7]愀然[8]变色曰：“当共勠力王室，克复神州，何至作楚囚[9]相对！”

注释

[1] 本文出自《世说新语·言语》，题目是后来加上的。“过江诸人”是指过江避难的那些中原人。西晋末年，首都洛阳被匈奴贵族刘渊攻陷，西晋的世家大族和官僚地主避难渡江南迁。

[2] 美日：天气好的日子。

[3] 新亭：三国时东吴所建，在今天南京市南。

[4] 藉卉：坐在草地上。藉：以草垫地而坐。卉：草的总称。

[5] 周侯：指周顗（yǐ），字伯仁，汝南安城（今河南原阳）人，东晋时官至尚书仆射，后来被王敦所害。

[6] “风景”二句：东晋都城建康的风景与西晋都城洛阳的风景比起来不差，只是（中原沦于异族），山河已经不再是原来的模样。

[7] 王丞相：王导，字茂弘，临沂（山东临沂市）人，元帝即位后任东晋丞相。

[8] 愀（qiǎo）然：脸色严肃的样子。

[9] 楚囚：就是囚犯的意思。《左传》记载，成公九年（前582），楚国钟仪被晋国俘虏，晋人称他为楚囚。

◆ 作品赏析

这则故事以记言为主。通过一次聚会宴饮的片段描写，反映了过江避难的中原人士对国土沦丧、偏安江左的两种态度：一是消极感伤而无所作为，二是发愤图强光复故土。

全文分三层。前四句是第一层，叙述过江避难的中原人士常到新亭聚会。第二层从“周侯中坐而叹曰”到“皆相视流泪”，记一次宴饮中周侯的话引起在座者的伤感。第三层是最后四句，叙述王导要大家振奋起来为国效力，收复国土，不要消极感伤而无所作为。

这则故事虽内容简短，但笔触精省而又传神。“过江诸人”四字就点明了时代背景、人物身份，接着交代了故事发生的时间、地点和场合。“愀然变色”写出了王导对消极伤感人士的不满，几句话充分体现了他的远见卓识和不屈精神。

王子猷居山阴[1]

王子猷居山阴[2]，夜大雪，眠觉[3]，开室，命酌酒。四望皎然[4]，因起彷徨[5]，咏左思《招隐》诗[6]。忽忆戴安道[7]，时戴在剡[8]，即便夜乘小船就之。经宿方至，造门[9]不前而返。人问其故，王曰："吾本乘兴而行，兴尽而返，何必见戴？"

注释

[1] 本文出自《世说新语·任诞》。王子猷（yóu）（338—386），即王徽之，东晋名士、书法家，王羲之第五子。生性高傲，放诞不羁，时常东游西逛，虽官至黄门侍郎，但对为官不感兴趣，后辞官居山阴。

[2] 山阴：今浙江绍兴。

[3] 眠觉（jué）：睡醒了。

[4] 皎然：洁白明亮的样子。

[5] 彷徨：徘徊，来回走动。

[6] 左思（约 250—305）：西晋著名文学家。其才华出众，《三都赋》在当时深受喜爱，人们争相传抄，从而造成"洛阳纸贵"。所作《招隐》诗旨在歌咏隐士清高的生活。

[7] 戴安道（326—396）：戴逵，东晋人，博学多能，擅长音乐、书画和佛像雕刻，性高洁，终生隐居不仕。

[8] 剡（shàn）县：今浙江嵊州市。

[9] 造门：到了门口。造：到。

◆ 作品赏析

这篇小品文，通过写王子猷雪夜访戴逵过门不入，兴尽而返的故事，体现了他潇洒率真的个性，也反映了东晋士族知识分子任性放达的精神风貌。

文章语言简练隽永，人物刻画形神毕现，气韵生动。文中用王子猷的一连串动作细节来展开，眠觉、开室、命人斟酒、赏雪、徘徊咏诗、乘船、造门突返、问答等，言简文约，形象鲜明生动。王子猷的"吾本乘兴而行，兴尽而返，何必见戴？"一语道出了名士任性潇洒的真性情。这种凭兴致之所至，只在乎过程，而不注重结果的惊俗行为，十分鲜明地体现出当时士人所崇尚的"魏晋风度"，即追求个性，率性而为，不拘形迹。

三国演义·曹操煮酒论英雄　关公赚城斩车胄

罗贯中

◆ 作家作品简介

罗贯中（约1330—约1400），名本，字贯中，号湖海散人，山西太原人，元末明初著名小说家、戏曲家，是中国章回小说的鼻祖，代表作《三国演义》。

《三国演义》，全名为《三国志通俗演义》，中国古代长篇历史章回小说。演义以史为据，强调“忠义”，讲述汉末黄巾之乱至魏、蜀汉及吴三国鼎立，到西晋统一百余年间历史，刻画了众多英雄人物，其中比较成功的有诸葛亮、曹操、关羽、刘备等。

◆ 原　文

却说董承等问马腾曰：“公欲用何人？”马腾曰：“见有豫州牧刘玄德在此，何不求之？”承曰：“此人虽系皇叔，今正依附曹操，安肯行此事耶？”腾曰：“吾观前日围场之中，曹操迎受众贺之时，云长在玄德背后，挺刀欲杀操，玄德以目视之而止。玄德非不欲图操，恨操牙爪多，恐力不及耳。公试求之，当必应允。”吴硕曰：“此事不宜太速，当从容商议。”众皆散去。

次日黑夜里，董承怀诏，径往玄德公馆中来。门吏入报，玄德迎出，请入小阁坐定。关、张侍立于侧。玄德曰：“国舅夤夜至此[1]，必有事故。”承曰：“白日乘马相访，恐操见疑，故黑夜相见。”玄德命取酒相待。承曰：“前日围场之中，云长欲杀曹操，将军动目摇头而退之，何也？”玄德失惊曰：“公何以知之？”承曰：“人皆不见，某独见之。”玄德不能隐讳，遂曰：“舍弟见操僭越[2]，故不觉发怒耳。”承掩面而哭曰：“朝廷臣子，若尽如云长，何忧不太平哉！”玄德恐是曹操使他来试探，乃佯言曰：“曹丞相治国，为何忧不太平？”承变色而起曰：“公乃汉朝皇叔，故剖肝沥胆以相告[3]，公何诈也？”玄德曰：“恐国舅有诈，故相试耳。”于是董承取衣带诏令观之，玄德不胜悲愤。又将义状出示，上止有六位：一、车骑将军董承；

二、工部侍郎王子服；三、长水校尉种辑；四、议郎吴硕；五、昭信将军吴子兰；六、西凉太守马腾。玄德曰："公既奉诏讨贼，备敢不效犬马之劳。"承拜谢，便请书名。玄德亦书"左将军刘备"，押了字，付承收讫。承曰："尚容再请三人，共聚十义，以图国贼。"玄德曰："切宜缓缓施行，不可轻泄。"共议到五更，相别去了。

玄德也防曹操谋害，就下处后园种菜，亲自浇灌，以为韬晦之计。关、张二人曰："兄不留心天下大事，而学小人之事，何也？"玄德曰："此非二弟所知也。"二人乃不复言。

一日，关、张不在，玄德正在后园浇菜，许褚、张辽引数十人入园中曰："丞相有命，请使君便行。"玄德惊问曰："有甚紧事？"许褚曰："不知。只教我来相请。"玄德只得随二人入府见操。操笑曰："在家做得好大事！"唬得玄德面如土色。操执玄德手，直至后园，曰："玄德学圃不易！"玄德方才放心，答曰："无事消遣耳。"操曰："适见枝头梅子青青，忽感去年征张绣时，道上缺水，将士皆渴；吾心生一计，以鞭虚指曰：'前面有梅林。'军士闻之，口皆生唾，由是不渴。今见此梅，不可不赏。又值煮酒正熟，故邀使君小亭一会。"玄德心神方定。随至小亭，已设樽俎：盘置青梅，一樽煮酒。二人对坐，开怀畅饮。酒至半酣，忽阴云漠漠，骤雨将至。从人遥指天外龙挂，操与玄德凭栏观之。操曰："使君知龙之变化否？"玄德曰："未知其详。"操曰："龙能大能小，能升能隐；大则兴云吐雾，小则隐介藏形；升则飞腾于宇宙之间，隐则潜伏于波涛之内。方今春深，龙乘时变化，犹人得志而纵横四海。龙之为物，可比世之英雄。玄德久历四方，必知当世英雄。请试指言之。"玄德曰："备肉眼安识英雄？"操曰："休得过谦。"玄德曰："备叨恩庇，得仕于朝。天下英雄，实有未知。"操曰："既不识其面，亦闻其名。"玄德曰："淮南袁术，兵粮足备，可为英雄？"操笑曰："冢中枯骨，吾早晚必擒之！"玄德曰："河北袁绍，四世三公，门多故吏；今虎踞冀州之地，部下能事者极多，可为英雄？"操笑曰："袁绍色厉胆薄，好谋无断；干大事而惜身，见小利而忘命，非英雄也。"玄德曰："有一人名称八俊，威镇九州：刘景升可为英雄？"操曰："刘表虚名无实，非英雄也。"玄德曰："有一人血气方刚，江东领袖——孙伯符乃英雄也？"操曰："孙策借父之名，非英雄也。"玄德曰："益州刘季玉，可为英雄乎？”操曰：“刘璋虽系宗室，乃守户之犬耳，何足为英雄！”玄德曰：“如张绣、张鲁、韩遂等辈皆何如？”操鼓掌大笑曰：“此等碌碌小人，何足挂齿！”玄德曰：“舍此之外，备实不知。”操曰：“夫英雄者，胸怀大志，腹有良谋，有包藏宇宙之机，吞吐天地之志者也。”玄德曰：“谁能当之？”操以手指玄德，后自指，曰：“今天下英雄，惟使君与操耳！”玄德闻言，吃了一惊，手中所执匙箸，不觉落于地下。时正值天雨将至，雷声大作。玄德乃从容俯首拾箸曰：“一震之威，乃至于此。”操笑曰：“丈夫亦畏雷乎？”玄德曰：“圣人迅雷风烈必变，安得不畏？”将闻言失箸缘故，轻轻掩饰过了。操遂不疑玄德。后人有诗赞曰：

> 勉从虎穴暂趋身，说破英雄惊杀人。巧借闻雷来掩饰，随机应变信如神。

天雨方住，见两个人撞入后园，手提宝剑，突至亭前，左右拦挡不住。操视之，乃关、张二人也。原来二人从城外射箭方回，听得玄德被许褚、张辽请将去了，慌忙来相府打听；闻说在后园，只恐有失，故冲突而入。却见玄德与操对坐饮酒。二人按剑而立。操问二人何来。云长曰：“听知丞相和兄饮酒，特来舞剑，以助一笑。”操笑曰：“此非鸿门会，安用项庄、项伯乎？”玄德亦笑。操命：“取酒与二樊哙压惊。”关、张拜谢。须臾席散，玄德辞操而归。云长曰：“险些惊杀我两个！”玄德以落箸事说与关、张。关、张问是何意。玄德曰：“吾之学圃，正欲使操知我无大志；不意操竟指我为英雄，我故失惊落箸。又恐操生疑，故借惧雷以掩饰之耳。”关、张曰：“兄真高见！”

操次日又请玄德。正饮间，人报满宠去探听袁绍而回。操召入问之。宠曰：“公孙瓒已被袁绍破了。”玄德急问曰：“愿闻其详。”宠曰：“瓒与绍战不利，筑城围圈，圈上建楼，高十丈，名曰易京楼，积粟三十万以自守。战士出入不息，或有被绍围者，众请救之。瓒曰：‘若救一人，后之战者只望人救，不肯死战矣。’遂不肯救。因此袁绍兵来，多有降者。瓒势孤，使人持书赴许都求救，不意中途为绍军所获。瓒又遗书张燕，暗约举火为号，里应外合。下书人又被袁绍擒住，却来城外放火诱敌。瓒自出战，伏兵四起，军马折其大半。退守城中，被袁绍穿地直入瓒所居之楼下，放起火来。瓒无走路，先杀妻子，然后自缢，全家都被火焚了。今袁绍得了瓒军，声势甚盛。绍弟袁术在淮南骄奢过度，不恤军民，众皆背反。术使人归帝号于袁绍。绍欲取玉玺，术约亲自送至，见今弃淮南欲归河北。若二人协力，急难收复。乞丞相作急图之。”玄德闻公孙瓒已死，追念昔日荐己之恩，不胜伤感；又不知赵子龙如何下落，放心不下。因暗想曰：“我不就此时寻个脱身之计，更待何时？”遂起身对操曰：“术若投绍，必从徐州过，备请一军就半路截击，术可擒矣。”操笑曰：“来日奏帝，即便起兵。”次日，玄德面奏君。操令玄德总督五万人马，又差朱灵、路昭二人同行。玄德辞帝，帝泣送之。

玄德到寓，星夜收拾军器鞍马，挂了将军印，催促便行。董承赶出十里长亭来送。玄德曰：“国舅宁耐。某此行必有以报命。”承曰：“公宜留意，勿负帝心。”二人分别。关、张在马上问曰：“兄今番出征，何故如此慌速？”玄德曰：“吾乃笼中鸟、网中鱼，此一行如鱼入大海、鸟上青霄，不受笼网之羁绊也！”因命关、张催朱灵、路昭军马速行。

时郭嘉、程昱考较钱粮方回，知曹操已遣玄德进兵徐州，慌入谏曰：“丞相何故令刘备督军？”操曰：“欲截袁术耳。”程昱曰：“昔刘备为豫州牧时，某等请杀之，丞相不听；今日又与之兵：此放龙入海，纵虎归山也。后欲治之，其可得乎？”郭嘉曰：“丞相纵不杀备，亦不当使之去。古人云：一日纵敌，万世之患。望丞相察之。”操然其言，遂令许褚将兵五百前往，务要追玄德转来。许褚应诺而去。

却说玄德正行之间，只见后面尘头骤起，谓关、张曰：“此必曹兵追至也。”遂下了营寨，令关、张各执军器，立于两边。许褚至，见严兵整甲，乃下马入营见玄德。玄德曰：“公来此何干？”褚曰：“奉丞相命，特请将军回去，别有商议。”玄德曰：“将在外，君命有所不受。吾面过君，又蒙丞相钧语。今别无他议，公可速回，为我禀覆丞相。”许褚寻思：“丞相与他一向交好，今番又不曾教我来厮杀，只得将他言语回覆，另候裁夺便了。”遂辞了玄德，领兵而回。回见曹操，备述玄德之言。操犹豫未决。程昱、郭嘉曰：“备不肯回兵，可知其心变矣。”操曰：“我有朱灵、路昭二人在彼，料玄德未必敢心变。况我既遣之，何可复悔？”遂不复追玄德。后人有诗叹玄德曰：

束兵秣马去匆匆[4]，心念天言衣带中。撞破铁笼逃虎豹，顿开金锁走蛟龙。

却说马腾见玄德已去，边报又急，亦回西凉州去了。玄德兵至徐州，刺史车胄出迎。公宴毕，孙乾、糜竺等都来参见。玄德回家探视老小，一面差人探听袁术。探子回报："袁术奢侈太过，雷薄、陈兰皆投嵩山去了。术势甚衰，乃作书让帝号于袁绍。绍命人召术，术乃收拾人马、宫禁御用之物，先到徐州来。"玄德知袁术将至，乃引关、张、朱灵、路昭五万军出，正迎着先锋纪灵至。张飞更不打话，直取纪灵。斗无十合，张飞大喝一声，刺纪灵于马下，败军奔走。袁术自引军来斗。玄德分兵三路：朱灵、路昭在左，关、张在右，玄德自引兵居中，与术相见，在门旗下责骂曰："汝反逆不道，吾今奉明诏前来讨汝！汝当束手受降，免你罪犯。"袁术骂曰："织席编屦小辈，安敢轻我！"麾兵赶来。玄德暂退，让左右两路军杀出。杀得术军尸横遍野，血流成渠；兵卒逃亡，不可胜计。又被嵩山雷薄、陈兰劫去钱粮草料。欲回寿春，又被群盗所袭，只得住于江亭。止有一千余众，皆老弱之辈。时当盛暑，粮食尽绝，只剩麦三十斛，分派军士。家人无食，多有饿死者。术嫌饭粗，不能下咽，乃命庖人取蜜水止渴。庖人曰："止有血水，安有蜜水！"术坐于床上，大叫一声，倒于地下，吐血斗余而死。时建安四年六月也。后人有诗曰："汉末刀兵起四方，无端袁术太猖狂。不思累世为公相，便欲孤身作帝王。强暴枉夸传国玺，骄奢妄说应天祥。渴思蜜水无由得，独卧空床呕血亡。"袁术已死，侄袁胤将灵柩及妻子奔庐江来，被徐璆尽杀之。璆夺得玉玺，赴许都献于曹操。操大喜，封徐璆为高陵太守。此时玉玺归操。

却说玄德知袁术已丧，写表申奏朝廷，书呈曹操，令朱灵、路昭回许都，留下军马保守徐州；一面亲自出城，招谕流散人民复业。

且说朱灵、路昭回许都见曹操，说玄德留下军马。操怒，欲斩二人。荀彧曰："权归刘备，二人亦无奈何。"操乃赦之。彧又曰："可写书与车胄就内图之。"操从其计，暗使人来见车胄，传曹操钧旨。胄随即请陈登商议此事。登曰："此事极易。今刘备出城招民，不日将还；将军可命军士伏于瓮城边，只作接他，待马到来，一刀斩之；某在城上射住后军，大事济矣。"胄从之。陈登回见父陈珪，备言其事。珪命登先往报知玄德。

登领父命，飞马去报，正迎着关、张，报说如此如此。原来关、张先回，玄德在后。张飞听得，便要去厮杀。云长曰："他伏瓮城边待我，去必有失。我有一计，可杀车胄：乘夜扮作曹军到徐州，引车胄出迎，袭而杀之。"飞然其言。那部下军原有曹操旗号，衣甲都同。当夜三更，到城边叫门。城上问是谁，众应是曹丞相差来张文远的人马。报知车胄，胄急请陈登议曰："若不迎接，诚恐有疑；若出迎之，又恐有诈。"胄乃上城回言："黑夜难以分辨，天明了相见。"城下答应："只恐刘备知道，疾快开门！"车胄犹豫未定，城外一片声叫开门。车胄只得披挂上马，引一千军出城；跑过吊桥，大叫："文远何在？"火光中只见云长提刀纵马直迎车胄，大叫曰："匹夫安敢怀诈，欲杀吾兄！"车胄大惊，战未数合，遮拦不住，拨马便回。到吊桥边，城上陈登乱箭射下，车胄绕城而走。云长赶来，手起一刀，砍于马下，割下首级提回，望城上呼曰："反贼车胄，吾已杀之；众等无罪，投降免死！"诸军倒戈投降，军民皆安。云长将胄头去迎玄德，具言车胄欲害之事，今已斩首。玄德大惊曰："曹操若来，如之奈何？"云长曰："弟与张飞迎之。"玄德懊悔不已，遂入徐州。百姓父老，伏道而接。玄德到府，寻张飞，飞已将车胄全家杀尽。玄德曰："杀了曹操心腹之人，如何肯休？"陈登曰："某有一计，可退曹操。"正是：

既把孤身离虎穴，还将妙计息狼烟。

注释

[1] 夤（yín）夜：深夜。

[2] 僭 [jiàn] 越：超越本分。文中指超过了封建礼法的等级规定。

[3] 剖肝沥胆：比喻极尽忠诚。

[4] 秣（mò）马：喂饱马。

◆ 作品赏析

本文是《三国演义》第二十一回的故事：董承暗结刘备等人谋诛曹操。刘备恐曹操猜忌，每日种菜消遣。一日，曹操青梅煮酒，请刘备在小亭对饮，论天下英雄只有刘备和他两人。刘备听闻一惊，将筷子掉落在地上。幸好当时雷声乍起，刘备急中生智，沉着地俯身拾筷，说道："一震之威，乃至于此！"巧妙地掩饰了过去。刘备担心久在曹操身边生变，便借口截击袁术领兵离开了许都。刘备刚走，曹操马上意识到自己放虎归山了，急忙派人去追。刘备摆阵迎接说："将在外，君命有所不受。”坚决不肯回去。袁术兵败身死，刘备乘机占领了徐州。为了除掉刘备，曹操命车胄为内应。陈珪、陈登父子向刘备告密，关羽杀了车胄。

本文通过曹操和刘备耐人寻味的言谈举止，刻画了他们复杂的内心世界。青梅煮酒，二人纵谈天下英雄，表面上平静从容，实际上暗藏杀机。曹操虽老奸巨猾却志得意满，在刘备谨慎小心、步步为营的谋划中，放走刘备，以至放虎归山。本文除了叙述曹刘二人，还写了其他人物，铺展了情节，作者的笔法跌宕起伏，详略有序，虚实相生。毛宗岗曾评点：“此回叙刘、曹相攻之始，而中间夹写公孙瓒并袁术二段文字。瓒之事只在满宠口中虚写，术之事却用一半虚写、一半实写。不独瓒、术两人于此回中收场，而玉玺下落，亦于此回中结局。前者汉帝失玉玺，今者玉玺归汉帝，相去十数回，遥遥相对；而又预伏七十回后曹丕受玺篡汉之由。有应有伏，一笔不漏，一笔不繁。”可见作者笔力之雄健、高超。

○ ○ ○ ○ ○ ○ ○ ○ ○ ○

红楼梦·游幻境指迷十二钗　饮仙醪曲演红楼梦

曹雪芹

◆　作家作品简介

曹雪芹（1715？－1764？），清代小说家。名霑，字梦阮，号雪芹，又号芹圃、芹溪。祖籍辽宁，祖先原为汉人，后入旗籍，为正白旗。从雪芹曾祖父曹玺开始，曹家三代四人相继担任江宁织造60多年。曹家与皇帝有着一种特殊的关系。曹玺之妻孙氏做过康熙的保姆，曹雪芹的祖父曹寅做过康熙的伴读和御前侍卫，康熙南巡六次，有四次住在曹氏任职期间的织造府内。曹雪芹出生在南京，在这个声势显赫的大家庭中长大，少年时代过了一段富贵荣华的生活，对其后来创作《红楼梦》有重要影响。

《红楼梦》是一部具有世界影响力的人情小说、举世公认的中国古典小说巅峰之作、中国封建社会的百科全书、传统文化的集大成者。小说以“大旨谈情，实录其事”自勉，只按自己的事体情理，按迹循踪，摆脱旧套，新鲜别致，取得了非凡的艺术成就。写作笔法特殊，“真事隐去，假语村言”，揣测之说遂多。后世围绕《红楼梦》的品读研究形成了一门显学——红学。

原　文

第四回中既将薛家母子在荣府内寄居等事略已表明，此回则暂不能写矣。

如今且说林黛玉自在荣府以来，贾母万般怜爱，寝食起居，一如宝玉，迎春、探春、惜春三个亲孙女倒且靠后，便是宝玉和黛玉二人之亲密友爱处，亦自较别个不同，日则同行同坐，夜则同息同止，真是言和意顺，略无参商[1]。不想如今忽然来了一个薛宝钗，年岁虽大不多，然品格端方，容貌丰美，人多谓黛玉所不及。而且宝钗行为豁达，随分从时，不比黛玉孤高自许，目无下尘，故比黛玉大得下人之心。便是那些小丫头子们，亦多喜与宝钗去顽。因此黛玉心中便有些悒郁不忿之意，宝钗却浑然不觉。那宝玉亦在孩提之间，况自天性所禀来的一片愚拙偏僻，视姊妹弟兄皆出一意，并无亲疏远近之别。其中因与黛玉同随贾母一处坐卧，故略比别个姊妹熟惯些。既熟惯，则更觉亲密；既亲密，则不免一时有求全之毁，不虞之隙[2]。这日不知为何，他二人言语有些不合起来，黛玉又气的独在房中垂泪，宝玉又自悔言语冒撞，前去俯就，那黛玉方渐渐的回转来。

因东边宁府中花园内梅花盛开，贾珍之妻尤氏乃治酒，请贾母、邢夫人、王夫人等赏花。是日先携了贾蓉之妻，二人来面请。贾母等于早饭后过来，就在会芳园游顽，先茶后酒，不过皆是宁荣二府女眷家宴小集，并无别样新文趣事可记。

一时宝玉倦怠，欲睡中觉，贾母命人好生哄着，歇一回再来。贾蓉之妻秦氏便忙笑回道："我们这里有给宝叔收拾下的屋子，老祖宗放心，只管交与我就是了。"又向宝玉的奶娘丫鬟等道："嬷嬷、姐姐们，请宝叔随我这里来。"贾母素知秦氏是个极妥当的人，生的袅娜纤巧，行事又温柔和平，乃重孙媳中第一个得意之人，见他去安置宝玉，自是安稳的。

当下秦氏引了一簇人来至上房内间。宝玉抬头看见一幅画贴在上面，画的人物固好，其故事乃是《燃藜图》[3]，也不看系何人所画，心中便有些不快。又有一副对联，写的是：

世事洞明皆学问，人情练达即文章。

及看了这两句，纵然室宇精美，铺陈华丽，亦断断不肯在这里了，忙说："快出去！快出去！"秦氏听了笑道："这里还不好，可往那里去呢？不然往我屋里去吧。”宝玉点头微笑。有一个嬷嬷说道：“那里有个叔叔往侄儿房里睡觉的理？”秦氏笑道：“嗳哟哟，不怕他恼。他能多大呢，就忌讳这些个！上月你没看见我那个兄弟来了，虽然与宝叔同年，两个人若站在一处，只怕那个还高些呢。”宝玉道：“我怎么没见过？你带他来我瞧瞧。”众人笑道：“隔着二三十里，往那里带去，见的日子有呢。”说着大家来至秦氏房中。刚至房门，便有一股细细的甜香袭人而来。宝玉觉得眼饧[4]骨软，连说：“好香！”入房向壁上看时，有唐伯虎画的《海棠春睡图》，两边有宋学士秦太虚写的一副对联，其联云：

嫩寒锁梦因春冷，芳气笼人是酒香[5]。

案上设着武则天当日镜室中设的宝镜，一边摆着飞燕立着舞过的金盘，盘内盛着安禄山掷过伤了太真乳的木瓜。上面设着寿昌公主于含章殿下卧的榻，悬的是同昌公主制的联珠帐。宝玉含笑连说：“这里好！”秦氏笑道：“我这屋子大约神仙也可以住得了。”说着亲自展开了西子浣过的纱衾，移了红娘抱过的鸳枕。于是众奶母伏侍宝玉卧好，款款散了，只留袭人、媚人、晴雯、麝月四个丫鬟为伴。秦氏便分咐小丫鬟们，好生在廊檐下看着猫儿狗儿打架。

那宝玉刚合上眼，便惚惚的睡去，犹似秦氏在前，遂悠悠荡荡，随了秦氏，至一所在。但见朱栏白石，绿树清溪，真是人迹希逢，飞尘不到。宝玉在梦中欢喜，想道：“这个去处有趣，我就在这里过一生，纵然失了家也愿意，强如天天被父母师傅打呢。”正胡思之间，忽听山后有人作歌曰：

春梦随云散，飞花逐水流。寄言众儿女，何必觅闲愁。

宝玉听了是女子的声音。歌声未息，早见那边走出一个人来，蹁跹袅娜，端的与人不同。有赋为证：

方离柳坞，乍出花房。但行处，鸟惊庭树；将到时，影度回廊。仙袂乍飘兮，闻麝兰之馥郁；荷衣欲动兮，听环佩之铿锵。靥笑春桃兮，云髻堆翠；唇绽樱颗兮，榴齿含香。纤腰之楚楚兮，回风舞雪；珠翠之辉辉兮，满额鹅黄。出没花间兮，宜嗔宜喜；徘徊池上兮，若飞若扬。蛾眉颦笑兮，将言而未语；莲步乍移兮，待止而欲行。羡彼之良质兮，冰清玉润；羡彼之华服兮，闪灼文章。爱彼之貌容兮，香培玉琢；美彼之态度兮，凤翥龙翔。其素若何，春梅绽雪。其洁若何，秋菊被霜。其静若何，松生空谷。其艳若何，霞映澄塘。其文若何，龙游曲沼。其神若何，月射寒江。应惭西子，实愧王嫱。奇矣哉，生于孰地，来自何方；信矣乎，瑶池不二，紫府无双。果何人哉？如斯之美也！

宝玉见是一个仙姑，喜的忙来作揖问道："神仙姐姐不知从那里来，如今要往那里去？也不知这是何处，望乞携带携带。"那仙姑笑道："吾居离恨天之上，灌愁海之中，乃放春山遣香洞太虚幻境警幻仙姑是也：司人间之风情月债，掌尘世之女怨男痴。因近来风流冤孽，缠绵于此处，是以前来访察机会，布散相思。今忽与尔相逢，亦非偶然。此离吾境不远，别无他物，仅有自采仙茗一盏，亲酿美酒一瓮，素练魔舞歌姬数人，新填《红楼梦》仙曲十二支，试随吾一游否？"宝玉听说，便忘了秦氏在何处，竟随了仙姑，至一所在，有石牌横建，上书"太虚幻境"四个大字，两边一副对联，乃是：

假作真时真亦假，无为有处有还无。

转过牌坊，便是一座宫门，上面横书四个大字，道是"孽海情天"。又有一副对联，大书云：

厚地高天，堪叹古今情不尽；痴男怨女，可怜风月债难酬。

宝玉看了，心下自思道："原来如此。但不知何为'古今之情'，何为'风月之债'？从今倒要领略领略。"宝玉只顾如此一想，不料早把些邪魔招入膏肓了。当下随了仙姑进入二层门内，至两边配殿，皆有匾额对联，一时看不尽许多，惟见有几处写的是："痴情司""结怨司""朝啼司""夜怨司""春感司""秋悲司"。看了，向仙姑道："敢烦仙姑引我到那各司中游玩游玩，不知可使得？"仙姑道："此各司中皆贮的是普天之下所有的女子过去未来的簿册，尔凡眼尘躯，未便先知的。"宝玉听了，那里肯依，复央之再四。仙姑无奈，说："也罢，就在此司内略随喜[6]随喜罢了。"宝玉喜不自胜，抬头看这司的匾上，乃是"薄命司"三字，两边对联写的是：

春恨秋悲皆自惹，花容月貌为谁妍。

宝玉看了，便知感叹。进入门来，只见有十数个大厨，皆用封条封着。看那封条上，皆是各省的地名。宝玉一心只拣自己的家乡封条看，遂无心看别省的了。只见那边厨上封条上大书七字云："金陵十二钗正册。"宝玉问道："何为'金陵十二钗正册'？"警幻道："即贵省中十二冠首女子之册，故为'正册'。"宝玉道："常听人说，金陵极大，怎么只十二个女子？如今单我家里，上上下下，就有几百女孩子呢。"警幻冷笑道："贵省女子固多，不过择其紧要者录之。下边二厨则又次之。余者庸常之辈，则无册可录矣。"宝玉听说，再看下首二厨上，果然写着"金陵十二钗副册"，又一个写着"金陵十二钗又副册"。宝玉便伸手先将"又副册"厨开了，拿出一本册来，揭开一看，只见这首页上画着一幅画，又非人物，也无山水，不过是水墨滃染的满纸乌云浊雾而已[7]。后有几行字迹，写的是：

霁月难逢，彩云易散。心比天高，身为下贱。风流灵巧招人怨。寿夭多因毁谤生，多情公子空牵念[8]。

宝玉看了，又见后面画着一簇鲜花、一床破席，也有几句言词，写道是：

枉自温柔和顺，空云似桂如兰。堪羡优伶有福，谁知公子无缘[9]。

宝玉看了不解。遂掷下这个，又去开了副册厨门，拿起一本册来，揭开看时，只见画着一株桂花，下面有一池沼，其中水涸泥干，莲枯藕败，后面书云：

根并荷花一茎香，平生遭际实堪伤。自从两地生孤木，致使香魂返故乡[10]。

宝玉看了仍不解。便又掷了，再去取"正册"看，只见头一页上便画着两株枯木，木上悬着一围玉带，又有一堆雪，雪下一股金簪。也有四句言词，道是：

可叹停机德，堪怜咏絮才。玉带林中挂，金簪雪里埋[11]。

宝玉看了仍不解。待要问时，情知他必不肯泄漏，待要丢下，又不舍。遂又往后看时，只见画着一张弓，弓上挂着香橼。也有一首歌词云：

二十年来辨是非，榴花开处照宫闱。三
春争及初春景，虎兕相逢大梦归[12]。

后面又画着两人放风筝，一片大海，一只大船，船中有一女子掩面泣涕之状。也有四句写云：

才自精明志自高，生于末世运偏消。清
明涕送江边望，千里东风一梦遥[13]。

后面又画几缕飞云、一湾逝水。其词曰：

富贵又何为，襁褓之间父母违。展眼吊
斜晖，湘江水逝楚云飞[14]。

后面又画着一块美玉，落在泥垢之中。其断语云：

欲洁何曾洁，云空未必空。可怜金玉质，
终陷淖泥中[15]。

后面忽见画着个恶狼，追扑一美女，欲啖之意。其书云：

子系中山狼，得志便猖狂。金闺花柳质，
一载赴黄粱[16]。

后面便是一所古庙，里面有一美人在内看经独坐。其判云：

勘破三春景不长，缁衣顿改昔年妆。可
怜绣户侯门女，独卧青灯古佛旁[17]。

后面便是一片冰山，上面有一只雌凤。其判曰：

凡鸟偏从末世来，都知爱慕此生才。一
从二令三人木，哭向金陵事更哀[18]。

后面又是一座荒村野店，有一美人在那里纺绩。其判云：

势败休云贵，家亡莫论亲。偶因济刘氏，
巧得遇恩人[19]。

后面又画着一盆茂兰，旁有一位凤冠霞帔的美人。也有判云：

桃李春风结子完，到头谁似一盆兰。如
冰水好空相妒，枉与他人作笑谈[20]。

后面又画着高楼大厦，有一美人悬梁自缢。其判云：

情天情海幻情身，情既相逢必主淫。漫
言不肖皆荣出，造衅开端实在宁[21]。

宝玉还欲看时，那仙姑知他天分高明，性情颖慧，恐把仙机泄漏，遂掩了卷册，笑向宝玉道："且随我去游玩奇景，何必在此打这闷葫芦！"

宝玉恍恍惚惚，不觉弃了卷册，又随了警幻来至后面。但见珠帘绣幕，画栋雕檐，说不尽那光摇朱户金铺地，雪照琼窗玉作宫。更见仙花馥郁，异草芬芳，真好个所在。又听警幻笑道："你们快出来迎接贵客！"一语未了，只见房中又走出几个仙子来，皆是荷袂蹁跹，羽衣飘舞，姣若春花，媚如秋月。一见了宝玉，都怨谤警幻道："我们不知系何'贵客'，忙的接了出来！姐姐曾说今日今时必有绛珠妹子的生魂前来游玩，故我等久待。何故反引这浊物来污染这清净女儿之境？"

宝玉听如此说，便吓得欲退不能退，果觉自形污秽不堪。警幻忙携住宝玉的手，向众姊妹道："你等不知原委，今日原欲往荣府去接绛珠，适从宁府所过，偶遇宁荣二公之灵，嘱吾云：'吾家自国朝定鼎以来[22]，功名奕世[23]，富贵传流，虽历百年，奈运终数尽，不可挽回者。故遗之子孙虽多，竟无可以继业。其中惟嫡孙宝玉一人，禀性乖张，生情怪谲，虽聪明灵慧，略可望成，无奈吾家运数合终，恐无人规引入正。幸仙姑偶来，万望先以情欲声色等事警其痴顽，或能使彼跳出迷人圈子，然后入于正路，亦吾兄弟之幸矣。'如此嘱吾，故发慈心，引彼至此。先以彼家上中下三等女子之终身册籍，令彼熟玩，尚未觉悟，故引彼再至此处，令其再历饮馔声色之幻，或冀将来一悟，亦未可知也。"

说毕，携了宝玉入室。但闻一缕幽香，竟不知其所焚何物。宝玉遂不禁相问。警幻冷笑道："此香尘世中既无，尔何能知！此香乃系诸名山胜境内初生异卉之精，合各种宝林珠树之油所制，名'群芳髓'。"宝玉听了，自是羡慕而已。大家入座，小丫鬟捧上茶来。宝玉自觉清香异味，纯美非常，因又问何名。警幻道："此茶出在放春山遣香洞，又以仙花灵叶上所带之宿露而烹，此茶名曰'千红一窟'。"宝玉听了，点头称赏。因看房内，瑶琴、宝鼎、古画、新诗，无所不有，更喜窗下亦有唾绒[24]，奁间时渍粉污。壁上也见悬着一副对联，书云：

幽微灵秀地，无可奈何天。

宝玉看毕，无不羡慕。因又请问众仙姑姓名：一名痴梦仙姑，一名钟情大士，一名引愁金女，一名度恨菩提，各各道号不一。少刻，有小丫鬟来调桌安椅，设摆酒馔。真是：琼浆满泛玻璃盏，玉液浓斟琥珀杯。更不用再说那肴馔之盛。宝玉因闻得此酒清香甘冽，异乎寻常，又不禁相问。警幻道："此酒乃以百花之蕊、万木之汁，加以麟髓之醅、凤乳之面酿成，因名为'万艳同杯'。"宝玉称赏不迭。

饮酒间，又有十二个舞女上来，请问演何词曲。警幻道：“就将新制《红楼梦》十二支演上来。”舞女们答应了，便轻敲檀板，款按银筝，听他歌道是：

开辟鸿蒙……

方歌了一句，警幻便说道：“此曲不比尘世中所填传奇之曲[25]，必有生旦净末之则，又有南北九宫[26]之限。此或咏叹一人，或感怀一事，偶成一曲，即可谱入管弦。若非个中人[27]，不知其中之妙。料尔亦未必深明此调。若不先阅其稿，后听其歌，翻成嚼蜡矣。”说毕，回头命小丫鬟取了《红楼梦》原稿来，递与宝玉。宝玉接来，一面目视其文，一面耳聆其歌曰：

【红楼梦引子】 开辟鸿蒙，谁为情种？都只为风月情浓。趁着这奈何天，伤怀日，寂寥时，试遣愚衷。因此上，演出这怀金悼玉的《红楼梦》[28]。

【终身误】 都道是金玉良姻，俺只念木石前盟。空对着，山中高士晶莹雪，终不忘，世外仙姝寂寞林。叹人间，美中不足今方信。纵然是齐眉举案，到底意难平[29]。

【枉凝眉】 一个是阆苑仙葩，一个是美玉无瑕。若说没奇缘，今生偏又遇着他，若说有奇缘，如何心事终虚化？一个枉自嗟呀，一个空劳牵挂。一个是水中月，一个是镜中花。想眼中能有多少泪珠儿，怎经得秋流到冬，春流到夏[30]！

宝玉听了此曲，散漫无稽，不见得好处，但其声韵凄惋，竟能销魂醉魄。因此也不察其原委，问其来历，就暂以此释闷而已。因又看下道：

【恨无常】喜荣华正好，恨无常又到。眼睁睁，把万事全抛。荡悠悠，把芳魂消耗。望家乡，路远山高。故向爹娘梦里相寻告：儿命已入黄泉，天伦呵，须要退步抽身早[31]！

【分骨肉】 一帆风雨路三千，把骨肉家园齐来抛闪。恐哭损残年，告爹娘，休把儿悬念。自古穷通皆有定，离合岂无缘？从今分两地，各自保平安。奴去也，莫牵连[32]。

【乐中悲】 襁褓中，父母叹双亡。纵居那绮罗丛，谁知娇养？幸生来，英豪阔大宽宏量，从未将儿女私情略萦心上。好一似，霁月光风耀玉堂。厮配得才貌仙郎，博得个地久天长，准折得幼年时坎坷形状。终久是云散高唐，水涸湘江。这是尘寰中消长数应当，何必枉悲伤[33]！

【世难容】 气质美如兰，才华阜比仙。天生成孤癖人皆罕。

你道是啖肉食腥膻，视绮罗俗厌，却不知太高人愈妒，过洁世同嫌。可叹这，青灯古殿人将老，辜负了，红粉朱楼春色阑。到头来，依旧是风尘肮脏违心愿。好一似，无瑕白玉遭泥陷，又何须，王孙公子叹无缘[34]。

【喜冤家】 中山狼，无情兽，全不念当日根由。一味的骄奢淫荡贪欢媾。

觑着那，侯门艳质同蒲柳；作践的，公府千金似下流。叹芳魂艳魄，一载荡悠悠[35]。

【虚花悟】 将那三春看破，桃红柳绿待如何？把这韶华打灭，觅那清淡天和。说什么，天上夭桃盛，云中杏蕊多。到头来，谁把秋捱过？则看那，白杨村里人呜咽，青枫林下鬼吟哦。更兼着，连天衰草遮坟墓。这的是，昨贫今富人劳碌，春荣秋谢花折磨。似这般，生关死劫谁能躲？闻说道，西方宝树唤婆娑，上结着长生果[36]。

【聪明累】 机关算尽太聪明，反算了卿卿性命。生前心已碎，死后性空灵。家富人宁，终有个家亡人散各奔腾。枉费了，意悬悬半世心，好一似，荡悠悠三更梦。忽喇喇似大厦倾，昏惨惨似灯将尽。呀！一场欢喜忽悲辛。叹人世，终难定[37]！

【留余庆】 留余庆，留余庆，忽遇恩人；幸娘亲，幸娘亲，积得阴功。劝人生，济困扶穷，休似俺那爱银钱忘骨肉的狠舅奸兄！正是乘除加减，上有苍穹[38]。

【晚韶华】 镜里恩情，更那堪梦里功名！那美韶华去之何迅！再休提绣帐鸳衾。只这带珠冠，披凤袄，也抵不了无常性命。虽说是，人生莫受老来贫，也须要阴骘积儿孙。气昂昂头戴簪缨，光灿灿胸悬金印；威赫赫爵禄高登，昏惨惨黄泉路近。问古来将相可还存？也只是虚名儿与后人钦敬[39]。

【好事终】 画梁春尽落香尘。擅风情，秉月貌，便是败家的根本。箕裘颓堕皆从敬，家事消亡首罪宁。宿孽总因情[40]。

【收尾·飞鸟各投林】 为官的，家业凋零；富贵的，金银散尽；有恩的，死里逃生；无情的，分明报应。欠命的；命已还，欠泪的，泪已尽。冤冤相报实非轻，分离聚合皆前定。欲知命短问前生，老来富贵也真侥幸。看破的，遁入空门；痴迷的，枉送了性命。好一似食尽鸟投林，落了片白茫茫大地真干净[41]！

歌毕，还要歌副曲。警幻见宝玉甚无趣味，因叹：“痴儿竟尚未悟！”那宝玉忙止歌姬不必再唱，自觉朦胧恍惚，告醉求卧。警幻便命撤去残席，送宝玉至一香闺绣阁之中，其间铺陈之盛，乃素所未见之物。更可骇者，早有一位女子在内，其鲜艳妩媚，有似乎宝钗；风流袅娜，则又如黛玉。正不知何意，忽警幻道：“尘世中多少富贵之家，那些绿窗风月、绣阁烟霞，皆被淫污纨绔与那些流荡女子悉皆玷辱。更可恨者，自古来多少轻薄浪子，皆以‘好色不淫’为饰，又以‘情而不淫’作案，此皆饰非掩丑之语也。好色即淫，知情更淫。是以巫山之会、云雨之欢，皆由既悦其色，复恋其情所致也。吾所爱汝者，乃天下古今第一淫人也。”

宝玉听了，唬的忙答道：“仙姑差了。我因懒于读书，家父母尚每垂训饬，岂敢再冒‘淫’字。况且年纪尚小，不知‘淫’字为何物。”警幻道：“非也。淫虽一理，意则有别。如世之好淫者，不过悦容貌，喜歌舞，调笑无厌，云雨无时，恨不能尽天下之美女供我片时之趣兴，此皆皮肤淫滥之蠢物耳。如尔则天分中生成一段痴情，吾辈推之为‘意淫’。‘意淫’二字，惟心会而不可口传，可神通而不可语达。汝今独得此二字，在闺阁中，固可为良友，然于世道中未免迂阔怪诡，百口嘲谤，万目睚眦。今既遇令祖宁荣二公剖腹深嘱，吾不忍君独为我闺阁增光，见弃于世道，是以特引前来，醉以灵酒，沁以仙茗，警以妙曲，再将吾妹一人，乳名兼美字可卿者，许配于汝。今夕良时，即可成姻。不过令汝领略此仙闺幻境之风光尚如此，何况尘境之情景哉？而今后万万解释[42]，改悟前情，留意于孔孟之间，委身于经济之道。”说毕便秘授以云雨之事，推宝玉入房，将门掩上自去。

那宝玉恍恍惚惚，依警幻所嘱之言，未免有儿女之事，难以尽述。至次日，便柔情缱绻，软语温存，与可卿难解难分。因二人携手出去游顽之时，忽至一个所在，但见荆榛遍地，狼虎同群，迎面一道黑溪阻路，并无桥梁可通。正在犹豫之间，忽见警幻后面追来，告道：“快休前进，作速回头要紧！”宝玉忙止步问道：“此系何处？”警幻道：“此即迷津[43]也。深有万丈，遥亘千里，中无舟楫可通，只有一个木筏，乃木居士掌舵，灰侍者撑篙，不受金银之谢，但遇有缘者渡之。尔今偶游至此，设如堕落其中，则深负我从前谆谆警戒之语矣。”话犹未了，只听迷津内水响如雷，竟有许多夜叉海鬼将宝玉拖将下去。吓得宝玉汗下如雨，一面失声喊叫："可卿救我！"吓得袭人辈众丫鬟忙上来搂住，叫："宝玉别怕，我们在这里！"

却说秦氏正在房外嘱咐小丫头们好生看着猫儿狗儿打架，忽听宝玉在梦中唤他的小名，因纳闷道："我的小名这里从没人知道的，他如何知道，在梦里叫出来？"正是：

一场幽梦同谁近，千古情人独我痴。

注释

[1] 参商（shēn shāng）：隔阂、矛盾，常用来比喻人与人之间感情不和。参、商，都是星宿名，因两星此出彼没，故常用来比喻两人分离不得见面。

[2] 求全之毁，不虞之隙：因要求完美而常有责难，因相处亲密而常有料想不到的矛盾。毁：诋毁，责难。不虞：没料到。隙：嫌隙，裂痕。

[3]《燃藜图》：这是劝人勤学苦读的画。题材来自六朝无名氏《三辅黄图·阁部》所载故事。藜：一年生草本植物，茎高数尺，老可为杖；燃烧时光亮耐久，可以当烛。

[4] 饧（xíng）：眼睛蒙眬，半睁半闭。

[5] 嫩寒：春天的微寒。锁梦：这里是春睡沉沉，锁于梦乡的意思。

[6] 随喜：佛教用语，谓见人做善事而随之生欢喜心。后游览参观寺院，亦称随喜。

[7] 滃（wēng）染：一种中国绘画技法，即用水墨淡彩润画面，不露或少露笔痕。满纸乌云浊雾：喻指晴雯所处的环境险恶。

[8] "霁月难逢"一首：晴雯判词。霁月：指雨过天晴时的明月，即"晴"。彩云易散：喻指晴雯被撵出大观园，悲惨地死去。心比天高，身为下贱：地位是奴隶，反抗性最强。

[9]"枉自温柔和顺"一首：袭人的判词。画面中"袭"与"席"谐音。优伶：指蒋玉菡。公子：指宝玉。

[10] "根并荷花一茎香"一首：香菱的判词。从画面和判词看，曹雪芹本来的构思，她是被夏金桂迫害而死的。从第八十回的文字看，既然"酿成干血痨之症，日渐羸瘦作烧"，且医药无效，接着当写她"香魂返故乡"，亦即所谓"水涸泥干，莲枯藕败"。可是续书中，还让香菱被扶正，似与原意相反。

[11]"可叹停机德"一首：林黛玉与薛宝钗的判词。一堆雪，雪中一股金钗，分明便是薛宝钗。宝钗有停机之德，即封建社会的"妇德"。停机德：汉代乐羊子的妻子，在乐羊子中断学业回家时，她停机断布，以激励丈夫继续求学求功名。两株枯木是林字，悬着玉带，分明是林黛玉。林黛玉有咏絮之才。咏絮才：用的是晋代谢道韫典故。谢安雪天吟诗："白雪纷纷何所似？"其侄谢朗说："撒盐空中差可拟。"其侄女谢道韫说："未若柳絮因风起。"挂、埋：喻指林黛玉与薛宝钗的命运和结局都不好。

[12]"二十年来辨是非"一首：贾元春的判词。二十年来辨是非：是说元春明理。榴花开：指女子出嫁，是说元春被选到宫中，封为贵妃，光耀家门。争及：怎及。兕（sì）：猛兽。

[13]"才自清明志自高"一首：探春的判词。探春有才有志，连凤姐也不敢小瞧探春。却生于贾家末世，远嫁到海外。画面中两个人放风筝，两人是指贾政和王夫人，风筝暗示探春远嫁。

[14]"富贵又何为"一首：史湘云的判词。前两句指湘云生在富贵之家，但自幼父母双亡。展眼吊斜辉，湘江水逝楚云飞：是说湘云开朗活泼，找了个好丈夫，可婚后好景不长，便夫妻离散。

[15]"欲洁何曾洁"一首：妙玉的判词。妙玉欲洁，结果不洁；妙玉云空，可结果未空。被贼劫到海中，终陷淖泥。淖（nào）：泥沼。

[16]“子系中山狼”一首：迎春的判词。恶狼是孙绍祖，迎春之夫。贾家对他家有恩，他却忘恩负义，虐待迎春。不足一载，迎春被折磨而死。

[17]“勘破三春景不常”一首：惜春的判词。惜春是贾家四小姐，侯门之女。但是看破三个姐姐不幸结局，出家了。缁（zī）衣：黑色的衣服，这里指僧尼的衣服。

[18]“凡鸟偏从末世来”一首：王熙凤的判词。凤姐之干才，男人也多不能及，令人爱慕。一从二令三人木：有多种说法。其中一种认为：一从是说从上，讨贾母欢心；二令是说令下行权，掌贾府实权。凤姐一生，争强好胜，露脸出头，可结果呢？“三人木”而已，即一个“休”字了结。续书情节与此不同。

[19]“势败休云贵”一首：巧姐的判词。画中含意正是说巧姐被刘姥姥救到村野之中。纺绩：暗指她将来嫁到村野中的富贵人家。贾府势力衰败后，王熙凤获罪，自身难保，女儿贾巧姐为狠舅奸兄欺骗出卖，幸遇刘姥姥救助。

[20]“桃李春风结子完”一首：李纨的判词。李纨和其子贾兰，最后母以子贵。李纨守寡，终有个好的结果，得到了“凤冠霞帔”的富贵荣耀。

[21]“情天情海幻情身”一首：秦可卿的判词。情字，指秦可卿。美人悬梁自缢，指秦可卿悬梁自缢。后两句暗示贾珍与她乱伦是整个贾府败亡的起因，祸患始于宁国府。

[22]定鼎：新王朝定都建国。传说夏禹曾收九州之金，铸造九鼎，夏商周三代都把它们作为传国的重器。

[23]奕世：一代传一代，世代绵延。奕：累积，重叠。

[24]唾绒：古代妇女刺绣，每当换线停针，用牙咬断绣线，口中常沾留线绒，随口吐出，俗称唾绒。

[25]传奇之曲：明代以后称南戏为传奇。曲：曲词。

[26]南北九宫：指古代戏曲的宫调。南：指南曲（传奇）。北：指北曲（杂剧）。九宫：指九个宫调（正宫、中吕、南吕、仙吕、黄钟五宫；大石调、双调、商调、越调四调，合为九宫调）。戏剧的曲牌是受宫调限制的，某一曲牌属于某一宫调之内。

[27]个中人：指处在局中，洞悉内情的人。这里是“行家”的意思。

[28]怀金悼玉：怀念、伤悼薛宝钗、林黛玉为代表的金陵十二钗。

[29]【终身误】：这是拟贾宝玉的口气咏叹薛宝钗的，贾宝玉仍不能忘情于悲凄而逝的林黛玉，最后怀着不平之意撒手出家，而薛宝钗也不免在孤寂冷落中抱恨终身。

[30]【枉凝眉】：表现出宝、黛爱情曲折多难的历程，导致黛玉最终泪尽而亡。阆（làng）苑：神仙的园林。仙葩：仙花。

[31]【恨无常】：曲子暗示元妃早逝，也暗示了人世无常。

[32]【分骨肉】：曲子指探春远嫁时对父母的劝慰和与亲人骨肉分离的悲苦。

[33]【乐中悲】：指史湘云嫁个“才貌仙郎”，但好景不长，不久夫妻离散。

[34]【世难容】：指妙玉的为人孤高傲世，但是不为肮脏的世俗社会所容，最后被污浊黑暗的社会吞噬。

[35]【喜冤家】：指迎春成为封建包办婚姻的牺牲品。觑：看。

[36]【虚花悟】：指惜春面对宁国府卑污环境造成了她那种毫不关心他人的孤僻冷漠性格，她的“看破红尘”，不过是出于对现实的绝望，遁入空门更是消极的逃避。

[37]【聪明累】：揭示了王熙凤在管理家政上精明强干，但最终落个悲惨结局。同时也指贾府势败的情景。

[38]【留余庆】：说巧姐被刘姥姥救的事情。

[39]【晚韶华】：暗示李纨青春丧偶，终于盼得孤子成立，“母以子贵”，她也能坐享荣华了，但她不久即逝去。阴骘（zhì）：阴德。

[40]【好事终】：暗示贾珍与秦可卿乱伦是整个贾府败亡的起因，秦可卿是悬梁自缢。

[41]【收尾·飞鸟各投林】：总写贾府最终家破人亡的结局。

[42] 解释：这里是领悟、不受困惑的意思。

[43] 迷津：使人迷惘的境界。佛家谓三界（欲界、色界、无色界）和六道（天道、人道、阿修罗道、畜生道、饿鬼道、地狱道）都是迷雾虚妄的境界，故称迷津。后比喻人沉溺于迷途之中。津：江河的渡口。

◆ 作品赏析

红楼梦第五回作为全书总纲，对书中主要人物的结局和全书主旨做了暗示。《红楼梦》前五回的篇幅主要用于勾勒轮廓、交代人物、点染背景。通过前四回的描写，读者已初步把握了贾府的全貌、重要的人物及其相互关系。第五回写贾宝玉在太虚幻境观看的十二钗“簿册”，聆听的《红楼梦曲》，则从纵横两个方面加强了全书结构的整体性。横的方面，它扩展了前几回介绍的主要人物的范围，补充了湘云、妙玉、巧姐等人物，并突出了这些人物的性格、身世、命运，形成一份主要人物表。纵的方面，它提动着宝、黛、钗悲剧和贾府衰亡这两条全书的基本线索，以强烈的暗示揭开了悲剧的序幕，并与书里其他部分中人物命运的隐喻征兆互相映照，成为整部作品悲剧主题的基本旋律。其中画页、判词和《红楼梦曲》互相补充，预示书中十二个贵族女性的思想性格和身世命运，奠定《红楼梦》的整个悲剧调子。

第五回中的《红楼梦曲》不仅在结构全文和塑造人物方面具有独特的功用，而且具有独立的艺术价值。《脂砚斋重评石头记》（甲戌本）的《凡例》谈及全书题名时曾说：“宝玉作梦，梦中有曲名曰《红楼梦》十二支，此则《红楼梦》之点睛。”《红楼梦曲》又名《金陵十二钗曲》。除了表现人物的悲剧命运，《红楼梦曲》还是一组极有特色的悲剧抒情诗。它以十四首曲组成一套完整的传奇套曲，曲谱不袭旧调，格调灵活，感情饱满酣畅，叙述的角度变换自如，如第一曲《终身误》是拟宝玉口吻，第二曲《枉凝眉》却换用第三人称，而《恨无常》《分骨肉》《留余庆》诸曲，却分明是元春、探春、巧姐的自怨自艾。这些手法都使人物的感情淋漓尽致地倾泻出来。脂砚斋一再称赞这套组曲在艺术上的创新特色，认为《终身误》“语句泼撒，不负自创北曲”，《乐中悲》“悲壮之极，北曲中不能多得”（《脂砚斋重评石头记》），可见曹雪芹在文学方面的造诣。

在这十二支曲子之外，《红楼梦曲》前后还各有引子、收尾两曲。引子与全书开篇一样，是阐明创作缘由的。而收尾一曲《飞鸟各投林》，是十二支曲的总结，概括地写出了“十二钗”的个人悲剧并非是孤立存在的，而是和整个封建家族衰亡的总趋势密切相连的，也是整个家族悲剧命运的有机组成部分。这样，就使《红楼梦曲》的悲剧主题有了更加深刻的社会意义。

婴　宁[1]

蒲松龄

◆ 作家作品简介

蒲松龄（1640—1715），字留仙，一字剑臣，别号柳泉居士，世称聊斋先生，自称异史氏，山东淄博人。清著名小说家，出生于一个半农半商的家庭。少时颇有文名，但屡试不第，直至71岁时才援例成为贡生，主要做幕宾、塾师为生。因终身郁郁不得志，较多接触社会底层，对社会现实有较多的了解，具有“孤愤”“狂痴”的人生态度，创做出著名的文言文短篇小说集《聊斋志异》。

《聊斋志异》简称《聊斋》，俗名《鬼狐传》。“聊斋”是蒲松龄的书屋名称，“志”是记述的意思，“异”指奇异的故事。全书共16卷，有短篇小说491篇，综合六朝志怪小说与唐传奇之长，借谈鬼说狐，曲折地批判社会、表达理想，是中国古代文言短篇小说的顶峰之作。《婴宁》是其代表作之一。

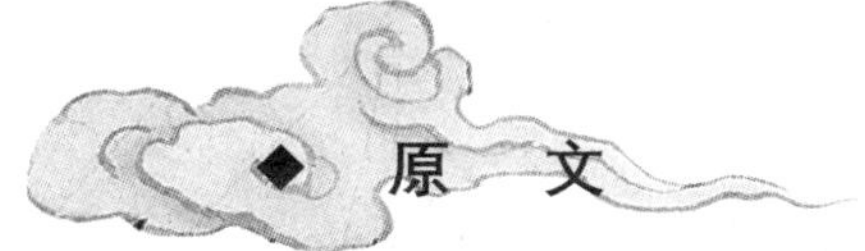

◆ 原　文

王子服，莒之罗店人[2]，早孤。绝慧，十四入泮[3]。母最爱之，寻常不令游郊野。聘萧氏，未嫁而夭，故求凰未就也[4]。

会上元[5]，有舅氏子吴生，邀同眺瞩，方至村外，舅家有仆来，招吴去。生见游女如云，乘兴独遨。有女郎携婢，拈梅花一枝，容华绝代，笑容可掬。生注目不移，竟忘顾忌。女过去数武[6]，顾婢曰：“个儿郎目灼灼似贼！”遗花地上，笑语自去。生拾花怅然，神魂丧失，怏怏遂返。

至家，藏花枕底，垂头而睡，不语亦不食。母忧之。醮禳益剧[7]，肌革锐减。医师诊视，投剂发表[8]，忽忽若迷。母抚问所由，默然不答。适吴生来，嘱秘诘之。吴至榻前，生见之泪下，吴就榻慰解，渐致研诘。生具吐其实，且求谋画。吴笑曰：“君意亦复痴。此愿有何难遂？当代访之。徒步于野，必非世家，如其未字[9]，事固谐矣，不然，拼以重赂，计必允遂。但得痊瘳，成事在我。”生闻之，不觉解颐[10]。吴出告母，物色女子居里[11]，而探访既穷，并无踪绪。母大忧，无所为计。然自吴去后，颜顿开，食亦略进。

数日，吴复来，生问所谋。吴绐之曰[12]：“已得之矣。我以为谁何人，乃我姑氏女，即君姨妹行，今尚待聘。虽内戚有婚姻之嫌，实告之，无不谐者。”生喜溢眉宇，问：“居何里？”吴诡曰：“西南山中，去此可三十余里。”生又付嘱再四，吴锐身自任而去[13]。

生由是饮食渐加，日就平复，探视枕底，花虽枯，未便雕落。凝思把玩，如见其人。怪吴不至，折柬招之[14]。吴支托不肯赴招，生恚怒，悒悒不欢。母虑其复病，急为议姻，略与商榷，辄摇首不愿，惟日盼吴。吴迄无耗，益怨恨之。转思三十里非遥，何必仰息他人？怀梅袖中，负气自往，而家人不知也。伶仃独步，无可问程，但望南山行去。约三十余里，乱山合沓，空翠爽肌，寂无人行，止有鸟道。遥望谷底丛花乱树中，隐隐有小里落。下山入村，见舍宇无多，皆茅屋，而意甚修雅[15]。北向一家，门前皆丝柳，墙内桃杏尤繁，间以修竹，野鸟格磔其中[16]。意其园亭，不敢遽入。回顾对户，有巨石滑洁，因据坐少憩。

俄闻墙内有女子长呼“小荣”，其声娇细。方伫听间，一女郎由东而西，执杏花一朵，俯首自簪；举头见生，遂不复簪，含笑拈花而入。审视之，即上元途中所遇也。心骤喜，但念无以阶进[17]，欲呼姨氏，而顾从无还往，惧有讹误。门内无人可问，坐卧徘徊，自朝至于日昃[18]，盈盈望断，并忘饥渴。时见女子露半面来窥，似讶其不去者。忽一老媪扶杖出，顾生曰：“何处郎君，闻自辰刻便来，以至于今，意将何为？得勿饥耶？”生急起揖之，答云：“将以盼亲。”媪聋聩不闻。又大言之。乃问：“贵戚何姓？”生不能答。媪笑曰：“奇哉。姓名尚自不知，何亲可探？我视郎君，亦书痴耳。不如从我来，啖以粗粝，家有短榻可卧，待明朝归，询知姓氏，再来探访，不晚也。”生方腹馁思啖，又从此渐近丽人，大喜，从媪入，见门内白石砌路，夹道红花，片片堕阶上；曲折而西，又启一关[19]，豆棚花架满庭中。肃客入舍[20]，粉壁光如明镜，窗外海棠枝朵，探入室内，裀藉几榻[21]，罔不洁泽。甫坐，即有人自窗外隐约相窥。媪唤：“小荣！可速作黍。”外有婢子噭声而应。坐次，具展宗阀[22]。媪曰：“郎君外祖，莫姓吴否？”曰：“然。”媪惊曰：“是吾甥也；尊堂[23]，我妹子。年来以家窭贫，又无三尺之男，遂至音问梗塞。甥长成如许，尚不相识。”生曰：“此来即为姨也，匆遽遂忘姓氏。”媪曰：“老身秦姓，并无诞育，弱息仅存，亦为庶产[24]。渠母改醮[25]，遗我鞠养。颇亦不钝，但少教训，嬉不知愁。少顷，使来拜识。”

未几，婢子具饭，雏尾盈握[26]。媪劝餐已，婢来敛具。媪曰：“唤宁姑来。”婢应去。良久，闻户外隐有笑声。媪又唤曰：“婴宁，汝姨兄在此。”户外嗤嗤笑不已。婢推之以入，犹掩其口，笑不可遏。媪嗔目曰：“有客在，咤咤叱叱，是何景象？”女忍笑而立，生揖之。媪曰：“此王郎，汝姨子。一家尚不相识，可笑人也。”生问：“妹子年几何矣？”媪未能解；生又言之。女复笑，不可仰视。媪谓生曰：“我言少教诲，此可见矣。年已十六，呆痴裁如婴儿。”生曰：“小于甥一岁。”曰：“阿甥已十七矣，得非庚午属马者耶？”生首应之。又问：“甥妇阿谁？”答曰：“无之。”曰：“如甥才貌，何十七岁犹未聘耶？婴宁亦无姑家，极相匹敌。惜有内亲之嫌。”生无语，目注婴宁，不遑他瞬[27]。婢向女小语云：“目灼灼，贼腔未改！”女又大笑，顾婢曰：“视碧桃开未？”遽起，以袖掩口，细碎连步而出。至门外，笑声始纵。媪亦起，唤婢襆被，为生安置。曰：“阿甥来不易，宜留三五日，迟迟送汝归。如嫌幽闷，舍后有小园，可供消遣，有书可读。”

次日，至舍后，果有园半亩，细草铺毡，杨花糁径，有草舍三楹，花木四合其所。穿花小步，闻树头苏苏有声，仰视，则婴宁在上。见生，狂笑欲堕。生曰：“勿尔，堕矣。”女且下且笑，不能自止。方将及地，失手而堕，笑乃止。生扶之，阴捘其腕[28]。女笑又作，倚树不能行，良久乃罢。生俟其笑歇，乃出袖中花示之。女接之，曰：“枯矣。何留之？”曰：“此上元妹子所遗，故存之。”问：“存之何意？”曰：“以示相爱不忘也。自上元相遇，凝思成疾，自分化为异物[29]，不图得见颜色，幸垂怜悯。”女曰：“此大细事[30]，至戚何所靳惜？待兄行时，园中花，当唤老奴来，折一巨捆负送之。”生曰：“妹子痴耶？”女曰：“何便是痴？”生曰：“我非爱花，爱拈花之人耳。”女曰：“葭莩之情[31]，爱何待言。”生曰：“我所谓爱，非瓜葛之爱，乃夫妻之爱。”女曰：“有以异乎？”曰：“夜共枕席耳。”女俯首思良久，曰：“我不惯与生人睡。”语未已，婢潜至，生惶恐遁去。少时，会母所。母问：“何往？”女答以园中共话。媪曰：“饭熟已久，有何长言，周遮乃尔[32]。”女曰：“大哥欲我共寝。”言未已，生大窘，急目瞪之，女微笑而止。幸媪不闻，犹絮絮究诘。生急以他词掩之，因小语责女。女曰："适此语不应说耶？"生曰："此背人语。"女曰："背他人，岂得背老母。且寝处亦常事，何讳之？"生恨其痴，无术可以悟之。

食方竟，家中人捉双卫来寻生[33]。先是，母待生久不归，始疑。村中搜觅已遍，竟无踪兆。因往询吴。吴忆曩言，因教于西南山村行觅。凡历数村，始至于此。生出门，适相值，便入告媪，且请偕女同归。媪喜曰："我有志，匪伊朝夕[34]。但残躯不能远涉，得甥携妹子去，识认阿姨，大好。"呼婴宁。宁笑至。媪曰："有何喜，笑辄不辍？若不笑，当为全人。"因怒之以目。乃曰："大哥欲同汝去，可便装束。"又饷家人酒食，始送之出，曰："姨家田产充裕，能养冗人[35]。到彼且勿归，小学诗礼，亦好事翁姑。即烦阿姨，为汝择一良匹。"二人遂发。至山坳回顾，犹依稀见媪倚门北望也。

抵家，母睹姝丽，惊问为谁。生以姨女对。母曰："前吴郎与儿言者，诈也。我未有姊，何以得甥？"问女，女曰："我非母出。父为秦氏，没时，儿在褓中，不能记忆。"母曰："我一姊适秦氏，良确，然殂谢已久，那得复存？"因审诘面庞、志赘[36]，一一符合。又疑曰："是矣。然亡已多年，何得复存？"疑虑间，吴生至，女避入室。吴询得故，惘然久之。忽曰："此女名婴宁耶？"生然之。吴极称怪事。问所自知，吴曰："秦家姑去世后，姑丈鳏居，祟于狐，病瘠死。狐生女名婴宁，绷卧床上，家人皆见之。姑丈没，狐犹时来。后求天师符粘壁上，狐遂携女去。将勿此耶？"彼此疑参，但闻室中吃吃皆婴宁笑声。母曰："此女亦太憨。"吴生请面之。母入室，女犹浓笑不顾。母促令出，始极力忍笑，又面壁移时，方出。才一展拜，翻然遽入，放声大笑。满室妇女，为之粲然。

吴请往觇其异[37]，就便执柯[38]。寻至村所，庐舍全无，山花零落而已。吴忆姑葬处仿佛不远，然坟垅湮没，莫可辨识，诧叹而返。母疑其为鬼。入告吴言，女略无骇意。又吊其无家，亦殊无悲意，孜孜憨笑而已。众莫之测，母令与少女同寝止，昧爽即来省问[39]，操女红，精巧绝伦。但善笑，禁之亦不可止，然笑处嫣然，狂而不损其媚，人皆乐之。邻女少妇，争承迎之。母择吉为之合卺[40]，而终恐为鬼物，窃于日中窥之[41]，形影殊无少异。至日，使华装行新妇礼，女笑极不能俯仰[42]，遂罢。生以其憨痴，恐泄漏房中隐事，而女殊秘密，不肯道一语。每值母忧怒，女至一笑即解。奴婢小过，恐遭鞭楚，辄求诣母共话，罪婢投见，恒得免。而爱花成癖，物色遍戚党，窃典金钗，购佳种，数月，阶砌藩溷[43]，无非花者。

庭后有木香一架，故邻西家，女每攀登其上，摘供簪玩。母时遇见，辄诃之。女卒不改。一日，西人子见之，凝注倾倒。女不避而笑。西邻子谓女意已属，心益荡。女指墙底，笑而下，西人子谓示约处，大悦。及昏而往，女果在焉。就而淫之，则阴如锥刺，痛彻于心，大号而踣。细视非女，则一枯木卧墙边，所接乃水淋窍也。邻父闻声，急奔研问，呻而不言；妻来，始以实告。爇火烛窍[44]，见中有巨蝎，如小蟹然。翁碎木捉杀之。负子至家，半夜寻卒。邻人讼生，讦发婴宁妖异。邑宰素仰生才，稔知其笃行士，谓邻翁讼诬，将杖责之，生为乞免，遂释而出。母谓女曰："憨狂尔尔，早知过喜而伏忧也。邑令神明，幸不牵累。设鹘突官宰[45]，必逮妇女质公堂，我儿何颜见戚里？"女正色，矢不复笑[46]。母曰："人罔不笑，但须有时。"而女由是竟不复笑，虽故逗之，亦终不笑，然竟日未尝有戚容[47]。

一夕，对生零涕。异之。女哽咽曰："曩以相从日浅，言之恐致骇怪。今日察姑及郎，皆过爱无有异心，直告或无妨乎？妾本狐产。母临去，以妾托鬼母，相依十余年，始有今日。妾又无兄弟，所恃者惟君。老母岑寂山阿，无人怜而合厝之[48]，九泉辄为悼恨。君倘不惜烦费，使地下人消此怨恫，庶养女者不忍溺弃[49]。"生诺之，然虑坟冢迷于荒草，女但言："无虑。"刻日夫妻舆榇而往[50]。女于荒烟错楚中，指示墓处，果得媪尸，肤革犹存。女抚哭哀痛。舁归，寻秦氏墓合葬焉。是夜生梦媪来称谢，寤而述之。女曰："妾夜见之，嘱勿惊郎君耳。"生恨不邀留。女曰："彼鬼也。生人多，阳气胜，何能久居？"生问小荣，曰："是亦狐，最黠。狐母留以视妾，每摄饵相哺，故德之常不去心[51]；昨问母，云已嫁之。"由是岁值寒食[52]，夫妇登秦墓，拜扫无缺。女逾年生一子，在怀抱中，不畏生人，见人辄笑，亦大有母风云。

异史氏曰[53]："观其孜孜憨笑，似全无心肝者。而墙下恶作剧，其黠孰甚焉！至凄恋鬼母，反笑为哭，我婴宁殆隐于笑者矣。窃闻山中有草，名'笑矣乎'，嗅之则笑不可止。房中植此一种，则合欢、忘忧[54]，并无颜色矣。若解语花，正嫌其作态耳[55]！"

注释

[1] 婴宁：似出于《庄子·大宗师》“其为物无不将也，无不迎也，无不毁也，无不成也，其名为撄宁”。所谓“撄宁”，指合乎天道、保持自然本色的人生。

[2] 莒（jǔ）：莒县，今属山东日照市。罗店：今莒县洛河镇罗米庄。

[3] 入泮（pàn）：古代学宫有泮池，成绩优异者才可进学宫学习，故称学童入学宫为“入泮”。

[4] 求凰：犹言求妻。相传司马相如以《凤求凰》琴曲向卓文君求婚。

[5] 上元：元宵节。

[6] 数武：泛指几步。武：半步。

[7] 醮禳（jiàoráng）：请僧道祈祷做法事，常特指道士。

[8] 发表：中医的一种治疗方法，即通过让患者出汗使其体内邪毒发散出来。

[9] 未字：还没有订婚。古代女子订婚称“字”。

[10] 解颐：舒展容颜，开怀欢笑。

[11] 居里：居住的地方。

[12] 绐 [dài]：哄骗。

[13] 锐身自任：挺身担起责任。锐身：挺身。

[14] 折柬：裁纸写信。柬：原指竹简，指代书信。

[15] 修雅：整齐雅致。

[16] 格磔 [zhé]：形容鸟鸣声。

[17] 无以阶进：找不到进去的理由。阶：台阶，这里喻指借口、理由。

[18] 日昃 [zè]：午后。昃：日头偏斜。

[19] 启一关：开了一道门。关：古代指门。

[20] 肃客：迎客。肃：引导，迎接。

[21] 裀 [yīn] 藉：坐垫，坐褥。

[22] 具展宗阀：王子服详细叙述说家世。宗阀：家世。阀：本指官宦人家门前记录功业的柱子，后泛指功业或家世。

[23] 尊堂：对别人母亲的敬称，也就是你母亲的意思。

[24] 弱息：幼弱的子女，特指女儿。庶产：不是正妻所生。

[25] 渠：她，指婴宁。

[26] 刍尾盈握：肥嫩的雏鸡。雏：此指小鸡。盈握：满一把。鸡的尾部满一把，言其肥。

[27] 不遑他瞬：顾不上看别处。遑：闲暇。不遑：没有空闲。

[28] 阴挼 [zùn]：暗地里捏弄。

[29] 自分化为异物：自以为要死了。自分：自以为，自料。异物：死亡的代称。

[30] 细事：很小的事情。

[31] 葭莩：芦苇内壁里的一层薄膜，指代疏远的亲戚，也泛指一般的亲戚。

[32] 周遮：形容话很多的样子。

[33] 捉双卫：牵着两头驴子。卫：驴的别名。

[34] 匪伊朝夕：也不止一天了。匪：通假字，通“非”。

[35] 冗人：多余的人。

[36] 志赘：就是痣、赘疣及胎记等，指代人身上的特征。志：同痣。赘：赘疣。

[37] 觇 [chān] 其异：在婴宁不注意的时候察看她的异常。觇：观察，窥探。

[38] 执柯：做媒的意思。

[39] 昧爽：天刚刚亮。省问：看望问候，请安。

[40] 合卺（jǐn）：完婚，圆房。

[41] 窃于：旧时迷信说鬼在阳光下是没有影子的。

[42] 不能俯仰：就是说笑得直不起腰来，形容笑得很厉害。

[43] 阶砌藩溷 [hùn]：阶砌，台阶；藩，篱笆；溷，厕所等。这里形容多、无所不在。

[44] 爇 [ruò]：燃烧，点燃。

[45] 设：假如。

[46] 矢：立誓。

[47] 戚容：悲伤的面容。

[48] 合厝：合葬。厝：埋葬。

[49] 庶养女者：古代的一种落后习俗，认为女儿不能延续续香火，父母死后不能办理后事，所以常把女婴放进水里淹死。

[50] 舆榇（chèn）：用车子运载棺材。舆：车子，指用车子运载。榇：棺材。

[51] 德之常不去心：感激她，常常心中惦念。德：名词用作动词。不去心：心中惦念。

[52] 寒食：清明节的前两天为寒食节，旧俗这天不烧火吃熟食。

[53] 异史氏：作者蒲松龄的自称。

[54] 合欢、忘忧：合欢花、忘忧草。因为这两种花草的名字带有开怀之意，它们的香气也有这样的作用，所以拿来和文中的“笑矣乎”相比较。

[55] 若解语花：像花一样美丽而又善解人意。

[56] 作态：造作，不自然。

◆ 作品赏析

在《聊斋志异》中，蒲松龄以理想主义的笔触塑造了一批敢于藐视封建礼教法规，按自己的意志行事的血肉丰满的女性形象。《婴宁》的女主人公就是其中之一。《婴宁》写的是狐女婴宁与王子服真诚相爱，并终于结成美满婚姻的动人故事，表达了封建社会中青年人追求坚贞、纯洁爱情的美好向往。

作者倾注了极大的热情成功地塑造婴宁的形象，确立了《婴宁》在《聊斋志异》中的重要地位。作者用大量的笔墨写了婴宁的痴笑，天真烂漫、无所顾忌的笑，带着完全不通人情世故的娇憨和纯真。婴宁不仅爱笑，还爱花成癖。少女时的她所居住的山村处处是花，到王子服家之后，甚至不惜当掉金钗四处购置良种，在房前屋后都种满了花。花成了婴宁与王子服美好爱情的传媒，也象征了婴宁的美丽和纯洁。作者还塑造了婴宁的明辨是非和知恩图报，狡黠地用恶作剧来惩戒对她有非分之想的西邻子，哭求王生把抚养自己成长的鬼母与秦氏合葬。

小说的细节描写十分成功。多处写到婴宁的笑，均各具情态，有“笑容可掬”，也有“含笑拈花而入”；有“户外隐有”的笑声，也有入内不可遏制的笑；有“狂笑欲堕”，也有“笑极不能俯仰”等。这一连串对笑的描写，笔墨简洁，点到即止，却又毫不重复，充满情趣，声态并作，使人物形象饱满逼真，出神入化。而“昧爽省问”与“操女红”之描写，看似随笔带过，全似漫不经意，实际上却匠心独运，有丰富的蕴含，点划之间已使人物性格非常饱满。作者在环境氛围的渲染上也不惜笔墨，如王子服为寻觅婴宁，伶仃独步，望南山而行，以王子服的视角，移步换形地对小里落及周围环境层层点染，氛围烘托已足，则令主人公婴宁出场。整个氛围诗意盎然。环境之清幽脱俗，人物之超凡美洁，宛如一幅风景画轴，缓缓展开，妙笔天成，人与美景融为一体。

○ ○ ○ ○ ○ ○ ○ ○ ○ ○

萧　萧

沈从文

◆ 作家作品简介

沈从文（1902—1988），现代作家，原名沈岳焕，湖南凤凰县人。1918 年小学毕业后参加地方土著部队，随军在川、湘、鄂、黔四省边区生活，丰富了阅历。1922 年，到北京自学并开始写作。1924 年，后开始发表作品，并与胡也频合编《京报副刊》和《民众文艺》周刊。1928 年，到上海与胡也频、丁玲编辑《红黑》《人间》杂志。1930 年起，先后在武汉大学、青岛大学任教。1933 年，回北平主编《大公报》副刊《文艺》。抗日战争全面爆发后，到昆明任西南联合大学教授。抗战胜利后，任北京大学教授，主编《大公报》《益世报》的文艺副刊。

沈从文是一位多产的作家，作品结集有 80 多部，是现代作家中成书最多的一个。他的小说取材广泛，描写了从乡村到城市各色人物的生活，其中以反映湘西下层人民生活的作品最具特色，被称为“湘西生活的歌者”。代表作《边城》以兼具抒情诗和小品文的优美笔触，表现自然、民风和人性的美，充满牧歌情调和地方色彩，形成别具一格的抒情乡土小说。在文学态度上，沈从文一直坚持自由主义立场，坚持文学要超越政治和商业的影响，因此他的作品多讴歌自在、自得的人生。

新中国成立后，沈从文先后在历史博物馆和中国社会科学院历史研究所工作。1988 年病逝于北京。

◆ 原 文

乡下人吹唢呐接媳妇，到了十二月是成天会有的事情。

唢呐后面一顶花轿，两个夫子平平稳稳地抬着，轿中人被铜锁锁在里面，虽穿了平时没上过身的体面红绿衣裳，也仍然得荷荷大哭。在这些小女人心中，做新娘子，从母亲身边离开，且准备做他人的母亲，从此必然有许多新事情等待发生。像做梦一样，将同一个陌生男子汉在一个床上睡觉，做着承宗接祖的事情。这些事想起来，当然有些害怕，所以照例觉得要哭哭，于是就哭了。

也有做媳妇不哭的人，萧萧做媳妇就不哭。这小女子没有母亲，从小寄养到伯父种田的庄子上，终日提着个小竹兜箩，在路旁田坎捡狗屎挑野菜。出嫁只是从这家转到那家。因此到那一天，这女人还只是笑。她又不害羞，又不怕。她是什么事也不知道，就做了人家的新媳妇了。

萧萧做媳妇时年纪十二岁，有一个小丈夫，年纪还不到三岁。丈夫比她年少九岁，还不曾断奶。按地方规矩，过了门，她喊他做弟弟。她每天应做的事是抱弟弟到村前柳树下去玩，到溪边去玩。饿了，喂东西吃；哭了，就哄他，摘南瓜花或狗尾草戴到小丈夫头上，或者亲嘴，一面说："弟弟，哪，啵。再来，啵。"在那肮脏的小脸上亲了又亲，孩子于是便笑了。孩子一欢喜兴奋，行动粗野起来，会用短短的小手乱抓萧萧的头发。那是平时不大能收拾蓬蓬松松在头上的黄发。有时候，垂到脑后那条小辫儿被拉得太久，把红绒线结也弄松了，生了气，就挞那弟弟几下，弟弟自然哇的哭出声来。萧萧于是也装成要哭的样子，用手指着弟弟的哭脸，说："哪，人不讲理，可不行！"

天晴落雨日子混下去，每日抱抱丈夫，也帮家中做点杂事，能动手就动手，又时常到溪沟里去洗衣，搓尿片，一面还捡拾有花纹的田螺给坐在身边的小丈夫玩。到了夜里睡觉，便常常做这种年龄的人做的梦，梦到后门角落或别的什么地方捡得大把大把铜钱，吃好东西，爬树，自己变成鱼到水中各处溜。或一时仿佛身子很轻，飞到天上众星中，没有一个人，只是一片白，一片金光，于是大喊"妈！"人就吓醒了。醒来心还只是跳。

吵了隔壁的人，不免骂着："疯子，你想什么！白天玩得疯，晚上就做梦！"萧萧听着却不作声，只是咕咕的笑。也有很好很爽快的梦，为丈夫哭醒的事情。那丈夫本来晚上在自己母亲身边睡，吃奶方便。有时吃多了奶，或因另外情形，半夜大哭，起来放水拉稀是常有的事。丈夫哭得婆婆无可奈何，于是萧萧轻手轻脚爬起床来，睡眼迷蒙，走到床边，把人抱起，给他看月光，看星光；或者仍然啵啵的亲嘴，互相觑着，孩子气的"嗨嗨，看猫呵！"那样喊着哄着，于是丈夫笑了。玩一会会，困倦起来，慢慢地合上眼。人睡定后，放上床，站在床边看着，听远处一传一递的鸡叫，知道天快到什么时候了，于是仍然蜷到小床上睡去。天亮后，虽不做梦，却可以无意中闭眼开眼，看一阵在面前空中变幻无端的黄边紫心葵花，那是一种真正的享受。

萧萧嫁过了门，做了拳头大丈夫的小媳妇，一切并不比先前受苦，这只看她一年来身体发育就可明白。风里雨里过日子，像一株长在园角落不为人注意的蓖麻，大叶大枝，日增茂盛。这小女人简直是全不为丈夫设想那么似的，一天比一天长大起来了。

夏夜光景说来如梦。大家饭后坐到院中心歇凉，挥摇蒲扇，看天上的星同屋角的萤，听南瓜棚上纺织娘咯咯咯拖长声音纺车，远近声音繁密如落雨。禾花风悠悠吹到脸上，正是让人在各种方便中说笑话的时候。

萧萧好高，一个人常常爬到草料堆上去，抱了已经熟睡的丈夫在怀里，轻轻地轻轻地随意唱着自编的四句头山歌。唱来唱去却把自己也催眠起来，快要睡去了。

在院坝中，公公婆婆、祖父祖母，另外还有帮工汉子两个，散乱地坐在小板凳上，摆龙门阵学古，轮流下去打发上半夜。

祖父身边有个烟包，在黑暗中放光。这用艾蒿做成的烟包，是驱逐长脚蚊得力东西，蜷在祖父脚边，犹如一条乌梢蛇。间或又拿起来晃那么几下。

想起白天场上的事情，祖父开口说话："我听三金说，前天又有女学生过身。"

大家就哄然笑了起来。

这笑的意义何在？只因为在大家印象中，都知道女学生没有辫子，留个鹌鹑尾巴，像个尼姑，又不完全像。穿的衣服像洋人，又不是洋人。吃的，用的，……总而言之，事事不同，一想起来就觉得怪可笑！

萧萧不大明白，她不笑。所以老祖父又说话了。他说："萧萧，你长大了，将来也会做女学生！"

大家于是更哄然大笑起来。

萧萧为人并不愚蠢，觉得这一定是不利于己的一件事，所以接口便说："爷爷，我不做女学生。"

"你像个女学生，不做可不行。"

"我不做。"

众人有意取笑，异口同声地说："萧萧，爷爷说得对，你非做女学生不行！"

萧萧急得无可奈何："做就做，我不怕。"其实做女学生有什么不好，萧萧全不知道。

女学生这东西，在本乡的确永远是奇闻。每年一到六月天，据说放"水假"日子一到，照例便有三三五五女学生，由一个荒谬不经的热闹地方来，到另一个远地方去，取道从本地过身。从乡下人眼中看来，这些人都近于另一世界中活下的人，装扮奇奇怪怪，行为更不可思议。这种女学生过身时，使一村人都可以说一整天的笑话。

祖父是当地一个人物，因为想起所知道的女学生在大城中的生活情形，所以说笑话要萧萧也去做女学生。一面听到这话，就感觉一种打哈哈趣味，一面还有那被说的萧萧感觉一种惶恐，说这话不为无意义了。

女学生由祖父方面所知道的是这样一种人：她们穿衣服不管天气冷热，吃东西不问饥饱，晚上到子时才睡觉，白天正经事全不做，只知唱歌打球，读洋书。她们都会花钱，一年用的钱可以买十六只水牛。她们在省里京里想往什么地方去时，不必走路，只要钻进一个大匣子中，那匣子就可以带她到地。城市中还有各种各样的大小不同匣子，都用机器开动。她们在学校，男女在一处上课读书，人熟了，就随意同那男子睡觉，也不要媒人，也不要财礼，名叫"自由"。她们也做做州县官，带家眷上任，男子仍然喊作"老爷"。小孩子叫"少爷"。她们自己不养牛，却吃牛奶羊奶，如小牛小羊；买那奶时是用铁罐子盛的。她们无事时到一个唱戏地方去，那地方完全像个大庙，从衣袋中取出一块洋钱来（那洋钱在乡下可买五只母鸡），买了一小方纸片儿，拿了那纸片到里面去，就可以坐下看洋人扮演的影子戏。她们被冤了，不赌咒，不哭。她们年纪有老到二十四岁还不肯嫁人的，有老到三十四十居然还好意思嫁人的。她们不怕男子，男子不能使她们受委屈，一受委屈就上衙门打官司，要官罚男子的款，这笔钱她有时独占自己花用，有时和官平分。她们不洗衣煮饭，也不养猪喂鸡；有了小孩子，也只花五块钱或十块钱一月，雇个人专管小孩，自己仍然整天看戏打牌，或者读那些没有用处的闲书。……

总而言之，说来事事都稀奇古怪，和庄稼人不同，有的简直还可说岂有此理。这时经祖父一说明，听过这话的萧萧，心中却忽然有了一种模模糊糊的愿望，以为倘若她也是个女学生，她是不是照祖父说的女学生一个样子去做那些事情？不管好歹，女学生并不可怕，因此一来，却已为这乡下姑娘初次体念到了。

因为听祖父说起女学生是怎样的人物，到后萧萧独自笑得特别久。笑够了时，她说："爷爷，明天有女学生过路，你喊我，我要看看。"

"你看，她们捉你去做丫头。"

"我不怕她们。"

"她们读洋书念经你也不怕？"

"念观音菩萨消灾经，念紧箍咒，我都不怕。"

"她们咬人，和做官的一样，专吃乡下人，吃人骨头渣渣也不吐，你不怕？"

萧萧肯定地回答说："也不怕。"

可是这时节萧萧手上所抱的丈夫，不知为什么，在睡梦中哭了。媳妇于是用做母亲的声势，半哄半吓地说："弟弟，弟弟，不许哭，女学生咬人来了。"

丈夫还仍然哭着，得抱起各处走走。萧萧抱着丈夫离开了祖父，祖父同人说另外一样古话去了。

萧萧从此以后心中有个"女学生"。做梦也便常常梦到女学生，且梦到同这些人并排走路。仿佛也坐过那种自己会走路的匣子，她又觉得这匣子并不比自己跑路更快。在梦中那匣子的形体同谷仓差不多，里面还有小小灰色老鼠，眼珠子红红的，各处乱跑，有时钻到门缝里去，把个尾巴露在外边。

因为有这样一段经过，祖父从此喊萧萧不喊"小丫头"，不喊"萧萧"，却唤作"女学生"。在不经意中萧萧答应得很好。

乡下的日子也如世界上一般日子，时时不同。世界上人把日子糟蹋，和萧萧一类人家把日子吝惜是同样的，各有所得，各属分定。许多城市中文明人，把一个夏天完全消磨到软绸衣服、精美饮料以及种种好事情上面。萧萧的一家，因为一个夏天的劳作，却得了十多斤细麻、二三十担瓜。

做小媳妇的萧萧，一个夏天中，一面照料丈夫，一面还绩了细麻四斤。到秋八月工人摘瓜，在瓜间玩，看硕大如盆、上面满是灰粉的大南瓜，成排成堆摆到地上，很有趣味。时间到摘瓜，秋天真的已来了，院子中各处有从屋后林子里树上吹来的大红大黄木叶。萧萧在瓜旁站定，手拿木叶一束，为丈夫编小小笠帽玩。

工人中有个名叫花狗，年纪二十三岁，抱了萧萧的丈夫到枣树下去打枣子。小小竹竿打在枣树上，落枣满地。

“花狗大，莫打了，太多了吃不完。”

虽听这样喊，还不停手。到后，仿佛完全因为丈夫要枣子，花狗才不听话。萧萧于是又警告她那小丈夫：“弟弟，弟弟，来，不许捡了。吃多了生东西肚子痛！”

丈夫听话，兜了大堆枣子向萧萧身边走来，请萧萧吃枣子。

“姐姐吃，这是大的。”

“我不吃。”

“要吃一颗！”

她两手哪里有空！木叶帽正在制边，工夫要紧，还正要个人帮忙！

“弟弟，把枣子喂我口里。”

丈夫照她的命令做事，做完了觉得有趣，哈哈大笑。

她要他放下枣子帮忙捏紧帽边，便于添新木叶。

丈夫照她吩咐做事，但老是顽皮地摇动，口中唱歌。这孩子原来像一只猫，欢喜时就得捣乱。

“弟弟，你唱的是什么？”

“我唱花狗大告我的山歌。”

“好好地唱一个给我听。”

丈夫于是帮忙拉着帽边，一面就唱下去，照所记到的歌唱：

天上起云云起花，苞谷林里种豆荚，
豆荚缠坏苞谷树，娇妹缠坏后生家。

天上起云云重云，地下埋坟坟重坟，
娇妹洗碗碗重碗，娇妹床上人重人。

歌中的意义丈夫全不明白，唱完了就问萧萧好不好。萧萧说好，并且问跟谁学来的。她知道是花狗教他的，却故意盘问他。

"花狗大告我，他说还有好多歌，长大了再教我唱。"

听说花狗会唱歌，萧萧说："花狗大，花狗大，你唱一个好听的歌我听听。"

那花狗，面如其心，生长得不很正气，知道萧萧要听歌，人也快到听歌的年龄了，就给她唱《十岁娘子一岁夫》。那故事说的是妻年大，可以随便到外面做一点不规矩的事；夫年小，只知吃奶，让他吃奶。这歌丈夫完全不懂，懂到一点儿的是萧萧。把歌听过后，萧萧装成"我全明白"那种神气，她用生气的样子，对花狗说："花狗大，这个不行，这是骂人的歌！"

花狗分辩说："不是骂人的歌。"

"我明白，是骂人的歌。"

花狗难得说多话，歌已经唱过了，错了赔礼，只有不再唱。他看她已经有点懂事了，怕她回头告祖父，会挨顿臭骂，就把话支吾开，扯到"女学生"上头去。他问萧萧，看没看过女学生习体操唱洋歌的事情。

若不是花狗提起，萧萧几乎忘却了这事情。这时又提到女学生，她问花狗近来有没有女学生过路，她想看看。

花狗一面把南瓜从棚架边抱到墙角去，告她女学生唱歌的事情，这些事的来源还是萧萧的那个祖父。他在萧萧面前说了点大话，说他曾经到官路上见过四个女学生，她们都拿得有旗子，走长路流汗喘气之中仍然唱歌，同军人所唱的一模一样。不消说，这自然完全是胡诌的笑话。可是那故事把萧萧可乐坏了。因为花狗说这个就叫作"自由"。

花狗是起眼动眉毛、一打两头翘、会说会笑的一个人。听萧萧带着歆羡口气说"花狗大，你膀子真大"，他就说："我不止膀子大。"

"你身个子也大。"

"我全身无处不大。"

萧萧还不大懂得这个话的意思，只觉得憨而好笑。

到萧萧抱了她丈夫走去以后，同花狗一起摘瓜，取名字叫哑巴的，开了平时不常开的口。

"花狗，你少坏点。人家是十三岁黄花女，还要等十年才圆房！"

花狗不作声，打了那伙计一巴掌，走到枣树下捡落地枣去了。

到摘瓜的秋天，日子计算起来，萧萧过夫家有一年半了。

几次降霜落雪，几次清明谷雨，一家中人都说萧萧是大人了。天保佑，喝冷水，吃粗粝饭，四季无疾病，倒发育得这样快。婆婆虽生来像一把剪子，把凡是给萧萧暴长的机会都剪去了，但乡下的日头同空气都帮助人长大，却不是折磨可以阻拦得住。

萧萧十五岁时已高如成人，心却还是糊糊涂涂的心。

人大了一点，家中做的事也多了一点。绩麻、纺车、洗衣、照料丈夫以外，打猪草推磨一些事情也要做，还有浆纱织布。凡事都学，学学就会了。乡下习惯凡是行有余力的都可以从劳作中攒点本分私房，两三年来仅仅萧萧个人份上所聚集的粗细麻和纺就的棉纱，也够萧萧坐到土机上抛三个月的梭子了。

丈夫早断了奶。婆婆有了新儿子，这五岁儿子就像归萧萧独有了。不论做什么，走到什么地方去，丈夫总跟在身边。丈夫有些方面很怕她，当她如母亲，不敢多事。他们俩实在感情不坏。

地方稍稍进步，祖父的笑话转到“萧萧你也把辫子剪去好自由”那一类事上去了。听着这话的萧萧，某个夏天也看过一次女学生，虽不把祖父笑话认真，可是每一次在祖父说过这个笑话以后，她到水边去，必不自觉地用手捏着辫子末梢，设想着没有辫子的人的那种神气，那点趣味。

打猪草，带丈夫上螺蛳山的山阴是常有的事。

小孩子不知事，听别人唱歌也唱歌。一开腔唱歌，就把花狗引来了。

花狗对萧萧生了另外一种心，萧萧有点明白了，常常觉得惶恐不安。但花狗是男子，凡是男子的美德恶德都不缺少，劳动力强，手脚勤快，又会玩会说，所以一面使萧萧的丈夫非常喜欢同他玩，一面一有机会即缠在萧萧身边，且总是想方设法把萧萧那点惶恐减去。

山大人小，到处是树林蒙茸，平时不知道萧萧所在，花狗就站在高处唱歌逗萧萧身边的丈夫；丈夫小口一开，花狗穿山越岭就来到萧萧面前了。

见了花狗，小孩子只有欢喜，不知其他。他原要花狗为他编草虫玩，做竹箫哨子玩，花狗想方法支使他到一个远处去找材料，便坐到萧萧身边来，要萧萧听他唱那使人开心红脸的歌。她有时觉得害怕，不许丈夫走开；有时又像有了花狗在身边，打发丈夫走去反倒好一点。终于有一天，萧萧就这样给花狗把心窍子唱开，变成个妇人了。

那时节，丈夫走到山下采刺莓去了，花狗唱了许多歌，到后却向萧萧唱：娇家门前一重坡，别人走少郎走多，铁打草鞋穿烂了，不是为你为哪个?

末了却向萧萧说：“我为你睡不着觉。”他又说他赌咒不把这事情告给人。听了这些话仍然不懂什么的萧萧，眼睛只注意到他那一对粗粗的手膀子，耳朵只注意到他最后一句话。末了花狗大便又唱了许多歌给她听。她心里乱了。她要他当真对天赌咒，赌过了咒，一切好像有了保障，她就一切尽他了。到丈夫返身时，手被毛毛虫蜇伤，肿了一大片，走到萧萧身边。萧萧捏紧这一只小手，且用口去呵它，吮它，想起刚才的糊涂，才仿佛明白自己做了一点不大好的糊涂事。

花狗诱她做坏事情是麦黄四月，到六月，李子熟了，她欢喜吃生李子。她觉得身体有点特别，在山上碰到花狗，就将这事情告给他，问他怎么办。

讨论了多久，花狗全无主意。虽以前自己当天赌得有咒，也仍然无主意。原来这家伙个子大，胆量小。个子大容易做错事，胆量小做了错事就想不出办法。

到后，萧萧捏着自己那条乌梢蛇似的大辫子，想起城里了，她说：“花狗大，我们到城里去自由，帮帮人过日子，不好么？”

“那怎么行？到城里去做什么？”

“我肚子大了。”

“我们找药去。场上有郎中卖药。”

“你赶快找药来，我想……”

“你想逃到城里去自由，不成的。人生面不熟，讨饭也有规矩，不能随便！”

“你这没有良心的，你害了我，我想死！”

“我赌咒不辜负你。”

“负不负我有什么用，帮我个忙，赶快拿去肚子里这块肉吧。我害怕！”

花狗不再做声，过了一会，便走开了。不久丈夫从他处拿了大把山里红果子回来，见萧萧一个人坐在草地上，眼睛红红的。丈夫心中纳罕。看了一会，问萧萧：“姐姐，为什么哭？”

“不为什么，灰尘落到眼睛窝里，痛。”

“我吹吹吧。”

“不要吹。”

“你瞧我，得这些这些。”

他把手中拿的和从溪中捡来放在衣口袋里的小蚌、小石头全部陈列到萧萧面前，萧萧泪眼婆娑看了一会，勉强笑着说：“弟弟，我们要好，我哭你莫告家中。告家中我可要生气！”到后这事情家中当真就无人知道。

过了半个月，花狗不辞而行，把自己所有的衣裤都拿去了。祖父问同住的长工哑巴，知不知道他为什么走路，走哪儿去？是上山落草，还是做薛贵仁投军？哑巴只是摇头，说花狗还欠了他两百钱，临走时话都不留一句，为人少良心。哑巴说他自己的话，并没有把花狗走的理由说明。因此这一家稀奇一整天，谈论一整天。不过这工人既不偷走物件，又不拐带别的，这事情过后不久，自然也就把他忘掉了。

萧萧仍然是往日的萧萧。她能够忘记花狗就好了，但是肚子真有些不同了，肚中东西总在动，使她常常一个人干着急，尽做怪梦。

她脾气坏了一点，这坏处只有丈夫知道，因为她对丈夫似乎严厉苛刻了好些。

仍然每天同丈夫在一处，她的心，想到的事自己也不十分明白。她常想，我现在死了，什么都好了。可是为什么要死？她还很高兴活下去，愿意活下去。

家中人不拘谁在无意中提起关于丈夫弟弟的话，提起小孩子，提起花狗，都像使这话如拳头，在萧萧胸口上重重一击。

到九月，她担心人知道更多了，引丈夫庙里去玩，就私自许愿，吃了一大把香灰。吃香灰被她丈夫看见了，丈夫问这是做什么，萧萧就说肚痛，应当吃这个。虽说求菩萨保佑，菩萨当然没有如她的希望，肚子中的东西依旧在慢慢地长大。

她又常常往溪里去喝冷水，给丈夫看见时，丈夫问她，她就说口渴。

一切她所想到的方法都没有能够使她同自己不喜欢的东西分开。大肚子只有丈夫一人知道，他却不敢告这件事给父母晓得。因为时间长久，年龄不同，丈夫有些时候对于萧萧的怕同爱，比对于父母还深切。

她还记得花狗赌咒那一天里的事情，如同记着其他事情一样。到秋天，屋前屋后毛毛虫都结茧，成了各种好看蝶蛾，丈夫像故意折磨她一样，常常提起几个月前被毛毛虫螫手的旧话，使萧萧心里难过。她因此极恨毛毛虫，见了那小虫就想用脚去踹。

有一天，又听人说有好些女学生过路，听过这话的萧萧，睁了眼做过一阵梦，愣愣地对日头出处痴了半天。

萧萧步花狗后尘，也想逃走，收拾一点东西预备跟了女学生走的那条路上城去。但没有动身，就被家里人发觉了。这种打算照乡下人来说是一件大事，于是把她两手捆了起来，丢在灶屋边，饿了一天。

家中追究这逃走的根源，才明白这个十年后预备给小丈夫生儿子继香火的萧萧肚子已被另一个人抢先下了种。这在一家人生活中真是了不得的一件大事！一家人的平静生活，为这件新事全弄乱了。生气的生气，流泪的流泪，骂人的骂人，各按本分乱下去。悬梁、投水、吃毒药，被禁困着的萧萧，诸事漫无边际的全想到了，究竟是年纪太小，舍不得死，却不曾做。于是祖父从现实出发，想出个聪明主意，把萧萧关在房里，派人好好看守着，请萧萧本族的人来说话，照规矩，看是“沉潭”还是“发卖”？萧萧家中人要面子，就沉潭淹死了她；舍不得死就发卖。萧萧只有一个伯父，在近处庄子里为人种田，去请他时先还以为是吃酒，到了才知是这样丢脸的事情，弄得这老实忠厚的家长手足无措。

大肚子作证，什么也没有可说。照习惯，沉潭多是读过“子曰”的族长爱面子才做出的蠢事。伯父不读“子曰”，不忍把萧萧当牺牲，萧萧当然应当嫁人做“二路亲”了。

这也是一种处罚，好像极其自然，照习惯受损失的是丈夫家里，然而却可以在发卖上收回一笔钱，当作损失赔偿。那伯父把这事情告给了萧萧，就要走路。萧萧拉着伯父衣角不放，只是幽幽地哭。伯父摇了一会头，一句话不说，仍然走了。

一时没有相当的人家来要萧萧，送到远处去自然也得有人，因此暂时就仍然在丈夫家中住下。这件事情既经说明白，照乡下规矩，倒又像不什么要紧，只等待处分，大家反而释然了。先是小丈夫不能再同萧萧在一处，到后又仍然如月前情形，姐弟一般有说有笑地过日子了。

丈夫知道了萧萧肚子中有儿子的事情，又知道因为这样萧萧才应当嫁到远处去。但是丈夫并不愿意萧萧去，萧萧自己也不愿意去。大家全莫名其妙，只是照规矩像逼到要这样做，不得不做。究竟是谁定的规矩，是周公还是周婆，也没有人说得清楚。

在等候主顾来看人，等到十二月，还没有人来，萧萧只好在这人家过年。

萧萧次年二月间，十月满足，坐草生了一个儿子，团头大眼，声响洪壮。大家把母子二人，照料得好好的，照规矩吃蒸鸡同江米酒补血，烧纸谢神。一家人都喜欢那儿子。

生下的既是儿子，萧萧不嫁别处了。

到萧萧正式同丈夫拜堂圆房时，儿子已经年纪十岁，有了半劳动力，能看牛割草，成为家中生产者一员了。平时喊萧萧丈夫作大叔，大叔也答应，从不生气。

这儿子名叫牛儿，牛儿十二岁时也接了亲，媳妇年长六岁。媳妇年纪大，才能诸事做帮手，对家中有帮助。唢呐吹到门前时，新娘在轿中呜呜地哭着，忙坏了那个祖父，曾祖父。

这一天，萧萧抱了自己新生的毛毛，在屋前榆蜡树篱笆间看热闹，同十年前抱丈夫一个样子。

◆ 作品赏析

《萧萧》，1929年作，原载《小说月报》21卷1期，1957年校改字句。少女萧萧是沈从文笔下湘西农村女性形象之一。她十二岁便成了童养媳，她的小丈夫还不到三岁。她勤劳、善良、能吃苦、孝敬公婆、照看“丈夫”。长到十五岁的萧萧高如成人，“心却还是一颗糊糊涂涂的心”。长工花狗的歌声唱开了她的心扉，她在混沌之中怀了孕，在惊恐之中束手无策。她想起了祖父说起的女学生与城里的“自由”，想到逃到城里以摆脱眼下的困境，可是她没能逃走。她也想过死：悬梁、投水、吃毒药，可终究舍不得死。由于她的行为，祖父请来族人决定对她的处罚：沉潭或发卖。因族人没有读过“子曰”，不晓得礼教比萧萧的性命宝贵，就决定“发卖”去远方，可远方无人来买，就暂且留下。后来萧萧生了个儿子，于是“发卖”也免了。萧萧还是她小丈夫的大妻子。十年后，她与丈夫圆了房。儿子十二岁时，也接了亲，媳妇年长六岁。而萧萧抱着与丈夫的新儿子，“在屋前榆蜡树篱笆间看热闹，同十年前抱丈夫一个样子”。萧萧就这样苟且地活着，无悲无怨，自生自灭。

从社会的、人性的、道德的角度看，萧萧无疑是封建童养媳制度的牺牲品，萧萧的可悲之处在于她虽然也有对爱情的渴望，却不知道阻碍她爱情的社会原因，甚至于不知道何为爱情；她虽然想像“女学生”那样去“自由”，却不知何为真正的自由，更无从为自由去抗争。她自觉不自觉地依附于这种童养媳制度，继续做她的童养媳，任凭命运的安排：沉潭、发卖或是留下。这种混沌、麻木与顺从，正是妇女理性缺乏的表现。小说结尾的意味也极为悠长，萧萧的经历还将一代一代地延续着，萧萧的悲剧也将一幕一幕地重演着。五四的波涛,并未在这里留下一点痕迹,女学生的“自由”只不过被当成饭后的谈资与嘲笑的对象,这混沌闭塞的世界吹不进一丝时代变化的微风,死水里即使激起一点点波澜,不久又会复归平静。作品在这里表现了强烈的社会批判色彩,似乎在暗示我们,那些女性的觉醒与解放,如果没有强大的外力推动几乎是不可能的。女性怎样才能获得人的尊严?这正是作者留给读者思考的问题。

小说写萧萧的成长,是一种原生的、自然的成长。描写人性态度温和,笔致从容,情节舒缓,细节丰富而微妙。小说语言清新自然,写景优美淡雅,具有浓郁的乡土特色。

○ ○ ○ ○ ○ ○ ○ ○ ○ ○

花凋

张爱玲

◆ 作家作品简介

张爱玲(1921—1995),女,中国现代作家。原名张煐,笔名梁京。原籍河北丰润县,生于上海。1938 年考取伦敦大学,因战事改入香港大学,1943 年回上海。1943 年发表小说《沉香屑·第一炉香》,引起文坛关注。之后陆续发表《倾城之恋》《金锁记》《花凋》《红玫瑰与白玫瑰》等小说。1944 年出版中短篇小说集《传奇》。1945 年出版散文集《流言》。1946 年出版《传奇》(增订本)。1951 年到香港,1955 年到美国,1995 年病逝于洛杉矶。

张爱玲是沦陷期上海最著名的作家。张爱玲用世俗的题材表现了女性在现代社会的生存处境,对女性心理的挖掘具有一定的深度,展示了人性中冷漠和残酷的一面,充满了苍凉的悲剧意味。张爱玲小说具有中西结合的艺术风格,具有中国古典白话小说的故事语言风格,又具有细腻的心理刻画、通感艺术等西方现代派小说的特点。

◆原 文

她父母小小地发了点财，将她坟上加工修葺了一下，坟前添了个白大理石的天使，垂着头，合着手，胸底下环绕着一群小天使。上上下下十来双白色的石头眼睛。在石头的风里，翻飞着白石的头发、白石的裙褶子，露出一身健壮的肉，乳白的肉冻子，冰凉的。是像电影里看见的美满的坟墓，芳草斜阳中献花的人应当感到最美满的悲哀。天使背后藏着小小的碑，题着“爱女郑川嫦之墓”。碑阴还有托人撰制的新式的行述：

> ……川嫦是一个稀有的美丽的女孩子……十九岁毕业于宏济女中，二十一岁死于肺病。……爱音乐、爱静、爱父母……无限的爱，无限的依依，无限的惋惜……回忆上的一朵花，永生的玫瑰……安息罢，在爱你的人的心底下。知道你的人没有一个不爱你的。

全然不是这回事。的确，她是美丽的，她喜欢静，她是生肺病死的，她的死是大家同声惋惜的，可是……全然不是那回事。

川嫦从前有过极其丰美的肉体，尤其美的是那一双华泽的白肩膀。然而，出人意料之外地，身体上的脸庞却偏于瘦削；峻整的，小小的鼻峰，薄薄的红嘴唇，清炯炯的大眼睛，长睫毛，满脸的“颤抖的灵魂”，充满了深邃洋溢的热情与智慧，像《魂归离恨天》的作者爱米丽·勃朗蒂。实际上川嫦并不聪明，毫无出众之点。她是没点灯的灯塔。

在姊妹中也轮不着她算美，因为上面还有几个绝色的姊姊。郑家一家都是出奇地相貌好，从她父亲起。郑先生长得像广告画上喝乐口福抽香烟的标准上海青年绅士，圆脸，眉目开展，嘴角向上兜兜着；穿上短裤子就变了吃婴儿药片的小男孩；加上两撇八字须就代表了即时进补的老太爷；胡子一白就可以权充圣诞老人。

郑先生是个遗少，因为不承认民国，自从民国纪元起他就没长过岁数。虽然也知道醇酒妇人和鸦片，心还是孩子的心。他是酒精缸里泡着的孩尸。

郑夫人自以为比他看上去还要年轻，时常得意地向人说：“我真怕跟他一块儿出去——人家瞧着我比他小得多，都拿我当他的姨太太！”俊俏的郑夫人领着俊俏的女儿们在喜庆集会里总是最出风头的一群。虽然不懂英文，郑夫人也会遥遥地隔着一间偌大的礼堂向那边叫喊：“你们过来，兰西！露西！莎丽！宝丽！”在家里她们变成了大毛头、二毛头、三毛头、四毛头。底下还有三个是儿子，最小的儿子是一个下堂妾所生。

孩子多，负担重，郑先生常弄得一屁股的债，他夫人一肚子的心事。可是郑先生究竟是个带点名士派的人，看得开，有钱的时候在外面生孩子，没钱的时候在家里生孩子。没钱的时候居多，因此家里的儿女生之不已，生下来也还是一样的疼。逢着手头活便，不能说郑先生不慷慨，要什么给买什么。在鸦片炕上躺着，孩子们一面给捶腿，一面就去掏摸他口袋里的钱；要是不叫拿，她们就捏起拳头一阵乱捶，捶得父亲又是笑，又是叫唤：“嗳哟，嗳哟，打死了，这下子真打死了！”过年的时候他领着头耍钱，做庄推牌九，不把两百元换来的铜子儿输光了不让他歇手。然而玩笑归玩笑，发起脾气来他也是翻脸不认人的。

郑先生是连演四十年的一出闹剧，他夫人则是一出冗长单调的悲剧。她恨他不负责任，她恨他要生那么些孩子；她恨他不讲卫生，床前放着痰盂而他偏要将痰吐到拖鞋里。她总是仰着脸摇摇摆摆在屋里走过来，走过去，凄冷地嗑着瓜子——一个美丽苍白的、绝望的妇人。

难怪郑夫人灰心，她初嫁过来，家里还富裕些的时候，她也曾积下一点私房，可是郑家的财政系统是最使人捉摸不定的东西，不知怎么一卷就把她那点积蓄给卷得荡然无存。郑夫人毕竟不脱妇人习性，明知是留不住的，也还要继续地积，家事虽然乱麻一般，乘乱里她也捞了点钱，这点钱就给了她无穷的烦恼，因为她丈夫是哄钱用的一等好手。

说不上来郑家是穷还是阔。呼奴使婢的一大家子人，住了一幢洋房，床只有两只，小姐们每晚抱了铺盖到客室里打地铺。客室里稀稀朗朗几件家具也是借来的，只有一架无线电是自己置的，留声机屉子里有最新的流行唱片。他们不断地吃零食，全家坐了汽车看电影去，孩子蛀了牙齿没钱补，在学校里买不起钢笔头。佣人们因为积欠工资过多，不得不做下去，下人在厨房里开一桌饭，全弄堂的底下人都来分享，八仙桌四周的长板凳上挤满了人。厨子的远房本家上城来的时候，向来是耽搁在郑公馆里。

小姐们穿不起丝质线质的新式衬衫，布褂子又嫌累赘，索性穿一件空心的棉袍夹袍，几个月之后，脱下来塞在箱子里，第二年生了霉，另做新的。丝袜还没上脚已经被别人拖去穿了，重新发现的时候，袜子上的洞比袜子大。不停地嘀嘀咕咕，明争暗斗。在这弱肉强食的情形下，几位姑娘虽然是在锦绣丛中长大的，其实跟捡煤核的孩子一般泼辣有为。

这都是背地里。当着人，没有比她们更为温柔知礼的女儿，勾肩搭背友爱的姊妹。她们不是不会敷衍。从小的剧烈的生活竞争把她们造成了能干人。川嫦是姊妹中最老实的一个，言语迟慢，又有点脾气。她是最小的一个女儿，天生要被大的欺负，下面又有弟弟，占去了爹娘的疼爱，因此她在家里不免受委屈。可是她的家对于她实在是再好没有的严格的训练。为门第所限，郑家的女儿不能当女店员、女打字员，做“女结婚员”是她们唯一的出路。在家里虽学不到什么专门技术，能够有个立脚地，却非得有点本领不可。郑川嫦可以说一下地就进了“新娘学校”。

可是在修饰方面她很少发展的余地，她姊姊们对于美容学研究有素，她们异口同声地断定：“小妹适于学生派的打扮。小妹这一路的脸，头发还是不烫好看。小妹穿衣服越素净越好。难得有人配穿蓝布褂子，小妹倒是穿蓝布长衫顶俏皮。”于是川嫦终年穿着蓝布长衫，夏天浅蓝，冬天深蓝，从来不和姊姊们为了同时看中一件衣料而争吵。姊姊们又说：“现在时行的这种红黄色的丝袜，小妹穿了，一双腿更显胖，像德国香肠。还是穿短袜子登样，或是赤脚。”又道：“小妹不能穿皮子，显老。”可是三姊不要了的那件呢大衣，领口上虽缀着一些腐旧的青种羊，小妹穿着倒不难看，因为大衣袖子太短了，露出两三寸手腕，穿着像个正在长高的小孩，天真可爱。

好容易熬到了这一天，姊姊们一个个都出嫁了，川嫦这才突然地漂亮起来了。可是她不忙着找对象。她痴心想等爹有了钱，送她进大学，好好地玩两年，从容地找个合适的人。等爹有钱……非得有很多的钱，多得满了出来，才肯花在女儿的学费上——女儿的大学文凭原是最狂妄的奢侈品。

郑先生也不忙着替川嫦定亲。他道：“实在禁不起这样年年嫁女儿。说省，说省，也把我们这点家私捣光了。再嫁出一个，我们老两口子只好跟过去做陪房了。”

然而郑夫人的话也有理（郑家没有一个人说话没有理的，就连小弟弟在裤子上溺了尿，也还得出一篇道理来），她道：“现在的事，你不给她介绍朋友，她来个自我介绍。碰上个好人呢，是她自己找来的，她不承你的情。碰上个坏人，你再反对，已经晚了，以后大家总是亲戚，徒然伤了感情。”

郑夫人对于选择女婿很感兴趣。那是她死灰的生命中的一星微红的炭火。虽然她为她丈夫生了许多孩子，而且还在继续生着，她缺乏罗曼蒂克的爱。同时她又是一个好妇人，既没有这胆子，又没有机会在他方面取得满足。于是，她一样地找男人，可是找了来做女婿。她知道这美丽而忧伤的岳母在女婿们的感情上是占点地位的。

二小姐三小姐结婚之后都跟了姑爷上内地去了，郑夫人把川嫦的事托了大小姐。嫁女儿，向来是第一个最磨菇，以后，一个拉扯一个，就容易了。大姑爷有个同学新从维也纳回来。乍回国的留学生，据说是嘴馋眼花，最易捕捉。这人习医，名唤章云藩，家里也很过得去。

川嫦见了章云藩，起初觉得他不够高，不够黑，她的理想的第一先决条件是体育化的身量。他说话也不够爽利的，一个字一个字谨慎地吐出来，像在隆重的宴会里吃洋枣，把核子徐徐吐在小银匙里，然后偷偷倾在盘子的一边，一个不小心，核子从嘴角里直接滑到盘子里，叮当一声，就失仪了。措词也过分留神些，“好”是“好”，“坏”是“不怎么太好”。“恨”是“不怎么太喜欢”。川嫦对于他的最初印象是纯粹消极的，“不够”这个，“不够”那个，然而几次一见面，她却为了同样的理由爱上他了。

他不但家里有点底子，人也是个有点底子的人。而且他整齐干净，和她家里的人大不相同。她喜欢他头发上的花尖，他的微微伸出的下嘴唇；有时候他戴着深色边的眼镜。也许为来为去不过是因为他是她眼前的第一个有可能性的男人。可是她没有比较的机会，她始终没来得及接近第二个人。

最开头是她大姐请客跳舞。第二次是章云藩还请，接着是郑夫人请客，也是在馆子里。各方面已经有了“人事定矣”的感觉。郑夫人道：“等他们订了婚，我要到云藩的医院里去照照爱克司光——老疑心我的肺不大结实。若不是心疼这笔检验费，早去照了，也不至于这些年来心上留着个疑影儿。还有我这胃气疼毛病，问他可有什么现成的药水打两针。以后几个小的吹了风，闹肚子，也用不着求教外人了，现放着个姊夫。”郑先生笑道：“你要买药厂的股票，有人做顾问了，倒可以放手大做一下。”她夫人变色道：“你几时见我买股票来？我哪儿来的钱？是你左手交给我的，还是右手交给我的？”

过中秋节，章云藩单身在上海，因此郑夫人邀他来家吃晚饭。不凑巧，郑先生先一日把郑夫人一只戒指押掉了，郑夫人和他争吵之下，第二天过节，气得脸色黄黄的，推胃气疼不起床，上灯时分方才坐在枕头上吃稀饭，床上架着红木炕几，放了几色咸菜。楼下磕头祭祖，来客入席，佣人几次三番催请，郑夫人只是不肯下去。郑先生笑嘻嘻地举起筷子来让章云藩，道："我们先吃罢，别等她了。”云藩只得在冷盆里夹了些菜吃着。川嫦笑道：“我上去瞧瞧就来。”她走下席来，先到厨房里嘱咐他们且慢上鱼翅，然后上楼。郑夫人坐在床上，绷着脸，牵拉着眼皮子，一只手扶着筷子，一只手在枕头边摸着了满垫着草纸的香烟筒，一口气吊上一大串痰来，吐在里面。吐完了，又去吃粥。川嫦连忙将手按住了碗口，劝道：“娘，下去大家一块儿吃罢。一年一次的事，我们也团团圆圆的。况且今天还来了人。人家客客气气的，又不知道这里头的底细。爹有不是的地方，咱们过了今天再跟他说话！”左劝右劝，硬行替她梳头净脸，换了衣裳，郑夫人方才委委屈屈下楼来了，和云藩点头寒暄既毕，把儿子从桌子那面唤过来，坐在身边，摸索他道：“叫了章大哥没有？瞧你弄得这么黑眉乌眼，亏你怎么见人来着？上哪儿玩过了，新鞋上糊了这些泥？还不到门口的棕垫子上塌掉它！”那孩子只顾把酒席上的杏仁抓来吃，不肯走开，只吹了一声口哨，把家里养的大狗唤了来，将鞋在狗背上塌来塌去，刷去了泥污。郑家这样的大黄狗有两三只，老而疏懒，身上生癣处皮毛脱落，拦门躺着，乍看就仿佛是一块旧的棕毛毯。

这里端上了鱼翅。郑先生举目一看，阖家大小，到齐了，单单缺了姨太太所生的幼子，便问道：“小少爷呢？”赵妈举眼看着太太，道：“奶妈抱到衖堂里玩去了。”郑先生一拍桌子道：“混账！家里开饭了，怎不叫他们一声？平时不上桌子也罢了，过节吃团圆饭，总不能不上桌。去给我把奶妈叫回来！”郑夫人皱眉道：“今儿的菜油得厉害，叫我怎么下筷子？赵妈你去剥两只皮蛋来给我下酒。”赵妈答应了一声，却有些意意思思的，没动身。郑夫人叱道：“你聋是不是？叫你剥皮蛋！”赵妈慌忙去了。郑先生将小银杯重重在桌上一磕，洒了一手的酒，把后襟一撩，站起来往外走，亲自到衖堂里去找孩子。他从后门才出去，奶妈却抱着孩子从前门进来了。川嫦便道：“奶妈你端个凳子放在我背后，添一副碗筷来，随便喂他两口，应个景儿。不过是这么回事。”

送上碗筷来，郑夫人把饭碗接过来，夹了点菜放在上面，道：“拿到厨房里吃去罢，我见了就生气。下流胚子——你再捧着他，脱不了还是个下流胚子。”

奶妈把孩子抱到厨下，恰巧遇着郑先生从后门进来，见这情形，不由得冲冲大怒，劈手抢过碗，哗浪浪摔得粉碎。那孩子眼见才要到嘴的食又飞了，哇哇大哭起来。郑先生便一叠连声叫买饼干去。

打杂的问道：“还是照从前，买一块钱散装的？”郑先生点头。打杂的道：“钱我先垫着？”郑先生点头道：“快去快去。尽唠叨！”打杂的道：“可要多买几块钱的，免得急着要的时候抓不着？”郑先生道：“多买了，我们家里哪儿搁得住东西，下次要吃，照样还得现买。”郑夫人在里面听见了，便闹了起来道：“你这是说谁？我的孩子犯了贱，吃了婊子养的吃剩下的东西，叫他们上吐下泻，登时给我死了！”郑先生在楼梯上冷笑道：“你这种咒，赌它则甚？上吐下泻……知道你现在有人给他治了！”

章云藩听了这话，并不曾会过意思来，川嫦脸上却有些讪讪的。

一时撤下鱼翅，换上一味神仙鸭子。郑夫人替章云藩拣菜，一面心中烦恼，眼中落泪，说道：“章先生，今天你见着我们家庭里这种情形，觉得很奇怪罢？我是不拿你当外人看待的，我倒也很愿意让你知道知道，我这些年来过的是一种什么生活。川嫦给章先生拣点炒虾仁。你问川嫦，你问她，她知道她父亲是怎样的一个人。这哪一天不对她姊妹们说——我说：‘兰西，露西，沙丽，宝丽，你们要仔细啊！不要像你母亲，遇人不淑，再叫你母亲伤心，你母亲禁不起了啊！’从小我就对她们说：‘好好念书啊，一个女人，要能自立，遇着了不讲理的男人，还可以一走。’唉，不过章先生，这是普通的女人呐。我就不行，我这人情感太重，情感太重。我虽然没进过学堂，烹饪、缝纫这点自立的本领是有的。我一个人过，再苦些，总也能解决我自己的生活。”虽然郑夫人没进过学堂，她说得一口流利的新名词。她道：“我就坏在情感丰富，我不能眼睁睁看着我的孩子们给她爹作践死了。我想着，等两年，等孩子大些了，不怕叫人摆布死了，我再走，谁知道她们大了，底下又有了小的了。

可怜做母亲的一辈子就这样牺牲掉了！”

她偏过身子让赵妈在背后上菜，道：“章先生趁热吃些蹄子。这些年的夫妻，你看他还是这样的待我。现在我可不怕他了！我对他说：‘不错，我是个可怜的女人，我身上有病，我是个没有能力的女人，尽着你压迫，可是我有我的女儿保护我！嗳，我女儿爱我，我女婿爱我！’”

川嫦心中本就不自在，又觉胸头饱闷，便揉着胸脯子道：“不知怎么的，心口绞得慌。”郑夫人道：“别吃了，喝口热茶罢。”川嫦道：“我到沙发上靠靠，舒服些。”便走到穹门那边的客厅里坐上。这边郑夫人悲悲切切倾心吐胆诉说个不完。云藩道：“伯母别尽自伤心了，身体禁不住。也要勉强吃点什么才好。”郑夫人拣了一匙子奶油菜花，尝了一尝，蹙着眉道：“太腻了，还是替我下碗面来罢。有蹄子，就是蹄子面罢。”一桌子人都吃完了，方才端上面来，郑夫人一头吃，一头说，面冷了，又叫拿去热，又嗔不替章先生倒茶。云藩忙道：“我有茶在客厅里，只要兑点开水就行了。”趁势走到客厅里。

客厅里电灯上的磁罩子让小孩子拿刀弄杖搠碎了一角，因此川嫦能够不开灯的时候总避免开灯。屋里暗沉沉的，但见川嫦扭着身子伏在沙发扶手上。蓬松的长发，背着灯光，边缘上飞着一重轻暖的金毛衣子，定着一双大眼睛，像云雾里似的，微微发亮。云藩笑道：“还有点不舒服吗？”川嫦坐正了笑道：“好多了。”云藩见她并不捻亮灯，心中纳罕。两人暗中相对，毕竟不便，只得抱着胳膊立在门洞子里射进的灯光里。川嫦正迎着光，他看清楚她穿着一件葱白素绸长袍，白手臂与白衣服之间没有界限；戴着她大姊夫从巴黎带来的一副别致的项圈，是一双泥金的小手，尖而长的红指甲，紧紧扣在脖子上，像是要扼死人。

她笑道：“章先生，你很少说话。”云藩笑道：“刚才我问你好了没有，再问下去，就像个医生了。我就怕人家三句不离本行。”川嫦笑了。赵妈提着乌黑的水壶进来冲水，川嫦便在高脚玻璃盆里抓了一把糖，放在云藩面前道：“吃糖。”郑家的房门向来是四通八达开着的，奶妈抱着孩子从前面踱了进来，就在沙发四周绕了两圈。郑夫人在隔壁房里吃面，便回过头来钉眼望着，向川嫦道：“别给他糖，引得他越发没规没矩，来了客就串来串去的讨人嫌！”

奶妈站不住脚，只得把孩子抱到后面去，走过餐室，郑夫人见那孩子一只手捏着满满一把小饼干，嘴里却啃着梨，便叫了起来道："是谁给他的梨？楼上那一篮子梨是姑太太家里的节礼，我还要拿它送人呢！动不得的。谁给他拿的？"下人们不敢答应。郑夫人放下筷子，一路问上楼去。

这里川嫦搭讪着站起来，云藩以为她去开电灯，她却去开了无线电。因为没有适当的茶几，无线电机是搁在地板上的。川嫦蹲在地上扭动收音机的扑落，云藩便跟了过去，坐在近边的一张沙发上，笑道："我顶喜欢无线电的光。这点儿光总是跟音乐在一起的。"川嫦把无线电转得轻轻的，轻轻地道："我别的没有什么理想，就希望有一天能够开着无线电睡觉。"云藩笑道："那仿佛是很容易。"川嫦笑道："在我们家里就办不到。谁都不用想一个人享点清福。"云藩道："那也许。家里的人，免不了总要乱一点。"川嫦很快地溜了他一眼，低下头去，叹了一口气道："我爹其实不过是小孩子脾气。我娘也有她为难的地方。其实我们家也还真亏了我娘，就是她身体不行，照应不过来。"云藩听她无缘无故替她父母辩护着，就仿佛他对他们表示不满似的；自己回味方才的话，并没有这层意思。两人一时都沉默起来。

忽然听见后门口有人喊叫："大小姐大姑爷回来了！"川嫦似乎也觉得客堂里没有点灯，有点不合适，站起来开灯。那电灯开关恰巧在云藩的椅子背后，她立在他紧跟前，不过一刹那的工夫，她长袍的下摆罩在他脚背上，随即就移开了。她这件旗袍制得特别的长，早已不入时了，都是因为云藩向她姊姊说过：他喜欢女人的旗袍长过脚踝，出国的时候正时行着，今年回国来，却看不见了。他到现在方才注意到她的衣服，心里也说不出来是什么感想，脚背上仿佛老是蠕蠕啰啰飘着她的旗袍角。

她这件衣服，想必是旧的，既长，又不合身，可是太大的衣服另有一种特殊的诱惑性，走起路来，一波未平，一波又起，有人的地方是人在颤抖，无人的地方是衣服在颤抖，虚虚实实，实实虚虚，极其神秘。

川嫦迎了出去，她姊姊姊夫抱着三岁的女儿走进来，和云藩招呼过了。那一年秋暑，阴历八月了，她姊夫还穿着花绸香港衫。川嫦笑道："大姊夫越来越漂亮了。"她姊姊笑道："可不是，我说他瞧着年轻了二十五岁！"她姊夫笑着牵了孩子的手去打她。

她姊姊泉娟说话说个不断，像挑着铜匠担子，担子上挂着喋嗒喋嗒的铁片，走到哪儿都带着她自己单调的热闹。云藩自己用不着开口，不至于担心说错了话，可同时又愿意多听川嫦说两句话，没机会听到，很有点失望。川嫦也有类似的感觉。

她弟弟走来与大姊拜节。泉娟笑道："你们今儿吃了什么好东西？替我留下了没有？"她弟弟道："你放心，并没有瞒着你吃什么好的，虾仁里吃出一粒钉来。"泉娟忙叫他噤声道："别让章先生听见了，人家讲究卫生，回头疑神疑鬼的，该肚子疼了。"她弟弟笑道："不要紧，大姊夫不也是讲究卫生吗？从前他也不嫌我们厨子不好，天天来吃饭，把大姊骗了去了，这才不来了，请他也请不到了。"泉娟笑道："他这张嘴！都是娘惯的他！"

川嫦因这话太露骨了，早红了脸，又不便当着人向弟弟发作。云藩忙打岔道："今儿去跳舞不去？"泉娟道："太晚了罢？"云藩道："大节下的，晚一点也没关系。"川嫦笑道："章先生今天这么高兴。"

她几番拿话试探，觉得他虽非特别高兴，却也没有半点不高兴。可见他对于她的家庭，一切都可以容忍。知道了这一点，心里就踏实了。

当天姊姊姊夫陪着他们出去跳舞，夜深回来，临上床的时候，川嫦回想到方才，从舞场里出来，走了一截子路去叫汽车，四个人挨得紧紧地挽着手并排走，他的胳膊恰巧抵在她胸脯子上。他们虽然一起跳过舞，没有比这样再接近了。想到这里就红了脸，决定下次出去的时候穿双高的高跟鞋，并肩走的时候可以和他高度相仿。可是那样也不对……怎么着也不对，而且，这一点接触算什么？下次他们单独地出去，如果他要吻她呢？太早了罢，统共认识了没多久，以后要让他看轻的。可是到底，家里已经默认了……

她脸上发烧，久久没有退烧。第二天约好了一同出去的，她病倒了，就没去成。

病了一个多月，郑先生郑夫人顾不得避嫌疑了，请章云藩给诊断了一下。川嫦自幼身体健壮，从来不生病，没有在医生面前脱衣服的习惯。对于她，脱衣服就是体格检查。她瘦得肋骨胯骨高高突了起来。他该怎么想？他未来的妻太使他失望了罢？

当然他脸上毫无表情，只有耶教徒式的愉悦——一般医生的典型临床态度——笑嘻嘻说："耐心保养着，要紧是不要紧的……今天觉得怎么样？过两天可以吃橘子水了。"她讨厌他这一套，仿佛她不是个女人，就光是个病人。

病人也有几等几样的。在奢丽的卧室里，下着帘子，蓬着鬈发，轻绢睡衣上加着白兔皮沿边的，床上披披的锦缎睡袄，现在林黛玉也有她独特的风韵。川嫦可连一件像样的睡衣都没有，穿着她母亲的白布褂子，许久没洗澡，褥单也没换过。那病人的气……

她不大乐意章医生。她觉得他仿佛是乘她没打扮的时候冷不防来看她似的。穿得比平时破烂的人们，见了客，总比平时无礼些。

川嫦病得不耐烦了，几次想爬起来，撑撑不也就撑过去了？郑夫人阻挡不住，只得告诉了她：章医生说她生的是肺病。

章云藩天天来看她，免费为她打空气针。每逢他的手轻轻地按到她胸胁上，微凉的科学的手指，她便侧过头去凝视窗外的蓝天。从前一直憧憬着的接触……是的，总有一天……总有一天……可是想不到是这样。想不到是这样。

她眼睛上蒙着水的壳。她睁大了眼睛，一眨也不眨，怕它破，对着他哭，成什么样子？他很体谅，打完了针总问一声："痛得很？"她点点头，借此，眼泪就扑地落下来了。

她的肉体在他手指底下溜走了。她一天天瘦下去了，她的脸像骨格子上绷着白缎子，眼睛就是缎子上落了灯花，烧成了两只炎炎的大洞。越急越好不了。川嫦知道云藩比她大七八岁，他家里父母屡次督促他及早娶亲。

她的不安，他也看出来了。有一次，打完了针，屋里静悄悄的没有人，她以为他已经走了，却听见桌上叮当作响，是他把药瓶与玻璃杯挪了一挪。静了半晌，他牵牵她颈项后面绒毯，塞得紧些，低低地道："我总是等着你的。"这是半年之后的事。

她没作声。她把手伸到枕头套里面去，枕头套与被窝之间露出一截子手腕。她知道他会干涉的，她希望他会握着她的手送进被里，果然，他说："快别把手露在外面。要冻着了。"她不动。因为她躺在床上，他分外地要避嫌疑，只得像哄孩子地笑道："快，快把手收进去，听话些，好得快些。"她自动地缩进了手。

有一程子她精神好了些，落后又坏了。病了两年，成了骨痨。她影影绰绰地仿佛知道云藩另有了人。郑先生郑夫人和泉娟商议道："索性告诉她，让她死了这条心也罢了。这样疑疑惑惑，反而添了病。"便老实和她说："云藩有了个女朋友，叫余美增，是个看护。"川嫦道："你们看见过她没有？"泉娟道："跟她一桌打过了两次麻将。"川嫦道："怎么也没听见你提起呢？"泉娟道："当时又不知道她是谁，所以也没想起来告诉你。"川嫦自觉热气上升，手心烧得难受，塞在枕头套里冰着它。他说过："我总是等着你的。"言犹在耳，可是也怨不得人家，等了她快两年了，现在大约断定了她这病是无望了。

无望了。以后预期着还有十年的美，十年的风头，二十年的荣华富贵，难道就此完了么？

郑夫人道："干吗把手搠在枕头套里？"川嫦道："找我的一条手绢子。"说了她又懊悔，别让人家以为她找了手绢子来擦眼泪。郑夫人倒是体贴，并不追问，只弯下腰去拍了拍她，柔声道："怎么枕头套上的钮子也没有扣好？"川嫦笑道："睡着没事做，就欢喜把它一个个剥开来又扣上。"说着，便去扣那些揿钮。扣了一半，紧紧揿住枕衣，把揿钮的小尖头子狠命往手掌心里揿，要把手心钉穿了，才泄她心头之恨。

川嫦屡次表示，想见见那位余美增小姐。郑夫人对女儿这头亲事，惋惜之余，也有同样的好奇心，因教泉娟邀了章医生余小姐来打牌。这余美增是个小圆脸，窄眉细眼，五短身材，穿一件薄薄的黑呢大衣，襟上扣着小铁船的别针，显得寒素。入局之前她伴了章医生一同上楼探病。川嫦见这人容貌平常，第一个不可理喻的感觉便是放心。第二个感觉便是嗔怪她的情人如此没有眼光，曾经沧海难为水，怎么选了这么一个次等角色，对于前头的人是一种侮辱。第三个也是最强的感觉是愤懑不平，因为她爱他，她认为唯有一个风华绝代的女人方才配得上他。余美增既不够资格，又还不知足，当着人故意撇着嘴和他闹别扭，得空便横他一眼。美增的口头禅是："云藩这人就是这样！"仿佛他有许多可挑剔之处。川嫦听在耳中，又惊又气。她心里的云藩是一个最合理想的人。

是的，她单知道云藩的好处，云藩的缺点要等旁的女人和他结婚之后慢慢地去发现了，可是，不能是这么一个女人……

然而这余美增究竟也有她的可取之点。她脱了大衣，隆冬天气，她里面只穿了一件光胳膊的绸夹袍，红黄紫绿，周身都是烂醉的颜色。川嫦虽然许久没出门，也猜着一定是最流行的衣料。穿得那么单薄，余美增没有一点寒缩的神气。她很胖，可是胖得曲折紧张。

相形之下，川嫦更觉自惭形秽。余美增见了她又有什么感想呢？章医生和这肺病患者的关系，想必美增也有所风闻。她也要怪她的情人太没有眼光罢？

川嫦早虑到了这一点，把她前年拍的一张照片预先叫人找了出来压在方桌的玻璃下。美增果然弯下腰去打量了半日。她并没有问："这是谁？"她看了又看。如果是有名的照相馆拍的，一定有英文字凸印在图的下端，可是没有。她含笑问道："在哪儿照的？"川嫦道："就在附近的一家。"美增道："小照相馆拍照，一来就把人照得像个囚犯。就是这点不好。"川嫦一时对答不上来。美增又道："可是郑小姐，你真上照。"意思是说：照片虽难看，比本人还胜三分。

美增云藩去后，大家都觉得有安慰川嫦的必要。连郑先生，为了怕传染，从来不大到他女儿屋里来的，也上楼来了。他浓浓喷着雪茄烟，制造了一层防身的烟幕。川嫦有心做出不介意的神气，反倒把话题引到余美增身上。众人评头品足，泉娟说："长得也不见得好。"郑夫人道："我就不赞成她那副派头。"郑先生认为她们这是过于露骨的妒忌，便故意地笑道："我说人家相当地漂亮。"川嫦笑道："对了，爹喜欢那一路的身个子。"泉娟道："爹喜欢人胖。"郑先生笑道："不怪章云藩要看中一个胖些的，他看病人实在看腻了！"川嫦笑道："爹就是轻嘴薄舌的！"

郑夫人后来回到自己屋里，叹道："可怜她还撑着不露出来——这孩子要强！"郑先生道："不是我说丧气话，四毛头这病我看过不了明年春天。"说着，不禁泪流满面。

泉娟将一张药方递过来道："刚才云藩开了个方子，这种药他诊所里没有，叫派人到各大药房去买买试试。"郑夫人向郑先生道："先把钱交给打杂的，明儿一早叫他买去。"郑先生睁眼诧异道："现在西药是什么价钱，你是喜欢买药厂股票的，你该有数呀。明儿她死了，我们还过日子不过？"郑夫人听不得股票这句话，早把脸急白了，道："你胡说些什么？"郑先生道："你的钱你爱怎么使就怎么使。我花钱可得花个高兴，苦着脸子花在医药上，够多冤！这孩子一病两年，不但你，你是爱牺牲，找着牺牲的，就连我也带累着牺牲了不少。不算对不起她了，肥鸡大鸭子吃腻了，一天两只苹果——现在是什么时世，做老子的一个姨太太都养活不起，她吃苹果！我看我们也就只能这样了。再要变着法儿兴出新花样来，你有钱你给她买去。”

郑夫人忖度着，若是自己拿钱给她买，那是证实了自己有私房钱存着。左思右想，唯有托云藩设法。当晚趁着川嫦半夜里服药的时候便将这话原原本本告诉了川嫦，又道：“云藩帮了我们不少的忙，自从你得了病，哪一样不是他一手包办，现在他有了朋友，若是就此不管了，岂不教人说闲话，倒好像他从前全是一片私心。单看在这份上，他也不能不敷衍我们一次。”

川嫦听了此话，如同万箭钻心，想到今天余美增曾经说过：“郑小姐闷得很罢？以后我每天下了班来陪你谈谈，搭章医生的车一块儿来，好不好？”那分明是存心监督的意思。多了个余美增在旁边虎视眈眈的，还要不识相，死活纠缠着云藩，要这个，要那个，叫他为难。太丢人了。一定要她父母拿出钱来呢，她这病已是治不好的了，难怪他们不愿把钱扔在水里。这两年来，种种地方已经难为了他们。

总之，她是个拖累。对于整个的世界，她是个拖累。

这花花世界充满了各种愉快的东西——橱窗里的东西，大菜单上的，时装样本上的；最艺术化的房间，里面空无所有，只有高齐天花板的大玻璃窗，地毯与五颜六色的软垫；还有小孩——呵，当然，小孩她是要的，包在毛绒衣，兔子耳朵小帽里面的西式小孩，像耶诞卡上印的，哭的时候可以叫奶妈抱出去。

川嫦自己也是这许多可爱的东西之一；人家要她，她便得到她所要的东西。这一切她久已视作她名下的遗产。然而现在，她自己一寸一寸地死去了，这可爱的世界也一寸一寸地死去了。凡是她目光所及，手指所触的，立即死去。她不存在，这些也就不存在。

川嫦本来觉得自己是个无关紧要的普通的女孩子，但是自从生了病，终日郁郁地自思自想，她的自我观念逐渐膨胀。硕大无朋的自身和这腐烂而美丽的世界，两个尸首背对背拴在一起，你坠着我，我坠着你，往下沉。

她受不了这痛苦。她想早一点结果了她自己。

早上趁着爹娘没起床，赵妈上庙烧香去了，厨子在买菜，家下只有一个新来的李妈，什么都不懂，她叫李妈背她下楼去，给她雇一部黄包车。她爬在李妈背上像一个冷而白的大白蜘蛛。

她身边带着五十块钱，打算买一瓶安眠药，再到旅馆里开个房间住一宿。多时没出来过，她没想到生活程度涨到这样。

五十块钱买不了安眠药，况且她又没有医生的证书。她茫然坐着黄包车兜了个圈子，在西菜馆吃了一顿饭，在电影院里坐了两个钟头。她要重新看看上海。

从前川嫦出去，因为太忙着被注意，从来不大有机会注意到身外的一切。没想到今日之下这不碍事的习惯给了她这么多的痛苦。

到处有人用骇异的眼光望着她，仿佛她是个怪物。她所要的死是诗意的、动人的死，可是人们的眼睛里没有悲悯。她记起了同学的纪念册上时常发现的两句诗："笑，全世界便与你同声笑；哭，你便独自哭。"世界对于他人的悲哀并不是缺乏同情；秦雪梅吊孝，小和尚哭灵，小寡妇上坟，都不难使人同声一哭。只要是戏剧化的、虚假的悲哀，他们都能接受。可是真遇着上了一身病痛的人，他们只睁大了眼睛说："这女人瘦来！怕来！"

郑家走失了病人，分头寻觅，打电话到轮渡公司、外滩公园、各大旅馆、各大公司，乱了一天。傍晚时分，川嫦回来了，在阖家电气的寂静中上了楼。她一下黄包车便有家里两个女佣上前搀着，可是两个佣人都有点身不由己似的，仿佛她是"科学灵乩"里的"碟仙"，自己会嗤嗤移动的。郑夫人立在楼梯口倒发了一会楞，方才跟进房来，待要盘诘责骂，川嫦靠在枕头上，面带着心虚的惨白的微笑，梳理她的直了的鬈发，将汗湿的头发编成两根小辫。郑夫人忍不住道："累成这个样子，还不歇歇？上哪儿去了一天？"川嫦把手一松，两股辫发蠕蠕扭动着，缓缓地自己分开了。她在枕上别过脸去，合上眼睛，面白如纸，但是可以看见她的眼皮在那里跳动，仿佛纸窗里面漏进风去吹颤的烛火。郑夫人慌问："怎么了？"赶过去坐在床头，先挪开了被窝上搁着的一把镜子，想必是川嫦先照着镜子梳头，后来又拿不动，放下了。现在川嫦却又伸过手来握住郑夫人捏着镜子的手，连手连镜子都拖过来压在她自己身上，镜面朝下。郑夫人凑近些又问："怎么了？"川嫦突然搂住她母亲，呜呜哭起来道："娘，我怎么会……会变得这么难看了呢？我……我怎么会……"她母亲也哭了。

可是有时候川嫦也很乐观，逢到天气好的时候，枕衣新在太阳里晒过，枕头上留有太阳的气味，窗外的天，永远从同一角度看着，永远是那样磁青的一块，非常平静，仿佛这一天早已过去了。那淡青的窗户成了病榻旁的古玩摆设。衖堂里叮叮的脚踏车铃响，学童彼此连名带姓呼唤着，在水门汀上金鸡独立一跳一跳“造房子”；看不见的许多小孩的喧笑之声，便像瓷盆里种的兰花的种子，深深在泥底下。川嫦心里静静地充满了希望。

郑夫人在衖堂口发现了一家小鞋店，价格特别便宜，因替阖家大小每人买了两双鞋。川嫦虽然整年不下床，也为她买了两双绣花鞋、一双皮鞋，现在穿着嫌大，补养补养，胖起来的时候，那就“正好一脚”。但是川嫦说：“等这次再胖起来，可再也不想减轻体重了！要它瘦容易，要想加个一磅两磅原来有这么难的哟！想起从前那时候怕胖。怕胖，扣着吃，吃点胡萝卜同花旗橘子——什么都不敢吃——真是呵……”她从被窝里伸出一只脚来踏在皮鞋里试了一试，道：“这种皮看上去倒很牢，总可以穿两三年呢。”

她死在三星期后。

◆ 作品赏析

小说以川嫦的恋爱故事为线索，叙述了民国时期上海一遗少家庭的琐事，展示了作家对人性的批判，充满了生命的荒凉感。川嫦是个美丽且老实本分的女孩，她的人生愿望不过是拥有普通的人生欢乐，但不幸生活在一个处处充满算计的没落家庭中，父亲不负责任，母亲自私自恋，姊妹之间彼此竞争，她无法体会到安宁和幸福。本来，川嫦的命运将是和姐姐们一样做个“女结婚员”，就在遇到心仪的对象时，她生了肺痨，父母各自打着小算盘，不愿为她花钱买药，让她感到自己是个拖累，本已对她动心的婚姻对象经不起时间的推移而移情别恋，于是川嫦怀着“一寸一寸地死去”的荒芜感，怀着青春的欲望独自走向死亡，如花般凋零。

这是一部充满着批评力量的作品。作者既以冷静的态度悲悯女性的生存孤独，更以居高临下的智慧无情地批判人性的自私、冷漠。对父亲郑先生和母亲郑夫人的刻画，是小说批判力度的主要体现。小说中既有清醒犀利的旁白，“郑先生是个遗少，因为不承认民国，自从民国纪元起他就没长过岁数。虽然也知道醇酒妇人和鸦片，心还是孩子的心。他是酒精缸里泡着的孩尸”，又有栩栩如生的形象描写，“郑先生长得像广告画上喝乐口福抽香烟的标准上海青年绅士，圆脸，眉目开展，嘴角向上兜兜着；穿上短裤子就变了吃婴儿药片的小男孩；加上两撇八字须就代表了即时进补的老太爷；胡子一白就可以权充圣诞老人”，极为传神地塑造了不负责任的父亲形象，充满了讽刺的意味。母亲郑夫人“美丽而忧伤”，却是“一出冗长单调的悲剧”，虚荣、自私、庸俗，无力约束丈夫的风流，只好刻薄妾生的儿子，标榜自己“情感太重”，却为了保护私房钱，不肯给川嫦买药。

小说中既有传统的词汇和手法，也有意识的流动。作者能在叙述中运用联想，使人物周围的色彩、声音、举动都不约而同地富有表现心理的功用，塑造出丰富而深远的意象。如，“窗外的天，永远从同一角度看着，永远是那样磁青的一块，非常平静，仿佛这一天早已过去了。那淡青的窗户成了病榻旁的古玩摆设”，传神地表现出主人公将死时平静却无助的心态。

第四章 戏剧

西厢记·长亭送别

王实甫

◆ 作家作品简介

王实甫（约1260—约1316），大都（今北京）人，元代著名戏曲作家。

书籍记载王实甫生平的资料很少，《录鬼簿》说他“名德信，大都人”，并记录了他的十三种杂剧。从他在《破窑记》中流露的“世间人休把儒相弃，守寒窗终有峥嵘日”的思想和在《丽春堂》中抒发的宦海升沉的感叹看来，他可能是一个在仕途失意的文人。明初贾仲明吊王实甫的《凌波仙》词说：“风月营密匝匝列旌旗，莺花寨明风风排剑戟，翠红乡雄赳赳施谋智。”显然他也是一个熟悉当时勾栏生活的剧作家。王实甫的戏剧除《西厢记》外，现在流传的还有《丽春堂》《破窑记》两种，以及《芙蓉亭》《贩茶船》的各一折曲文，成就都不很高。《破窑记》写吕蒙正与刘月娥的爱情故事，影响比较大。

《西厢记》[1]是王实甫的代表作，是一个关于古代才子佳人的爱情故事。《西厢记》是元代杂剧的压卷之作，深受读者喜爱。周德清称赞《西厢记》“诸公已矣，后学莫及”。贾仲明评说道：“作词章，风韵美，士林中等辈伏低。新杂剧、旧传奇，《西厢记》天下夺魁。”朱权喻之为“花间美人”，金圣叹咏之为“天地妙文”。它在中国文学史上和中国戏曲史上都占有很重要地位。

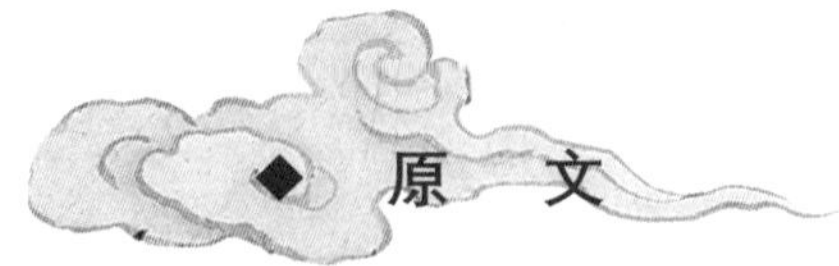

◆ 原 文

（夫人、长老上，云）今日送张生赴京，十里长亭[2]，安排下筵席。我和长老先行，不见张生、小姐来到。（旦、末[3]、红同上）（旦云）今日送张生上朝取应，早是离人伤感，况值那暮秋天气，好烦恼人也呵！“悲欢聚散一杯酒，南北东西万里程。”

【正宫[4]】【端正好[5]】碧云天，黄花地，西风紧，北雁南飞。晓来谁染霜林醉？总是离人泪。

【滚绣球】恨相见得迟，怨归去得疾。柳丝长玉骢难系，恨不倩疏林挂住斜晖[6]。马儿迍迍[7]的行，车儿快快的随，却告了相思回避，破题[8]儿又早别离。听得道一声“去也”，松了金钏[9]；遥望见十里长亭，减了玉肌：此恨谁知？

（红云）姐姐今日怎么不打扮？（旦云）你那知我的心里呵！（旦唱）

【叨叨令】见安排着车儿、马儿，不由人熬熬煎煎的气；有甚么心情花儿、靥儿[10]，打扮得娇娇滴滴的媚；准备着被儿、枕儿，则索昏昏沉沉的睡；从今后衫儿、袖儿，都揾[11]做重重叠叠的泪。兀的[12]不闷杀人也么哥！兀的不闷杀人也么哥！久已后书儿、信儿，索[13]与我栖栖遑遑[14]的寄。

（做到见夫人科[15]）（夫人云）张生和长老坐，小姐这壁坐，红娘将酒来。张生，你向前来，是自家亲眷，不要回避。俺今日将莺莺与你，到京师休辱末了俺孩儿，挣揣[16]一个状元回来者。（末云）小生托夫人余荫，凭着胸中之才，视官如拾芥[17]耳。

（洁[18]云）夫人主见不差，张生不是落后的人。（把酒了，坐）（旦长吁科）

【脱布衫】下西风黄叶纷飞，染寒烟衰草萋迷。酒席上斜签着坐的[19]，蹙愁眉死临侵地[20]。

【小梁州】我见他阁泪[21]汪汪不敢垂，恐怕人知；猛然见了把头低，长吁气，推整素罗衣[22]。

【幺篇】虽然久后成佳配，奈时间[23]怎不悲啼！意似痴，心如醉，昨宵今日，清减了小腰围。

（夫人云）小姐把盏者！（红递酒，旦把盏长吁科，云）请吃酒！

【上小楼】合欢未已，离愁相继。想着俺前暮私情，昨夜成亲，今日别离。我谂[24]知这几日相思滋味，却原来比别离情更增十倍。

【幺篇】年少呵轻远别，情薄呵易弃掷。全不想腿儿相挨，脸儿相偎，手儿相携。你与俺崔相国做女婿，妻荣夫贵，但得一个并头莲，煞强如状元及第。

（夫人云）红娘把盏者！（红把酒科）（旦唱）

【满庭芳】供食太急，须臾对面，顷刻别离。若不是酒席间子母每[25]当回避，有心待与他举案齐眉。虽然是厮守得一时半刻，也合着俺夫妻每共桌而食。眼底空留意，寻思起就里[26]，险化做望夫石。

（红云）姐姐不曾吃早饭，饮一口儿汤水。（旦云）红娘，甚么汤水咽得下！

【快活三】将来的酒共食，尝着似土和泥。假若便是土和泥，也有些土气息、泥滋味。

【朝天子】暖溶溶的玉醅[27]，白泠泠似水，多半是相思泪。眼面前茶饭怕不待要[28]吃，恨塞满愁肠胃。"蜗角虚名，蝇头微利"，拆鸳鸯在两下里。一个这壁，一个那壁，一递一声长吁声。

（夫人云）辆起车儿[29]，俺先回去，小姐随后和红娘来。（下）（末辞洁科）（洁云）此一行别无话儿，贫僧准备买登科录看，做亲的茶饭少不得贫僧的。先生在意，鞍马上保重者！从今经忏无心礼，专听春雷第一声[30]。（下）（旦唱）

【四边静】霎时间杯盘狼藉，车儿投东，马儿向西，两意徘徊，落日山横翠。知他今宵宿在那里？在梦也难寻觅。

（旦云）张生，此一行得官不得官，疾便回来。（末云）小生这一去白夺一个状元。正是："青霄[31]有路终须到，金榜无名誓不归。"（旦云）君行别无所赠，口占一绝[32]，为君送行："弃掷今何在，当时且自亲。还将旧来意，怜取眼前人。"（末云）小姐之意差矣，张珙更敢怜谁？谨赓一绝[33]，以剖寸心："人生长远别，孰与最关亲？不遇知音者，谁怜长叹人？"（旦唱）

【耍孩儿】淋漓襟袖啼红泪[34]，比司马青衫更湿[35]。伯劳[36]东去燕西飞，未登程先问归期。虽然眼底人千里，且尽生前酒一杯。未饮心先醉，眼中流血，心内成灰。

【五煞】到京师服水土，趁程途节饮食，顺时自保揣[37]身体。荒村雨露宜眠早，野店风霜要起迟！鞍马秋风里，最难调护，最要扶持[38]。

【四煞】这忧愁诉与谁？相思只自知，老天不管人憔悴。泪添九曲黄河溢，恨压三峰华岳低[39]。到晚来闷把西楼倚，见了些夕阳古道，衰柳长堤。

【三煞】笑吟吟一处来，哭啼啼独自归。归家若到罗帏里，昨宵个绣衾香暖留春住，今夜个翠被生寒有梦知。留恋你别无意，见据鞍[40]上马，阁不住泪眼愁眉。

（末云）有甚言语嘱咐小生咱？（旦唱）

【二煞】你休忧“文齐福不齐”，我则怕你“停妻再娶妻”。休要“一春鱼雁无消息[41]”！我这里青鸾有信频须寄，你却休“金榜无名誓不归”。此一节君须记，若见了那异乡花草，再休似此处栖迟[42]。

（末云）再谁似小姐？小生又生此念。（旦唱）

【一煞】青山隔送行，疏林不做美，淡烟暮霭相遮蔽。夕阳古道无人语，禾黍秋风听马嘶。我为甚么懒上车儿内，来时甚急，去后何迟？

（红云）夫人去好一会，姐姐，咱家去！（旦唱）

【收尾】四围山色中，一鞭残照里。遍人间烦恼填胸臆，量这些大小车儿如何载得起？

（旦、红下）（末云）仆童赶早行一程儿，早寻个宿处。泪随流水急，愁逐野云飞。（下）

注释

[1]《西厢记》：全名《崔莺莺待月西厢记》，主要讲述书生张君瑞与相国之女崔莺莺这对有情人冲破困阻终成眷属的爱情故事。全剧共五本二十一折。

[2] 十里长亭：古代驿站上约十里设一长亭，五里设一短亭，供行人休息，送别的人也总在此分手。

[3] 旦、末：戏曲角色名，旦扮演女性角色，末扮演男性角色。

[4] 正宫：古代戏曲音乐名词，宫调之一。元曲中一套宫调须一定的曲牌配合。

[5] 端正好：曲牌名。按照元杂剧的体制，一折戏里只能有一个角色主唱，其他角色在旁边，《长亭送别》这折戏的主唱是崔莺莺。

[6]“柳丝长”二句：意思是，柳丝长却不能系住你离别的马，恨不得请稀疏的林子留住斜阳。古代离别时有折柳相赠的习俗，意为“留”人。骢（cōng）：古代一种名马，速度极快。倩：央求，请。

[7] 迍（zhūn）迍：行动缓慢的样子。

[8] 破题：起头，开始。

[9] 钏（chuàn）：臂环，手镯。松了金钏：谓人瘦减而使手镯变得宽松。

[10] 靥（yè）儿：古代妇女的面部妆饰。

[11] 揾（wèn）：擦，拭。

[12] 兀的（wù de）：语气助词，与“不”连用，表示反问语气，意思是怎么不。

[13] 索：须，得，应。

[14] 栖栖遑遑：急忙忙忙、尽快的意思。

[15] 科：戏曲术语，传统戏曲脚本里指示角色表演动作时的用语。

[16] 挣揣：争取、争得之意。

[17] 视官如拾芥：把取得官职看得像从地上拾一根草那么容易。芥：小草，比喻轻微细小的东西。

[18] 洁：元杂剧中称和尚为洁郎，简称洁，这里指普救寺的长老。

[19] 斜签着坐：侧斜着身子半坐或浅坐。旧时晚辈在长辈前不能实坐。

[20] 死临侵地：也作“死淋浸”，发呆，没精打采的样子。
[21] 阁泪：含泪，噙泪。阁：同“搁”。
[22] 推整素罗衣：整理衣服。推整：整理。罗衣：指轻软丝织品制成的衣服，罗在商代已经出现。
[23] 奈时间：无奈眼前。
[24] 谂（shěn）：知悉。
[25] 每：们。
[26] 就里：内情。
[27] 玉醅（pēi）：美酒。
[28] 怕不待要：难道不想，何尝不想。
[29] 辆：用做动词，套上，架好。
[30] 春雷第一声：比喻夺魁的捷报。因进士考试在春季正、二月举行，所以称中进士的消息为春雷第一声。
[31] 青霄：青天，高空，比喻科举中第。
[32] 口占一绝：口头吟诵一首诗。占：口头吟作。
[33] 谨赓一绝：恭敬地续作一首诗。赓：续，酬和。
[34] 红泪：泛指美人泪。王嘉《拾遗记》中记载，魏文帝（曹丕）所爱的美人薛灵芸被选入宫，离别父母时，她用玉唾壶承泪，壶即呈红色。及至京师，壶中泪凝如血。后世因而称女子的眼泪为“红泪”。
[35] 比司马青衫更湿：形容极度悲痛。出自白居易《琵琶行》：“座中泣下谁最多，江州司马青衫湿。”白居易曾贬官为江州司马。一次因听闻琵琶女的身世遭遇，感慨自己与之命运相同，衣衫为泪水所湿。
[36] 伯劳：鸟名。在古代诗歌中伯劳和燕子通常用来比喻夫妻、情侣、亲人、朋友的别离。事实上，伯劳和燕子的迁徙方向都是夏北冬南。
[37] 保揣：保护，爱惜。
[38] 扶持：当心，留意。
[39] “泪添”二句：眼泪装进黄河也能溢出来，愤恨能压倒高大的山峰，说明愁苦悲愤非常深。三峰华岳：指华山的三座著名高峰，即莲花峰、毛女峰、松桧峰。
[40] 据鞍：跨上马鞍。
[41] 一春鱼雁无消息：一年都没有任何消息。一春：指一年时间。鱼雁：在古诗词中特指书信、消息。
[42] 栖迟：逗留，留恋。

◆ 作品赏析

《西厢记》，又名《王西厢》《北西厢》，是元杂剧中最优美宏伟的大型喜剧。

全剧写书生张生与相国小姐崔莺莺在侍女红娘的帮助下，冲破重重阻挠，终成眷属的故事。作品通过张生与崔莺莺大胆相爱的故事，歌颂了对封建礼教和不合理的婚姻制度的反抗精神，表达了追求恋爱自由、婚姻自主的美好愿望。作者通过主人公第一次发出了“愿普天下有情的都成了眷属”的真诚呼唤。该剧主题鲜明新颖，有划时代的意义，是我国古典戏剧的现实主义杰作，对后来以爱情为题材的小说、戏剧创作影响很大。该剧在艺术上近乎完美，故事曲折、情节跌宕起伏、文笔细腻、人物传神，曲词华艳优美，富于诗的意境，堪称绝世经典，有“花间美人”的雅称。

本文节选自《西厢记》第四本第三折，是王实甫《西厢记》中最为脍炙人口的精彩片断之一。莺莺与张生的私情终于暴露，老夫人认为这有辱相国府尊严以“崔家三代不招白衣女婿”为由，强令张生进京赴考。这折写莺莺、红娘、老夫人等到十里长亭为张生饯行，莺莺与张生依依不舍的情景。整折戏对别离之苦，写得十分细腻、深刻。

这折戏由莺莺主唱，是塑造莺莺形象的重场戏之一。戏中集中细致地刻画了莺莺送行张生时内心的痛苦、怨恨和担忧。同时莺莺劝张生休忧“文齐福不齐”，休提“金榜无名誓不归”，“但得一个并头莲，煞强如状元及第”，可见她对张生的爱是相互倾慕，丝毫没有掺杂进世俗的功名，她所追求的是纯真专一、天长地久的爱情幸福。

《长亭送别》一折运用了比喻、夸张、对偶、排比、反复、设问、对比、用典等多种修辞方法，同时还将古朴、凝练、典雅的古代诗词与通俗、朴实、流畅的民间口语融为一体，形成了清丽华美、生动活泼的语言风格，增强了剧作的表达效果和艺术魅力。

在写作手法上，《长亭送别》一开始，作者抓住特有的景物，展示意象。【端正好】“碧云天，黄花地，西风紧，北雁南飞。晓来谁染霜林醉？总是离人泪。”情与景巧妙结合，创造出一个凄清唯美的艺术氛围。把“暮秋天气”“离人伤感”加以生发，渲染出缠绵哀婉的气氛。【滚绣球】“恨相见得迟，怨归去得疾。柳丝长玉骢难系，恨不倩疏林挂住斜晖。”将二人依依不舍的心情细致入微地刻画了出来。【叨叨令】“见安排着车儿、马儿，不由人熬熬煎煎的气；有甚么心情花儿、靥儿，打扮得娇娇滴滴的媚；准备着被儿、枕儿，则索昏昏沉沉的睡；从今后衫儿、袖儿，都揾做重重叠叠的泪。兀的不闷杀人也么哥！兀的不闷杀人也么哥！久已后书儿、信儿，索与我栖栖遑遑的寄。”作者使用了儿化、叠词、排比、反复、夸张等修辞手法，使得语言生动形象，声情并茂，营造出了一种浓重的抒情氛围。同时，作者为了讲求音韵美，还添加了一些衬字，加强了声情，补足了语意，增强了表达效果。

优美活泼的语言、细致生动的描写、浓郁的抒情氛围、唯美的别离情景，构成《长亭送别》的艺术风格。

◆ 扩展阅读

牡丹亭·惊梦

汤显祖

◆ 作家作品简介

汤显祖（1550—1616），明代著名戏剧家，字义仍，号海若，自署清远道人，江西临川(今江西抚州市)人。他出生于读书世家,少年时就以才气而闻名。因生性耿直,不愿附庸权贵,故其仕途坎坷。万历二十六年(1598),辞官归隐故里。先后创作了《牡丹亭》（1598)、《南柯记》（1600)、《邯郸记》（1601)，连同以前所写的《紫钗记》，合称“临川四梦”。其中不朽剧作《牡丹亭》,是我国古代戏剧史上最伟大的作品之一。此剧不仅有高度的艺术性,而且有深刻的思想性,自其问世之日,即轰动了文坛剧场。四百年来，《牡丹亭》一剧不仅已成为古典文学和戏剧的经典作品，而且其中的一些精彩折子至今还在戏曲舞台上传演不绝，仍具有极大的艺术感染力。

汤显祖一生写了多部戏剧作品，《牡丹亭》是他最为得意的一部。此剧讲述杜丽娘与柳梦梅这对青年男女之间的爱情故事。作者通过曲折离奇的情节、优美动人曲词，以其巨大的艺术感染力，深深地打动着每一个读者的心。

◆ 原　文

【绕池游】(旦上)梦回莺啭，乱煞年光遍。人立小庭深院。(贴)炷尽沉烟，抛残绣线，恁今春关情似去年?

【乌夜啼】(旦)晓来望断梅关，宿妆残。(贴)你侧着宜春髻子，恰凭阑。(旦)剪不断，理还乱，闷无端。(贴)已分付催花莺燕借春看。(旦)春香，可曾叫人扫除花径?(贴)分付了。(旦)取镜台衣服来。(贴取镜台衣服上)“云髻罢梳还对镜，罗衣欲换更添香。”镜台衣服在此。(旦)好天气也!

【步步娇】(旦)袅晴丝，吹来闲庭院，摇漾春如线。停半晌，整花钿，没揣菱花，偷人半面，迤逗的彩云偏。(行介)步香闺怎便把全身现!

（贴）今日穿插的好。

【醉扶归】（旦）你道翠生生出落的裙衫儿茜，亮晶晶花簪八宝填，可知我常一生儿爱好是天然。恰三春好处无人见。不提防沉鱼落雁鸟惊喧，则怕的羞化闭月花愁颤。

（贴）早茶时了，请行。（行介）你看：画廊金粉半零星，池馆苍苔一片青。踏草怕泥新绣袜，惜花疼煞小金铃。（旦）不到园林，怎知春色如许？

【皂罗袍】原来姹紫嫣红开遍，似这般都付与断井颓垣。良辰美景奈何天，赏心乐事谁家院？恁般景致，我老爷和奶奶，再不提起。（合）朝飞暮卷，云霞翠轩，雨丝风片，烟波画船。锦屏人忒看的这韶光贱！

（贴）是花都放了，那牡丹还早。

【好姐姐】（旦）遍青山啼红了杜鹃，荼蘼外烟丝醉软。春香呵，牡丹虽好，他春归怎占的先？（贴）成对儿莺燕呵！（合）闲凝眄，生生燕语明如剪，呖呖莺歌溜的圆。

（旦）去罢。（贴）这园子委是观之不足也。（旦）提他怎的！（行介）

【隔尾】观之不足由他缱，便赏遍了十二亭台是枉然。倒不如兴尽回家闲过遣。（作到介）

（贴）开我西阁门，展我东阁床。瓶插映山紫，炉添沉水香。小姐，你歇息片时，俺瞧老夫人去也。（下）

（旦欢介）"默地游春转，小试宜春面。"春呵，得和你两留连，春去如何遣？咳，恁般天气，好困人也。春香那里？（作左右瞧介）（又低道沉吟介）天呵，春色恼人，信有之乎！常观诗词乐府，古之女子，因春感情，遇秋成恨，诚不谬矣。吾今年已二八，未逢折桂之夫；忽慕春情，怎得蟾宫之客？昔韩夫人得遇于郎，张生偶逢崔氏，曾有《题红记》《崔徽传》二书。此佳人才子，前以密约偷期，后皆得成秦晋。（长叹介）吾生于宦族，长在名门。年已及笄，不得早成佳配，诚为虚度青春，光阴如过隙耳。（泪介）可惜妾身颜色如花，岂料命如一叶乎！

【山坡羊】没乱里春情难遣，蓦地里怀人幽怨。则为俺生小婵娟，拣名门一例一例里神仙眷。甚良缘，把青春抛的远！俺的睡情谁见？则索因循腼腆。想幽梦谁边，和春光暗流转？迁延，这衷怀那处言！淹煎，泼残生，除问天！身子困乏了，且自隐几而眠。（睡介）（梦生介）（生持柳枝上）"莺逢日暖歌声滑，人遇风情笑口开。一径落花随水入，今朝阮肇到天台。”小生顺路儿跟著杜小姐回来，怎生不见？（回看介）呀，小姐，小姐！（旦作惊起介）（相见介）（生）小生那一处不寻访小姐来，却在这里！（旦作斜视不语介）（生）恰好花园内，折取垂柳半枝。姐姐，你既淹通书史，可作诗以赏此柳枝乎？（旦作惊喜欲言又止介）（背想）这生素昧平生，何因到此？（生笑介）小姐，咱爱杀你哩！

【山桃红】则为你如花美眷，似水流年，是答儿闲寻遍。在幽闺女自怜。小姐，和你那答儿讲话去。（旦作含不行）（生作牵衣介）（旦低问）那边去？（生）转过这芍药阑前，紧靠着湖山石边。（旦低问）秀才，去怎的？（生低答）和你把领扣松，衣带宽，袖梢儿揾着牙儿苫也，则待你忍耐温存一晌眠。（旦作羞）（生前抱）（旦推介）（合）是那处曾相见，相看俨然，早难道这好处相逢无一言？（生强抱旦下）

（末扮花神，束发冠红衣插花上）“催花御史惜花天，检点春工又一年。蘸客伤心红雨下，勾人悬梦彩云边。”吾乃掌管南安府后花园花神是也。因杜知府小姐丽娘，与柳梦梅秀才，后日有姻缘之分。杜小姐游春感伤，致使柳秀才入梦。咱花神专掌惜玉怜香，竟来保护他，要他云雨十分欢幸也。

【鲍老催】（末）单则是混阳蒸变，看他似虫儿般蠢动把风情扇。一般儿娇凝翠绽魂儿颤。这是景上缘，想内成，因中见。呀，淫邪展污了花台殿。咱待拈片落花儿惊醒他。（向鬼门丢花介）他梦酣春透了怎留连？拈花闪碎的红如片。秀才才到的半梦儿；梦毕之时，好送杜小姐仍归香阁。吾神去也。（下）

【山桃红】（生、旦携手上）（生）这一霎天留人便，草藉花眠。小姐可好？（旦低头介）（生）则把云鬓点，红松翠偏。小姐休忘了呵，见了你紧相偎，慢厮连，恨不得肉儿般团成了片，逗的个日下胭脂雨上鲜。（旦）秀才，你可去呵？（合）是那处曾相见，相看俨然，早难道这好处相逢无一言？（生）姐姐，你身子乏了，将息，将息。（送旦依前作睡介）（轻拍旦介）姐姐，俺去了。（作回顾介）姐姐，你可十分将息，我再来瞧你那。“行来春色三分雨，睡去巫山一片云。”（下）（旦作惊醒，低叫介）秀才，秀才，你去了也？（又作痴睡介）（老旦上）“夫婿坐黄堂，娇娃立绣窗。怪他裙衩上，花鸟绣双双。”孩儿，孩儿，你为甚瞌睡在此？（旦作醒，叫秀才介）

咳也。（老旦）孩儿怎的来？（旦作惊起介）奶奶到此！（老旦）我儿，何不做些针指，或观玩书史，舒展情怀？因何昼寝于此？（旦）孩儿适在花园中闲玩，忽值春暄恼人，故此回房。无可消遣，不觉困倦少息。有失迎接，望母亲恕儿之罪。（老旦）孩儿，这后花园中冷静，少去闲行。（旦）领母亲严命。（老旦）孩儿，学堂看书去。（旦）先生不在，且自消停。（老旦叹介）女孩儿长成，自有许多情态，且自由他。正是："宛转随儿女，辛勤做老娘。"（下）（旦长叹介）（看老旦下介）哎也，天那，今日杜丽娘有些侥幸也。偶到后花园中，百花开遍，睹景伤情。没兴而回，昼眠香阁。忽见一生，年可弱冠，丰姿俊妍。于园中折得柳丝一枝，笑对奴家说："姐姐既淹通书史，何不将柳枝题赏一篇？"那时待要应他一声，心中自忖，素昧平生，不知名姓，何得轻与交言。正如此想间，只见那生向前说了几句伤心话儿，将奴搂抱去牡丹亭畔、芍药阑边，共成云雨之欢。两情和合，真个是千般爱惜，万种温存。欢毕之时，又送我睡眠，几声"将息"。正待自送那生出门，忽值母亲来到，唤醒将来。我一身冷汗，乃是南柯一梦。忙身参礼母亲，又被母亲絮了许多闲话。奴家口虽无言答应，心内思想梦中之事，何曾放怀。行坐不宁，自觉如有所失。娘呵，你教我学堂看书去，知他看那一种书消闷也。（作掩泪介）

【绵搭絮】雨香云片，才到梦儿边。无奈高堂，唤醒纱窗睡不便。泼新鲜，冷汗粘煎，闪的俺心悠步亸，意软鬟偏。不争多费尽神情，坐起谁忺？则待去眠。（贴上）"晚妆销粉印，春润费香篝。"小姐，薰了被窝睡罢。

【尾声】（旦）困春心游赏倦，也不索香薰绣被眠。天呵，有心情那梦儿还去不远。

春望逍遥出画堂，间梅遮柳不胜芳。

可知刘阮逢人处？回首东风一断肠。

◆ 作品赏析

《牡丹亭》即《牡丹亭还魂记》，也称《还魂梦》或《牡丹亭梦》。它是汤显祖的代表作，也是我国浪漫主义戏曲的代表作，总共五十五出。该剧描写了官家千金杜丽娘对梦中书生柳梦梅倾心相爱，竟伤情而死，化为魂魄寻找现实中的爱人，人鬼相恋，最后起死回生，终于与柳梦梅永结同心的故事。该剧洋溢着追求个人幸福，呼唤个性解放，反对封建礼教的浪漫主义理想，感人至深。

本文选自第十出《惊梦》，习称“游园”。女主人公杜丽娘是南安太守杜宝的独生女儿，从小就受严格的封建家庭教育。本来是个十分温顺的少女，然而青春的萌动、精神生活的空虚，使她感到苦闷。第一次偷偷地到了后花园，那盛开的百花、成对儿的莺燕，纷至沓来，打开了这个长在深闺里的少女的心扉。【绕池游】【步步娇】【醉扶归】三曲，着重描写了杜丽娘游园前的心情，她向往自然，热爱青春，表现了初出绣房少女的娇羞。在大好春光的感召之下，她的青春觉醒了。她悲叹青春的虚度，她不满自己的处境，却找不到这种痛苦的根源；她憧憬着美好的爱情，却不知如何寻找。这样，她就只有把自己的理想寄托于在梦里出现的书生。这场戏，是对自然、青春和爱情的礼赞。

《牡丹亭·惊梦》在艺术上集中体现了《牡丹亭》的浪漫主义特色。首先表现在通过梦的幻想情节表现了理想和现实的矛盾。杜丽娘在梦的境界里，她终于摆脱了种种封建礼教的束缚，实现了自己梦寐以求的美好愿望，表现了在封建礼教束缚下的青年妇女对自由爱情的强烈追求。其次是曲词婉转、华丽、优美、缠绵，抒情细腻，将人物的微妙、复杂的心理刻画得入木三分，同时又描绘出一幅动人的春天美景，情景交融，具有极强的感染力。《惊梦》中曲词脍炙人口，给人以高度的艺术享受。

○ ○ ○ ○ ○ ○ ○ ○ ○ ○

日出（节选）

曹 禺

◆ 作家作品简介

曹禺（1910—1996），原名万家宝，中国现代戏剧大师。幼时常出入戏园，对戏剧产生兴趣。1925 年加入南开新剧团，成为骨干。1933 年毕业后曾考入清华研究院专门研究话剧。1936 年 8 月始在国立戏剧专科学校教授戏剧。1947 年 1 月应聘于上海文华影业公司，任编导。新中国成立后担任中央戏剧学院副院长、北京人民艺术剧院院长。1988 年在中国文学艺术界联合会第五次代表大会上被选为执行主席。

曹禺是中国话剧史上继往开来的作家，为我国的话剧事业做出了杰出贡献。他的《雷雨》（1933）成为中国话剧艺术成熟的标志，《日出》（1935）曾获《大公报》主办的 1936 年优秀剧本奖。此外，还有《原野》（1937）、《蜕变》（1939）、《北京人》

（1940）、《家》（1942 年，根据巴金同名小说改编）、《艳阳天》（1947 年，电影剧本）、《明朗的天》（1954）、《胆剑篇》（1961）、《王昭君》（1978）等作品。此外，曹禺还翻译了英国剧作家莎士比亚的《罗密欧与朱丽叶》等。

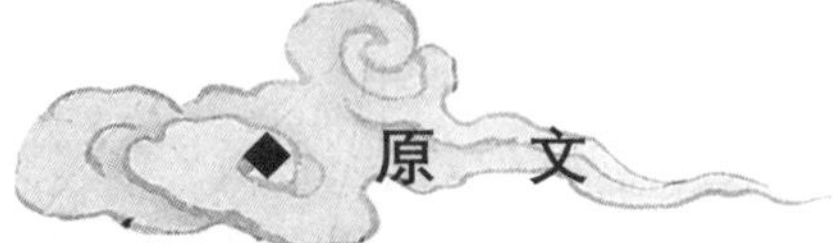

◆ 原　文

[黄省三由中门进。]

黄省三——[胆小地] 李……李先生。

李石清——怎么？[吃了一惊] 是你！

黄省三——是，是，李先生。

李石清——又是你，谁叫你到这儿来找我的？

黄省三——[无力地] 饿，家里的孩子大人没有饭吃。

李石清——[冷冷地] 你到这儿就有饭吃么？这是旅馆，不是粥厂。

黄省三——李、李先生，可当的都当干净了。我实在没有法子，不然，我决不敢再找到这儿来麻烦您。

李石清——[烦恶地] 哧，我跟你是亲戚？是老朋友？或者我欠你的，我从前占过你的便宜？你这一趟一趟地，我走哪儿你跟哪儿，你这算怎么回事？

黄省三——[苦笑，很凄凉地] 您说哪儿的话，我都配不上。李先生，我在银行里一个月才用您十三块来钱，我这儿实在是无亲无故，您辞了我之后，我在哪儿找事去？银行现在不要我等于不叫我活着。

李石清——[烦厌地] 照你这么说，银行就不能辞人啦。银行用了你，就算给你保了险，你一辈子就可以吃上银行啦，嗯？

黄省三——[又卷弄他的围巾] 不，不，不是，李先生，我……我，我知道银行待我不错，我不是不领情。可是……您是没有瞅见我家里那一堆孩子，活蹦乱跳的孩子，我得每天找东西给他们吃。银行辞了我，没有进款，没有米，他们都饿得直叫。并且房钱有一个半月没有付，眼看着就没有房子住。[嗫嚅地] 李先生，您没有瞅见我那一堆孩子，我实在没有路走，我只好对他们——哭。

李石清——可是谁叫你们一大堆一大堆养呢？

黄省三——李先生，我在银行没做过一件错事。我总天亮就去上班，夜晚才回来，我一天干到晚，李先生——

李石清——[不耐烦] 得了，得了，我知道你是个好人，你是安分守己的。可是难道不知道现在市面萧条，经济恐慌？我跟你说过多少遍，银行要裁员减薪，我并不是没有预先警告你！

黄省三——[踌躇地] 李先生，银行现在不是还盖着大楼，银行里面还添人，添了新人。

李石清——那你管不着！那是银行的政策，要繁荣市面。至于裁了你，又添了新人，我想你做了这些年的事，你难道这点世故还不明白？

黄省三——我……我明白，李先生。[很凄楚地]我知道我身后面没有人挺住腰。

李石清——那就得了。

黄省三——不过我当初想，上天不负苦心人，苦干也许能补救我这个缺点——

李石清——所以银行才留你四五年，不然你会等到现在？

黄省三——[乞求]可是，李先生，我求求您，您行行好。我求您跟潘经理说说，只求他老人家再让我回去。就是再累一点，再加点工作，就是累死我，我也心甘情愿的。

李石清——你这个人真麻烦。经理会管你这样的事？你们这样的人，就是这点毛病。总把自己看得太重，换句话，就是太自私。你想潘经理这样忙，会管你这样小的事，不过，奇怪，你干了三四年，就一点存蓄也没有？

黄省三——[苦笑]存蓄？一个月十三块来钱，养一大家子人？存蓄？

李石清——我不是说你的薪水。从薪水里，自然是挤不出油水来。可是——在别的地方，你难道没有得到一点的好处？

黄省三——没有，我做事凭心，李先生。

李石清——我说——你没有从笔墨纸张里找出点好处？

黄省三——天地良心，我没有，您可以问庶务刘去。

李石清——哼，你这个傻子，这时候你还讲良心！怪不得你现在这么可怜了。好吧，你走吧。

黄省三——[着慌]可是，李先生——

李石清——有机会，再说吧。[挥挥手]现在是毫无办法。你走吧。

黄省三——李先生，您不能——

李石清——并且，我告诉你，你以后再要狗似的老跟着我，我到哪儿，你到哪儿，我就不跟你这么客气了。

黄省三——李先生，那么，事还是一点办法也没有？

李石清——快走吧！回头，一大堆太太小姐们进来，看到你跑到这儿找我，这算是怎么回事？

黄省三——好啦！[泪汪汪的，低下头]李先生，真对不起您老人家。[苦笑]一趟一趟地来麻烦您，我走啦。

李石清——你看你这个麻烦劲儿，走就走得啦。

黄省三——[长长地叹一口气，走了两步，忽然跑回来，沉痛地]可是，您叫我到哪儿去？您叫我到哪儿去？我没有家，我拉下脸跟你说吧，我的女人都跟我散了，没有饭吃，她一个人受不了这样的苦，她跟人跑了。家里有三个孩子，等着我要饭吃。我现在口袋里只有两毛钱，我身上又有病，[咳嗽]我整天地咳嗽！李先生，您叫我回到哪儿去？您叫我回到哪儿去？

李石清——[可怜他，但又厌恶他的软弱]你愿意上哪儿去，就上哪儿去吧。我跟你讲，我不是不想周济你，但是这个善门不能开，我不能为你先开了例。

黄省三——我没有求您周济我，我只求您赏给我点事情做。我为着我这群孩子，我得活着！

李石清——[想了想，翻着白眼]其实，事情很多，就看你愿意不愿意做。

黄省三——[燃着了一线希望]真的？

李石清——第一，你可以出去拉洋车去。

黄省三——[失望]我……我拉不动，[咳嗽]您知道我有病。医生说我这边的肺已经[咳]——靠不住了。

李石清——哦，那你还可以到街上要——

黄省三——[脸红，不安]李先生，我也是个念过书的人，我实在有点——

李石清——你还有点叫不出口，是么？那么你还有一条路走，这条路最容易，最痛快，——你可以到人家家里去[看见黄的嘴喃喃着]——对，你猜的对。

黄省三——哦，您说，[嘴唇颤动]您说，要我去——[只见唇动，听不见声音]

李石清——你大声说出来，这怕什么？"偷！""偷！"这有什么做不得，有钱的人的钱可以从人家手里大把地抢，你没有胆子，你怎么不能偷？

黄省三——李先生，真的我急的时候也这么想过。

李石清——哦，你也想过去偷？

黄省三——[惧怕地]可是，我怕，我怕，我下不了手。

李石清——[愤慨地]怎么你连偷的胆量都没有，那你叫我怎么办？你既没有好亲戚，又没有好朋友，又没有了不得的本领。好啦，叫你要饭，你要顾脸，你不肯做；叫你拉洋车，你没有力气，你不能做；叫你偷，你又胆小，你不敢做。你满肚子的天地良心、仁义道德，你只想凭着老实安分，养活你的妻儿老小，可是你连自己一个老婆都养不住，你简直就是个大废物，你还配养一大堆孩子！我告诉你，这个世界不是替你这样的人预备的。[指窗外]你看见窗户外面那所高楼么？那是新华百货公司十三层高楼，我看你走这一条路是最稳当的。

黄省三——[不明白]怎么走，李先生？

李石清——[走到黄面前]怎么走？[魔鬼般地狞笑着]我告诉你，你一层一层地爬上去，到了顶高的一层，你可以迈过栏杆，站在边上。你只再向空、向外多走一步，那时候你也许有点心跳，但是你只要过一秒钟，就一秒钟，你就再也不可怜了，你再也不愁吃，不愁穿了——

黄省三——[呆若木鸡，低得几乎听不见的声音]李先生，您说顶好我"自——"[忽然爆发的悲声]不，不，我不能死，李先生，我要活着！我为着我的孩子们，为我那没了妈的孩子们我得活着！我的望望，我的小云，我的——哦，这些事，我想过。可是，李先生，您得叫我活着！[拉着李的手]您得帮帮我，帮我一下！我不能死，活着再苦我也死不得，拼命我也得活下去啊！[咳嗽]

[左门大开。里面有顾八奶奶、胡四、张乔治等的笑声。潘月亭露出半身，面向里面，说："你们先打着。我就来。"]

李石清——[甩开黄的手]你放开我。有人进来，不要这样没规矩。

[黄只得立起，倚着墙，潘进。]

潘月亭——啊？——

黄省三——经理！

潘月亭——石清，这是谁？他是干什么的？

黄省三——经理，我姓黄，我是大丰的书记。

李石清——他是这次被裁的书记。

潘月亭——你怎么跑到这里来，[对李]谁叫他进来的？

李石清——不知道他怎么找进来的。

黄省三——[走到潘面前，哀痛地]经理，您行行好，您要裁人也不能裁我，我有三个小孩子，我不能没有事。经理，我给您跪下，您得叫我活下去。

潘月亭——岂有此理！这个家伙，怎么能跑到这儿来找我求事。[厉声]滚开！

黄省三——可是，经理——

李石清——起来！起来！走！走！走！[把他一推倒在地上]你要再这样麻烦，我就叫人把你打出去。

[黄望望李，又望望潘。]

潘月亭——滚，滚，快滚！真岂有此理！

黄省三——好，我起来，我起来，你们不用打我！[慢慢立起来]那么，你们不让我再活下去了！你！[指潘]你！[指李]你们两个说什么也不叫我再活下去了。[疯狂似的又哭又笑地抽咽起来]哦，我太冤了。你们好狠的心呐！你们给我一个月不过十三块来钱，可是你们左扣右扣的，一个月我实在领下的才十块二毛五。我为着这辛辛苦苦的十块二毛五，我整天地写，整天给你们伏在书桌上写；我抬不起头，喘不出一口气地写；我从早到晚地写；我背上出着冷汗，眼睛发着花，还在写；刮风下雨，我跑到银行也来写！[做势]五年呐！我的潘经理！五年的工夫，你看看，这是我！[两手捶着胸]几根骨头，一个快死的人！我告诉你们，我的左肺已经坏了，哦，医生说都烂了！[尖锐的声音，不顾一切地]我跟你说，我是快死的人，我为着我的可怜的孩子，跪着来求你们。叫我还能够给你们写，写，写，——再给我一碗饭吃。把我这个不值钱的命再换几个十块二毛五。可是你们不答应我！你们不答应我！你们自己要弄钱，你们要裁员，你们一定要裁我！

[更沉痛地]可是你们要这十块二毛五干什么呀！我不是白拿你们的钱，我是拿命跟你们换呐！[苦笑]并且我也拿不了你们几个十块二毛五，我就会死的。[愤恨地]你们真是没有良心呐，你们这样对待我，——是贼，是强盗，是鬼呀！你们的心简直比禽兽还不如——

潘月亭——这个混蛋，还不给我滚出去！

黄省三——[哭着]我现在不怕你们啦！我不怕你们啦！[抓着潘的衣服]我太冤了，我非要杀了——

潘月亭——[很敏捷地对着黄的胸口一拳]什么！[黄立刻倒在地下]

[半晌。]

李石清——经理，他说他要杀他自己——他这样的人是不会动手害人的。

潘月亭——[擦擦手]没有关系，他这是晕过去了。福升！福升！

[福升上。]

潘月亭——把他拉下去。放在别的屋子里，叫金八爷的人跟他拍拍捏捏，等他缓过来，拿三块钱给他，叫他滚蛋！

王福升——是！

[福升把黄拖下去。]

◆ 作品赏析

《日出》是曹禺先生的代表作之一，四幕话剧，作于1935年。剧本以陈白露和方达生为中心，以陈白露的客厅和三等妓院宝和下处为活动场所，把社会各阶层各色人等的生活展现在观众面前。在艺术创作上，作者采用横断面的描写，力求写出社会生活的真实面貌，因而《日出》具有纪实性特点，一切都像生活本身而不像“戏”。

本文节选的是第二幕中的一部分，着重刻画大丰银行两个职员的不同命运及他们之间的冲突。大丰银行的经理潘月亭，依靠投机公债与欺骗发财，为人狡诈凶狠，克扣工人工资，毒打职员，生活腐朽糜烂，是这个社会中的“有余者”。黄省三，作者说他是“一个非常神经质而胆小的人”。他本是大丰银行的小职员，专门从事抄写工作，现已被辞退而失业。他是社会的“不足者”，他为了每月微薄的工资累得抬不起头、喘不过气来。失业后，他哀求无门，反遭辱骂毒打，最后走投无路，被逼得全家服毒自杀。李石清则是个由“不足者”努力挤上了“有余者”的地位的人——从小职员、经理秘书刚刚提升为银行襄理（相当于经理助理）；为了向上爬，他费尽心机、不择手段。作者说他有一个“讨厌而又可悯的性格”：对上，他忍声吞气、谄媚逢迎，心里又恨他们；对下，他凶狠自负，鄙视他们“没有本事”。作者通过写黄省三和李石清的矛盾冲突，批判“损不足以奉有余”的“人之道”，批判了使黄省三走投无路、使李石清不得不变成石头的社会。

本文通过人物的对话来刻画人物性格，展示矛盾冲突；剧情在波浪起伏中趋向高潮，人物对话中包含的耐人寻味的潜台词也表现了剧本的独特魅力。

茶馆·第一幕

老 舍

◆ 作家作品简介

老舍（1899—1966），本名舒庆春，字舍予，笔名老舍，满族正红旗人。中国现代著名作家、杰出的语言大师，新中国第一位获得“人民艺术家”称号的作家。老舍出生于北京，自幼丧父，家境贫寒，在一位慈善家的资助下，得以上学受教育。1918 年毕业于北京师范学校，担任过小学校长、教员。1924 年赴英国伦敦大学讲授汉语和中国文学，并开始文学创作。1926 年加入文学研究会。1929 年回国，先后在济南齐鲁大学、青岛山东大学任教。抗战期间主持中华全国文艺界抗敌协会工作，为团结广大文艺工作者参加抗日宣传做出了积极的贡献。新中国成立后，任中国文联副主席、中国作家协会副主席、北京市文联主席等职务。1966 年 8 月 24 日，老舍因不堪忍受红卫兵的暴力批斗，在北京太平湖投湖自尽。

老舍是位多产作家，一生创作了 1000 多篇（部）作品。著有长篇小说《老张的哲学》《二马》《小坡的生日》《猫城记》《离婚》《牛天赐传》《骆驼祥子》《四世同堂》等，短篇小说《赶集》《上任》等，话剧《残雾》《张自忠》《归去来兮》《龙须沟》《茶馆》等。老舍的作品大多取材于市民生活，擅长以俏皮幽默的笔墨渲染北京的风俗人情，再现市民的生活及社会时代的变迁。老舍的文学语言具有独特的北京韵味，自然质朴，风趣幽默，俗白精致，雅俗共赏。

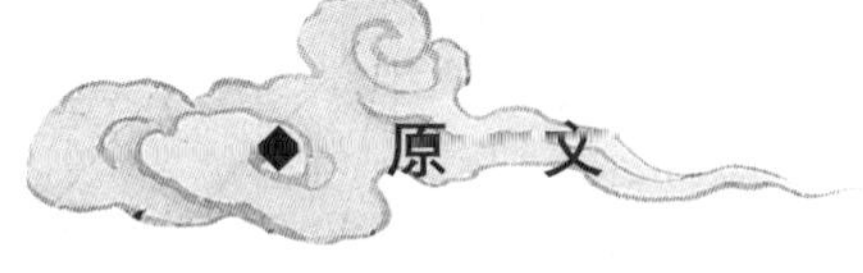

◆ 原 文

人 物

王利发——男。最初与我们见面，他才二十多岁。因父亲早死，他很年轻就做了裕泰茶馆的掌柜。精明、有些自私，而心眼不坏。

唐铁嘴——男。三十来岁。相面为生，吸鸦片。

松二爷——男。三十来岁。胆小而爱说话。

常四爷——男。三十来岁。松二爷的好友，都是裕泰的主顾。正直，体格好。

李　三——男。三十多岁。裕泰的跑堂的。勤恳，心眼好。

二德子——男。二十多岁。善扑营当差。

马五爷——男。三十多岁。吃洋教的小恶霸。

刘麻子——男。三十来岁。说媒拉纤，心狠意毒。

康　六——男。四十岁。京郊贫农。

黄胖子——男。四十多岁。流氓头子。

秦仲义——男。王掌柜的房东。在第一幕里二十多岁。阔少，后来成了维新的资本家。

老　人——男。八十二岁。无依无靠。

乡　妇——女。三十多岁。穷得出卖小女儿。

小　妞——女。十岁。乡妇的女儿。

庞太监——男。四十岁。发财之后，想娶老婆。

小牛儿——男。十多岁。庞太监的书童。

宋恩子——男。二十多岁。老式特务。

吴祥子——男。二十多岁。宋恩子的同事。

康顺子——女。在第一幕中十五岁。康六的女儿，被卖给庞太监为妻。

王淑芬——女。四十来岁。王利发掌柜的妻，比丈夫更公平正直些。

巡　警——男。二十多岁。

报　童——男。十六岁。

康大力——男。十二岁。庞太监买来的义子，后与康顺子相依为命。

老　林——男。三十多岁。逃兵。

老　陈——男。三十岁。逃兵。老林的把弟。

崔久峰——男。四十多岁。做过国会议员，后来修道，住在裕泰附设的公寓里。

军　官——男。三十岁。

王大拴——男。四十岁左右。王掌柜的长子，为人正直。

周秀花——女。四十岁。大拴的妻。

王小花——女。十三岁。大拴的女儿。

丁　宝——女。十七岁。女招待，有胆有识。

小刘麻子——男。三十多岁。刘麻子之子，继承父业而发展之。

取电灯费的——男。四十多岁。

小唐铁嘴——男。三十多岁。唐铁嘴之子，继承父业，有做天师的愿望。

明师傅——男。五十多岁。包办酒席的厨师傅。

邹福远——男。四十多岁。说评书的名手。

卫福喜——男。三十多岁。邹的师弟，先说评书，后改唱京戏。

方　六——男。三十多岁。打小鼓的，奸诈。

车当当——男。三十岁左右。买卖现洋为生。

庞四奶奶——女。四十岁。丑恶，要做皇后。庞太监的四侄媳妇。

春　梅——女。十九岁。庞四奶奶的丫环。

老　杨——男。三十多岁。卖杂货的。

小二德子——男。三十岁。二德子之子，打手。

于厚斋——男。四十多岁。小学教员，王小花的老师。

谢志勇——男。三十多岁。与于厚斋同事。

小宋恩子——男。三十来岁。宋恩子之子，承袭父业，做特务。

小吴祥子——男。三十来岁。吴祥子之子，世袭特务。

小心眼——女。十九岁。女招待。

沈处长——男。四十岁。宪兵司令部某处处长。

傻　杨——男。数来宝的。

茶客若干人，都是男的。

茶房一两个，都是男的。

难民数人，有男有女，有老有少。

大兵三五人，都是男的。

公寓住客数人，都是男的。

押大令的兵七人，都是男的。

宪兵四人。男。

第一幕

人物　王利发、刘麻子、庞太监、唐铁嘴、康六、小牛儿、松二爷、黄胖子、宋恩子、常四爷、秦仲义、吴祥子、李三、老人、康顺子、二德子、乡妇、茶客甲乙丙丁、马五爷、小妞、茶房一二人

时间　一八九八年（戊戌）初秋，康梁等的维新运动失败了。早半天。

地点　北京，裕泰大茶馆。

[幕启：这种大茶馆现在已经不见了。在几十年前，每城都起码有一处。这里卖茶也卖简单的点心与饭菜。玩鸟的人们，每天在遛够了画眉、黄鸟等之后，要到这里歇歇腿，喝喝茶，并使鸟儿表演歌唱。商议事情的，说媒拉纤的，也到这里来。那年月，时常有打群架的，但是总会有朋友出头给双方调解；三五十口子打手，经调人东说西说，便都喝碗茶，吃碗烂肉面（大茶馆特殊的食品，价钱便宜，做起来快当），就可以化干戈为玉帛了。总之，这是当日非常重要的地方，有事无事都可以来坐半天。

[在这里，可以听到最荒唐的新闻，如某处的大蜘蛛怎么成了精，受到雷击。奇怪

的意见也在这里可以听到，像把海边上都修上大墙，就足以挡住洋兵上岸。这里还可以听到某京戏演员新近创造了什么腔儿，和煎熬鸦片烟的最好的方法。这里也可以看到某人新得到的奇珍——一个出土的玉扇坠儿，或三彩的鼻烟壶。这真是个重要的地方，简直可以算作文化交流的所在。

[我们现在就要看见这样的一座茶馆。

[一进门是柜台与炉灶——为省点事，我们的舞台上可以不要炉灶；后面有些锅勺的响声也就够了。屋子非常高大，摆着长桌与方桌＼长凳与小凳，都是茶座儿。隔窗可见后院，高搭着凉棚，棚下也有茶座儿。屋里和凉棚下都有挂鸟笼的地方。各处都贴着“莫谈国事”的纸条。

[有两位茶客，不知姓名，正眯着眼，摇着头，拍板低唱。有两三位茶客，也不知姓名，正入神地欣赏瓦罐里的蟋蟀。两位穿灰色大衫的——宋恩子与吴祥子，正低声地谈话，看样子他们是北衙门的办案的（侦缉）。

[今天又有一起打群架的，据说是为了争一只家鸽，惹起非用武力解决不可的纠纷。假若真打起来，非出人命不可，因为被约的打手中包括着善扑营[1]的哥儿们和库兵[2]，身手都十分厉害。好在，不能真打起来，因为在双方还没把打手约齐，已有人出面调停了——现在双方在这里会面。三三两两的打手，都横眉立目，短打扮，随时进来，往后院去。

[马五爷在不惹人注意的角落，独自坐着喝茶。

[王利发高高地坐在柜台里。

[唐铁嘴踏拉着鞋，身穿一件极长极脏的大布衫，耳上夹着几张小纸片，进来。]

王利发　唐先生，你外边遛遛吧！

唐铁嘴　（惨笑）王掌柜，捧捧唐铁嘴吧！送给我碗茶喝，我就先给您相相面吧！手相奉送，不取分文！（不容分说，拉过王利发的手来）今年是光绪二十四年，戊戌。您贵庚是……

王利发　（夺回手去）算了吧，我送你一碗茶喝，你就甭卖那套生意口啦！用不着相面，咱们既在江湖内，都是苦命人！（由柜台内走出，让唐铁嘴坐下）坐下！我告诉你，你要是不戒了大烟，就永远交不了好运！这是我的相法，比你的更灵验！

[松二爷和常四爷都提着鸟笼进来，王利发向他们打招呼。他们先把鸟笼子挂好，找地方坐下。松二爷文绉绉的，提着小黄鸟笼；常四爷雄赳赳的，提着大而高的画眉笼。茶房李三赶紧过来，沏上盖碗茶。他们自带茶叶。茶沏好，松二爷、常四爷向临近的茶座让了让。]

松二爷
常四爷 您喝这个！（然后，往后院看了看）

松二爷 好像又有事儿？

常四爷 反正打不起来！要真打的话，早到城外头去啦；到茶馆来干吗？

[二德子，一位打手，恰好进来，听见了常四爷的话。]

二德子 （凑过去）你这是对谁甩闲话呢？

常四爷 （不肯示弱）你问我哪？花钱喝茶，难道还教谁管着吗？

松二爷 （打量了二德子一番）我说这位爷，您是营里当差的吧？来，坐下，喝一碗，我们也都是外场人。

二德子 你管我当差不当差呢！

常四爷 要抖威风，跟洋人干去，洋人厉害！英法联军烧了圆明园，尊家吃着官饷，可没见您去冲锋打仗！

二德子 甭说打洋人不打，我先管教管教你！（要动手）

[别的茶客依旧进行他们自己的事。王利发急忙跑过来。]

王利发 哥儿们，都是街面上的朋友，有话好说。德爷，您后边坐！

[二德子不听王利发的话，一下子把一个盖碗搂下桌去，摔碎。翻手要抓常四爷的脖领。]

常四爷 （闪过）你要怎么着？

二德子 怎么着？我碰不了洋人，还碰不了你吗？

马五爷 （并未立起）二德子，你威风啊！

二德子 （四下扫视，看到马五爷）喝，马五爷，你在这儿哪？我可眼拙，没看见您！（过去请安）

马五爷 有什么事好好地说，干吗动不动地就讲打？

二德子 嗻！您说得对！我到后头坐坐去。李三，这儿的茶钱我候啦！（往后面走去）

常四爷 （凑过来，要对马五爷发牢骚）这位爷，您圣明，您给评评理！

马五爷 （立起来）我还有事，再见！（走出去）

常四爷 （对王利发）邪！这倒是个怪人！

王利发 您不知道这是马五爷呀！怪不得你也得罪了他！

常四爷 我也得罪了他？我今天出门没挑好日子！

王利发 （低声地）刚才您说洋人怎样，他就是吃洋饭的。信洋教，说洋话，有事情可以一直地找宛平县的县太爷去，要不怎么连官面上都不惹呢！

常四爷 （往原处走）哼，我就不佩服吃洋饭的！

王利发 （向宋恩子、吴祥子那边稍一歪头，低声地）说话请留点神！（大声地）李三，再给这儿沏一碗来！（拾起地上的碎瓷片）

松二爷　盖碗多少钱？我赔！外场人不做老娘们事！

王利发　不忙，待会儿再算吧！（走开）

［纤手刘麻子领着康六进来。刘麻子先向松二爷、常四爷打招呼。］

刘麻子　您二位真早班儿！（掏出鼻烟壶，倒烟）您试试这个！刚装来的，地道的英国造，又细又纯！

常四爷　唉！连鼻烟也得从外洋来！这得往外流多少银子啊！

刘麻子　咱们大清国有的是金山银山，永远花不完！您坐着，我办点小事！（领康六找了个座儿）

［李三拿过一碗茶来。］

刘麻子　说说吧，十两银子行不行？你说干脆的！我忙，没工夫专伺候你！

康　六　刘爷！十五岁的大姑娘，就值十两银子吗？

刘麻子　卖到窑子去，也许多拿一两八钱的，可是你又不肯！

康　六　那是我的亲女儿！我能够……

刘麻子　有女儿，你可养活不起，这怪谁呢？

康　六　那不是因为乡下种地的都没法子混了吗？一家大小要是一天能吃上一顿粥，我要还想卖女儿，我就不是人！

刘麻子　那是你们乡下的事，我管不着。我受你之托，教你不吃亏，又教你女儿有个吃饱饭的地方，这还不好吗？

康　六　到底给谁呢？

刘麻子　我一说，你必定从心眼里乐意！一位在宫里当差的！

康　六　宫里当差的谁要个乡下丫头呢？

刘麻子　那不是你女儿的命好吗？

康　六　谁呢？

刘麻子　庞总管！你也听说过庞总管吧？伺候着太后，红的不得了，连家里打醋的瓶子都是玛瑙做的！

康　六　刘大爷，把女儿给太监做老婆，我怎么对得起人呢？

刘麻子　卖女儿，无论怎么卖，也对不起女儿！你糊涂！你看，姑娘一过门，吃的是珍馐美味，穿的是绫罗绸缎，这不是造化吗？怎样，摇头不算点头算，来个干脆的！

康　六　自古以来，哪有……他就给十两银子？

刘麻子　找遍了你们全村儿，找得出十两银子找不出？在乡下，五斤白面就换个孩子，你不是不知道！

康　六　我，唉！我得跟姑娘商量一下！

刘麻子　告诉你，过了这个村可没有这个店，耽误了事可别怨我！快去快来！

康　六　唉！我一会儿就回来！

刘麻子 我在这儿等着你！

康　六 （慢慢地走出去）

刘麻子 （凑到松二爷、常四爷这边来）乡下人真难办事，永远没有个痛痛快快！

松二爷 这号生意又不小吧？

刘麻子 也甜不到哪儿去，弄好了，赚个元宝！

常四爷 乡下是怎么了？会弄得这么卖儿卖女的！

刘麻子 谁知道！要不怎么说，就是一条狗也得托生在北京城里嘛！

常四爷 刘爷，您可真有个狠劲儿，给拉拢这路事！

刘麻子 我要不分心，他们还许找不到买主呢！（忙岔话）松二爷（掏出个小时表来），您看这个！

松二爷 （接表）好体面的小表！

刘麻子 您听听，咯噔咯噔地响！

松二爷 （听）这得多少钱？

刘麻子 您爱吗？就让给您！一句话，五两银子！您玩够了，不爱再要了，我还照数退钱！东西真地道，传家的玩艺！

常四爷 我这儿正咂摸这个味儿：咱们一个人身上有多少洋玩艺儿啊！老刘，就看你身上吧：洋鼻烟，洋表，洋缎大衫，洋布裤褂……

刘麻子 洋东西可真是漂亮呢！我要是穿一身土布，像个乡下脑壳，谁还理我呀！

常四爷 我老觉乎着咱们的大缎子，川绸，更体面！

刘麻子 松二爷，留下这个表吧，这年月，带着这么好的洋表，会教人另眼看待！是不是这么说，您哪？

松二爷 （真爱表，但又嫌贵）我……

刘麻子 您先戴几天，改日再给钱！

[黄胖子进来。]

黄胖子 （严重的砂眼，看不清楚，进门就请安）哥儿们，都瞧我啦！我请安了！都是自家兄弟，别伤了和气呀！

王利发 这不是他们，他们在后院哪！

黄胖子 我看不大清楚啊！掌柜的，预备烂肉面，有我黄胖子，谁也打不起来！（往里走）

二德子 （出来迎接）两边已经见了面，您快来吧！

[二德子同黄胖子入内。

[茶房们一趟又一趟地往后面送茶水。老人进来，拿着些牙签、胡梳、耳挖勺之类的小东西，低着头慢慢地挨着茶座儿走；没人买他的东西。他要往后院去，被李三截住。]

李　三　老大爷，您外边蹓蹓吧！后院里，人家正说和事呢，没人买您的东西！（顺手儿把剩茶递给老人一碗）

松二爷　（低声地）李三！（指后院）他们到底为了什么事，要这么拿刀动杖的？

李　三　（低声地）听说是为一只鸽子。张宅的鸽子飞到了李宅去，李宅不肯交还……唉，咱们还是少说话好，（问老人）老大爷您高寿啦？

老　人　（喝了茶）多谢！八十二了，没人管！这年月呀，人还不如一只鸽子呢！唉！（慢慢走出去）

［秦仲义，穿得很讲究，满面春风，走进来。］

王利发　哎哟！秦二爷，您怎么这样闲在，会想起下茶馆来了？也没带个底下人？

秦仲义　来看看，看看你这年轻小伙子会做生意不会！

王利发　唉，一边做一边学吧，指着这个吃饭嘛。谁叫我爸爸死的早，我不干不行啊！好在照顾主儿都是我父亲的老朋友，我有不周到的地方，过去了。在街面上混饭吃，人缘儿顶要紧。我按着我父亲遗留下的老办法，多说好话，多请安，讨人人的喜欢，就不会出大岔子！您坐下，我给您沏碗小叶茶去！

秦仲义　我不喝！也不坐着！

王利发　坐一坐！有您在我这儿坐坐，我脸上有光！

秦仲义　也好吧！（坐）可是，用不着奉承我！

王利发　李三，沏一碗高的来！二爷，府上都好？您的事情都顺心吧？

秦仲义　不怎么太好！

王利发　您怕什么呢？那么多的买卖，您的小手指头都比我的腰还粗！

唐铁嘴　（凑过来）这位爷好相貌，真是天庭饱满，地阁方圆，虽无宰相之权，而有陶朱之富[3]！

秦仲义　躲开我！去！

王利发　先生，你喝够了茶，该外边活动活动去！（把唐铁嘴轻轻推开）

唐铁嘴　唉！（垂头走出去）

秦仲义　小王，这儿的房租是不是得往上提那么一提呢？当年你爸爸给我的那点租钱，还不够我喝茶用的呢！

王利发　二爷，您说的对，太对了！可是，这点小事用不着您分心，您派管事的来一趟，我跟他商量，该长多少租钱，我一定照办！是！嗻！

秦仲义　你这小子，比你爸爸还滑！哼，等着吧，早晚我把房子收回去！

王利发　您甭吓唬着我玩，我知道您多么照应我，心疼我，决不会叫我挑着大茶壶，到街上卖热茶去！

秦仲义　你等着瞧吧！

［乡妇拉着个十来岁的小妞进来。小妞的头上插着一根草标。李三本想不许她们往

前走，可是心中一难过，没管。她们俩慢慢地往里走。茶客们忽然都停止说笑，看着她们。]

小　妞　（走到屋子中间，立住）妈，我饿！我饿！

[乡妇呆视着小妞，忽然腿一软，坐在地上，掩面低泣。]

秦仲义　（对王利发）轰出去！

王利发　是！出去吧，这里坐不住！

乡　妇　哪位行行好？要这个孩子，二两银子！

常四爷　李三，要两个烂肉面，带她们到门外吃去！

李　三　是啦！（过去对乡妇）起来，门口等着去，我给你们端面来！

乡　妇　（立起，抹泪往外走，好像忘了孩子；走了两步，又转回身来，搂住小妞吻她）宝贝！宝贝！

王利发　快着点吧！

[乡妇、小妞走出去。李三随后端出两碗面去。]

王利发　（过来）常四爷，您是积德行好，赏给她们面吃！可是，我告诉您：这路事儿太多了，太多了！谁也管不了！（对秦仲义）二爷，您看我说的对不对？

常四爷　（对松二爷）二爷，我看哪，大清国要完！

秦仲义　（老气横秋地）完不完，并不在乎有人给穷人们一碗面吃没有。小王，说真的，我真想收回这里的房子！

王利发　您别那么办哪，二爷！

秦仲义　我不但收回房子，而且把乡下的地、城里的买卖也都卖了！

王利发　那为什么呢？

秦仲义　把本钱拢到一块儿，开工厂！

王利发　开工厂？

秦仲义　嗯，顶大顶大的工厂！那才救得了穷人，那才能抵制外货，那才能救国！（对王利发说而眼看着常四爷）唉，我跟你说这些干什么，你不懂！

王利发　您就专为别人，把财产都出手，不顾自己了吗？

秦仲义　你不懂！只有那么办，国家才能富强！好啦，我该走啦。我亲眼看见了，你的生意不错，你甭在耍无赖，不长房钱！

王利发　您等等，我给您叫车去！

秦仲义　用不着，我愿意溜达溜达！

——幕落

注释

[1] 善扑营：康熙时建立的一支直接听命于皇帝的清廷内卫部队，短小精悍，负责安保、训练、表演。

[2] 库兵：守仓库的兵士。

[3] 陶朱之富：泛指拥有巨额财产。陶朱，即范蠡（前536—前448），字少伯，春秋时期楚国宛地（今河南淅川县）人，著名的政治家、军事家和经济学家。虽出身贫贱，但是博学多才，曾献策扶助越王勾践兴越国，灭吴国，一雪会稽之耻。功成名就之后谢绝封赏，急流勇退。后定居于当时的商业中心陶（今山东定陶县），因善于经商，积资巨万，人称“陶朱公”，被后人尊称为“商圣”。他“富好行德”，散尽家财。许多生意人皆供奉他的塑像，称之为“财神”。

◆ 作品赏析

《茶馆》是老舍先生的话剧代表作之一。曹禺誉之为“中国话剧史中的经典”，1957年完成创作。

《茶馆》总共三幕。本文是《茶馆》的第一幕。剧情发生在戊戌变法失败、维新派人物谭嗣同被杀害的时期。通过裕泰茶馆里形形色色的人物的种种活动，描绘了帝国主义扩张渗透、流氓地痞横行、农民破产卖儿女、太监娶妻、爱国者遭迫害的社会现实，逼真地勾勒出晚清的时代特征。

剧中主要人物在这幕都出场了。剧作成功地塑造了众多的艺术典型。人物虽然身份、年龄、职业、地位各不相同，但都形象鲜活，个性鲜明。王利发、常四爷、秦仲义便是第一幕中刻画得最为鲜明的人物。掌柜王利发贯穿全剧。他精明能干，反应灵敏，能说会道。为守住父亲留下的生意，他谨小慎微，委曲求全，各方照顾，左右逢源，多说好话，多请安。在强者面前，他忍气吞声；在弱者面前，他虽心眼不坏，但却没有多少同情心，是圆滑自私的小业主。常四爷，虽是八旗子弟，但耿直刚强，富于正义感和爱国心，是个有血气的硬汉子，是正义和反抗力量的代表。他言语犀利，对自己看不惯的事必须说个痛快。他忧国爱国，痛恨洋人，痛恨腐败无能的清王朝，敢于当众宣布“大清国要完”。对穷人，对弱者，他慷慨相助，重情重义；对特务、爪牙、地痞流氓充满蔑视。秦仲义是民族资产阶级的代表，他财大气粗，自命不凡，对穷苦人很少同情，试图走实业救国之路。他对清王朝的统治存在着阶级本能上的对立，在与庞太监的对话中，软中有硬，绵里藏针，体现了新兴阶级的锐气。此外次要人物如松二爷、二德子、马五爷、刘麻子等也是刻画得入木三分。松二爷是旗人，游手好闲，胆小怕事，性格软弱，但心地善良。二德子是善扑营当差的打手，霸道逞凶、蛮不讲理、欺软怕硬，一副地痞流氓像。马五爷是个“吃洋教的小恶霸”，虽然剧中只讲了三句话，却塑造出一个靠洋教摆威风、傲慢、虚伪的人物形象。刘麻子是靠说媒拉纤，拐卖人口挣钱的地痞无赖，心狠意毒，他用十两银子买来康顺子，又以二百两银子卖给太监庞总管。

剧作语言简洁明快，幽默含蓄，富有个性化，概括力强，三言两语即刻画出人物的性格特征，字里行间流溢着浓郁的北京地方文化色彩，充分显示了老舍先生作为“语言艺术大师”的深厚艺术功力。人们称《茶馆》是一曲含泪带笑的旧时代的哀歌，是一个亦庄亦谐的社会葬礼。

◆ 扩展阅读

哈姆莱特（节选）

莎士比亚

◆ 作家作品简介

威廉•莎士比亚（Willam Shakespeare，1564—1616），英国著名戏剧家和诗人，欧洲文艺复兴时期文学领域中最杰出的代表。

莎士比亚的文学创作很丰富，他一生写过 2 首长诗、154 首十四行诗和 37 部戏剧。莎士比亚的主要成就是戏剧。他的戏剧创作大致分为三个时期：早期（1590—1600），以历史剧和喜剧为主，如《亨利四世》《威尼斯商人》。这些剧作表达了新兴资产阶级反对封建诸侯割据、拥护中央集权君主专制的政治思想，歌颂了追求个性解放、爱情自由的生活理想，洋溢着坚定乐观的人文主义信念和欢快活泼的浪漫主义情调。中期（1601—1607），以悲剧为主，《哈姆莱特》《奥赛罗》《李尔王》《麦克白》是莎士比亚中期创作的“四大悲剧”。这个时期的创作，莎士比亚在思想上揭露和批判的力量大大加强，不仅揭露了封建贵族的野蛮残暴和腐化堕落，而且批判了资产阶级的个人主义和唯利是图，风格上带着一层浓厚的悲愤沉郁的色彩。后期（1608—1612）以传奇剧为主，如《暴风雨》。这个时期的创作虽然对黑暗现实仍有所揭露，但在态度上以宽容、和平代替了批判和抗议，宣扬道德感化，倡导改恶从善。

◆原 文

第三幕

第一场　城堡中一室

剧中人物

克劳狄斯——丹麦国王
乔特鲁德——丹麦王后，哈姆莱特之母
哈姆莱特——前王之子，今王之侄
波洛涅斯——御前大臣
罗森格兰兹——朝臣
吉尔登斯吞——朝臣
奥菲利娅——波洛涅斯之女

［幕启：国王、王后、波洛涅斯、奥菲利娅、罗森格兰兹及吉尔登斯吞上。］

国　　王　你们不能用迂回婉转的方法，探出他为什么这样神魂颠倒，让紊乱而危险的疯狂困扰他的安静的生活吗？

罗森格兰兹　他承认他自己有些神经迷惘，可是绝口不肯说为了什么缘故。

吉尔登斯吞　他也不肯虚心接受我们的探问；当我们想要引导他吐露他自己的一些真相的时候，他总是用假作痴呆的神气故意回避。

王　　后　他对待你们还客气吗？

罗森格兰兹　很有礼貌。

吉尔登斯吞　可是不大自然。

罗森格兰兹　他很吝惜自己的话，可是我们问他话的时候，他回答起来却是毫无拘束。

王　　后　你们有没有劝诱他找些什么消遣？

罗森格兰兹　娘娘，我们来的时候，刚巧有一班戏子也要到这儿来，给我们赶上了；我们把这消息告诉了他，他听了好像很高兴。现在他们已经到了宫里，我想他已经吩咐他们今晚为他演出了。

波洛涅斯　一点不错，他还叫我来请两位陛下同去看看他们演得怎样哩。

国　　王　那好极了。我非常高兴听见他在这方面感到兴趣。请你们两位还要更进一步鼓起他的兴味，把他的心思移转到这种娱乐上面。

罗森格兰兹　是，陛下。（罗森格兰兹、吉尔登斯吞同下）

国　　王　亲爱的乔特鲁德，你也暂时离开我们；因为我们已经暗中差人去唤哈姆莱特到这儿来，让他和奥菲利娅见见面，就像他们偶然相遇一般。她的父亲跟我两人将要权充一下密探，躲在可以看见他们，却不能被他们看见的地方，注意他们会面的情形，从他的行为上判断他的疯病究竟是不是因为恋爱上的苦闷。

王　　后　我愿意服从您的意旨。奥菲利娅，但愿你的美貌果然是哈姆莱特疯狂的原因；更愿你的美德能够帮助他恢复原状，使你们两人都能安享尊荣。

奥菲利娅　娘娘，但愿如此。

[王后下。]

波洛涅斯　奥菲利娅，你在这儿走走。陛下，我们就去躲起来吧。（向奥菲利娅）你拿这本书去读，他看见你这样用功，就不会疑心你为什么一个人在这儿了。人们往往用至诚的外表和虔敬的行动，掩饰一颗魔鬼般的内心，这样的例子是太多了。

国　　王　（旁白）啊，这句话是太真实了！它在我的良心上抽了多么重的一鞭！涂脂抹粉的娼妇的脸，还不及掩藏在虚伪的言辞后面的我的行为更为丑恶。难堪的重负啊！

波洛涅斯　我听见他来了。我们退下去吧，陛下。（国王及波洛涅斯下）

[哈姆莱特上。]

哈姆莱特　生存还是毁灭，这是一个值得考虑的问题：默默忍受命运的暴虐的毒箭，或是挺身反抗人世的无涯的苦难，通过斗争把它们扫清，这两种行为，哪一种更高贵？死了，睡着了，什么都完了。要是在这一种睡眠之中，我们心头的创痛，以及其他无数血肉之躯所不能避免的打击，都可以从此消失，那正是我们求之不得的结局。死了，睡着了，睡着了也许还会做梦。嗯，阻碍就在这儿：因为当我们摆脱了这一具朽腐的皮囊以后，在那死的睡眠里，究竟将要做些什么梦，那不能不使我们踌躇顾虑。人们甘心久困于患难之中，也就是为了这个缘故；谁愿意忍受人世的鞭挞和讥嘲、压迫者的凌辱、傲慢者的冷眼、被轻蔑的爱情的惨痛、法律的迁延、官吏的横暴和费尽辛勤所换来的小人的鄙视，要是他只要用一柄小小的刀子，就可以清算他自己的一生？谁愿意负着这样的重担，在烦劳的生命的压迫下呻吟流汗，倘不是因为惧怕不可知的死后，惧怕那从来不曾有一个旅人回来过的神秘之国，是它迷惑了我们的意志，使我们宁愿忍受目前的磨折，不敢向我们所不知道的痛苦飞去？这样，重重的顾虑使我们全变成了懦夫，决心的赤热的光彩，被审慎的思维盖上了一层灰色，伟大的事业在这一种考虑之下，也会逆流而退，失去了行动的意义。且慢！美丽的奥菲利娅！——女神，在你的祈祷之中，不要忘记替我忏悔我的罪孽。

奥菲利娅　我的好殿下，您这许多天来贵体安好吗？

哈姆莱特　谢谢你，很好，很好，很好。

奥菲利娅　殿下，我有几件您送我给我的纪念品，我早就想把它们还给您，请您现在收回去吧。

哈姆莱特　不，我不要，我从来没有给你什么东西。

奥菲利娅　殿下，我记得很清楚您把它们送给我，那时候您还向我说了许多甜言蜜语，使这些东西格外显得贵重。现在它们的芳香已经消散，请您拿回去吧，因为在有骨气的人看来，送礼的人要是变了心，礼物虽贵，也会失去了价值。拿去吧，殿下。

哈姆莱特　哈哈！你贞洁吗？

奥菲利娅　殿下！

哈姆莱特　你美丽吗？

奥菲利娅　殿下是什么意思？

哈姆莱特　要是你既贞洁又美丽，那么你的贞洁应该断绝跟你的美丽来往。

奥菲利娅　殿下，难道美丽除了贞洁以外，还有什么更好的伴侣吗？

哈姆莱特　嗯，真的，因为美丽可以使贞洁变成淫荡，贞洁却未必能使美丽受它自己的感化。这句话从前像是怪诞之谈，可是现在时间已经把它证实了。我的确曾经爱过你。

奥菲利娅　真的，殿下，您曾经使我相信您爱我。

哈姆莱特　你当初就不应该相信我，因为美德不能熏陶我们罪恶的本性。我没有爱过你。

奥菲利娅　那么我真是受了骗了。

哈姆莱特　进尼姑庵去吧！为什么你要生一群罪人出来呢？我自己还不算是一个顶坏的人，可是我可以指出我的许多过。一个人有了那些过失，他的母亲还是不要生下他来得好。我很骄傲，有仇必报，富于野心，我的罪恶是那么多，连我的思想也容纳不下，我的想象也不能给它们形象，甚至于我都没有充分的时间可以把它们实行出来。像我这样的家伙，匍匐于天地之间，有什么用处呢？我们都是些十足的坏人；一个也不要相信我们。进尼姑庵去吧。你的父亲呢？

奥菲利娅　在家里，殿下。

哈姆莱特　把他关起来，让他只好在家里发发傻劲。再会！

奥菲利娅　哎哟，天呐！救救他！

哈姆莱特　要是你一定要嫁人，我就把这一个咒诅送给你做嫁奁：尽管你像冰一样坚贞，像雪一样纯洁，你还是逃不过谗人的诽谤。进尼姑庵去吧，去，再会！或者要是你必须嫁人的话，就嫁给一个傻瓜吧，因为聪明人都明白你们会叫他们变成怎样的怪物。进尼姑庵去吧，去，越快越好！再会！

奥菲利娅　天上的神明啊，让他清醒过来吧！

哈姆莱特　我也知道你们会怎样涂脂抹粉；上帝给了你们一张脸，你们又替自己另外造了一张。你们烟视媚行，淫声浪气，替上帝造下的生物乱取名字，卖弄你们不懂事的风骚。算了吧，我再也不敢领教了，它已经使我发了狂。我说，我们以后再不要结什么婚了，已经结过婚的，除了一个人以外，都可以让他们活下去；没有结婚的不准再结婚，进尼姑庵去吧，去。（下）

奥菲利娅　啊，一颗多么高贵的心是这样陨落了！朝臣的眼睛、学者的辩舌、军人的利剑、国家所瞩望的一朵娇花，时流的明镜、人伦的雅范、举世瞩目的中心，这样无可挽回地陨落了！我是一切妇女中间最伤心而不幸的，我曾经从他音乐一般的盟誓中吮吸芬芳的甘蜜，现在却眼看着他的高贵无上的理智，像一串美妙的银铃失去了谐和的音调，无比的青春美貌，在疯狂中凋谢！啊！我好苦，谁料过去的繁华，变作今朝的泥土！

［国王及波洛涅斯重上。］

国　王　恋爱？他的精神错乱不像是为了恋爱，他说的话虽然有些颠倒，也不像是疯狂。他有些什么心事盘踞在他的灵魂里，我怕它也许会产生危险的结果。为了防止万一，我已经当机立断，决定了一个办法：他必须立刻到英国去，向他们追索延宕未纳的贡物。也许他到海外各国游历一趟以后，时时变换的环境，可以替他排解去这一桩使他神思恍惚的心事。你看怎么样？

波洛涅斯　那很好。可是我相信他的烦闷的根本原因，还是为了恋爱上的失意。啊，奥菲利娅！你不用告诉我们哈姆莱特殿下说些什么话，我们全都听见了。陛下，照您的意思办吧；可是您要是认为可以的话，不妨在戏剧终场以后，让他的母后独自一个人跟他在一起，恳求他向她吐露他的心事。她必须很坦白地跟他谈谈，我就找一个所在听他们说些什么。要是她也探听不出他的秘密来，您就叫他到英国去，或者凭着您的高见，把他关禁在一个适当的地方。

国　王　就这样吧。大人物的疯狂是不能听其自然的。（同下）

——朱生豪译

◆ 作品赏析

莎士比亚悲剧主要写理想与现实之间的矛盾冲突以及理想的毁灭，《哈姆莱特》是这方面的代表作。该剧写哈姆莱特为父报仇，并担负起改造颠倒混乱时代的重任，同以叔叔克劳狄斯为首的罪恶势力进行了殊死的斗争，最后虽杀死了克劳狄斯，也毁灭了自己，未能完成“重整乾坤”的大业。

这里所节选的是第三幕第一场戏。克劳狄斯要求大臣波洛涅斯安排他的女儿奥菲利娅去刺探哈姆莱特，试探其疯癫的行为。哈姆莱特在奥菲利娅面前胡言乱语，并跟奥菲利娅断绝了爱情。这种装疯卖傻的行为是他复仇的一个主要过程。在知道父亲死于谋杀后，他本应该以最快捷的方式去复仇，但他没有这样做，而是想到装疯。此后接连几场，他都处于装疯之中，他的复仇计划因此拖延了。装疯引起了克劳狄斯的警觉。装疯这一情节表现出哈姆莱特在斗争上还不成熟。

哈姆莱特的内心关于“生存”还是“毁灭”的思考带着极重的悲剧色彩。他像一个思想家一样思考了许多哲学的问题，他提出的问题很深刻，但他解答不了。因此他处于内心的痛苦与矛盾中，精神变得非常忧郁，甚至想到自杀。他意识到自己内心的重重顾虑与太过审慎的思维会使复仇延宕，但他无力克服自己的性格弱点，改变这种欲进不能的状况。所以，不论从他装疯的行为来看还是从他难以解决的思想矛盾来看，他始终处于一种激烈的内心矛盾冲突之中，难免会以悲剧结局。

哈姆莱特复仇的悲剧有其主观上的原因，更有其客观的历史必然性。哈姆莱特的复仇不是单纯的个人复仇，而是时代赋予人文主义者的不可推卸的历史使命，所以他的复仇更艰巨、复杂。作为光明与时代进步代表的哈姆莱特，他有着先进的思想与远大的抱负，但他缺乏生活知识和斗争经验，他的复仇始终处于被动地位。

面对强大的恶势力，哈姆莱特单枪匹马，孤军奋战。这除了表现出作为人文主义者的哈姆莱特自身的弱点之外，还反映出当时人们对人文主义缺乏理解与支持，例如奥菲利娅就不能体察哈姆莱特内心深处的忧虑与痛苦，相反却成了克劳狄斯的帮手。

人文主义者本身的主观幻想和脱离人民的局限，决定了他们不可避免的悲剧命运。哈姆莱特的复仇悲剧既是时代的悲剧，也是人文主义者的悲剧。

第二编

通识经典阅读

美育与人生

蔡元培

◆ 作家作品简介

蔡元培（1868—1940），字鹤卿，又字仲申、民友、孑民，乳名阿培，并曾化名蔡振、周子余，汉族，浙江绍兴府山阴县（今浙江绍兴）人，原籍浙江诸暨。教育家、革命家、政治家。民主进步人士，国民党中央执委、国民政府委员兼监察院院长，民国首任教育总长。1916—1927年任北京大学校长，革新北大，主张“思想自由，兼容并包”。当今的教育中，最缺乏的就是美学艺术教育，发现美、欣赏美，这也正是通识教育的一大目的所在。

◆ 原 文

人的一生，不外乎意志的活动，而意志是盲目的，其所恃以为较近之观照者，是知识；所以供远照、旁照之用者，是感情。

意志之表现为行为。行为之中，以一己的卫生而免死、趋利而避害者为最普通；此种行为，仅仅普通的知识，就可以指导了。进一步的，以众人的生及众人的利为目的，而一己的生与利即托于其中。此种行为，一方面由于知识上的计较，知道众人皆死而一己不能独生；众人皆害而一己不能独利。又一方面，则亦受感情的推动，不忍独生以坐视众人的死，不忍专利以坐视众人的害。更进一步，于必要时，愿舍一己的生以救众人的死；愿舍一己的利以去众人的害，把人我的分别，一己生死利害的关系，统统忘掉了。这种伟大而高尚的行为，是完全发动于感情的。

人人都有感情，而并非都有伟大而高尚的行为，这由于感情推动力的薄弱。要转弱而为强，转薄而为厚，有待于陶养。陶养的工具，为美的对象；陶养的作用，叫作美育。

美的对象，何以能陶养感情？因为它有两种特性：一是普遍；二是超脱。

一瓢之水，一人饮了，他人就没得分润；容足之地，一人占了，他人就没得并立；这种物质上不相入的成例，是助长人我的区别、自私自利的计较的。转而观美的对象，就大不相同。凡味觉、嗅觉、肤觉之含有质的关系者，均不以美论；而美感的发动，乃以摄影及音波辗转传达之视觉与听觉为限，所以纯然有“天下为公”之慨；名山大川，人人得而游览；夕阳明月，人人得而赏玩；公园的造像，美术馆的图画，人人得而畅观。齐宣王称“独乐乐不若与众乐乐”；陶渊明称“奇文共欣赏”；这都是美的普遍性的证明。

植物的花，不过为果实的准备；而梅、杏、桃、李之属，诗人所咏叹的，以花为多。专供赏玩之花，且有因人择的作用，而不能结果的。动物的毛羽，所以御寒，人固有制裘、织呢的习惯；然白鹭之羽，孔雀之尾，乃专以供装饰。宫室可以避风雨就好了，何以要雕刻与彩画？器具可以应用就好了，何以要图案？语言可以达意就好了，何以要特制音调的诗歌？可以证明美的作用，是超越乎利用的范围的。既有普遍性以打破人我的成见，又有超脱性以透出利害的关系；所以当着重要关头，有“富贵不能淫，贫贱不能移，威武不能屈”的气概，甚至有“杀身以成仁”而不“求生以害仁”的勇敢；这种是完全不由于知识的计较，而由于感情的陶养，就是不源于智育，而源于美育。

所以吾人固不可不有一种普通职业，以应利用厚生的需要；而于工作的余暇，又不可不读文学，听音乐，参观美术馆，以谋知识与感情的调和，这样，才算是认识人生的价值了。

摘自《蔡元培教育论著选》，人民教育出版社 1991 年版

○ ○ ○ ○ ○ ○ ○ ○ ○ ○

欲成大器须有通德通识

钱　穆

◆ 作家作品简介

钱穆（1895—1990），字宾四，笔名公沙、梁隐、与忘、孤云，晚号素书老人、七房桥人，斋号素书堂、素书楼。江苏无锡人，吴越太祖武肃王钱镠之后 。中国现代著名历史学家、思想家、教育家，“中央研究院”院士，台北故宫博物院特聘研究员。中国学术界尊之为“一代宗师”，更有学者谓其为中国最后一位士大夫、

国学宗师，与吕思勉、陈垣、陈寅恪并称“史学四大家”。1930 年因发表《刘向歆父子年谱》成名，被顾颉刚推荐，聘为燕京大学国文讲师，后历任北京大学、北平师范大学、西南联大、齐鲁大学、华西大学、四川大学、云南大学、江南大学教授。1949 年南赴香港，创办新亚书院（香港中文大学前身）。1967 年迁居台北，任中国文化学院（今中国文化大学）史学教授。1990 年在台北逝世，享年 95 岁，1992 年归葬苏州太湖之滨。

◆原　文

近代教育上，有专家与通才之争。其实成才则就其性之所近，宜于专而分。中国传统教育，也不提倡通才，所提倡者，乃是通德通识。故曰：“士先器识，而后文艺。”有了通德通识，乃为通儒通人。人必然是一人。各业皆由人担任。如政治，如商业，皆须由人担任。其人则必具通德，此指人人共通当有的，亦称达德。担任这一业，也须懂得这一业在人生大道共同立场上的地位和意义，此谓之通识。通德属于仁，通识属于智。其人具有通德通识，乃为上品人，称大器，能成大业，斯为大人。若其人不具通德通识，只是小器，营小事，为下品人。

中国人辨别人品，又有雅俗之分。俗有两种，一是空间之俗，一是时间之俗。限于地域，在某一区的风气习俗之内，转换到别一区，便不能相通；限于时代，在某一期的风气习俗之内，转换到另一期，又复不能相通。此谓小人俗人。大雅君子，不为时限，不为地限，到处相通。中国在西周初期，列国分疆，即提倡雅言雅乐，遂造成了中国民族更进一步之大统一。此后中国的文学艺术，无不力求雅化。应不为地域所限，并亦不为时代所限。文学艺术如此，其他人文大道皆然。故《中庸》曰：“君子之道，本诸身，征诸庶民，考诸三王而不缪，建诸天地而不悖，质诸鬼神而无疑，百世以俟圣人而不惑。”此项大道，其实只在一个小己个人的身上，此一人便成为君子。但君子之道，并不要异于人，乃要通于人，抑且要通一大群一般人。故曰征诸庶民，要能在庶民身上求证。考诸三世，是求证于历史。建诸天地，是求证于大自然。质诸鬼神，是求证于精神界。此项大道，惟遇圣人，可获其首肯与心印。圣人不易遇，故将百世以俟。但此一君子，其实亦可谓只是一雅人。雅即通，要能旁通四海，上下通千古，乃为大雅之极。故既是君子，则必是一雅人。既是雅人，亦必是一君子。但没有俗的君子，亦没有雅的小人。只中国人称君子，都指其日常人生一切实务言。而中国人称雅人，则每指有关文学艺术的生活方面而言。故君子小人之分，尤重于雅俗之分。

中国传统教育，亦可谓只要教人为君子不为小人，教人为雅人不为俗人。说来平易近人，但其中寓有最高真理，非具最高信仰，则不易到达其最高境界。中国传统教育，极富宗教精神，而复与宗教不相同，其要端即在此。

摘自《国史新论》，三联书店 2005 年版

人文方面几类应读的书

朱光潜

◆ 作家作品简介

朱光潜（1897—1986），字孟实，安徽省桐城人。现当代著名美学家、文艺理论家、教育家、翻译家。1922 年毕业于香港大学文学院。1925 年留学英国爱丁堡大学，致力于文学、心理学与哲学的学习与研究，后在法国斯特拉斯堡大学获哲学博士学位。1933 年回国后，历任北京大学、四川大学、武汉大学教授。1946 年后一直在北京大学任教，讲授美学与西方文学，主要著作有《悲剧心理学》《文艺心理学》《西方美学史》《谈美》等。此外，他的《谈文学》《谈美书简》等理论读物，深入浅出，内容切实，文笔流畅，对提高青年的写作能力与艺术鉴赏能力颇有启迪，有《朱光潜全集》。

朱光潜先生曾说："书是读不尽的，就读尽也是无用，许多书都没有一读的价值。多读一本没有价值的书，便丧失可读一本有价值的书的时间和精力，所以须慎加选择。"到底该读何书？本篇列了人文方面几类应读的书籍目录供读者参考。

◆ 原　文

百川先生：

暑中我因校事赴成都，最近回校才看到中周社转来黄梅先生的信，提议要我开一个为获得现代公民常识所必读的书籍目录。这很使我为难，一则我目前极忙，没有工夫仔细斟酌；二则我所学的偏重人文方面，对于社会科学和自然科学都是外行。

读书不是一件死板的事，一个方单不能施诸人人而有效。各人的环境、天资、修养和兴趣都不能一笔抹杀。一个人在读书方面想有成就，明眼人的指导固大有裨益，自己的暗中摸索有时也不可少，因为失败的教训往往大于成功的。读者既然要求一个目录，我姑且就我的能力所及，随便谈谈几类应读的书籍，不过要特别声明：这是我个人的意见，只能供参考，不敢希望每个人都依照。

第一，我以为一个人第一件应该明确的是他本国的文化演进、社会变迁以及学术思想和文艺的成就。这并不一定是出于执古守旧的动机。要前进必从一个基点出发，而一个民族已往的成就即是它前进出发的基点。知道它的长处所在和短处所在，我们才能知道哪些东西应发挥光大，哪些应弥补改革，也才能知道它在全人类文化中占何等位置，而我们自己如何对它有所贡献。我不是一个学历史者，但对于过去一切典籍，欢喜从历史的眼光去看。从前人有“六经皆史”的说法，其实不只是六经，一切典籍所载都可以当作史迹看。史是人类活动进展的轨迹，它的功用在观今鉴古，继往以开来。我赞成多读中国古典和西方古典，都是根据这个观点。每种学问都有一个渊源，知道渊源才可以溯理流派。知道渊源固不是三五部书所可了事。但是渊源又有渊源，我们先从最基本的着手，然后逐渐扩充，便不至于没有根底。

回到了解中国固有文化的问题，中国向来传统教育所着重的大政并不错。中国中心思想无疑的是儒家，而儒家渊源的渊源在《论语》《孟子》和“五经”。无论从思想或是从艺术的观点看,《论语》都是一部绝妙的书，可以终身咀嚼，学用不尽的。我从前很欢喜《世说新语》，为的是它所写的魏晋人风度和所载的隽同妙语。近来以风度语言的标准去看《论语》，觉得以《世说新语》较《论语》，真是小巫见大巫。《孟子》比较是要偏锋，露棱角，但是说理文之犀利痛快、明白晓畅，后来却没有人能赶得上。“五经”之中，流品不齐，《书经》是最古的政治史料，《易经》是最古的解释自然的企图，《诗经》为中国纯文学之祖，《春秋》为中国编年史之祖，《礼记》较晚出，内容颇驳杂，但是儒家思想见于此经者反比他经为多，其中如《檀弓》《学记》《乐记》《儒行》《礼运》《大学》《中庸》诸篇，妙文至理，是任何读书人不应放过的。诸子之中，老庄荀墨家最重要，次可略览《韩非子》《列子》《淮南子》及《吕氏春秋》。读先秦典籍不可不略通文字训诂，段玉裁的《说文解字注》最便于初学，王引之的《经传释词》颇有科学条理，亦可看。要明白中国思想演进，佛典及宋元明理学都不可忽略，可惜我对此毫无研究，不敢多舌。我只能说，在佛典中我很爱读《六祖坛经》和《楞严经》，这也许是文人积习。在理学书籍中我觉得《近思录》和《传习录》很简便。史籍最浩繁，一般人可选读前四史，全读《资治通鉴》，遇重大事件翻阅《通鉴纪事本末》，遇重大问题翻阅“三通”。治一切学问都不可不明白史的背景，可惜我们至今没有一部完善的通俗的通史，近人张荫麟钱穆诸君所编的各有特见，但都只能算是草创。文艺方面除着《楚辞》及陶杜诸集外，一般人可从选本入手。选本甚多，选者各有偏重，难得尽满人意。梁以前作品具见于《昭明文选》，这是选学之祖，诗文兼收，为治辞章者所必读。后来选本比较适用的，文推姚姬传的《古文辞类纂》；诗推王渔洋的《古今诗选》、王壬秋的《八代诗选》、沈归愚的《古诗源》和《唐宋诗醇》、曾国藩的《十八家诗钞》；词推《花间集》、张惠言《词选》和朱彊邨的《宋词三百首》。曲读《西厢记》《琵琶记》《桃花扇》及其他数种；小说读《水浒》《红楼梦》及其他数种，对于一般人也就可知其梗概了。

在现代，一个人如果只读中国书，他的见解难免偏狭固陋，而且就是中国书也不一定能读得好。学术和其他事物一样，必以比较见优劣，必得新刺激才可产生新生命。读书人最低限度须通一个外国文，从翻译中窥外人文物思想，总难免隔靴搔痒，尤其是在现在我们的译品太少，而且大半不很可靠。要明了一个文化，大约不外取两种程序。拿绘画来打比，或是先绘一个轮廓，然后点染枝节，由粗疏逐渐到细密；或是先累积枝节，逐渐造成一个轮廓，由日就月将而达到豁然贯通。这两种程序可以并行不悖，普通学者大半兼采这两个方法。治西方文史，为一般人说法，我主张偏重第一个方法。因为从枝节架轮廓，需要很长久的耐苦，如果枝节不够充实，所架成的轮廓也就一定不端正恰当。我们一般人对于西方文史所能花费的时间精力是有限的，想明白西方文化的轮廓，我们最好先读几部较好的历史。我们所感觉困难的是较好的历史大半是专史而不是通史。从史学观点看，韦尔斯的《世界史纲》（有中译）也许不很完善，但对于一般人却是一部好书。关于近代的，Fisher 的欧洲通史值得特别介绍。如果再求详尽精确，读者可参考 Lavisse 的通史（法文）和剑桥大学的中世纪和近代欧洲史。这都是权威著作，有很好的史籍目录可供采择。有时候小册书也很有用，比如谈古代欧洲的，像 Livingstone：*Greek Genius and Its Meaning to Us*；Lowes Dickenson：*Greek View of Life*；Warde–Fowler：*City–state in Grecce and Rome*，都非常好。

欧洲文化，大概地说，有三个重要来源：一是希腊的，科学哲学的思想和文艺作品都是后来的模范；一是希伯来的，宗教信仰大半是它的贡献；一是条顿的，继承希腊精神而发挥为近代科学与工商业文化。在这三个成分中，希腊文化最重要也最难了解，它的内容太丰富而且它离我们也太久远。我们最好先从文艺入手。希腊人最擅长的是造型艺术，雕刻尤其精妙，图画建筑和陶器次之。读者最好择一部希腊艺术史，仔细玩味原迹的照片或图形。从这中间他可领略一些希腊人的生活风味。再进一步他就应该读荷马史诗，希腊的社会人情风俗及人生理想可于此窥见一斑，再加上几部悲剧代表作，对于希腊人的印象就更明了了。在思想方面，柏拉图的对话集最好能全读，至少也应读《理想国》，这是用对话体写的。从古到今，没有一个哲学家能像柏拉图那样面面俱到，深入浅出，用极寻常而幽美的文字传极深奥的道理。要做一个循规蹈矩的哲学家，读柏拉图是最好的门径，要引起一点哲学的兴趣，训练一点哲学的头脑，读柏拉图也比读任何其他哲学家强。亚理斯多德比较干枯，但是很谨严细密，能把他的《伦理学》看一遍也很好。此外，我们可读晚出的普鲁塔克的《英雄传》。这是拿罗马伟人和希腊伟人对照的传记，可以见出那时代人物的生活和风格。罗马时代的著作无甚特创，不是专习文学哲学的人就把它完全丢开也无大妨碍。

希伯来的经典流行的只有一部《圣经》。这部书在西方的影响人概超过任何一部书之上。它分《旧约》《新约》两部分。《旧约》是犹太教的经典，大部分是犹太的历史和宗教家的训词。《新约》记耶稣生平言行及耶稣教传播的经过。一般人对《圣经》不必全读，《旧约》中读《创世纪》《出埃及记》《约伯传》《颂诗》数篇，《新约》中读任何一个《福音》也就够了。

中世纪常被人误认为“黑暗贫乏”，其实中世纪民众艺术，如雕刻建筑图画诗歌传奇之类，是很光华灿烂的。读者可择看一部较详尽的艺术史（如 Michet 所著的），读一两部传奇（如《罗兰之歌》《亚瑟王传》之类），再加上一两部耶教大师的著作（如《圣奥古斯丁自传》之类），对于中世纪人的丰富的内心生活便可知其梗概。但丁是文艺复兴的初期大师，他的《神曲》不可不读。较软性的读物有薄伽丘的《十日谈》和塞万提斯的《堂吉诃德》。文艺复兴期的最具体的成就仍在造型艺术，读者可看 Vasari 的《艺人传》和 Beransen 的《意大利画》。

近代欧洲学术分野逐渐细密，著述也更浩繁，我们很不容易介绍几部书来代表一个时代。在思想方面，卢梭的影响最大，他的《自传》和《民约论》是了解近代欧洲的一个钥匙。正统派哲学家自然要推康德和他们的唯心派的继续人。但是他们的作品大半难读，一般读者如能去硬啃康德的《纯粹理性批判》和黑格尔的《逻辑学》固然顶好，否则看一两部较好的哲学史也可略见一斑（通行的有 Rogers，Thilly，Weber，Windelband 所著的都可用）。在文艺方面，各国都有特殊的造诣，一般读者要想面面俱到，实不可能，只能就他们所懂的文字和兴趣所偏重的去下工夫。那就成了专门学问，我们不能在这里介绍书目。我们为一般人说法，只能介绍几位登峰造极的作者，比如说，一个普通读者如能就莎士比亚的剧本，莫利哀的喜剧，歌德的诗文集，易卜生的剧本，屠格涅夫、托尔斯泰、陀思妥耶夫斯基诸人的小说集中各选读三数种，也就很可观了。

社会科学和自然科学非本文范围所及。但有几部虽为科学专著而已成古典的书籍不能不约略提及，例如达尔文的《物种源始》，亚当·斯密的《原富》，穆勒的《群己权界论》，里波、詹姆斯和弗洛伊德的心理学著作，马克思的《资本论》，佛来柔的《金牛》（Frager：*Golden Bough*），都有很广泛的读者，并不限于专门家。

本文匆匆写就，可议的地方自知甚多。但是我相信，如果读者将这寥寥数十部书仔细读过，他对于人类文化的了解不会很错误。我希望关于社会科学和自然科学的书籍另有知道清楚的人去拟一个目录。

如果你觉得这信对于读者有若干帮助，即请借贵刊披露，并以答黄梅先生。

原载《中央周刊》5 卷 4 期，1942 年 9 月

为什么读经典

伊塔洛·卡尔维诺

◆ 作家作品简介

伊塔洛·卡尔维诺（Italo Calvino，1923—1985），意大利当代作家。卡尔维诺生于古巴哈瓦那，随父母移居意大利。毕业于都灵大学文学系，第二次世界大战中积极参加反法西斯斗争，战后开始文学创作。主要作品有小说《分成两半的子爵》《树上的男爵》《不存在的骑士》等。

◆ 原　文

让我们先提出一些定义。

一、经典是那些你经常听人家说“我正在重读……”而不是“我正在读……”的书。

至少对那些被视为“博学”的人是如此；它不适用于年轻人，因为他们处于这样一种年龄：他们接触世界和接触成为世界的一部分的经典作品之所以重要，恰恰是因为这是他们的最初接触。

代表反复的“重”，放在动词“读”之前，对某些耻于承认未读过某部名著的人来说，可能代表着一种小小的虚伪。为了让他们放心，只要指出这点就够了，也即无论一个人在性格形成期阅读多么广泛，总还会有众多的重要作品未读。任何人如果读过希罗多德和修昔底德的全部作品，请举手。圣西门又如何？还有雷斯枢机主教？即使是十九世纪那些伟大的系列小说，通常也是提及多于读过。在法国，他们开始在学校读巴尔扎克，而从各种版本的销量来判断，人们显然在学生时代结束后还在继续读他。但是，如果在意大利对巴尔扎克的受欢迎程度作一次正式调查，他的排名恐怕会很低。狄更斯在意大利的崇拜者是一小撮精英，他们一见面就开始回忆各种人物和片断，仿佛在谈论他们在现实生活中认识的人。米歇尔·布托多年前在美国教书时，人们老是向他问起左拉，令他烦不胜烦，因为他从未读过左拉，于是他下决心读整个《鲁贡玛卡家族》系列。

他发现，它与他想象中的完全是两回事：它竟是寓言般的、神话学式的系谱学和天体演化学，他后来曾在一篇精彩的文章中描述这个体系。

上述例子表明，一个人在完全成年时首次读一部伟大作品，是一种极大的乐趣，这种乐趣跟青少年时代非常不同（至于是否有更大乐趣则很难说）。在青少年时代，每一次阅读跟每一次经验，都会增添独特的滋味和意义；而在成熟的年龄，一个人会欣赏（或者说应该欣赏）更多的细节、层次和含义。因此，我们不妨尝试以其他方式表述我们的定义：

二、经典作品是这样一些书，它们对读过并喜爱它们的人构成一种宝贵的经验；但是对那些保留这个机会，等到享受它们的最佳状态来临时才阅读它们的人，它们也仍然是一种丰富的经验。

因为实际情况是，我们年轻时所读的东西，往往价值不大，这又是因为我们没耐性、精神不能集中、缺乏阅读技能，或因为我们缺乏人生经验。这种青少年的阅读可能（也许同时）具有形成性格的作用，理由是它赋予我们未来的经验一种形式或形状，为这些经验提供模式，提供处理这些经验的手段、比较的措辞、把这些经验加以归类的方法、价值的衡量标准、美的范例：这一切都继续在我们身上起作用，哪怕我们已差不多忘记或完全忘记我们年轻时所读的那本书。当我们在成熟时期重读这本书，我们就会重新发现那些现已构成我们内部机制的一部分的恒定事物，尽管我们已回忆不起它们从哪里来。这种作品有一个特殊效力，就是它本身可能会被忘记，却把种子留在我们身上。我们现在可以给出这样的定义：

三、经典作品是一些产生某种特殊影响的书，它们要么自己以遗忘的方式给我们的想象力打下印记，要么乔装成个人或集体的无意识隐藏在深层记忆中。

基于这个理由，一个人的成年生活应有一段时间用于重新发现我们青少年时代读过的最重要作品。即使这些书依然如故（其实它们也随着历史角度的转换而改变），我们肯定已经改变了，因此后来这次接触也就是全新的。

所以，我们用动词“读”或动词“重读”也就不真的那么重要。事实上我们可以说：

四、一部经典作品是一本每次重读都好像初读那样带来发现的书。

五、一部经典作品是一本即使我们初读也好像是在重温我们以前读过的东西的书。

上述第四个定义可视为如下定义的必然结果：

六、一部经典作品是一本从不会耗尽它要向读者说的一切东西的书。而第五个定义则隐含如下更复杂的表述：

七、经典作品是这样一些书，它们带着以前的解释的特殊气氛走向我们，背后拖着它们经过文化或多种文化（或只是多种语言和风俗习惯）时留下的足迹。

这同时适用于古代和现代经典。如果我读《奥德赛》，我是在读荷马的文本，但我也不能忘记尤利西斯的历险在几个世纪以来所意味的一切事情，而我不能不怀疑这些意味究竟是隐含于原著文本中，还是后来逐渐增添、变形或扩充的。如果我读卡夫卡，我就会一边认可一边抗拒“卡夫卡式的”这个形容词的合法性，因为我们老是听见它被用于指称可以说任何事情。如果我读屠格涅夫的《父与子》或陀思妥耶夫斯基的《恶魔》，我就不能不思索这些书中的人物是如何继续一路转世投胎，一直到我们这个时代。

读一部经典作品还一定会令我们感到意外，当我们拿它与我们以前所想象的它比较。这就是为什么我们总要一再推荐读第一手文本，尽量避免二手书目、评论和其他解释。中学和大学都应加强这样一个想法，也即任何一本讨论另一本书的书，所说的都永远比不上被讨论的书；然而他们竭尽全力要让学生相信的，事实上恰恰相反。这里存在一种流行很广的价值的逆转，即是说，导言、批评机器和书目被用得像烟幕，遮蔽了文本在没有中间人的情况下必须说和只能说的东西——而中间人总是宣称他们所知比文本自身还多。因此，我们可以这样下结论：

八、一部经典作品是这样一部作品，它不断让周围制造一团批评话语的尘雾后，却总是把那些微粒抖掉。

一部经典作品不一定要教一些我们不知道的东西；有时候我们在一部经典作品中发现我们已知道或总以为我们已知道的东西，却没有料到那个经典文本早就说了（或那个想法与那个文本有一种特殊联系）。这种发现同时也是非常令人满足的意外，例如当我们弄清楚一个想法的来源，或它与某个文本的联系，或谁先说了，我们总会有这种感觉。综上所述，我们可以得出如下定义：

九、经典作品是这样一些书，我们越是道听途说，以为我们懂了，当我们实际读它们，我们就越是觉得它们独特、意想不到和新颖。

当然，发生这种情况通常是因为一部经典作品的文本“起到”一部经典作品的作用，即是说，它与读者建立一种个人关系。如果没有火花，这种做法就没有意义：出于职责或敬意读经典作品是没用的，我们只应仅仅因为喜爱而读它们。除了在学校：无论你愿不愿意，学校都要教你读一些经典作品，在这些作品当中（或通过把它们作为一个基准）你以后将辨别“你的”经典作品。学校有责任向你提供这些工具，使你可以做出你自己的决定；但是，只有那些你在学校教育之后或之外选择的东西才有价值。

只有在非强制的阅读中，你才会碰到将成为“你的”书的书。我认识一位出色的艺术史专家，一个极其广博的人，在他读过的所有著作中，他最喜欢《匹克威克外传》，他在任何讨论期间，都会引用狄更斯这本书的片断，并把他生命中每一个事件与匹克威克的生平联系起来。渐渐地，他本人、宇宙及其基本原理，都在一种完全认同的过程中，以《匹克威克外传》的面目呈现。如果我们沿着这条路走下去，我们就会形成对一部经典作品的想法，它既令人仰止又要求极高：

十、一部经典作品是这样一个名称，它用于形容任何一本表现整个宇宙的书，一本与古代护身符不相上下的书。

这样一个定义，使我们进一步接近关于那本无所不包的书的想法，马拉梅梦寐以求的那种书。但是一部经典作品也同样可以建立一种不是认同而是反对或对立的强有力关系。卢梭的所有思想和行动对我都十分亲切，但是它们在我身上催发一种要抗拒他、要批评他、要与他辩论的无可抑制的迫切感。当然，这跟我觉得他的人格与我的性情难以相容这一事实有关，但是，如果这么简单的话，则我避免读他就行了；事实是，我不能不把他看成我的作者之一。所以，我要说：

十一、“你的”经典作品是这样一本书，它使你不能对它保持不闻不问，它帮助你在与它的关系中甚至在反对它的过程中确立你自己。

我不相信需要为我使用“经典”这个名称辩解，我这里不用古代、风格和权威等字眼来区分。（关于这个名称的上述种种意义的历史，弗朗哥·福尔蒂尼为《伊诺第百科全书》第三册撰写的“经典”条目有极详尽的阐述。）基于我这个看法，一部经典作品的不同之处，也许仅仅是我们从一部不管是古代还是现代，但在一种文化延续性之中有它自己的位置的作品那里所感到的某种共鸣。我们可以说：

十二、一部经典作品是一部早于其他经典作品的作品；但是那些先读过其他经典作品的人，一下子就认出它在众多经典作品的系谱图中的位置。

至此，我再也不能搁置一个关键问题，也即如何协调阅读经典与阅读其他一切不是经典的文本之间的关系。这个问题与其他问题有关，诸如：“为什么读经典，而不是读那些使我们对自己的时代有更深了解的作品？”“我们哪里有时间和闲情去读经典？我们已被有关现在的各类印刷品的洪水淹没了。”

十三、一部经典作品是这样一部作品，它把现在的噪音调成一种背景轻音，而这种背景轻音对经典作品的存在是不可或缺的。

十四、一部经典作品是这样一部作品，哪怕与之格格不入的现在占统治地位，它也坚持成为一种背景噪音。

事实仍然是读经典作品似乎与我们的生活步调不一致，我们的生活步调无法忍受把大段大段的时间或空间让给人本主义者的悠闲；也与我们文化中的精英主义不一致，这种精英主义永远也制订不出一份经典作品的目录来配合我们的时代。这反而恰恰是莱奥帕尔迪的生活的环境：住在父亲的城堡，他得利用父亲莫纳尔多那个令人生畏的藏书室，实行他对希腊和拉丁古籍的崇拜，并给藏书室增添了到那个时代为止的全部意大利文学，以及所有法国文学——除了唱片小说和最新出版的作品，它们数量极少，完全是为了让妹妹消遣（“你的司汤达”是他跟保利娜谈起这位法国小说家时的用语）。莱奥帕尔迪甚至端起绝不算“新近”的文本，来满足他对科学和历史著作的极端热情，读布封的关于鸟类的习惯的著作，读丰特奈尔关于弗雷德里克·勒依斯的木乃伊的著作，以及罗宾森的关于哥伦布的著作。

今天，像青年莱奥帕尔迪那样接受古典作品的熏陶，已难以想象，尤其是他父亲莫纳尔多伯爵的藏书室已经解体。说解体既是指那些古书已所剩无几，也指所有现代文学和文化的新著作大量涌现。现在可以做的，是让我们每个人都发明我们理想的经典藏书室；而我想说，其中一半应该包括我们读过并对我们有所裨益的书，另一半应该是我们打算读并假设可能对我们有所裨益的书。我们还应该把一部分空间让给意外之书和偶然发现之书。

我注意到，莱奥帕尔迪是我提到的唯一来自意大利文学的名字。这正是那个藏书室解体的结果。现在我应重写整篇文章，以清楚地表明经典帮助我们理解我们是谁和我们所到达的位置，进而明白意大利经典作品对我们意大利人是不可或缺的，否则我们就无法比较外国的经典作品；同样地，外国经典作品也是不可或缺的，否则我们就无法比较意大利的经典作品。

接着，我还真的应该第三次重写这篇文章，免得人们相信之所以要读经典是以为它们有某种用途。唯一可以列举出来讨他们欢心的理由是，读经典总比不读好。

而如果有谁反对说，它们不值得那么费劲，我想援引乔兰（不是一个经典作家，至少还不是一个经典作家，却是一个现在才被译成意大利文的当代思想家）：“当毒药在准备中的时候，苏格拉底正在用长笛练习一首曲子。‘这有什么用呢？’有人问他。‘至少我死前可以学习这首曲子。’”

摘自《为什么读经典》，黄灿然、李桂蜜译，译林出版社 2006 年版

○ ○ ○ ○ ○ ○ ○ ○ ○ ○

为学与做人

梁启超

◆ 作家作品简介

梁启超（1873—1929），字卓如，一字任甫，号任公，又号饮冰室主人、饮冰子、哀时客、中国之新民、自由斋主人。清朝光绪年间举人，中国近代思想家、政治家、教育家、史学家、文学家。戊戌变法（百日维新）领袖之一、中国近代维新派、新法家代表人物。维新变法前，与康有为一起联合各省举人发动“公车上书”运动，此后先后领导北京和上海的强学会，又与黄遵宪一起办《时务报》，任长沙时务学堂的主讲，并著《变法通议》为变法做宣传。戊戌变法失败后，与康有为一起流亡日本，

政治思想上逐渐走向保守，但是他是近代文学革命运动的理论倡导者。逃亡日本后，梁启超在《饮冰室合集》《夏威夷游记》中继续推广“诗界革命”，批判了以往那种诗中运用新名词以表新意的做法。在海外推动君主立宪。辛亥革命之后一度入袁世凯政府，担任司法总长；之后对袁世凯称帝、张勋复辟等严词抨击，并加入段祺瑞政府。他倡导新文化运动，支持五四运动。本文是梁启超1914年冬在清华大学的励志演讲稿。

◆ 原　文

今天到这里，能够和全城各校诸君聚在一堂，令我感激的很，但有一件，还要请诸君原谅：因为我一个月以来，都带着些病，勉强支持，今天不能作很长的讲演，恐怕有负诸君期望哩。

问诸君“为什么进学校？”我想人人都会众口一词地答道：“为的是求学问。”再问：“你为什么要求学问？”“你想学些什么？”恐怕各人的答案就很不相同，或者竟自答不出来了。诸君啊！我替你们回答一句罢：“为的是学做人。”你在学校里头学的什么数学、几何、物理、化学、生理、心理、历史、地理、国文、英语，乃至什么哲学、文学、科学、政治、法律、经济、教育、农业、工业、商业等等，不过是做人所需的一种手段，不能说专靠这些便达到做人的目的，任凭你把这些件件学得精通，你能够成个人不成个人还是个问题。

人类心理，有知、情、意三部分。这三部分圆满发达的状态，我们先哲名为三达德——智、仁、勇。为什么叫作“达德”呢？因为这三件事是人类普通道德的标准，总要三个具备，才能成一个人。三件的完成状态怎么样呢？孔子说：“知者不惑，仁者不忧，勇者不惧。”所以教育应分为知育、情育、意育三方面——现在讲的智育、德育、体育不对，德育范围太笼统，体育范围太狭隘——知育要教导人不惑，情育要教导人不忧，意育要教导人不惧。教育家教育学生，应该以这三件为究竟，我们自动地自己教育自己，也应该以这三件为究竟。

怎么样才能不惑呢？最要紧的是养成我们的判断力。想要养成判断力，第一步，最少须有相当的常识；进一步，对于自己要做的事须有专门知识；再进一步，还要有遇事能断的智慧。假如一个人连常识都没有，听见打雷，说是雷公发威；看见月蚀，说是蛤蟆贪嘴。

那么，一定闹到什么事都没有主意，碰到一点疑难问题，就靠求神问卜看相算命去解决，真所谓“大惑不解”，成了最可怜的人了。学校里小学中学所教，就是要人有了许多基本的知识，免得凡事都暗中摸索。但仅仅有点常识还不够，我们做人，总要各有一件专门职业。这门职业，也并不是我一人破天荒去做，从前已经许多人做过，他们积累了无数经验，发现出好些原理原则，这就是专门学识。我打算做这项职业，就应该有这项专门的学识。

例如我想做农民，怎么改良土壤，怎么改良种子，怎么防御水旱病虫，等等，都是前人经验有得成为学识的；我们有了这种学识，应用它来处置这些事，自然会不惑，反是则惑了。做工、做商等等都各有它的专门学识，也是如此。我想做财政家吗，何种租税可以生出何样结果，何种公债可以生出何样结果等等，都是前人经验有得成为学识的；我们有了这种学识，应用它来处置这些事，自然会不惑，反是则惑了。教育家、军事家等等，都各有它的专门学说，也是如此。我们在高等以上学校所求的知识，就是这一类。

但专靠这种常识和学识就够吗？还不能。宇宙和人生是活的不是呆的，我们每日碰见的事理是复杂的变化的，不是单纯的刻板的，倘若我们只是学过这一件，才懂这一件，那么，碰着一件没有学过的事来到跟前，便手忙脚乱了。所以还要养成总体的智慧，才能有根本的判断力。

这种总的智慧如何才能养成呢？第一件，要把我们向来粗浮的脑筋，着实磨炼它，叫它变成细密而且踏实。那么，无论遇着如何繁难的事，我都可以彻头彻尾想清楚它的条理，自然不至于惑了。第二件，要把我们向来浑浊的脑筋，着实将养它，叫它变成清明。那么，一件事理到跟前，我才能很从容很莹澈地去判断它，自然不至于惑了。以上所说常识学识和总体的智慧，都是知育的要件，目的是教人做到“知者不惑”。

怎么样才能不忧呢？为什么仁者便会不忧呢？想明白这个道理，先要知道中国先哲的人生观是怎么样。“仁”之一字，儒家人生观的全体大用都包在里头。“仁”到底是什么？很难用言语说明，勉强下个解释，可以说是：“普遍人格之实现。”孔子说：“仁者人也。”意思是说人格完成就叫作“仁”。但我们要知道，人格不是单独一个人可以表现的，要从人和人的关系上来看。所以仁字从二人，郑康成解他作“相人偶”。总而言之，要彼此交感互发，成为一体，然后我的人格才能实现。

所以我们若不讲人格主义，那便无话可说；讲到这个主义，当然归宿到普遍人格。换句话说，宇宙即是人生，人生即是宇宙，我们的人格，和宇宙无二区别，体验得这个道理，就叫作“仁者”。然则这种仁者为什么就会不忧呢？大凡忧之所从来，不外两端，一曰忧成败，二曰忧得失。

我们得着“仁”的人生观，就不会忧成败。为什么呢？因为我们知道宇宙和人生是永远不会圆满的，所以《易经》六十四卦，始“乾”而终“未济”。正为在这永远不会圆满的宇宙中，才永远容得我们创造进化。我们所做的事，不过在宇宙进化几万万里的长途中，往前挪一寸、两寸，哪里配说成功呢？然则不做怎么样呢？不做便连这一寸都不往前挪，那可真是失败了。“仁者”看透这种道理，信得过只有不做事才算失败，肯做事便不会失败。所以《易经》说：“君子以自强不息。”

换一方面来看，他们又信得过凡事不会成功的几万万里路挪了一两寸，算成功吗？所以《论语》：“知其不可而为之。”你想，有这种人生观的人，还有什么成败可忧呢？再者，我们得着“仁”的人生观，便不会忧得失。为什么呢？因为认定这件东西是我的，才有得失之可言。连人格都不是单独存在，不能明确地画出这一部分是我的，那一部分是人家的，然则哪里有东西可以为我们所得？既已没有东西为我所得，当然也没有东西为我所失。

我只是为学问而学问，为劳动而劳动，并不是拿学问劳动等做手段来达某种目的——可以为我们“所得”的。所以老子说：“生而不有，为而不恃。”“既以为人已愈有，既以与人已愈多。”你想，有这种人生观的人，还有什么得失可忧呢？总而言之，有了这种人生观，自然会觉得“天地与我并生，而万物与我为一”，自然会“无入而不自得”。他的生活，纯然是趣味化艺术化。这是最高的情感教育，目的教人做到“仁者不忧”。

怎么样才能不惧呢？有了不惑不忧功夫，惧当然会减少许多了。但这是属于意志方面的事。一个人若是意志力薄弱，便会有丰富的知识，临时也会用不着；便有优美的情操，临时也会变了卦。然则意志怎么才会坚强呢？头一件须要心地光明，孟子说："浩然之气，至大至刚。行有不慊于心，则馁矣。"又说："自反而不缩，虽褐宽博，吾不惴焉；自反而缩，虽千万人，吾往矣。"俗话说得好："生平不作亏心事，夜半敲门心不惊。"一个人要保持勇气，须要从一切行为可以公开做起，这是第一着。

第二件要不为劣等欲望之所牵制。《论语》记，子曰："吾未见刚者。"或对曰伸枨。子曰："枨也欲，焉刚。"一被物质上无聊得嗜欲东拉西扯，那么百炼成刚也会变成绕指柔了。总之，一个人的意志，由刚强变为薄弱极易，由薄弱返到刚强极难。一个人有了意志薄弱的毛病，这个人可就完了。自己做不起自己的主，还有什么事可做？受别人压制，做别人奴隶，自己只要肯奋斗，终必能恢复自由。自己的意志做了自己情欲的奴隶，那么，真是万劫沉沦，永无恢复自由的余地，终身畏首畏尾，成了个可怜人了。

孔子说："和而不流，强哉矫；中立而不倚，强哉矫。国有道，不变塞焉，强哉矫；国无道，至死不变，强哉矫。"我老实告诉诸君说罢，做人不做到如此，决不会成一个人。但做到如此真是不容易，非时时刻刻做磨炼意志的功夫不可，意志磨炼得到家，自然是看着自己应做得事，一点不迟疑，扛起来便做。"虽千万人吾往矣。"这样才算顶天立地做一世人，绝不会有藏头躲尾左支右绌的丑态。这便是意育的目的，要教人做到"勇者不惧"。

我们拿这三件视作做人的标准，请诸君想想，我自己现时做到哪一件——哪一件稍微有一点把握。倘若连一件都不能做到，连一点把握都没有，嗳哟！那可真危险了，你将来做人恐怕做不成。讲到学校里的教育嘛，第二层的情育、第三层的意育，可以说完全没有，剩下的只有第一层的知育。就算知育罢，又只有所谓常识和学识，至于我所讲的总体智慧靠来养成根本判断力的，却是一点儿也没有。这种"贩卖知识杂货店"的育，把它前途想下去，真令人不寒而栗！现在这种教育，一时又改革不来，我们可爱的青年，除了它更没有可以受教育的地方。诸君啊！你到底还要做人不要？你要知道危险呀，非你自己抖擞精神方法自救，没有人救你呀！

诸君啊！你千万别要以为得些断片的知识，就算是有学问呀。我老实不客气告诉你罢：你如果做成一个人，知识自然是越多越好；你如果做不成一个人，知识却是越多越坏。你不信吗？试想想全国人所唾骂的卖国贼某人某人，是有知识的呀，还是没有知识的呢？试想想全国人所痛恨的官僚政客——专门助军阀作恶鱼肉良民的人，是有知识的呀，还是没有知识的呢？诸君须知道啊，这些人当十几年前在学校的时代，意气横历，天真烂漫，何尝不和诸君一样？为什么就会堕落到这样的田地呀？屈原说："何昔日之芳草兮，今直为此萧艾也！岂其有他故兮，莫好修之害也。"天下最伤心的事，莫过于看着一群好好的青年，一步一步地往坏路上走。诸君猛醒啊！现在你所厌所恨的人，就是你前车之鉴了。

诸君啊！你现在怀疑吗？沉闷吗？悲哀痛苦吗？觉得外边的压迫你不能抵抗吗？我告诉你：你怀疑和沉闷，便是你因不知才会惑；你悲哀痛苦，便是你因不仁才会忧；你觉得你不能抵抗外界的压迫，便是你因不勇才有惧。这都是你的知、情、意未经过修养磨炼，所以还未成个人。我盼望你有痛彻的自觉啊！有了自觉，自然会成功。那么，学校之外，当然有许多学问，读一卷经，翻一部史，到处都可以发现诸君的良师呀！

诸君啊，醒醒罢！养足你的根本智慧，体验出你的人格人生观，保护好你的自由意志。你成仁不成仁，就看这几年哩！

○ ○ ○ ○ ○ ○ ○ ○ ○ ○

人间词话（节选）

王国维

◆ 作家作品简介

王国维（1877—1927），字伯隅、静安，号观堂、永观，汉族，浙江海宁盐官镇人。清末秀才。我国近现代在文学、美学、史学、哲学、古文字学、考古学等各方面成就卓著的学术巨子、国学大师。

◆ 原　文

有有我之境，有无我之境。"泪眼问花花不语，乱红飞过秋千去"，"可堪孤馆闭春寒，杜鹃声里斜阳暮"，有我之境也。"采菊东篱下，悠然见南山”，“寒波澹澹起，白鸟悠悠下”，无我之境也。有我之境，以我观物，故物皆著我之色彩。无我之境，以物观物，故不知何者为我，何者为物。古人为词，写有我之境者为多，然未始不能写无我之境，此在豪杰之士能自树立耳。

无我之境，人惟于静中得之。有我之境，于由动之静时得之。故一优美，一宏壮也。

自然中之物互相关系，互相限制。然其写之于文学及美术中也，必遗其关系限制之处。故虽写实家亦理想家也。又虽如何虚构之境，其材料必求之于自然，而其构造亦必从自然之法律。故虽理想家亦写实家也。

境非独谓景物也，喜怒哀乐亦人心中之一境界。故能写真景物真感情者，谓之有境界；否则谓之无境界。

“红杏枝头春意闹”，著一“闹”字而境界全出；“云破月来花弄影”，著一“弄”字而境界全出矣。

境界有大小，不以是而分优劣。“细雨鱼儿出，微风燕子斜”，何遽不若“落日照大旗，马鸣风萧萧”。“宝帘闲挂小银钩”，何遽不若“雾失楼台，月迷津渡”也。

词至李后主而眼界始大，感慨遂深，遂变伶工之词而为士大夫之词。周介存置诸温、韦之下，可谓颠倒黑白矣。“自是人生长恨水长东”，“流水落花春去也，天上人间”，《金荃》《浣花》能有此气象耶！

词人者，不失其赤子之心者也。故生于深宫之中，长于妇人之手，是后主为人君所短处，亦即为词人所长处。

客观之诗人不可不多阅世，阅世愈深则材料愈丰富愈变化，《水浒传》《红楼梦》之作者是也。主观之诗人不必多阅世，阅世愈浅则性情愈真，李后主是也。

尼采谓一切文学余爱以血书者。后主之词，真所谓以血书者也。宋道君皇帝《燕山亭》词亦略似之。然道君不过自道身世之戚，后主则俨有释迦、基督担荷人类罪恶之意，其大小固不同矣。

古今之成大事业、大学问者，必经过三种之境界：“昨夜西风凋碧树。独上高楼，望尽天涯路。”此第一境也。“衣带渐宽终不悔，为伊消得人憔悴。”此第二境也。“众里寻他千百度，蓦然回首，那人却在，灯火阑珊处。”此第三境也。此等语皆非大词人不能道。然遽以此意解释诸词，恐晏欧诸公所不许也。

永叔"人间自是有情痴，此恨不关风与月"，"直须看尽洛城花，始与东风容易别"，于豪放之中有沉着之致，所以尤高。

诗人对宇宙人生，须入乎其内，又须出乎其外。入乎其内，故能写之；出乎其外，故能观之。入乎其内，故有生气；出乎其外，故有高致。美成能入而不能出，白石以降，于此二事皆未梦见。

摘自《校注人间词话》，徐调孚校注，中华书局2003年版

小说解读的理论基础：打出常规和情感错位

孙绍振

◆ 作家作品简介

孙绍振（1936— ），1960年毕业于北大中文系，现为福建师大两岸关系和平发展中心研究员，文学院教授委员会主任、博士生导师。曾任中国文艺理论学会副会长、福建省作家协会副主席。学术著作有《文学创作论》《美的结构》《论变异》《新的美学原则在崛起》《孙绍振如是解读作品》《演说经典之美》《文学文本解读学》等。散文集有《美女危险论》《满脸苍蝇》《灵魂的喜剧》《愧对书斋》《孙绍振演讲体散文》。2009年，韩国学术情报出版社出版《孙绍振文集》八卷。

本文选自作者《经典小说解读》中的序言，该书是孙绍振教授专门针对古今中外的经典小说作品进行的文本细读的又一部专著。

◆ 原 文

一般读者阅读小说作品，光凭直觉就能判别小说的档次；但是，感觉到的可能不一定很正确，就是正确也可能很肤浅，不能深刻理解，而只有理解了才可能纠正直觉的错误。但是，课堂上的阅读，或者专业的阅读，要有理论的指导，才能更好地挖掘出小说作品的审美价值。然而，并不是所有的文学理论都是可靠的。有些错误的、甚至荒谬的理论，极可能破坏读者的艺术感受。

目前，在中学和大学的课堂上，有一种关于小说情节的理

论广为流行：一分析情节就是“开端、发展、高潮、结局”四个部分。这是个非常荒谬的理论，并不符合现代小说的实际情况，因为有的小说没有高潮，有的没有结尾，有的没有开端。其实，到了十九世纪下半叶，以契诃夫、莫泊桑和都德为代表的短篇小说家就已经废弃了全过程式的情节，代之以“生活的横断面”结构。这种结构不追求传记式的连续性叙述模式，而是从生活中截取一个侧面来表现主题。最明显的不同是，开端显得很不重要，往往是从事件当中讲起，开端退化为后来的某种不着痕迹的交代，更不在乎严格意义上的结尾。比如《项链》，明明知道耗费了十年辛劳的项链是假的，却戛然而止了。按照传统的小说模式，结尾应该是把真项链拿回来以弥补玛蒂尔德青春耗损的代价。但是，小说却不了了之。早在五四时期，胡适就在《论短篇小说》中说，所谓短篇小说，并不是篇幅短小的意思，而是有一种特别的性质。他为短篇小说下了一个定义：“短篇小说是用最经济的文学手段，描写事实中的最精彩的一段，或一方面，而能使人充分满意的文章。”[1]

他把这种现象比喻为树身的“横截面”，看了“年轮”就可能知道树的年龄。胡适以自己翻译的都德的《最后一课》《柏林之围》和莫泊桑的《羊脂球》《二渔夫》为例说明这种描写“事实中最精彩的片断”的情节构成方法，针对的就是传统所谓的有头有尾、环环紧扣的情节构成。这在五四时期新锐小说家那里几乎已经成为共识。鲁迅有时走得更远，他的《狂人日记》几乎废除了情节。而《孔乙己》则把孔乙己之所以成为孔乙己的故事全都放在背景的交代中去，只写了酒店里的三个场景，写到第二个场景时孔乙己还没有出场，而这恰恰是鲁迅最精心的设计。

这说明，早在五四时期，全过程的情节早已不是经典作家的追求，相反横断、纵切、省略连贯性环节，才是小说艺术的新生命所在。关于开端、发展、高潮、结局的“理论”，据我考证，是从苏联学者季莫菲耶夫的《文学原理》那里来的。这个《文学原理》原为苏联教育部核准的文学理论教材。原文是这样的：“和生活过程中任何相当完整的片段一样，作为情节基础的冲突也包含开端、发展和结局。”在阐释“发展”时，又提出“运动的‘发展’引到最高度的紧张，引到斗争实力的决定性冲突，直到所谓‘顶点’，即运动的最高峰”[2]。这个补充性的“高峰”，后来就被我国某些理论家和英语中的“高潮”（climax）结合起来。半个多世纪过去了，苏联的文艺理论早已被废弃，季莫菲耶夫的“形象反映生活”“文学的人民性”“文学的党性”“社会主义现实主义”早已被历史所淘汰，而“开端、发展、高潮、结局”的情节教条仍然在我国的中学语文甚至大学文学教学中广泛流行。

20 世纪 80 年代，花城出版社出版了英国作家福斯特的《小说面面观》。此书继承了俄国形式主义者把情节和本事（素材）加以区别的精神，把情节和故事加以划分。提出仅仅是时间上的连续，只能是故事。比如，国王死了，然后王后死了，还不是情节。要成为情节，其中必须有一个因果关系，国王死了，然后王后也死了，因为王后悲痛过度而死。有这个因果关系，就是情节了。[3]

这个理论讲得很通俗，但实际上它是很古老的。亚里士多德在《诗学》里讲情节、动作，就是一个“果”，一个“结”和一个“解”。“结”就是打一个结，然后把它解开。从一个结果来寻求原因。[4] 比如说《俄狄浦斯王》，它先有一个“结”，这个孩子生下来，祭司就预言他将来会杀父娶母，人们千方百计逃避这样一个结果。然而阴差阳错，种种巧合，他最后还是杀死了他的父亲，娶了他的母亲，逃避的原因变成了逃避不了的结果。这就是“结”和“解”的关系。我想福斯特的理论最初源头就在这里。但是，用这样的理论解读小说还不到位，因为原因和结果的关系多种多样，可能是一种很科学的原因：这个人死了，因为得了癌症。林黛玉死了，为什么？肺结核、胃溃疡、神经衰弱。这还不成其为小说。理性的因果关系构不成小说的情节，小说情节的因果不是理性的，不是实用的。好的小说是一种非常感性的因果关系，是由情感来决定的。从理论上来说，就是审美情感要超越实用价值。所以罗斯金说，少女可以为失去的爱情而歌，守财奴不可以为失去的钱袋而歌。为钱袋则为实用，而为爱情则为情感的审美。

有了情感的因果关系，还没有深入小说的特征，为什么呢？因为一些奸情凶杀案，也是情感的因果关系，但那是真人真事，所揭示的人的内心世界往往是实用性质的（如为了钱财），就是有情感成分，深度也是有限的。小说不满足于真人真事的因果关系，其目的是超越实用价值，深挖人心理深层的奥秘。这就需要想象，通过假定性、虚拟，在想象中自由地探索，哪怕是超现实的因果、荒诞的因果，只要具有开拓心灵深层的功能就是好小说。有一种讲求绝对真实的小说理论，认为武松打虎所用的方法不真实，因而得出否定的结论。但是，几百年来的阅读实践却否决了这样的理论。这种理论的致命弱点就是没有把小说当作一种艺术来看，而艺术形象如莱辛所说都是“逼真的幻觉”，一切艺术都应该是真实的，但是，真和假是对立的统一，用我国的古典诗话来说，就是真假互补、虚实相生。用歌德的话说，艺术是通过假定达到更高程度的真实。

承认小说情节和人物的虚拟性，在西方当代理论已经是某种共识，可光有这种共识，仍然是粗浅的。在西方，关于小说的理论五花八门，但少有解读小说艺术的。比如，目前很权威的西方叙事学，热奈特的《叙事话语》，讲究叙述的次序、延续、频率、心境与语态。而托多罗夫的《叙事作为话语》则分别论述叙事的时间、语态和语式。它们都离开了审美价值、情感世界去讲话语，除了托多罗夫时有真知灼见外，大多都满足于描述、概括和演绎，并未提出评价小说优劣的准则。因此，我们不能一味对他们进行疲惫的追踪，应该从中国小说创作和阅读的历史经验出发，概括出中国式的小说阅读理论，解决小说的情节、人物在艺术上的评价问题。

依赖西方大家的文论已成为中国当代文学理论的顽症，许多学者只知道梳理西方文论的来龙去脉，从概念到概念，从演绎到演绎，追踪其变幻，不惜耗费十年甚至数十年的生命，仍然对西方文论的局限无所突破，对具体文本的解读捉襟见肘。殊不知早在二十世纪中叶，韦勒克和沃伦就在他们合著的《文学理论》中宣告：“多数学者在遇到要对文学作品作实际分析和评价时，便会陷入一种令人吃惊的、一筹莫展的境地。”[5]既然已经在文本解读上徒叹奈何了，我们还不如直接从自己的经验中进行第一手的概括。虽有难度，但很有可能会另辟蹊径。

回到情节上来，亚里士多德在《诗学》中早就提出过“突变”和“对转”。什么叫突变？就是突然打破了常规；什么叫对转？就是事情向相反的方向变化。对于情节来说，它们的功能是探索人物内心潜在的情感、深层的奥秘。在平常状态下，人物均有荣格所说的“人格面具”，遇到事变，能够迅速调整其外部姿态，使心理恢复常态。而情节的突转功能就是把人物打出生活常规，进入一个意想不到的新境界，使之来不及调整，我称之为第二环境。目的是把人物在常规环境中隐藏得很深的心灵奥秘暴露出来，我把这叫作第二心态。

仅有情节的情感因果，还不能算是好的情节，好的情节应该有一种功能，就是把人物打出常规，进入第二环境，暴露第二心态。所谓第二心态，就是人的深层心理结构。它与表层心理结构形成反差。打出常规，暴露第二心态的理论是我在一九八六年的《文学创作论》中提出来的[6]。人都是有人格面具的，在正常的社会关系里，他维持着社会角色的面具。情节性的小说一旦进入第二环境，客观环境的变化导致心理环境的更大变化，从而迫使人的心理深层奥秘浮现。

比如，都德小说《最后一课》中的那个小孩子不喜欢学法语，他特别讨厌法语的分词和语法，以至于老师提问的时候他都答不上来。要让这样的孩子从讨厌法语课变成热爱法语课，写成小说是多么困难的事。例如，老师教导一番，父母循循善诱，他好像用功了一点，可并不排除他过几天又厌倦了。这样写小说不但费力不讨好，而且不可信。都德采取了另外一种办法，就是把他打出生活常规。常规环境是天天可以学法语，这是天生的权力，每天都有明天。而非常规环境，这里就是“最后一课”，是不可逆的。这个孩子突然变得非常热爱法语课，并且希望这堂法语课永远不要结束。这叫打入极端环境，使他内心深层对母语的热爱之情完全被激发出来，浮到表面。原来这个经常逃课去滑冰、去钓鱼的小孩子的内心深层还有一个隐秘，就是对母语的热爱。这也是这篇小说之所以成为经典的一个重要原因。它的构思就是生活的、情感的横断面，表面上它是没有道理的，你天天不用功怎么今天这么用功了？实际上是他的深层情感被激发出来了。

莫泊桑的《项链》也是这样，玛蒂尔德非常爱慕虚荣，受邀参加一次舞会，不惜血本买了高档衣服，但美中不足，缺少一条项链。于是，她向朋友借一条。出了一夜的风头，要回来时发现项链丢了。这样贵重的礼物丢了，对于这个普通的教育部官员家庭来说，是个大灾难。为不被人当成骗子，她不得不勤俭持家，艰苦备尝，由一个非常爱慕虚荣、爱出风头的女人，变成一个艰苦奋斗、勤劳节俭的女人。在之后的十年里，她辞去女工，住到小房里；自己洗衣服、提水，一桶一桶地提上楼；

自己洗碗，她那粉嫩的手指都洗粗了。莫泊桑在写到这一段时用了一个词，英文译成“heroism”，即英雄气概。一个爱慕虚荣的轻浮女人，变成一个有英雄气概的女性，这个人就更深刻了。关于这篇小说，有很多奇怪的讨论。有人说，这个女人是个爱慕资产阶级虚荣的、肤浅的女人，是资产阶级的虚荣心害了她。有人说，这个女人有权利追求自己的高贵地位，享受自己的美丽和幸福，不能说她是资产阶级的虚荣，无产阶级也需要这些东西。其实，这不是两个人，而是一个人。她表层的人格面具是虚荣的，但她心灵深处还是正直的，为了正直的人格，她宁愿承受十年的苦难。

这篇小说把她打出常规，打出的缘由却是假的——项链是假的，根本就不值那么多钱。这对情节构成来说是非常重要的假定。如果按照开端、发展、高潮、结局的理论，《项链》这篇小说本来可以接着写下去：既然项链是假的，就应该把真的项链还给玛蒂尔德，让她去卖了钱回家改善一下生活，补偿十年的辛劳。然而，作者没有这样写，因为对人的心灵的探索到此结束。把真的项链归还给玛蒂尔德，对故事的完整性来说也许是重要的，但是对审美价值来说不重要。情感的、青春的代价付出以后，就再也不能得到补偿。这正是小说之所以非常深刻的原因。

老托尔斯泰说过：

> 有一个流传得很普遍的迷信，说是每一个人有他独有的、确定的品性。说人是善良的、残忍的、聪明的、愚蠢的、勇猛的、冷淡的，等等。人并不是这个样子。我们讲到一个人的时候，可以说他是善良的时候多，残忍的时候少；聪明的时候多，愚蠢的时候少；勇猛的时候多，冷淡的时候少。或者刚好相反。至于说，这个人善良而聪明，那个人卑劣而愚蠢，那就不对了。不过，我们总是把人们照这样分门别类的。这是不合实际的。
>
> 人同河流一样，天下的河水都是一样的，每一条河都有窄的地方，有宽的地方。有的地方流得很急，有的地方流得很慢，河水有时澄清，有时混浊，冬天凉，夏天暖。人也是这样。人身上有各种品性的根苗，不过有时这种品性流露出来，有时那种品性流露出来

罢了。人往往变得不像他自己了，其实，他仍旧是原来那个人。[7]

情节的功能就是把人潜在的，不像他平常的那个人暴露出来。

托尔斯泰的这个理论是写在他的长篇小说《复活》中的，事实上，他在写《复活》的时候，遵循的就是这样的原则。《复活》一开头，陪审员聂赫留朵夫公爵道貌岸然地坐在那里，突然发现，那个被控告谋杀嫖客的妓女，居然就是当年与自己发生关系的女仆，因为怀孕而被逐，流离转徙终至沦为妓女，又被诬告谋杀。这就突然把他打入了第二环境，产生了第二心态。他觉得自己才是罪人，于是决心去拯救她，甚至向她求婚，但是，遭到拒绝。等到她被判流放西伯利亚以后，聂赫留朵夫就产生了第三心态——追随她去，直到看到她嫁给一个民粹派。他靠读《马太福音》，最终才得到解脱。

第二心态、第三心态是从一个人的角度来说的，然而小说写的往往不是一个人物，而是几个人物，那么几个人物是从相同的心态变成另外一种心态，就有三种可能：一是完全相同，二是完全不同，三是部分相同、部分不同，本来处于同一情感状态的人物，发生了情感“错位”。阅读经验告诉我们：完全相同的，不像是小说，在一切情境中人物都心心相印，那是浪漫的诗歌；完全不同的，凡事都针锋相对，也令人想起红色文学中写阶级斗争的公式化、把人物简单化的方式；而那些发生情感错位的往往才会在读者心中留下深刻的印象。

在《西游记》中，孙悟空、唐僧、猪八戒和沙和尚西天取经，一路上都是打出了生活的常规的。妖怪很多，都被他们消灭了。可是读者却连妖怪的名字都忘掉了。因为，在打的过程中，孙悟空、唐僧、猪八戒和沙和尚的精神状态没有发生错位。都是同心同德，一往无前。这就不是好的情节。但是，有一个妖怪印象绝对深刻——白骨精。这是一个女妖怪。她一出现，人物的感觉就发生了错位。孙悟空一看，立刻分辨出这是白骨精变的，一棒下去就把她打死了。唐僧一看，明明是一位善良的女子。我们往西天取大乘佛经就是要救人，让人们都长生不老，经还没有取到，你就把人杀了，这还了得！而猪八戒一看，嘿！好漂亮的一位姑娘！太可惜了。人物心理瞬间发生了“错位”。《西游记》的英雄平常都是无性的，唐僧是以无性为荣，孙悟空是不屑有性，他是石头里蹦出来的。猪八戒是唯一有性感觉的男英雄。当然，沙和尚最木讷，他不但对女性没感觉，对男性也没感觉。四个人一起前进的时候，都是常规心态，都是和尚嘛，相安无事。但女人一出现就发生了突变，猪八戒的感觉被打出了常规。猪八戒潜在的性意识非常强烈、非常坦率地表露出来，和孙悟空、唐僧的情感发生错位，而且幅度很大。在他的挑拨之下，孙悟空被唐僧驱逐，造成了严重的后果。平时同心同德的四人，内心的错位就浮现出来了，三打白骨精之所以成为经典，就是因为本来是一群志同道合的人，发生了很大的心理错位。

人与人的情感有了错位，人物就有了个性。错位的幅度越大，情节就越是生动，人物就越有个性。小小的私心造成大大的严重的后果，构成怪异。这种怪异主要表现在猪八戒身上，在当时的情境下，喜欢女孩子被称为“色”，是犯戒的，一般是掩藏在心里的，猪八戒是公然的：一贯如此，非常坦然。吴承恩没有让唐僧被白骨精吃掉，没有让猪八戒的私心造成不可挽回的后果，仅仅让他与孙悟空发生错位，这就使得猪八戒的形象既可恨、可恶，又可笑、可爱，造成了一种喜剧性的效果。什么样的情节是好情节呢？三打白骨精既有心理深层的第二心态，又有师徒的情感错位，而且还有喜剧风格，因而是好情节。

总的来说，情节的功能，第一是将人物打出常规，第二是暴露人物第二（深层）心态，第三是造成人物之间的情感错位。

其中最重要的是第三点：错位。打出常规的效果固然是深层心理，但是深层心理的最佳效果却是使在同一感情结构中的人物产生错位，而正是情感的错位，又激发出情感更深层的奥秘，从而推动情节向前发展。例如，《红楼梦》的最高潮当然是林黛玉之死。这是一个悲剧结局，其原因却是多重情感的错位。曹雪芹在《红楼梦》一开头就表示反对那种以一个小人从中挑拨作为导致悲剧的俗套。悲剧的决定者自然是贾母，但是，贾母并不是因为恨林黛玉和贾宝玉才做出选择薛宝钗的决策。恰恰相反，第一，贾母是因为太爱贾宝玉才选择了薛宝钗，其结果却导致贾宝玉悲痛近疯去当了和尚；第二，正是因为贾母喜欢薛宝钗才选择了她，让薛宝钗冒充林黛玉和贾宝玉结婚，结果是终身守活寡；第三，贾母也不是不喜欢林黛玉，正是由于过分宠爱，才让林黛玉和贾宝玉从小就同吃同住，使二人产生了非同寻常的感情；第四，贾母因为林黛玉“心重”，而且看来不是很长寿的样子，如果选择了她，自己将来无法面对地下的丈夫。但是，这样选择的结果却导致了林黛玉的死亡和贾宝玉的出家，按她的逻辑，她日后更加无法面对自己的丈夫。而王熙凤设计让薛宝钗冒充林黛玉，并不是要让贾母陷入悲痛，而是为了讨好贾母，更不是为了害贾宝玉，而是为了给他的病"冲喜"。所有这一切错位的综合，构成了《红楼梦》的悲剧结局。

从这里，可以将前述情节因果乃情感因果的理论深化一步：情感因果的最高层次是复合的错位的因果，错位的幅度越大，审美价值越高。在《麦琪的礼物》中，一对夫妻在圣诞节把自己仅存的最好的、最贵的财宝变卖了，买了礼物，奉献给自己所爱的人。从小说艺术来看，这本来是很冒险的，因为动机上没有错位。作家却让他们的动机和效果形成错位。第一，只写妻子一方，强调在她穷得只剩下漂亮的头发时，为了丈夫的金表更为堂皇，把头发卖掉买表链。不过，那将只能充满诗意，作为小说显然有点平庸。欧·亨利显然不满足于这样的平庸。第二，如果妻子发现自己买的礼物无用，却发现丈夫为自己买的礼物有用，这样的构思，当然比之只有妻子一方卖头发要艺术一些，但是错位还不够。欧·亨利的杰出就在于，让丈夫把自己的金表卖了，买来的礼物却是一套梳子，由于妻子的头发已经卖掉，也变得无用。这样，表链和梳子构成了双重的期待的错位，也就是错位结构的双重对称，错位的喜剧性和幽默感就强化了。从世俗观念看来，他们的决策是不聪明的，是"傻乎乎的"，但恰恰又是"最聪明"的。原文用了一个高雅的词语"wise"。作者难得地在小说最后站出来宣称，他们在一切接受礼物和赠送礼物的人中，是"最聪明的"。聪明和愚笨完成了一次对转。读者读后会莞尔一笑，不仅仅是期待的落空，而且是落空之后在另一条逻辑线索上的落实，是落空和落实的"错位"结构。在这样强烈的双重错位结构中，奉献和爱情结合起来，这就使得小说不但因为错位而彰显了人物个性，而且因为动机的生命而充满了诗意。

注释

[1] 胡适《中国新文学大系·建设理论集》，上海良友图书印刷公司 1935 年版，第 272 页。

[2] 季莫菲耶夫《文学原理》，查良铮译，平明出版社 1955 年版，第 203 页。

[3] 福斯特《小说面面观》，花城出版社 1984 年版，第 75~76 页。

[4] 亚里士多德《诗学·诗艺》，人民文学出版社 1984 年版，第 31 页。

[5] 韦勒克、沃伦《文学理论》，刘象愚等译，江苏教育出版社 2005 年版，第 155~156 页。

[6] 孙绍振《文学创作论》，春风文艺出版社 1986 年版，第 631~658 页。

[7] 列夫·托尔斯泰《复活》，人民文学出版社 1979 年版，第 262~263 页。

第三编

口语表达

第一章 普通话

一、普通话与方言

（一）方言

方言就是同一种语言在时空的长期共同作用下所形成的地域变体，相对汉民族共同语——普通话而言，方言就是局部地区的人们所使用的语言。

我国幅员辽阔、人口众多，数千年来形成了数百种难以沟通的汉语方言，每种方言都与普通话存在着程度不同的差异，而各种方言间也存在较大差异，有些方言内部体系分歧很大，十分复杂，甚至邻县、邻村之间的语言互不相通。这些情况严重影响了人们之间的交流与沟通，更不能适应目前社会人际交往频繁、快速发展的形势，因此推广普通话的任务更显重要与迫切。

方言与普通话在语音、词汇、语法系统方面都存在一定差异，特别是在语音的方面差异很大，因此，学习普通话，首先要明确自己所处的方言区，对方言区语音系统的情况有一定的认识，并懂得方言与普通话的对应规律与差异，从而更好地说好普通话。现代汉语大致可分为七大方言区（详见下表）。

七大方言区分布表

方言名称	代　表	使用人口	占汉族人口	分布的地区
北方方言	北京话	约 84000 万	73%	长江以北地区，西南地区，湖北、湖南、江西部分地区
吴方言	上海话	约 10000 万	8.4%	江苏东南、浙江大部
湘方言	长沙话	约 6000 万	5%	湖南大部

续表

赣方言	南昌话	约 2900 万	2.4%	江西大部、湖北东南部
客家方言	梅县话	约 4800 万	4%	广东东北部、福建西部、江西大部、湖北东南部、湖南和四川一部分
闽方言	闽北福州话	约 1400 万	1.2%	福建北部、台湾一小部分
	闽南厦门话	约 3600 万	3%	福建南部、广东东部、海南一部分、台湾大部分
粤方言	广州话	约 6000 万	5%	广东大部、广西南部

（二）普通话

1. 什么是普通话

1955 年 10 月，在中国科学院召开的现代汉语规范问题学术会议上，确定了“汉民族共同语”为普通话。对普通话的精确表述是：“以北京语音为标准音，以北方话为基础方言，以典范的现代白话文著作为语法规范。”

“以北京语音为标准音”，是指就整体而言普通话是以北京话的语音系统为标准，但不包括北京土俗词语、异读词语的语音成分。

“以北方话为基础方言”是指以通行于广大北方方言区的词汇为普通话的标准词汇，但要舍弃北方话中地方色彩很浓的土俗词语，同时要不断吸纳外来词汇和方言词中富有表现力的词语。

“以典范的现代白话文著作为语法规范”是指以现代名家的经典的优秀的符合汉语语法规范要求的著作和政府公告以及重要政论文章等作为普通话语法规范。

2. 推广和学习普通话

在 1956 年 2 月 6 日国务院发布的《关于推广普通话的指示》中指出：“由于历史的原因，汉语的发展还没有达到完全统一的地步。许多严重分歧的方言妨碍了不同地区人们的交谈，造成社会主义建设事业中许多不便。语言中的某些不统一不合乎语法的现象不但存在在口头上，也存在在书面上……为了我国的政治、经济、文化和国防的进一步发展需要，必须有效地消除这些现象。”

语言是重要的交际工具和信息载体，普通话是现代汉民族共同语，共同语普及程度是衡量一个国家或民族现代化发展水平的重要标志。党和政府一直非常重视推广普通话工作，将大力推广和积极普及普通话作为我国的一项基本国策。早在 1956 年，国务院就发布了《关于推广普通话的指示》。1985 年 11 月通过的《中华人民共和国宪法》第 19 条规定：“国家推广全国通用的普通话。”这使推广普通话工作有了法律依据。1998年,经国务院批准,决定每年9月的第三周为全国推广普通话宣传周。2000年10月31日第九届全国人民代表大会常务委员会第十八次会议通过了我国第一部语言法——《中华人民共和国国家通用语言文字法》，这是我国历史上第一部专门阐述语言文字规章的法律,从法律上确定了普通话的重要地位。其中涉及“普通话”及其推广使用的条款主要有：

第三条“国家推广普通话，推行规范汉字”；第九条“国家机关以普通话和规范汉字为公务用语用字”；第十条“学校及其他教育机构以普通话和规范汉字为基本的教育教学用语用字”;第十二条“广播电台、电视台以普通话为基本的播音用语”;第十三条“提供公共服务行业以普通话为服务用语”；第十九条“凡以普通话作为工作语言的岗位，其工作人员应当具备说普通话的能力”。

推广普通话有利于消除语言隔阂，促进社会交往，在目前加速推进新时代中国特色社会主义现代化建设的历史进程中，国家进一步加大推广、普及普通话的的力度，对于政治、经济、文化建设和社会发展具有十分重要的现实意义。

说好普通话是目前加强公民素质教育的一项重要内容。对于每个公民而言，说好普通话是有教养的标志，因此，积极营造良好的语言环境从我做起，把说好普通话作为义不容辞的职责。作为新一代的大学生，标准、流利、得体的口语表达，是口头表达的基本功，是人才综合素质中必不可少的内容。

说好普通话首先要规范语音,规范语音的有效途径就是熟练地掌握“汉语拼音”,只要下定决心找准重点、突破难点，多听、多模仿、多练习就能够辨别易混淆的那些典型的方言语音，从而有针对性地对方言区那些典型的方言语音进行纠正，克服方言语音对普通话语音产生的影响，使自己能够说出流利、标准的普通话。

二、普通话语音

（一）什么是语音

语音是由人的发音器官发出的具有一定意义的各种不同的声音。语音的发出是由人的肺部吸气和呼气形成的气流，通过气管并使声带颤动，而后冲破口腔中的各种阻碍，产生爆发或摩擦的动力，再经过咽腔、口腔或鼻腔等共鸣腔体，从唇部或鼻孔发出不同的声音。

用什么样的语音形式来表达什么样的意义，是全社会约定俗成的。这一社会属性，是语音的本质属性，也是语音区别于其他声音的重要标志。

普通话语音系统包括声母、韵母、声调、音节，以及变调、轻声、儿化等。普通话最基本的语音单位是音节，一个音节通常包括声母、韵母与声调。声母是音节开头的辅音，韵母是汉字音节声母后面的部分。

（二）普通话语音辨正

学习普通话首先要做到语音准确，就是要克服方言语音影响，发音规范，符合普通话语音标准，处理好吐字归音问题，吐字是对音节中声母的发音要求，归音就是对韵母发音的要求。

1. 声母

(1) 声母的定义及分类

声母是音节开头的辅音。辅音就是发音时气流在口腔中受各种阻碍的音。普通话有 21 个辅音声母，加上零声母，共 22 个，分别是：b p m f d t n l g k h j q x zh ch sh r z c s。声母的发音过程就是气流受阻和克服阻碍的过程，它的发音取决于发音部位（构成阻碍的部位）和发音方法（阻碍气流和解除阻碍的方式、声带是否颤动及气流的强弱等）。

[1] 按发音部位（构成阻碍的部位）分类，可把声母分成 7 类：

双唇音：发音时构成阻碍的部位是上唇和下唇，包括 b、p、m。

唇齿音：发音时构成阻碍的部位是上齿和下唇，如 f。

舌尖前音：发音时构成阻碍的部位是舌尖和上齿背。舌尖前音又称平舌音，包括 z、c、s。

舌尖中音：发音时由舌尖和上齿龈对气流构成阻碍，包括 d、t、n、l。

舌尖后音：又称翘舌音，发音时由舌尖与硬腭前部对气流构成阻碍，包括 zh、ch、sh、r。

舌面音：发音时由舌面前部与硬腭对气流构成阻碍，包括 j、q、x。

舌根音：发音时由舌根与软腭对气流构成阻碍，包括 g、k、h。

[2] 根据发音方法，就是发音器官构成阻碍和克服阻碍的方式，可以把声母分成 5 类：

塞音：发音时构成阻碍的两部分完全闭塞，阻碍气流，然后突然打开，让气流迸裂而出，爆发成音，包括 b、p、d、t、g、k。

擦音：发擦音时构成阻碍的两部分接近，中间留一条窄缝，气流从窄缝中挤出来，发出摩擦的声音，包括 f、s、sh、r、x、h。

塞擦音：构成阻碍的上下部位开始是闭合的，然后气流冲出一条窄缝，气流连续从窄缝中挤出，摩擦成声，包括 j、q、zh、ch、z、c。

鼻音：发鼻音时，软腭下垂，堵塞口腔气流通道，鼻腔气流通道打开，让气流完全从鼻腔通道出来，发音可以延长，包括 m、n。

边音：发音时舌尖和上齿龈接触，气流从舌头的两边流出，只有 l。

[3] 声母还可以根据声带颤动与否，分成清音与浊音。普通话声母大部分都是清音，浊音有 4 个：m、n、l、r。

[4] 声母还可根据发音时气流的强弱情况，分为送气音与不送气音。送气音，发音时气流较强，如 p、t、k、q、c、ch；不送气音，发音时气流较弱，如 b、d、g、j、z、zh。

声母的分类

		双唇音	唇齿音	舌尖前音	舌尖中音	舌尖后音	舌面音	舌根音
塞音［清］	送气	p	f		t			k
	不送气	b			d			g
擦音	清		s		sh	x	h	
	浊				r			
塞擦音［清］	送气			c		ch	q	
	不送气			z		zh	j	
鼻音［浊］		m		n			-ng	
边音［浊］				l				

（2）声母常见发音错误及正音方法

普通话的声母中有 3 组音是很多方言地区普遍容易混淆的，要注意分辨。

1）z、c、s 与 zh、ch、sh

发舌尖前音（即平舌音）z、c、s 时，舌尖抵住或接近上齿背，舌尖平伸。

发舌尖后音（即翘舌音）zh、ch、sh 时，舌头放松，舌尖轻巧地接触或接近硬腭前部，舌尖翘起。

[1] 平翘舌音交错练习

zh——z	正宗 zhèngzōng	种族 zhǒngzú	沼泽 zhǎozé	知足 zhīzú
	职责 zhízé	壮族 zhuàngzú	追踪 zhuīzōng	宅子 zháizi
	振作 zhènzuò	主宰 zhǔzǎi	正在 zhèngzài	转载 zhuǎnzǎi
z——zh	杂志 zázhì	增值 zēngzhí	作者 zuòzhě	在职 zàizhí

	做主 zuòzhǔ	诅咒 zǔzhòu	组织 zǔzhī	座钟 zuòzhōng
	栽种 zāizhòng	造纸 zàozhǐ	赞助 zànzhù	自治 zìzhì
ch——c	差错 chācuò	穿刺 chuāncì	尺寸 chǐcùn	吃醋 chīcù
	炒菜 chǎocài	揣测 chuǎicè	纯粹 chúncuì	成材 chéngcái
	陈醋 chéncù	储藏 chǔcáng	初次 chūcì	出操 chūcāo
c——ch	擦车 cāchē	财产 cáichǎn	餐车 cānchē	催产 cuīchǎn
	错处 cuòchù	操场 cāochǎng	促成 cùchéng	彩车 cǎichē
	残春 cánchūn	操持 cāochí	仓储 cāngchǔ	残喘 cánchuǎn
sh——s	生死 shēngsǐ	哨所 shàosuǒ	失散 shīsàn	上司 shàngsī
	胜诉 shèngsù	神色 shénsè	食宿 shísù	深思 shēnsī
	输送 shūsòng	绳索 shéngsuǒ	伸缩 shēn suō	十四 shísì
s——sh	私事 sīshì	死水 sǐshuǐ	苏轼 sūshì	四声 sìshēng
	桑树 sāngshù	扫射 sǎoshè	损伤 sǔnshāng	私塾 sīshú
	唆使 suōshǐ	算术 suànshù	松鼠 sōngshǔ	随时 suíshí

[2] 辨正训练

散光——闪光　鱼刺——鱼翅　物资——物质

从来——重来　赞助——站住　丧生——上升

一层——一成　塞子——筛子　暂时——战时

仿造——仿照　搜集——收集　栽花——摘花

私人——诗人　三角——山脚　肃立——树立

资源——支援　三哥——山歌　木材——木柴

祠堂——池塘　近视——近似　阻力——主力

[3] 绕口令练习

A. 四是四，十是十，十四是十四，四十是四十。不要把十四说成四十，不要把四十说成十四。

B. 周正书在菜场适时阻止赵素石制造损失。

C. 苏轼善作山水之诗，最早试着烧制猪肘子。

D. 这是蚕，那是蝉。蚕常在叶里藏，蝉藏在树里唱。

E. 狮子山上狮子寺，山寺门前石狮子。山寺是禅寺，狮子是石狮。狮子保护狮子寺，禅寺保护石狮子。

2）f 与 h

f 和 h 的不同主要是发音部位的不同。发唇齿音 f 时上齿与下唇内缘接近，唇形向两边展开。发舌根音 h 时，舌头后缩，舌根抬起，和软腭接近，注意唇舌部位不能接触。

[1] 辨正练习

理发——理化 发钱——花钱 舅父——救护 附注——互助 花费——花卉

防虫——蝗虫 风干——烘干 福利——狐狸 发生——花生 开花——开发

房后——皇后 仿佛——恍惚 凡是——环视 西服——西湖 废话——会话

[2] 绕口令练习

A. 洪湖荷花好绘画，画好洪湖画荷花。

B. 黄花飞，翻粪肥。肥混粪，粪混灰，不知是灰混粪还是肥混灰。

C. 黑化肥挥发发灰会花飞，灰化肥挥发发黑会飞花。

D. 红凤凰，黄凤凰，粉红墙上画凤凰，凤凰画在粉红墙。

E. 风吹灰飞，灰飞花上花堆灰，风吹花灰灰飞去，灰在风里飞又飞。

3）n 与 l 鼻边音混淆

鼻音 n 与边音 l 都是用舌尖抵住上齿龈或齿龈后，即都是舌尖中音。发 n 时，舌的两侧与口腔上部完全闭合，封闭口腔通道，气流从鼻腔出来。发 l 时，舌的两侧松开，气流从舌头两边透出。

[1] 辨正训练

脑子——老子 男鞋——蓝鞋 难住——拦住

女客——旅客 黏合——联合 泥巴——篱笆

呢子——梨子 内线——泪腺 鸟雀——了却

老农——老龙 无奈——无赖 允诺——陨落

留念——留恋 浓重——隆重 女伴——旅伴

[2] 绕口令练习

A. 老龙恼怒闹老农，老农恼怒闹老龙，龙怒龙恼农更怒，龙闹农怒龙怕农。

B. 牛郎恋刘娘，刘娘念牛郎，牛郎牛年恋刘娘，刘娘年年念牛郎，郎恋娘来娘念郎。

C. 新脑筋，老脑筋，老脑筋可以学成新脑筋，新脑筋不学习就变成老脑筋。

D. 蓝帘子内男娃娃闹，搂着奶奶连连哭，奶奶只好去把篮子拿，原来篮子内留了块烂年糕。

E. 你能不能把那棵柳树下的那头老奶牛拉到刘念山牛奶站挤奶房来挤牛奶，然后把牛奶拿到牛恋村送给南边的牛奶奶。

2. 韵母

(1) 韵母的定义和分类

韵母是指一个音节声母后面的部分，主要由元音构成。元音是气流在口腔中不受阻碍，由声带震颤造成的音波经过口腔时受到口腔的形状、大小变化影响而发出的音。元音的发音不同主要由口腔的形状、大小不同决定的，而口腔的形状、大小不同又取决于三个条件，即口形的开、合；舌位的前、后、高、低；唇形的圆、展。普通话共有 39 个韵母，分单韵母、复韵母和鼻韵母。

单韵母是指只有由一个元音音素构成的韵母。普通话中共有 10 个：a、o 、e、i、u、 ü 、 ê 、er、-i[前]、-i[后]。

复韵母是指由两个或三个元音构成的韵母。普通话中共有 13 个 ：ai、ei、ao、ou、ia、ie、ua、uo、 ü e、iao、iou、uai、uei。

鼻韵母是指由元音加鼻辅音 -n 或 -ng 做韵尾构成的韵母。普通话中共有 16 个 ：an、ian、uan、 ü an、en、in、uen、 ü n、ang、iang、uang、eng、ing、ueng、ong、iong。

(2) 韵母常见发音错误及正音方法

韵母最典型的发音错误是 ：将“ ü ”读成“i”，并且凡带“ ü ”的复韵母、鼻韵母都会受到影响，使这些复韵母、鼻韵母发音都存在一定问题。如把以 ü 为开头元音的韵母 ü e、 ü n、 ü ɑ n 读成以 i 为开头元音的 ie、in、i ɑ n。

韵母最常见的发音错误是 ：将“e”读成“ ê ”(如车)；分不清前鼻韵母“-n”和后鼻韵母“-n g ”；er 或儿化韵无卷舌色彩；遗留方言入声韵尾；丢失韵头，将“uen”读成“en”，“uei”读成“ei”。

韵母常见的发音缺陷是 ：卷舌韵母“er”发“e”或发音不自然 ；“u”与撮口呼“ ü ”的圆唇度明显不够 ；复元音韵母动程明显不够。

1) 将“ ü ”读成“i”是很多方言地区普遍存在的问题

i 和 ü 的正确发音是 ：

i 发音时，口微张，双唇向两侧展开，舌尖轻抵下齿背，舌面前部上升，和硬腭的距离达到最小，形成较窄缝隙，气流从此缝隙中通过，软腭上升，关闭鼻腔通道，声带颤动。

ü 发音时，双唇向前撮成小圆孔，舌尖抵住下齿背。舌面前部上升接近硬腭形成缝隙，关闭鼻腔通道，声带振动，气流均匀通过。

i 和 ü 的发音最明显的不同就是唇形的不同，发 i 时双唇向两侧展开，发 ü 时嘴唇拢圆，略向前突。

[1] 辨正训练 ：

饥民—居民 意见—遇见 聚会—忌讳 白银—白云 于是—仪式

名义—名誉 美意—美育 姓李—姓吕 比翼—比喻 书局—书籍

[2] 绕口令练习：

老李去买鱼，老吕去牵驴，老李要用老吕的驴去驮驴，老吕说老李要用我的驴去驮鱼，就得给鱼。要不给我鱼，就别想用我老吕的驴去驮鱼。

2）把 ün 发成 in，把 üan 读成 an，丢韵头 ü

in、ün 正确的的发音是：

发 in 时，先发 i，然后舌尖上抬，顶住上牙床前发鼻音 n，快速连读，读出 in 的音。发 ün 时，摆好 ü 的口形，然后发 n 音，就是 ün 的音。

辨正训练：

音讯 yīnxùn　　循进 xúnjìn　　寻衅 xúnxìn　　阴云 yīnyún

真金 jīn—真菌 jūn 金银 jīnyín—均匀 jūnyún 平津 jīn—平均 jūn

发 üan 时，摆好 ü 的口形，然后发 an 音，就是 üan 的音。

辨正训练：

ün：　军训　均匀　音韵　遵循　白云　幸运　英俊　教训　探询

üan：　源泉　圆圈　全权　渊源　团员　田园　支援　齐全　永远

3）n 和 ng 不分

在南方方言音系中，把 ang、eng、ing 的后鼻韵尾 ng 都误读作前鼻韵尾 n。这个错误是南方人学普通话时特别难纠正的，要引起重视。

n 和 -ng 韵尾正确的发音是：

n 发音时，舌面前部抵住硬腭前部形成阻碍，阻挡气流从口腔通过，让气流从鼻腔通过，发 n。

-ng 发音时，舌身后退，舌面后部抬起，贴近软腭，软腭下降，打开鼻腔信道，紧接着舌根与软腭接触，封闭鼻腔信道，让气流从鼻腔透出，形成鼻音 -ng。

发 n 和 -ng 的明显区别是，发 n，镜中可见舌头底部；发 ng，镜中可见舌面。

[1] 辨正练习：

城市 chéngshì—尘世 chénshì　　声明 shēngmíng—申民 shēnmín

升高 shēnggāo—身高 shēngāo 正痛 zhèngtòng—阵痛 zhèntòng

倾情 qīngqíng—亲情 qīnqíng　　姓名 xìngmíng—信民 xìnmín

硬度 yìngdù—印度 yìndù　　名声 míngshēng—民身 mínshēn

[2] 绕口令练习：

A. 天上七颗星，树上七只鹰，梁上七个钉，台上七盏灯。拿扇扇了灯，用手拔了钉，举枪打了鹰，乌云盖了星。

B. 高高山上一根藤，青青藤条挂金铃。风吹藤动金铃响，风停藤停铃不鸣。

C. 老彭拿着一个盆，路过老陈住的棚，盆碰棚，棚碰盆，棚倒盆碎棚压盆。老陈要赔老彭的盆，老彭不要老陈来陪盆。老陈陪着老彭去补盆，老彭帮着老陈来修棚。

D. 任命是任命，人名是人名，任命不是人命，人名不是任名，人名不能任命，名是名，命是命，名、命要分清。

E. 景诚更名景鹏程，更名鹏程仍姓景。庆幸更名能成名，成名更能胜明星。

三、普通话语调

（一）什么是语调

口语表达时为适应或丰富话语内容，加强表达的效果，往往要通过借助语言的轻重缓急和抑扬顿挫的变化来实现，通常把这种在语言里用来表达意思及情感的轻重缓急和抑扬顿挫变化的情况叫语调。

语调是有声语言表情达意的特有手段。任何句子都带有一定的语调，口语中语调运用得恰当，不仅能够准确表达思想感情，借助语调还能使有声语言具有更强的表现力，增强表达的效果。同样的意思，如果不同的人来表达，或同一人运用不同的语调技巧表达，所传达出的语言信息是不完全相同的。常言道“听话听音，锣鼓听声”，指的就是说话中的语调，它具有很强的表情达意功能。

（二）语调的主要内容

普通话“语调”是话语中抑扬顿挫等语音形式特征的总和，是语言韵律特征的体现。它隐含在口语话语中，而且是多种要素叠加在一起，综合起作用的，因此它的内容相当丰富、复杂，大致说来，主要包括高低、快慢、停顿、轻重几方面。

1. 停连

停连即停顿、连接，指在口语表达中声音的中断和延续。停连不仅是口语表达者心理、生理上的自然要求，也是表情达意的重要手段，主要包括语法停连、逻辑停连、心理停连、节拍停连。

1）语法停连指用以显示句子之间、句子内部各种语法结构关系的停顿，包括标点停连和结构停连两种。

[1] 标点符号是语音停顿的书面标志。一般，句号、问号、感叹号的停顿时间长；分号、冒号、逗号的停顿时间次之；顿号停顿时间最短。另外，在作品上的段落之间，

停顿的时间要比一般的句号时间长些。例如：

山是墨一般的黑，// 陡立着，// 倾向江心，// 仿佛就要扑跌下来，/// 而月光，// 从山顶上，// 顺着深深的、/ 直立的谷壑，// 把它那清冽的光辉，// 一直泻到江面。////……

标点符号虽是停顿的重要标志，但也不能生搬硬套，要根据语意的表达和语气的需要灵活处理。

[2] 结构停连是根据语法结构关系形成的，停连位置不同，表达的语意就不同。必须根据表达的需要，选定停连的恰当位置。例如：

无鸡鸭也可 / 无鱼肉也可 / 唯蔬菜不可少 / 分文不取

无鸡 / 鸭也可 / 无鱼 / 肉也可 / 唯蔬菜不可 / 少分文不取

2）逻辑停连指为了突出强调特定语意或显示某种逻辑关系而处理的停连。它打破了标点符号的界限，可以在没有标点的地方停顿，并且常与重音互相配合。例如：

小时候，乡愁 / 是一枚 / 小小的 / 邮票
我 / 在这头，母亲 / 在那头
长大后，乡愁 / 是一张 / 窄窄的 / 船票
我 / 在这头，新娘 / 在那头
后来呵，乡愁 / 是一方 / 矮矮的 / 坟墓，
我 / 在外头，母亲 / 在里头
而现在，乡愁 / 是一湾 / 浅浅的 / 海峡
我 / 在这头，大陆 / 在那头

——《乡愁》（余光中）

3）心理停连可以不受语法结构的限制，也可以延长停歇时间。

这种语音上的停歇可以丰富语意内容，加强感情色彩。当表达犹豫、困惑或感情转化时，常使用心理停连。例如：

“放学了，——你们走吧。”（《最后一课》）

“放学了，——你们……走吧！”

4）节拍停连也叫音节停顿，是为了显示语流节奏而处理的停连，在朗读诗歌时常用。一般朗读古典诗歌时，五言分两拍，七言分三拍。自由体诗格律不严，每句的节拍数可根据思想内容和语句长短而定。例如：

二三式：

春眠 / 不觉晓，处处 / 闻啼鸟。夜来 / 风雨声，花落 / 知多少。

——《春夜喜雨》（杜甫）

二二三式或四三式：

劝君 / 更进 / 一杯酒，西出 / 阳关 / 无故人

劝君更进 / 一杯酒，西出阳关 / 无故人

——《送元二使安西》(王维)

【练习】

1. 读读下面两句话，体会停连对于表情达意的重要作用。

（1）我喜欢她也喜欢你怎么样？

（2）亲爱的妈妈爸爸欢迎您！

2. 正确读出下列句子的停连。

A. 始终微笑的 / 和蔼的 / 刘和珍君 / / 确实死掉了，这是真的有她自己的尸骸 / 为证。(鲁迅《纪念刘和珍君》)

B. 他急忙地赶印，到早晨五点钟，突然 / 听见一阵急促的脚步声。(罗广斌《挺进报》)

C. 在一些平凡的小事上往往能够看出 // 一个伟大人物的优良的 / 本质。(李庄《任弼时同志二三事》)

2. 重音

重音是指在口语表达时为了突出主题、表达思想和情感而对于句中的某些词语加以突出和强调的音，它是体现语句思想情感的重要手段。在表达中，重音位置不同，语意也会随之发生变化。例如：

我知道你爱看电影。(别以为我不知道)

我知道你爱看电影。(爱不爱看电视我不知道)

重音分为语法重音和强调重音两种：

1) 语法重音：根据句子语法结构对某个句子成分所读的重音。语法重音主要体现在以下几个方面：

[1] 谓语：山朗润起来了，水涨起来了，太阳的脸红起来了。

[2] 定语：白杨树是不平凡的树。

[3] 状语：慢慢儿一步一步地努力向上面升起。

[4] 补语：同志们干得热火朝天。

[5] 指示、疑问代词：他什么事也不做；那是什么？

另外，一些比喻词、夸张、反语、双关常常重读。

2) 强调重音：为了有意突出某种特殊思想感情而把句子里某些词语读得较重的现象。这种重读没有固定的位置，根据表达的需要，由说话人的思想、感情、目的及特定的语境决定。同一句话，强调重音的位置不同，强调的重点就不同。例如：

我去过上海。(回答“谁去过上海”)

我去过上海。(回答“你去没去过上海”)

我去过上海。(回答“上海、北京等地，你去过哪儿”)

3）显示重音的方法

重音一般是通过加大加强音量来显示，但由于人们的思想感情是复杂的、千变万化的，为了准确细微地表情达意，显示重音的方法也是多种多样的。一般有以下几种：

[1] 加大重音或音势

这个敏感的精灵，早就听出震怒的雷声已经困乏，它深信乌云遮不住太阳——是的，遮不住的。

[2] 重音轻吐

轻轻地我走了，正如我轻轻地来。

[3] 拖长音节

立正——，向前——看——，向后——转。

[4] 一字一顿

无耻啊！无耻啊！这是某集团的无耻，恰是李先生的光荣！(闻一多《最后一次的讲演》)

【练习】

朗读下面这首诗，注意恰当的停连、重音。

祖国，我亲爱的祖国（节选）

舒婷

我／是你河边上／破旧的老水车，
数百年来／纺着疲惫的／歌；
我是你／额上熏黑的／矿灯，
照你／在历史的隧洞里／蜗行／摸索；
我是／干瘪的稻穗，是失修的路基；
是淤滩上的驳船，把纤绳／深深／
勒进／你的／肩膊。
——祖国啊
……
我是你／十亿分之一，
是你／九百六十万平方公里的／总和；
你以／伤痕累累的乳房
喂养了／

迷惘的我、深思的我、沸腾的我。
那就/从我的血肉之躯上
去取得/
你的富饶、你的荣光、你的自由;
祖国啊,我亲爱的/祖国

3. 语速

语速是指音节的长短及音节之间连接的紧松。语速的快慢缓急是语言节奏的主要标志,也是有声语言表情达意的重要手段。快慢的节奏处理恰当,往往能够生动形象地反映生活图景,烘托环境气氛,从而增强口语表达效果,产生艺术的感染力。一般语速快慢与语言的内在节奏是一致的,是由所要表达的内容和感情决定的。语速一般可分为快速、中速、慢速三类。

一般表达热烈、欢快、兴奋、紧张、慌乱、焦急等时,速度要快一些;而表达平静、庄重、悲伤、失望、沉重、缅怀、悼念等时,速度要慢一些。一般的叙述、说明、议论则用中速。例如:

"大海上一片静寂。在我们的脚下,波浪轻轻吻着岩石。像朦胧欲睡似的。在平静的深黯的海面上,月光劈开了一款狭长的明亮的云汀,闪闪地颤动着,银鳞一般。"(《听潮》)

这段描绘夜晚大海静谧的意境,表现了作者悠然舒适的心境,语速要慢一些。例如:

两个同龄的年轻人同时受雇于一家店铺,并且拿同样的薪水。可是一段时间后,叫阿诺德的那个小伙子青云直上,而那个叫布鲁诺的小伙子却仍在原地踏步。(《差别》)

例如:

在达瑞八岁的时候,有一天他想去看电影。因为没有钱,他想是向爸妈要钱,还是自己挣钱。最后他选择了后者。他自己调制了一种汽水,向过路的行人出售。可那里正是寒冷的冬天,没有人买,只有两个人例外——他的爸爸和妈妈。(《达瑞的故事》)

以上这两段都是在叙述情况,是一般的叙述句,语速为中速。

例如:

"等他们走后,我惊慌失措地发现,再也找不到回家的那条孤寂的小道了。像只无头苍蝇,我到处乱钻,衣裤上挂满了芒刺。太阳已经落山。而此时此刻,家里一定开始吃晚餐了,双亲正盼着我回家……想着想着,我不由得背靠着一棵树,伤心地呜呜大哭起来……"(《迷途笛音》)

这段表现的是太阳已经落山,“我”却迷了路,心情十分惊慌,所以语速要快一些,才能烘托出当时的气氛和“我”的心情。

【练习】

根据括号中的提示,分角色朗读(巴金的《雷雨》)中周朴园和鲁侍萍的对话,请注意体会语速快慢的变化。

周:梅家的一个年轻小姐,很贤惠,也很规矩。有一天夜里,忽然地投水死了。后来,后来——你知道吗?(慢速。周朴园故作与鲁侍萍闲谈状,以便探听一些情况。)

鲁:这个梅姑娘倒是有一天晚上跳的河,可是不是一个,她手里抱着一个刚生下三天的男孩,听人说她生前是不规矩的。(慢速。侍萍回忆悲痛的往事,又想极力克制怨愤,以免周朴园认出。)

鲁:我前几天还见着她!(中速)

周:什么?她就在这儿?此地?(快速,表现周朴园的吃惊与紧张。)

鲁:老爷,您想见一见她么?(慢速,鲁故意试探。)

周:不,不,不用。(快速,表现周朴园的慌乱与心虚。)

周:我看过去的事不必再提了吧。(中速)

鲁:我要提,我要提,我闷了三十年了!(快速,表现鲁侍萍极度的悲愤以至几乎喊叫。)

4. 句调

句调指的是说话时声音的高低升降的变化情况,由音高决定。句调所表示的抑扬升降的变化能表示语气(陈述、感叹、祈使、疑问)和说话人喜怒哀乐等多种不同的感情态度。句调的类型一般有:高升调(↗)、降抑调(↘)、平直调(→)、曲折调(~)。句调要以内容情感为基础,要交错多变,协调自然。

1)平直调(→)

语势比较平稳舒缓,没有明显的升降变化。一般用于没有特殊感情的陈述句和说明句,还可表示庄严、悲痛、冷淡等感情。例如:

A. 今天夜里到明天,晴转多云,东南风三到四级,最高温度21度,最低温度10度。→(叙述、说明)

B. 车队像一条河,缓缓地流在深冬的风里……→(庄重)

C. 这事与我无关。→(冷淡)

D. 他思索着,苦恼着。→(思索)

2)高升调(↑)

语调由低逐渐升高,语势呈上升趋势,句尾上升。一般用来表示疑问、反问、惊疑等语气，也表示号召、鼓动等感情较为激昂的句子。例如：

A. 这是他的衣服？↗（疑问）

B. 难道他的行为没有感动你吗？↗（反诘）

C. 这是给我的？↗（惊讶）

D. 这是胜利的预言家在叫喊“让暴风雨来得更猛烈些吧！”↗（鼓动）

3) 降抑调（↓）前高后低，语势渐降，句尾语势下降。一般多用于感叹句、祈使句，表示肯定、坚决、赞美、祝福等感情。

例如：

A. 我的愿望一定能够实现。↘（肯定）

B. 多么懂事的孩子啊！ ↘（感叹）

C. 公共场所，请不要大声喧哗。↘（祈使）

D. 白杨树实在是不平凡的，我赞美白杨树！ ↘（赞美）

4）曲折调（↗↘↗↘）

语势呈低—高—低的曲折变化，或先升后降，或先降后升，或末一两个音节音调曲折并拖长。用于表示特殊的、复杂的感情，如表示讽刺、讥笑、夸张、强调、反诘等语气。例如：

A. 这些海鸭呀，享受不了战斗生活的欢乐，轰隆隆的雷声就把它们吓坏了！（讥笑）

B. 他们哪里是要研究，而是要烟酒。（讽刺不满幽默）

C. 你好，你什么都好，得了吧。（讽刺）

D. 会不会是他已经表达了，而我却不能觉察！（思索、猜测）

【练习】

根据括号中的提示，朗读下列这首诗歌，请注意体会句调的变化。

囚　　歌

叶　挺

为人进出的门紧锁着，（→平调）（冷眼相看）
为狗爬出的洞敞开着。（→平调）
一个声音高叫着：（↗↘曲调）（嘲讽）
——爬出来吧，给你自由！（↗↘曲调）（讽刺）
我渴望自由，（→平调）（庄严）
但我深深地知道——（→平调）
人的身躯怎能从狗洞子里爬出！（↑升调）（蔑视、愤慨、反击）
我希望有一天（→平调）地下的烈火，（稍向上扬）（语意未完）
将我连这活棺材一齐烧掉，（↓降调）（毫不犹豫）

我应该在烈火与热血中得到永生！（↓降调）（沉着、坚毅、充满自信）

【课后思考与实践】

一、思考

1. 你所持方言与普通话在语音、词汇、语法上有什么差异？举例说明。

2. 找出自己的发声缺陷，并注意纠正它。

3. 听辨易混读的六组语音，反复训练，力求克服自己存在的问题。

二、分析

某单位在放完春节长假上班的第一天，大家就 2015 年的春晚作为话题开始聊了起来。大家各抒己见，发表不同的看法。听完大家七嘴八舌的发言后，福建人小胡开始对 2015 年央视春晚愤怒控诉起来："今莲的春晚，黑我们胡建人普通发，太过混了，不胡气啊，都在森气中！想起十几莲前，我从钱州 [泉州] 去山东上鞋，老丝让全班童鞋相副介绍，我说钱州天气灰藏苏胡，海鲜很多，拌调尿更好吃，童鞋们老调侃我，真想一脚踢灰他们。想想也没关系，是金子迟早会花光的！"听完他的发言后，有的人一头雾水，不知所云，有的人哈哈大笑。

福建人小胡说的"普通话"为什么让大家不知所云？

三、语调练习

（一）请根据括号里的朗读符号，注意语调技巧，有感情地朗读下面作品。（ˊ表语法重音；″表强调重音；∧表句中停顿；~表延长，↗表升调；↘表降调；→表平调。）

在船上~，↗为了看日ˊ出~，↗我ˊ特ˊ地∧起个在大ˊ早。↘那时~天∧还没有ˊ亮，↗周围是很寂ˊ静的，→″只有机器房的声音。↘

天空~变成了浅蓝ˊ色~，↗ˊ很浅~ˊ很浅的；↘转眼间∧天边出现了一道红ˊ霞，↗慢慢儿~扩大了它的范ˊ围~，↗加强了它的光ˊ亮。↘∧我知道~太阳要从那天际∧ˊ升起来了，↗便~目不转睛地ˊ望着那里。

果然，ˊ过了一会儿~，↗在那里~就出现了太阳的一小ˊ半，↗红~是红得ˊ很，↗却∧没有光亮。↘这太阳~像负着什么重ˊ担似的，↗慢慢儿，↗一步一步地，努力向上面升起来，↗到了最后~，↗ˊ终于冲破了云ˊ霞，↗完全跳出了海ˊ面。↘那颜色~,真红得可ˊ爱。↘一刹那间~,↗这深ˊ红的东西~,↗忽然发出ˊ夺目的光亮，↗射得人~~眼睛发ˊ痛，↘同时~附近的云也添了光ˊ彩。↘

有时~太阳走入ˊ云里~，↗它的光ˊ线∧却∧仍从云里透ˊ射下来，↗ˊ直射到水ˊ面上。↘这时候~，人∧要分辨出~何处是水，何处是天~，↗很不容ˊ易，↘因为~，ˊ只能够看见光ˊ亮的一片。↘

有时～天边有黑ˊ云～，↗而且～云片很ˊ厚。↘太阳出来了，↗人～却不能够ˊ看见它。↘然而～太阳在黑云里放射出光ˊ芒，↗透过黑云的周围，↗替黑云镶了一道光ˊ亮的金边，↗把一片片黑云～变成了紫云∧或∧红霞。↘”这时候～，↗光亮的～不ˊ仅是太ˊ阳∧、ˊ云∧和海ˊ水，↗连我自己～也成了光ˊ亮的了。↘

这～不是ˊ很伟大的奇ˊ观么？↗

——选自巴金《海上日出》

(引自胡习之主编《普通话学习与水平测试教程》2007年版课件资料)

(二) 请标出以下作品的朗读符号，用准确的语调有感情地朗读下列作品。(停连 / ；重音 · ；语速快﹏；慢—— ；句调↗↘→)

(1) 白发三千丈，缘愁似个长。不知明镜里，何处得秋霜。(李白《秋浦歌》)

(2) 无边落木萧萧下，不尽长江滚滚来。(杜甫《登高》)

(3)

面朝大海　春暖花开

海　子

从明天起，做一个幸福的人
喂马，劈柴，周游世界
从明天起，关心粮食和蔬菜
我有一所房子，面朝大海，春暖花开
从明天起，和每一个亲人通信
告诉他们我的幸福
那幸福的闪电告诉我的
我将告诉每一个人
给每一条河每一座山取一个温暖的名字
陌生人，我也为你祝福
愿你有一个灿烂的前程
愿你有情人终成眷属
愿你在尘世获得幸福
我只愿面朝大海，春暖花开

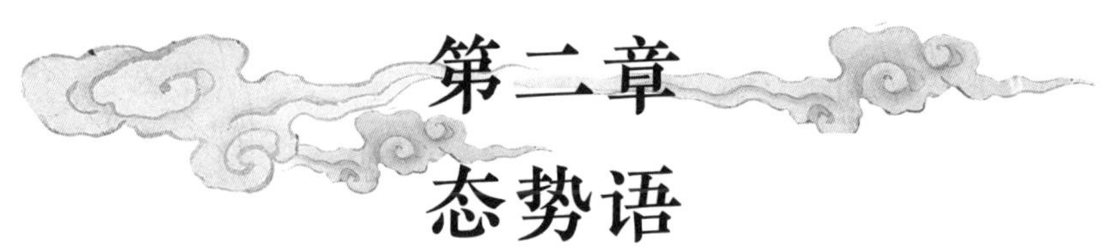

第二章 态势语

一、态势语基本知识

（一）态势语的含义

态势语，是以体态、手势、表情、眼神、服饰等非语音因素作为沟通手段，来传递信息、表情达意的一种表达形式。

态势语，又称身体语言、肢体语言、无声语言，是口语交际活动的一种辅助手段，具有与有声语言相同的传情达意、交流信息的功能。

态势语言是人类三大语言形态之一，它与口头语言、书面语言一起成为人们沟通交流的方式。态势语也是人类独有的语言形态，它不使用词语来表达，而是通过一种为社会所普遍接受的身体语言来传递信息，表情达意。

在人们日常生活和交往中，肢体语言是无处不存，无时不在，几乎所有的人说话时都自觉或不自觉地运用着它，有时还代替有声语言传递信息。在交际中，要善于运用自己的肢体语言，同时也要善于解读对方的肢体语言。

（二）态势语的特点

1. 辅助性。态势语虽然和有声语言一样是传情达意的交际工具，有时还替代有声语言进行交流，独立表达，但态势语基本上是伴随着有声语言出现的，辅助有声语言进行表达。态势语对说话的内容起到强化、补充、修饰的作用，增强有声语言的表达效果。在表达中起主导作用的仍然是有声语言，口头语言是第一语言。

2. 直观性。与有声语言诉诸听觉器官不同，态势语诉诸人的视觉器官，通过灵活多变的表情、动作、体态等构成一定的人体图像来表情达意，是动态、直观、形象的。不过，有时态势语也有假象，不能正确传递出有声语言所表达的意思，这可能是有意的，也可能是无意的。所以要多观察，多甄别，弄清说话人的真实意图。

3. 无意识性。一个人的肢体动作更多的是一种对外界刺激的直接反应，基本都是无意识的反应，而这种无意识的反应又是真实的。正如弗洛伊德所说，没有人可以隐藏秘密，假如他的嘴唇不说话，则他会用指尖说话。英国心理学家阿盖伊尔等人的研究表明，当语言信号与非语言信号所代表的意义不一样时，人们相信的是非语言所代表的意义。比如，与自己不喜欢的人站在一起时，保持的距离要比与自己喜欢的人的远些。当某人说他毫不畏惧的时候，他的手却在发抖，那么更有可能他是在害怕。

4. 差异性。由于地域、种族、文化背景的差异，交际情境的不同，态势语的含义也会不同，所以要注意入乡随俗，区别对待。比如，摸小孩的头，在中国是表示对孩子的喜欢、关爱。在很多佛教盛行的国家，尤其是东南亚的一些国家，如泰国、缅甸，他们认为头部包含着一个人的灵魂，因此是很神圣的，不能轻易触碰。又如，同样是拍桌子，“拍案而起”表示怒不可遏，“拍案叫绝”表示赞赏至极。

（三）态势语的特点

在人际交往中，如何从别人那里获得信息？不少心理学家研究认为，人际互动时，从解读身体语言得来的讯息，往往比口语还多，也更深刻。人类学家霍尔就曾说过：“一个成功的交际者不但需要理解他人的有声语言，更重要的是要观察他人的无声信号，并且能在不同的场合正确使用这种信号。”美国传播学家罗斯曾提出这样一个公式：信息传播的总效果 =7% 的语言 +38% 的语调语速 +55% 的表情和动作。虽然信息的传递不仅仅是依靠听觉和视觉，但以上表述表明，人际交往过程肢体语言在信息传递中所占的比重较大。

1. 强调作用。在交际中，有声语言传递的信息已经明白了，但为了突出某个意思时，需要使用态势语来强化，使有声语言的表情表意更充分，更直观、生动，更有感染力，给听众的印象也更深刻。达尔文说过：“面部与身体富有表现力的动作极有助于发挥语言的水平。”

比如，工作到深夜，终于抵挡不住瞌睡虫的进攻，说：“我要睡觉了！”与此同时，打个哈欠，伸个懒腰。再如，走到垃圾堆，皱着眉，掩着鼻说：“这地方真脏！”这些动作，都印证和强化了有声言语的内容。

2. 补充作用。在表述过程中，有的意思表达还不是很完整，很具体，便用态势语加以补充，完善口语表达中的不足，给听话人深刻的视觉印象，使听众“心领神会”。

比如，有人问：“孩子长多高了？”回答：“有这么高咯！”同时用手在自己的额头那儿比画一下。“这么高”是个模糊概念，手一比就直观了，对方心里就有数了。再如，去医院看病，跟医生介绍病情时，经常边说边同时用手势指出“这里不舒服”。

"这里"的含义具体了，医生也就明白了。

3. 替代作用。交际中有时碰到难以言表或不宜明说的情况时，只能用无声态势语取代有声语言，传达出说话者所要表达的某种信息或情感。用态势语替代有声语言，不但不影响听众对内容的理解，反而还收到"无声胜有声"的效果。

比如，不愿意某人在众人面前说自己的事，就会用脚踢他一下，给对方使眼色来制止他。再如，表演很精彩或者比赛取得好成绩，大家用热烈的掌声或者热情的拥抱来表示赞赏、祝贺。有时候，一方即使不说话，也能从他的面部表情、动作看出他的心思。

4. 表达情绪。态势语还是情绪的载体，往往通过惯用动作、表情使说话人的心理情绪暴露出来。比如，一般来说，鼓掌表示兴奋，顿足代表生气，搓手表示焦虑，垂头代表沮丧，摊手表示无奈，捶胸代表痛苦。有人眼眶泛红，泪光闪闪，表示他正伤心难过。脸色发青发白是生气、愤怒或受了惊吓异常紧张的表示。当事人以此等肢体语言表达情绪，旁人也可由之辨识出当事人的心境。

尽管态势语在社交场合，在交谈过程中起到举足轻重的作用，但毕竟是辅助性语言，是第二位的，不能忽视有声语言的地位。态势语对有声语言和具体的语言环境有依存性。态势语离开了有声语言，离开了一定的语言环境，它的特定含义就不明确，就难以辨析和领会了。所以在沟通交流中应该将两者结合起来，协调配合，相辅相成，才能真正发挥态势语的优势。

二、态势语的使用

态势语言内容丰富、形式多样，运用广泛。态势语言可以单独使用，但一般都配合有声语言在具体环境中使用，才能完成交际过程，达到交谈的目的。美国著名人类学家霍尔曾描述过人类交际的常见现象：一个人倾听别人说话时，总会望着对方的脸，尤其是眼睛，为了表示注意，听话者会轻轻点头，或者说"嗯""是的"；如果哪句话他深表赞同，点头就点得很深；如果感到怀疑，他就会扬起或皱起眉头，或者嘴角向下拉；要是不想再听下去，就会将身子挪一挪，把脚伸一伸，或者移开视线，不再注视说话人；等等。可见态势语不仅仅是说话人使用的语言，交谈中听话者也是需要的。在交谈中，双方既要注意倾听，也要注意察言观色，通过态势语来领悟对方所要表达的潜在意思。

（一）身姿语

身体的姿态，即身体的无声动作，往往可以反映出一个人对人或事的态度，不同的姿势传达出不同的意义。身姿语形形色色，包括坐姿、站姿、行姿、蹲姿、卧姿等。

1. 站姿

（1）社交场合的站姿

男士站姿：双脚平行，大致与肩同宽；全身正直，双肩稍向后展；头部抬起，上身挺直；双臂自然下垂伸直，双手贴于大腿两侧。

女士站姿：挺胸，收颌，目视前方；双手自然下垂，叠放或相握于腹前；双腿并拢，不宜叉开。

在社交场合，长时间保持上面的姿势容易疲劳，可以在基本姿势基础上稍加变化，使站立既舒服，又不失礼貌。但要注意：站的时候，不能两脚分得太开，也不能交叉两腿而站；不能两手放在口袋里；不能交腿斜靠在马路旁的树干、墙壁、栏杆上；不能不停地摇摆身子，扭捏作态；不能与他人勾肩搭背地站着。

（2）几种站姿的含义

站时，肩平、腰直、身正、站稳，表示自信、稳重、可靠。

站着与人交谈时，喜欢拍自己的腹部，表示说话者的踌躇满志，或者表示经过一番较量后取得胜利的得意心情。

向人请教或请示时，身体微微前倾，弯腰，表示虚心、谦逊的态度。

上身后仰，或左右摇晃，两腿抖动，表示轻率、傲慢。

2. 坐姿

（1）社交场合的坐姿

入座要轻要稳。抬头，下颌微收，两眼平视前方，上身挺直，收腹，双肩平正放松，两臂自然弯曲，即传统的“坐如钟”。男士两腿与肩齐平，女士两腿并拢。坐椅子一般坐 2/3，背部轻靠椅背。如果是与长辈或上司谈话，为了表示尊重，上身可以略倾向于对方，而不靠椅背。良好的坐姿不仅有利于健康，而且还能塑造沉着、稳重、文雅、端庄的个人形象。女性穿裙装时，坐下前用手理一下裙摆。上身不要驼背，腰要立起来。双腿并拢，双手相叠放于腿上，也可以一手放在椅子或沙发的扶手上，掌心向下。双腿正放或收于一侧，双腿并拢或交叠。

坐姿有严肃性坐姿和随意性坐姿两种。在交际场合，选用哪种坐姿要看具体环境，严肃、认真的场合宜采用严肃坐姿，休闲的场合可采用随意坐姿。但要避免以下的坐姿：弯腰含胸地瘫在椅子上，东倒西歪地坐着；抖腿、有气无力地把头靠在沙发背上；双腿或大大地叉开，或高跷二郎腿并把鞋挑在脚尖上；仰头靠在椅背上或低着头注视地面；身体前俯后仰，或歪向一侧；小腿搁在大腿上；两腿直伸开去；

反复抖动或摇晃双脚；腿高高跷起，架在凳子上，或者盘腿坐；跷二郎腿时把脚尖对着他人。

（2）几种坐姿的含义

男士上身挺直，两腿张开，表明自信；女士腰背挺直，并拢膝盖，显示仪态的端庄、优雅，给人正统严肃之感。

坐下时，如果动作过猛、过重，给人粗鲁、太随便的感觉。

在椅子上坐得深，靠着椅背，多给人一种老成稳重的印象，表达出一种心理的优势；而坐得较浅，或欠身坐在椅子一角，则显示出拘谨、紧张、不稳定的心理。

坐的时候，小幅度不停地抖动腿，意味着紧张不安；两腿叠加，表示心情放松，但与人交谈时这种姿势就不礼貌了，特别是在长辈或领导面前；跷起二郎腿，不时晃动，表示心不在焉；身体转来转去，表示心烦意乱；不停变换坐姿，脚踏地板，表示不耐烦、厌倦；身体后仰，脚放在桌子上，表示随意、无礼。

坐着摸嘴巴，表示情绪不安；坐着摸膝盖，表示心中有抑制不住的喜悦；坐着摸头，往往表示性子急、紧张。

3. 行姿

（1）社交场合的行姿

行走时要做到自然、轻盈、敏捷、矫健。正确的行姿：头正，双眼平视前方，下颌微收；挺胸收腹，双肩平稳，双臂自然摆，身体的重心随着前行而略向前倾。走路时要全脚掌着地，膝部和脚腕要有弹性。

行走时，切忌摇头晃脑，身体不能左右摆动，脚尖不能过于向内或向外，走“鸭子步”；不要双手插在衣服口袋、裤袋之中，或者双手掐腰或倒背双手；不要东张西望，左顾右盼，对人品头论足；不要多人一起并排行走，也不要勾肩搭背；不要蹦蹦跳跳，不要大喊大叫；不要玩手机等。应遵守交通规则；遇到熟人要主动打招呼；上下楼梯应靠右行走；懂得礼让，上下楼时，遇到尊者，应把楼梯扶手一侧让给他们；在狭窄的通道遇到上司、长者或女士，应站立一旁，并以手示意他们先行。

（2）几种行姿的含义

步履从容、举止悠闲，表示心情轻松闲适；脚步匆匆，慌慌张张，表示心绪不宁；高抬腿、轻落地、蹑手蹑脚，表示害怕惊扰对方或怕对方发现；一路小跑、风风火火，表示有急事；踉踉跄跄、歪歪斜斜，表示喝多了，酒醉心迷。

4. 蹲姿

蹲姿是人在处于静态时的一种特殊体位，捡拾地面物品时需要下蹲。蹲姿要领：下蹲时一脚在前，一脚在后；两腿向下蹲，前脚全着地，小腿基本垂直于地面；后脚脚跟提起，脚尖着地。女性应靠紧双腿，男性则可适度地将其分开。臀部向下，基本上以后腿支撑身体。若用右手捡东西，可以先走到东西的左边，右脚向后退半步后再蹲下来。脊背保持挺直，臀部一定要蹲下来，避免弯腰翘臀的姿势，避免背部对着他人。蹲时注意内衣“不可以露，不可以透”。注意在公共场所，不要蹲着休息；下蹲不要距人过近，不要方位失当，不要毫无遮掩等。

5. 鞠躬

鞠躬是中国、日本、韩国、朝鲜等亚洲国家的传统礼节。鞠躬主要表达“弯身行礼，以示恭敬”的意思，既适用于庄严肃穆或喜庆欢乐的仪式，又适用于普通的社交和商务活动场合，可表示尊重、感激、道歉等。弯腰鞠躬时，态度要诚恳，不得嘻嘻哈哈；要立正，要脱帽；嘴里不能吃东西或抽烟；眼睛往下，目光不得东张西望。鞠躬时，距离受礼者约二三步远，以腰部为轴，整个腰及肩部向前倾 15~90 度。鞠躬的同时，问候“您好”“早上好”“欢迎光临”等，也可致谢或致歉。鞠躬完毕，双目也要注视对方。男性在鞠躬时，双手要放在裤线稍前的地方，女性则将双手在身前轻轻搭在一起。鞠躬时，双手向下垂的程度越大，所表示的敬意就越深。受礼者，除长辈、上级、老师、宾客还礼可不鞠躬，而用欠身、点头、微笑致意以示还礼外，其他人应以鞠躬礼相还。

15 度鞠躬礼运用在一般的社交场合，如问候、做介绍、握手时等；45 度一般是下级对上级、学生对老师、晚辈对前辈的敬意，服务人员对来宾表示的致意，或表演者、演讲者、领奖者对听众、观众表示尊敬和感谢；90 度属于最高的礼节。在日本，弯腰 15 度左右表示致谢，30 度左右表示诚恳和歉意，90 度左右表示忏悔、改过和谢罪。

（二）头部动作

头部的朝向、摆动，加上面部表情均表示不同的意思。身体挺直、头部端正，表现的是自信、严肃、正派、有精神。头部向上表示希望或傲慢，头部向下表示谦逊、沉思或内疚。头部向前，表示倾听、期望或同情、关心。头部向后，表示惊奇、恐惧、退让或迟疑。点头，表示答应、同意、理解、赞许。摇头，表示否定、不是、不对、不赞成等。抬头，一般表示顿悟、豁然开朗或傲慢。低头，含义丰富，可以表示思索，表示谦恭，表示羞怯、忏悔、委屈、丧气等。歪头，表示天真。侧头，一是表示静听；一是表示生气或轻视，一副爱理不理、爱听不听的架势。

（三）表情语

人的面部表情主要由眉语、眼神、唇型、脸色等构成。人在表达情感、情绪时，调动全部的脸部器官，加上脸的颜色、光泽、形状、肌肉的收缩与舒展，就可传达出丰富的表情了。面部表情是情感最准确、最微妙的晴雨表，最能直观地表达人们喜怒哀乐等复杂的内心世界，因此人们在网络沟通中常常用表情包来传情达意。

1. 嘴型

五官中，嘴的表现力仅次于眼睛。嘴型的开合变化可以传递出一定的信息。如：噘嘴表示生气，抿嘴表示害羞，努嘴表示暗示，撇嘴表示不情愿，咧嘴表示高兴，歪嘴表示不服。惊讶时张口结舌，仇恨时咬牙切齿。嘴唇闭拢，表示和谐宁静、端庄自然。嘴唇半开，表示疑问、奇怪、有点惊讶，如果全开就表示惊骇。嘴角向上，表示善意、礼貌、喜悦。嘴角向下，表示痛苦悲伤、无可奈何。嘴唇紧绷，表示愤怒、对抗或决心已定。

2. 鼻子和耳朵

鼻子和耳朵没有明显的动作，主要随着头部而运动，表示潜在的心理活动。例如：下颚上抬，鼻子挺起，是傲慢、自大、倔强的表现；伸出下颚，把鼻孔对着人，是瞧不起对方的意思；用手摸鼻子表示怀疑、犹豫或不愿意；用手摸耳朵表示要打断对方的说话；从摸耳朵到摸脸是表示感到为难，拿不定主意。

3. 微笑

在众多的面部表情中，有一种是全世界各民族都认可和最受欢迎的表情，就是微笑。面含笑意，不发声，面部肌肉放松，嘴角两端向上略为提起，或露出上面牙齿，是最自然、亲切的微笑。其含义非常丰富：高兴、愉悦、满足、亲切、赞同、希望等。微笑如冬日里的阳光，带给人以温暖。微笑能强化有声语言的沟通功能，增强交际效果。

4. 眼神

眼睛是心灵的窗户。据研究表明，人的各种感觉器官所获得的信息总量中80%以上的内容来自于眼睛。眼神的变化，反映了一个人微妙的内心，传达许多具体、复杂甚至难以言传的思想感情。眼神具有重要的表情、表意、控场的作用。人们可以通过一些方法和手段掩饰自己的面容、声音，但眼神却往往改变不了。在交际活动中应该有意识地解读千姿百态的目光语，学会阅读和使用目光语。

(1) 眼神的不同含义

两眼正视表示庄重，斜视表示轻蔑，仰视表示思索，俯视表示怜爱或轻视，逼视表示命令，瞪视表示敌意。

两眼大睁表示吃惊，两眼眨个不停表示疑问，笑时眼睛眯成一条线表示开心高兴。

眼睛滴溜溜转动，眼神捉摸不定，表示思考、盘算，甚至怀疑；眼睛老是往别处看，或盯住某个地方表示不感兴趣。眼睛睁大，表示很感兴趣、兴奋或喜爱；眼睛眯小，表示反感或质疑。

目光炯炯有神，给人精力充沛、生气勃勃的感觉；目光呆滞麻木，给人疲惫厌倦的印象；目光清澈纯洁给人坦荡、善良、天真的感觉；目光阴暗、狡黠，给人虚伪、奸诈的印象；左顾右盼、飘忽不定，给人心慌意乱之感；目光坚毅表示自信自强；目光睿智表示聪明机敏；目光浮动表示轻薄浅陋；目光衰颓表示自暴自弃。

不同的目光接触也反映着不同的心理：被别人注视而将视线迅速移开的人，或是自卑或有心事或不愿意搭理；无法将视线集中在对方身上，很快收回视线的人，多半属于内向性格，不善交际的；听别人说话时，眼睛老是往别处看，表示对说话人或话题不感兴趣；目光集中，表示自信和坚定；目光游离，表示心不在焉。

眼神如果再配合眉毛的变化，含义就更丰富了：眉开眼笑、眉飞色舞表示欢乐；双眉紧锁表示忧愁；横眉怒目表示愤怒；低眉顺眼表示温顺；挤眉弄眼表示挑逗、俏皮；扬眉吐气表示心情舒畅。

【案例】

曾国藩在湖南招募湘勇，李鸿章为老师挑选了三个人。一天李鸿章带着这三人去见曾国藩，恰巧曾国藩出去散步了，李鸿章让三人在厅外等候，自己就进去了。不久曾国藩散步回来，李鸿章禀明来意，请曾国藩考察三人。曾国藩笑着说："不必了，我看厅门左边的那个人是个忠厚之人，办事小心谨慎，让人放心，可以让他做后勤供应一类的工作。中间那个是个阳奉阴违、两面三刀的人，不值得信任，只能分配些无足轻重的工作，担不得大任。右边那个是个将才，可独当一面，将大有作为，应予以重用。"

李鸿章很吃惊，问："大人您还没用他们，是如何看出来的？"曾国藩说："刚在厅外见过他们了。我经过他们时，左边这个我看他一眼，他也看我一眼，当我看他第二眼时，他却把头低下来，这说明他谨慎有余而胆量气魄不足。我看中间的人一眼，他没敢看我，当我移开目光时，他居然偷偷看我，这说明他心术不良，为人奸诈。我看右边的人一眼，他也看我一眼，我看他第二眼，他同样看我第二眼，我上上下下把他打量一遍，他居然也神色坦然地将我扫视一番，这说明他心胸坦荡，勇气可嘉，因此唯有此人可以大用。站在左边的可用，但不可大用，站在中间的人万万不可用。"

后来李鸿章为验证恩师的结论是否正确，有意把他们都留下来，并且平等对待。经过多年的考验，果不出曾国藩所料，左边的那个人尽管处处小心谨慎，但毫无功劳建树。中间的那个人贪图富贵，出卖军中情报，按照军法被处死。唯在右边的那人有勇有谋，屡立奇功，后被朝廷委以重任，派往宝岛台湾驻守。此人就是领导军民英勇抗击法国侵略者的爱国名将、台湾首任巡抚刘铭传。

（2）眼神交流的时间

在社交谈话中，目光应注视说话人，这也是社交礼仪。东张西望、心不在焉是很不礼貌的行为，也不会赢得对方的尊重。心理学研究表明，与人交谈时，视线接触对方面部的时间应占整个谈话的30%~60%。如果从头到尾盯着对方，就可能被认为对谈话者的兴趣超过了对谈话内容的兴趣；如果不关注说话人，又可能被认为是对谈话内容和谈话者本人都不感兴趣。所以交谈时，既不能完全不看对方，也不能长时间凝视对方，这样都是对对方的不尊重。但也要注意，凝视对方不要目光呆滞地死盯着别人看，这样会使人感到很不舒服。正确的做法是：一对一的谈话，为了避免紧盯着对方，可以把视线放在对方的眉宇间，这样不会尴尬。时间较长时，中间可以适当将视线转移到别处。多人在场时，要顾及每个人，要适当用目光扫视一下，以示尊重。可以采用点视、虚视、环视相结合，不必将视线长时间集中在某个人脸上。

对关系不熟或关系一般的人不要长时间凝视，这样会让人不自在，可以适时转移视线。遇到陌生人也要避开眼睛对视。在一些公共场所，有时人多拥挤，不得不面对时，可以用若有所思或茫然失神的眼神，就避免了尴尬的目光接触，又不失礼。

（3）眼神表达的方式

①视线方向：向上表示敬畏、敬仰、天真等；向下表示关爱、同情、容忍；平行表示冷静、思考。

②视线的长短与软硬：长而硬的视线表示关注或不满；短而硬的视线表示执着或仇恨；长而软的视线表示等待或探寻；短而软的视线表示爱怜或担心；由视转向不视，即闭上眼睛表示悲伤、思念。

（4）眼神接触的区域

在人际交往中，除了要注意目光接触的时间长短，对目光接触的区域也有一定的要求。目光凝视区是指人的目光所落的位置。根据人们交往中活动内容或者人际关系疏密程度的不同，目光凝视区域也不同，一般划分为以下三种情况：

①公务凝视区域：以两眼为底线，额中为顶角形成的三角区。这种凝视会显得严肃认真，对方也会觉得你有诚意，容易把握住谈话的主动权和控制权。

②社交凝视区域：两眼为上线、唇心为下顶角所形成的倒三角区。这种凝视能给人一种平等、轻松感，从而创造出一种良好的社交气氛。

③亲密凝视区域：双眼到胸部之间。这是恋人、家庭成员之间使用的一种凝视，往往带着亲昵爱恋的感情色彩。非亲密关系的人不应使用这种凝视，以免引起误解。

（四）手势语

戏剧舞台上有句名言——“手是人的第二张脸”。它说明了手在态势语中的重要作用。手也是人体最灵巧而有活力的肢体，可以辅助有声语言表达丰富的信息。所以手势的使用频率比较高，使用范围比较广。

手势由臂、掌、指、拳等不同造型及伸、抓、摇、摆、挥、摊、按、推、劈、举等动作节拍构成。其描摹的状貌、传递的意义、抒发的情感有许多是约定俗成，为大家共同接受的。

很多国家和地区都有手势语，但地域不同，文化差异大，手势语的含义也有不同，甚至相反。要了解熟悉各地手势语，特别是一些禁忌或侮辱性的动作，才不至于闹笑话，引起误会矛盾。

1. 手臂语

手臂伸直，手指并拢，或伸或托或劈或挥动。手臂动作范围影响较大，容易引起对方的注意。其情感区域有三个：

（1）上区。手臂在这一区域活动，主要表示坚定的信念、殷切的希望、美好的憧憬等情感。例如：这个目的，我们能够达到，我们一定能够达到！

（2）中区。手臂在这一区域活动，主要表示叙述事物、说明事理。例如：这个问题大家可以考虑一下。

（3）下区。手臂在这一区域活动，主要表示憎恶、鄙夷、不屑、厌烦、不齿等感情。例如：随地吐痰是可耻的行为！

2. 手掌语

在整个手势中，手掌的运用占居首位。其基本方法和作用如下：

（1）手心向上，胳膊微曲，手掌稍向前伸。这种手势主要表示贡献、请求、承认、赞美、许诺、欢迎、诚实的意思。比如：“我想大家是能够做到的。”“希望同志们多多提出宝贵的意见。”凡属这类内容的，就可以用这种手势。

（2）手心向下，胳膊微曲，手掌稍向前伸。这种手势主要表示神秘、压抑、否认、反对、制止、不愿意、不喜欢的意思。例如：“这里面一定有问题。”“这种损人利己的行为，我们是坚决反对的！”“我们不同意采取这种办法。”大凡这类内容，就可以用这种手势。

（3）两手由合而分开。这种手势多表示空虚、失望、分散、消极的意思。比如：“一个人如果没有远大理想，那他将一事无成！”“我简直是没有办法。”“虽然做了许多工作，仍然是不见效的。最后他们还是分开了。”类似这样内容的，基本上都用这种手势。

（4）两手由分而合。这种手势主要表示团结、亲密、联合、会面、接洽、积极的意思。“我们要团结起来，把这个工作做好。”“同志们，为了一个共同的目标，我们走到一起来了。”凡是这类内容的，就可以用这种手势。

3. 拳语

总体上说，拳的运用很少。用拳表示愤怒、破坏、警告、决心、团结、有力等意思。用拳时，可以直锤，也可以斜击。这要根据内容需要来定，但非到情感异常激烈时，决不要用，而且也不可多用。

（1）在身体上区握紧拳头，表示誓死捍卫、决心、团结、奋斗。例如：“人生需要目标，需要奋斗！”“这个仇我们是一定要报的！”

（2）在身体中区握紧拳头，表示愤怒而又强忍或警告、威胁的意思。例如：“谁敢侵略我们，就一定要消灭它！”“好小子，总有一天我让你见到死神！”

4. 手指语

（1）大拇指

大拇指向上伸。在中国很常用，表示称赞、夸奖、崇敬、钦佩等。在尼日利亚，表示对来自远方的友人的问候。在日本，这一手势表示“男人”“您的父亲”。在韩国，表示“首级”“父亲”“部长”“队长”。在美国、墨西哥、荷兰、斯里兰卡等国家，这一手势表示祈祷幸运。在美国、印度、法国，若横向伸出大拇指则表示要搭车。在澳大利亚，这是个粗野的动作。

大拇指向下伸。世界有相当多的国家和地区都使用这一手势，但含义不尽相同。在中国，把大拇指向下，意味着“向下”“下面”。在英国、美国、菲律宾，这手势含有“不能接受”“不同意”“结束”之义，或表示“对方输了”。墨西哥人、法国人则用这一手势来表示“没用”“死了”“运气差”。在泰国、缅甸、菲律宾、马来西亚、印度尼西亚，拇指向下表示失败。在澳大利亚，使用这一手势表示讥笑和嘲讽。在突尼斯，向下伸出大拇指，表示“倒水”“停止”。

（2）食指

食指向上伸。世界上使用这一手势的民族也很多，但表示的意思不一样。中国人向上伸食指表示数目，可以指“一”，也可指“一十”“一百”“一千”等这样的整数，还可以表示指点事物的数目和方向，也可以是批评、指责、命令等。在日本、韩国、菲律宾、斯里兰卡、印度尼西亚、沙特阿拉伯、墨西哥等国，食指向上表示只有一个“次”的意思。在美国，让对方稍等时，要使用这个手势。在法国，学生在课堂上向上伸出食指，老师才会让他回答问题。在新加坡，谈话时伸出食指，表示所谈的事最重要。在缅甸，请求别人帮忙或拜托某人某事时，都要使用这一手势。在澳大利亚，在酒吧、饭店向上伸出食指，表示“请来一杯啤酒”。在墨西哥、缅甸、日本、马来西亚，这一手势表示顺序上的第一。在中东，用食指指东西是不礼貌的。

弯曲食指。在中国表示数字“9”；在日本表示小偷；在泰国、菲律宾表示钥匙、上锁；在韩国表示有错误、度量小；在泰国、新加坡、马来西亚表示死亡；在缅甸表示数字“5”；英美人用这一手势来招呼某人到他那里去。

用食指对人摇动。在英美等国表示不满、反对或者警告的意思。

（3）小指

小指向上伸出。在中国表示小、微不足道、拙劣、最差的等级或名次，还可以表示轻蔑；在日本表示女人、女孩子、恋人；在韩国表示妻子、女朋友，或是打赌；在菲律宾表示小个子、年轻或指对方是小人物；在泰国或沙特阿拉伯表示朋友、交朋友；在缅甸和印度表示想去厕所；在美国，表示懦弱的男人或打赌。

（4）表示数目

在用手指表示数目时，可用一只手来表示，也可用两只手互相配合。如用左手的手指伸曲表示数目，而用右手的食指指点。

（5）其他手指语

①伸出食指和中指，构成“V”字形，来源于英国。注意做这个手势，掌心向里、向外，意思有天壤之别。掌心向外，表示“胜利”“和平”之意；掌心向内，表示“侮辱”“轻蔑”之意。

②伸出中指、无名指和小指，大拇指和食指圈成一个圆，构成“OK”。这也是个外来动作，在中国表示数字“0”或“3”；在日本、朝鲜、缅甸表示金钱；在泰国表示没问题；在印度尼西亚表示什么也没有、不成功；在英美国家，表示赞扬、允诺、同意；在巴西则认为是对女性的引诱或对男性的侮辱。

5. 其他手势语

（1）招呼

在中、日等国，招呼人是手臂向上伸，掌心向下并摆动手指；在美国是唤狗。

在欧美国家呼唤人过来的手势是掌心向上，食指手指来回勾动；而亚洲一些国家，这种手势对服务员则不可用，因为人们常常以此来叫一条狗等动物或幼童。

在非洲餐厅吃饭时，叫服务员通常是轻轻敲打餐桌。而在中东各国，叫人时轻轻拍拍手，对方即会意而来。

（2）同意

一般而言，双方谈事情成功时，除了说“同意”“赞成”外，还要满面笑容地点头示意。而在巴基斯坦、保加利亚、阿尔巴尼亚、尼泊尔、泰国等国点头表示不是（或不好），摇头表示是（或好）。印度人以摇头或歪头表示同意。非洲人往往情不自禁地展开手臂，向上举起，并用另一只手握拳击掌心，以表示自己十分满意。阿拉伯人则会把双手握成拳，食指向外，缓缓挥动，表示赞成和同意。

(3) 握手

握手是在相见、离别、恭喜或致谢时相互表示情谊、致意的一种礼节，双方往往是先打招呼，后握手致意。这在许多国家已成为一种习以为常的礼节。

首先要注意握手的顺序，一般主人、长辈、上司、女士主动伸出手，客人、晚辈、下属、男士再相迎握手。然后注意握手的方法。握手时，距离受礼者约一步，上身稍向前倾，两足立正，伸出右手，四指并拢，拇指张开，向与礼者握手。应伸出右手，不能伸出左手与人相握。男士在握手前先脱下手套，摘下帽子，女士在某些情况下可以例外。握手的时候，眼睛一定要注视对方的眼睛，传达出你的诚意和自信，千万不要一边握手一边眼睛却在东张西望，或者跟这个人握手还没完就目光移至下一个身上。握手的力度要掌握好，握得太轻了，对方会觉得你在敷衍他；太重了，人家不但没感到你的热情，反而会觉得你粗俗。握手的时间以3~5秒为宜，不可一直握住别人的手不放。与领导握手，男士与女士握手，时间可以更短些；如果要表示自己的真诚和热烈，也可较长时间握手，并上下摇晃几下。多人相见时，注意不要交叉握手。

(4) 接递东西

递接物品是日常生活工作中常见的举止动作，但这一小小的动作往往却能给人留下难忘的印象。

递接物品的基本原则是要尊重他人。如双手递物或接物就体现出对对方的尊重。如果在特定场合下或东西太小不必用双手时，一般要求用右手递接物品。

递接物品的方法及注意事项：递笔、刀、剪之类尖利的物品时，需将尖端朝向自己握在手中，而不要指向对方。如果是递交书本之类的，应该将正面朝上，用双手递上。接过时，同样要用双手，并说声“谢谢”。如果是招待客人用茶时，往往一手握茶杯把儿或扶杯壁，一手托杯底，并说声“请用茶”；如果接主人敬上的茶，应站起身伸出双手接过茶杯，并说声“谢谢”。

(5) 特殊手势语

在一些领域或行业，由于工作需要，产生了一些特殊的手势语，比如聋哑人的手语，旗语，交通警的指挥手势，裁判的手势等。

【案例】

一位中国某著名企业的高管会见土耳其来访的老板。由于这位高管在公司中位高权重，平时就养成了双臂交叉等习惯。在与土耳其老板谈判时，他时不时会无意地双臂交叉并后靠。虽然这次谈判谈成功了，但是自此以后公司再也没有接到来自土耳其老板的订单了。原来，土耳其习俗中，和别人面对面谈话时，把手放在臀部或者双臂交叉都是不礼貌的。

【课后思考与实践】

一、思考题

1. 态势语言和有声语言有哪些不同？

2. 微笑有什么作用？

3. 你进教室上课或者乘坐公交车，一般会选择坐在哪里？为什么？

4. 在公众场所，你对哪些肢体行为很反感？

二、问答题

春秋末期，齐桓公与管仲密谋伐卫。议罢回宫，来到其所宠爱的卫姬宫室，卫姬见之，立即下跪，请求齐桓公放过卫国。齐桓公大惊，说："我没有对卫国怎么样呀？"卫姬答道："大王平日下朝，见我总是和颜悦色，今日见到我就低下头并且避开我的目光，可见今天朝中所议之事一定与我有关。我一个妇道人家，没什么值得大王和大臣们商议的，所议应该是和我的国家有关吧？"齐桓公听了，沉吟不语，心里决定放弃进攻卫国。第二天，与管仲见面后，管仲第一句话就问："大王为何将我们的密议泄露出去？"齐桓公又被吓了一大跳，问道："你怎么知道？"管仲说："您进门时，头是抬起来的，走路步子很大，但一见到我侍驾，走路的步子变小了，头也低下了。您一定是因为宠爱卫姬，与她谈了伐卫之事。莫非您现在改变主意了？"

请结合上述案例谈谈态势语的作用。

三、用肢体语言演示下列词语。

手舞足蹈　左顾右盼　蹑手蹑脚　垂头丧气　昂首挺胸　狼吞虎咽　捧腹大笑　见钱眼开　对牛弹琴　目不转睛　瞻前顾后　交头接耳

四、做2~3分钟的即兴发言。要求运用到态势语，注意站姿、头部动作、眼睛、表情、手势等。

第三章 演 讲

一、什么是演讲

《现代汉语词典》的解释："就某个问题对听众说明事理，发表见解。"演讲的表现形式就是当众讲话。政治、宗教、经济、科技、军事等各种领域各种场合的当众讲话都是演讲。演讲是一个人思想水平、理论素养、生活阅历、知识储备、审美情趣、表达能力等多种因素的综合反映，是演讲者德才学识的集中体现。

现代社会职场环境下，有许多当众讲话的机会，如会议发言，各种场合自我介绍、企业或产品介绍、信息分享、向上级汇报工作、向下级布置工作等。有位企业家曾经说过："在一个企业当中，光干不说是傻把式，光说不干是花把式，又会说又会干才是巧把式。"可见，演讲是现代职场必备的能力之一。

二、演讲的作用

（一）展示宣传

演讲是展示宣传自我和企业的最好方式。现代社会科技和经济的发展使个人和企业发展的空间越来越大，人和人之间、企业和企业之间的竞争也越来越激烈。扩大影响力就成了个人和企业发展的关键。许多大企业的老总经常寻找机会出现在公众视线中，在各种论坛或者有声媒体演讲。演讲的内容大多是推介企业和产品或者发表看法。频繁出现的身影既增加了个人的魅力，也增加了企业的影响力。

下面是一家互联网公司 CEO 的演讲稿，分享了比较新颖的公司管理模式，条理清晰，语言生动，在演讲的过程中不断提到公司的名号，使公司的形象深入人心。

【例文】

我们是这样玩公司的

嘿，大家好，我是××××公司的×××。今天受命跟大家交流的课题是“玩公司”。

因为××××是个小公司，没有大公司的招牌和那么诱人的薪酬福利，只能靠带着小朋友们玩儿，让员工开心来吸引人。

我首先向大家介绍一下我们公司的基本情况：

××××是一个基于微信的互联网社群，目前有345万订阅用户、66000名付费会员，同时也是微信生态中最大的一家电商。

当然，和各位的生意相比，我们只是个小卖部。我们通过接近2000个微信群来建立与会员和热心用户的直接关系。

为了完成这个工作量，目前××××有40名员工。其中技术团队10人，其他为内容运营和商品团队。

每个人都是身兼数职。每个人的平均工作时间是每天15个小时左右，常年如此。

但是××××的员工活力非常强，所有与××××合作过的公司，都认为××××给他们带来的最大价值，是看到如何用非常少的人，来完成非常大的项目。

我们这个公司的特点有几个：

第一，没有上班的起止时间、没打卡机；

第二，除了创始人之外，没有层级；

第三，除了财务部之外，没有部门；

第四，除了技术部门之外，没有年终奖。

同时，沟通风格非常简单粗暴。

但是，××××的团队稳定性、活力和创造力，都非常优秀。我个人王婆卖瓜，我认为我们的团队是互联网领域最优秀的创新型团队。因为××××几乎保持每天都上线一个新活动的频率。

这个团队的构成是两端：“70后”和“90后”。“90后”为主。但是与“70后”的相处非常融洽，大家没有代际感。

我们自己分析，可能比较有效的做法是以下几点：

1. 我们从来不管理员工的工作时间，全部自我管理。

为什么？很简单，在移动互联网时代，你可以通过刷卡机刷住他的进门和出门时间，但是只要他手上有个手机，你就根本不知道他在做什么。

所以，我们创始人一致认为，刷卡机是管理者的耻辱，因为依赖刷卡机，就意味着你没有能力管住员工的注意力和情绪，你只能管住他的肉身。

与其这样，不如让他们自己管自己，只需要与他密切协同的小伙伴协调好时间就可以。

特别是对于年轻人，他们一定爱睡懒觉、晚上一定熬夜，与其逼着他早晨九点来，为什么不让他中午来，然后晚上十点走呢？

而且在北京这种城市，这种时间安排会极大地提高小朋友的幸福感。所以，每天早晨是我们创始人开始值班，然后小朋友们大部分中午前到。

我们的办公室也没有固定座位，每个人都可以根据自己的喜好和项目的需要，随时换座位。包括创始人在内，没有任何人有独立办公室和特殊的办公设备。

2. 依靠自我管理，如果他们不自觉怎么办？

很简单，我们有“节操币”制度。每个员工每个月可以获得10张节操币，每张相当于人民币25元。他们可以用这张节操币在我们周边的咖啡厅和饭馆随便消费，还可以获得打折和VIP待遇，公司月底统一与这些饭馆结账。

但是，节操币不能自己使用，必须公开赠送给小伙伴，而且要在公司公示你为什么要把节操币送给他，说明具体原因。节操币成为我们的硬通货，每月公司会公示当月节操王。

每年收到节操币最多的节操王，会获得年底多发三个月薪的奖励。所以，每个人都能看到一个公开的数字，这个节操币的交易情况，反映了每个人与他人协作的水平。

很少收到节操币的人，一定是协作水平和态度比较低的，而且是由全体员工每天的自然协作做出的评价，是一张张真实的选票。落后的人，会很快自觉改善，或者离开公司，他们会感受到强烈的压力。

……

3. 我们的组织，除了技术团队和财务之外，全部是纵向编队的战斗小组。

举个例子：一个战斗小组，从买手选品、商务谈判、策划创意和文案撰写、商品页面制作、物流监控、全程客服、财务对账，全部自己小组完成，打通从商品选择到服务的全流程。

一个小组，基本配置是三个人。他们既要懂商品，也要懂创意和内容，还要懂服务；然后，公司从利润中，直接与小组进行分红，形成内部创业机制。

比如，我们有个“90后”小姑娘，很酷，对情趣用品很感兴趣，所以就拼命说服我们卖一个很贵的跳蛋。然后真的就是用纯文字开始销售，目前已经成为这个级别的产品在电商领域最大的一个分销商，然后因为这个产品毛利很高，这个小组就成了公司内的财主。

所以，这样的小组，跟创业没什么区别，这样的小组非常有活力，而且他们的学习能力超出你的想象。

……

我介绍完毕，其实很粗暴的。

总结一下，×××× 公司的特点有四个：

第一，没有上班的起止时间、没有打卡机。

第二，除了创始人之外，没有层级。

第三，除了财务部之外，没有部门。

第四，除了技术部门之外，没有年终奖。

×××× 公司塑造“最优秀的创新型团队”上有效做法是以下几点：

1. 我们从来不管理员工的工作时间，全部自我管理。

2. 如果他们不自觉怎么办？很简单，我们有“节操币”制度。

3. 我们的组织，除了技术团队和财务之外，全部是纵向编队的战斗小组。

（来自 http://www.wtoutiao.com/a/1400260.html，李天田：《我们是这样玩儿公司的》）

（二）传播信息

社会发展的速度不断地加快，信息也快速大量地增长。演讲也是传播信息的一种重要方式。演讲者通常会根据自己的演讲目的接收大量信息，并筛选、分析有效信息，重新整理编排信息后再予以传递。演讲不仅增进信息的传播速度，而且提高信息的有效性和系统性。

一位媒体人在一场长达 4 小时的跨年演讲中，对即将过去的一年进行了几方面的总结。下面的内容选自其中，包含了大量的有效信息。

【例文】

2015 年发生了很多事情，很多记不住，现在没人做十大新闻了，因为每个人关注都不同，有人关注优衣库，有人关注经济，有人关注苹果什么时候降价。我作为媒体人，不要以为多元化就是事实，会自动呈现在你面前，越是多元化看到世界越扭曲。过去中国媒体的话语权更多控制科技，都是互联网公司的头条，它霸占了很多我们的话语权，它给我们真实的世界吗？不一定。

去年董明珠给股东 100 多个亿，没人知道，但是刘强东生孩子全国都知道；王健林去年的资本拼命往海外铺，没人知道，他的公子发微博，天下皆知；汽车产业去年最热闹的人是贾跃亭，要做超级汽车，其实谁在真正关注汽车 500 强企业？是吉利汽车的李书福。我们看到最热闹的新闻未必是这个世界的真相。

……

互联网恐慌

互联网像一个幽灵在中国大地徘徊了非常多年，2015 年达到互联网的恐慌，不少企业家愿意投入所有的身家去转型，我认为到了不太理性的程度。很多人说马云太坏了，把线下生意都毁掉。大家有没有常识？我们的线上商业占所有的商业不到 5%，5%可以毁掉 95%吗？我这个文科生都不认同。事实上，很多来自商业地产的朋友告诉我们，之所以过去几年线下商业不是那么顺利，原因很简单，前几年搞 4 万亿了。我说去年腾讯一年赚 200 多亿，我朋友说还没有我们公司多，他是中国烟草中公司的员工，去年他们赚了 1700 多个亿。即使我们都在唱衰中移动，它也有 1000 多万的利润。我们感知的互联网恐慌是一个事实吗？……

（来自 http：//mt.sohu.com/20160101/n433221816.shtml，罗振宇：《时间的朋友》跨年演讲现场版笔记）

（三）启迪激发

演讲可以启迪人们对真理的思考，使人认识社会现实和历史状况，辨别客观事物的美与丑、真与假、善与恶，可以帮助人们祛邪扶正，用真理战胜谬误，性格情操得到陶冶，思想感情得到净化，道德行为得到规范。成功的演讲不仅能以理服人，还能以情感人。

【案例】

据《史记·陈涉世家》记载，公元 209 年，陈胜在“谪戍渔阳”途中过大泽乡（今安徽宿县西南），他召集同伴们发表演讲：

公等遇雨，皆已失期，失期当斩。籍弟令毋斩，而戍死者固十六七。且壮士不死即已，死即举大名耳。王侯将相宁有种乎？（意为：诸位遇上了大雨，都已经误了朝廷规定的期限，误期就会杀头。就算朝廷不杀我们，但是戍守边疆的人十个里头肯定有六七个死去。再说，好汉不死便罢，要死就要取得大名声，那些王侯将相难道是天生的贵种吗？）

这篇演讲，讲明事理，晓以利害，大义凛然，具有强烈而巨大的号召力，立即得到了同行 900 名戍卒的积极响应，从而掀起了中国历史上第一次声势浩大的农民起义，成为秦王朝覆灭的导火索。

【案例】

英国首相丘吉尔很善于演讲。他的演讲慷慨激昂，语言优美，富有鼓动性。第二次世界大战爆发后，希特勒疯狂进攻欧洲各国。英伦三岛沦为孤岛，英国陷入民族存亡的危难境地。丘吉尔临危授命，就任英国首相，发表了一次又一次的战时演讲。如他的《出任首相后的第一次演说》，既是首相就职演说，也是战争总动员令。这篇演讲仅用了1000多字，约3分钟的时间，却获得了前所未有的效果，极大地鼓舞了英国军民乃至世界人民与德意法西斯血战到底的斗志。尼克松在太平洋服役时听过丘吉尔的战时演讲，他曾说过："丘吉尔使我感动的程度要超过罗斯福总统。"

三、如何写演讲稿

演讲稿是为满足演讲的需要而事先准备好的稿子。演讲稿有四个要素：主题、材料、结构、语言。写好演讲稿的关键是要处理好这四个要素。

（一）主题

主题，是演讲的全部内容所表现出来的基本思想，是演讲者对某一问题或现象发表的看法、主张和观点。主题是演讲的"灵魂"，对演讲的成败起决定性作用。主题鲜明的演讲才能给听众留下深刻的印象。有的演讲漂亮花哨，噱头百出，现场气氛热烈，但是演讲结束后，听众只记得其中的三两句俏皮话或鸡汤式警句，不能领会演讲者的目的所在，这就是主题不鲜明导致的失败。主题又像是"统帅"，它不仅决定着演讲材料的取舍、演讲的结构方式，还决定着演讲的语言、表达方法和技巧。

在确定主题时，首先弄清楚以下问题：(1) 你的听众主要是哪些人？(2) 你的听众为什么要听你的演讲？(3) 你的听众到底想听什么？充分了解了听众后，还要结合自己的目的选取话题，要选择既满足听众需求，又为自己熟悉，符合自己的年龄、身份和气质的话题。选好话题的同时就要确立有一定的针对性和深度的主题，这样才能达到演讲的目的。

（二）材料

材料是演讲的血肉，是演讲当中所用到的知识、道理、生活现象、事实根据等。演讲主要是听觉效应，最忌讳的就是枯燥的说教，左耳进右耳出，不能给人留下深刻的印象。因此，演讲者要善于使用广泛的材料。引人深思的社会现象、令人难忘的历史故事、触目惊心的数字、生动感人的故事、富有哲理的名言、经典的文学作品、各地的风土人情、个人的所见所闻等都可以用作演讲的材料。演讲者特别要善于用形象的材料来论证道理，故事有情节，容易吸引听众的关注，产生共鸣。

演讲者在选择材料时一定要围绕主题，不能为主题服务的材料，再精彩都不要放到演讲中，不要造成画蛇添足的效果。选取的材料一定要新颖、真实、典型。

下面我们来看两篇演讲稿。

理想丰满

冯仑

同学们好，我今天跟大家说说，什么是理想，以及我对理想的一些看法。也可能我的答案是我自己的，你们有你们的答案。

什么是理想这件事呢，我实际上后来才发现，当我遇到困难的时候，而没有解的时候，理想是一个GPS，是一个生活当中的导航，是当什么都不清楚的时候，你知道该去哪儿。这件事我在什么时候突然明白的？大概在七年前，我和王石，我们一起去戈壁滩上，从西安开车一直到新疆乌鲁木齐，到新疆的时候，突然车坏了，前面那个地方没信号，如果继续开，就有可能油烧完了，什么都看不见，一个参照系都没有。地下全部都是戈壁滩上的鹅卵石，温度之高，很快就可以把轮胎粘到石头。我们没有办法跟任何人联系，我们越来越恐惧，开始焦躁。这时候司机他自己下了车，他就在那边转，不断地在地下看，看什么呢，看有没有车辙，看了以后他发现有一个车辙。这个时候他就把车开到那个最新的车辙上面，把它横过来，然后他就说："剩下的事情，只能等待，没有任何奢望。"然后我们就这么等，等了大概将近一个小时，有一个特别大的货车过来，因为我们挡住了这个车辙，那个大车就停下来，停下来以后，我们的司机就写了一个电话，让他出去以后打电话给那个人，告诉他们我们在这儿，让他们来救我们。回来以后，我们在车上就讨论说："这事儿靠谱吗？人家会给你打这个电话吗？"他说了一句话，说："在没有方向的地方，生命是唯一的选择的时候，信任是最可宝贵的。"结果我们又等了一个多小时，果然我们的车子过来了，把我们接出去了。

这件事让我一直在想，什么最恐惧呢？不是没有钱的时候，不是没有水的时候，也不是没有车的时候，最恐惧的时候，实际上是没有方向的时候。当你有了方向了，其实所有的困难都不是困难。我就想，理想这件事情，就相当于在戈壁滩上，你突然找到了方向。其实生命当中，要想活下来，第一件事是有方向。

我主张我们应该在一个时代、一个环境下，根据我们的现实、我们的价值观来确定我们的追求，提出我们自己的理想。

理想还有一个很有意思的是，人有了方向感以后，人会快乐，生命会变得简单，你就不会在现实中变成"纠结哥"，你会变成"淡定哥"。比如钱这件事，对我们来说很重要，但是我们人一生最苦恼的事，有三件事情算不准，第一算不准今后你要赚多少钱；第二算不准有多少幸福和痛苦；第三算不准什么时候、以什么方式离开这个世界。所以当我们碰到大量金钱问题的时候，我们就很纠结，但是你如果有价值观、有理想，你算账就变得非常简单，人活得很通泰。

什么人最快乐呢？有信仰的人快乐，心里头有方向感的人快乐。理想就是一个方向感，就像在黑暗隧道里的那个光明，如果你们失去了这个光明，你会恐惧，会死亡，而有了这个光明，你会行动，会前行。这就是理想在我们生命当中给我们的意义。

另外，我们必须看到，在长期的发展过程中，真正能坚持理想的人毕竟是少数，多数人是在理想过程中被现实磨灭，所以同学们，我们也必须知道，当我们大家在一起讲理想的时候，犹如在爬山之前的山底下的散步，这个时候每个人都信誓旦旦地说："我要上山顶。"大家仔细看，走一会儿，就剩下一半人了，还不到三分之一，又只剩一半人了，你再走，到了最后，就剩五六个人了，所有人都不知道跑哪儿去了。然后在半腰上的人都在说风凉话，说："上去干嘛，上去你也得下去。"在底下的人说："有这工夫，不如去看个电影、谈个恋爱、旅个游。"所有人都在给自己找理由，最后就剩下一个人，上了山顶，而这个人告诉大家，我看见了很多风光，看见了很多风景。但仍然有很多人不以为然，说："照片上也有，跟你说的不一样。"要不就说："我没上去，我不信这事儿。"

今天谈理想，面临同样的困境，我跟你们讲很多关于理想的故事，你们将信将疑是正常的，是应该的，因为你们现在还在爬山的起点上。那么到了山上以后，能看到什么，你们回过头来，我们可以打一个赌，如果你们坚持走到半山以上，二十年以后，你回头来，也做这个节目，你会比我讲得更精彩，更感动，更有力量！谢谢同学们。

青春 · 理想

大家好，今天我为大家带来的演讲叫作"青春 · 理想"。

我们，撇下无知迎来了属于我们的青春。青春，让我们肆无忌惮，畅然释怀，体味风那样的自由，感受云那般的自在，因为青春赋予我们的是生命的巅峰，我们无须成熟，我们不再无知，我们唯有执着。

人生是对理想的追求，理想是人生的指示灯，失去了这灯的作用，就会失去生活的勇气。因此，只有坚持远大的人生理想，才不会在生活的海洋中迷失方向。托尔斯泰将人生的理想分成一辈子的理想、一个阶段的理想、一年的理想、一个月的理想，甚至一天、一小时、一分钟的理想。当你听到这里，同学们，你是否想到了自己的理想？

人生的花季是生命的春天，它美丽，却短暂。作为一名大学生就应该在这一时期，努力学习，奋发向上，找到一片属于自己的天空。青年是祖国的希望，民族的未来。每个人主宰着自己的明天。

有一位哲人说过："梦里走了许多路，醒来还是在床上。"它形象地告诉我们一个道理：人不能躺在梦幻式的理想中生活。是的，人不仅要有理想，还要大胆幻想，但更要努力去做，在理想中躺着等待新的开始，如果不仅遥遥无期，甚至连已经拥有的也会失去。同学们，你们是否也正在梦幻的理想中彷徨呢？

前人说得好，"有志之人立长志，无志之人常立志"，那些无志之人的"志"，就是美梦，就是所谓的"理想"。他们把自己的蓝图构画得再美好，再完善，也只是空中楼阁、海市蜃楼罢了。同学们，你是立长志之人，还是常立志之人呢？

最后我想用梁启超的话来结束今天的演讲："少年智则国智，少年富则国富，少年强则国强，少年进步则国进步，少年雄于地球，则国雄于地球。"让我们洒一路汗水，饮一路风尘，嚼一路艰辛，让青春在红旗下继续燃烧；愿每一位青年都怀抱着自己的理想，在人生的航程上不断乘风破浪，奋勇前进！

（来自 http://zhidao.baidu.com/question/346070837.html）

【简析】

这两篇演讲稿的主题都是"理想"，第一篇是企业家冯仑先生于 2012 年 8 月在中央电视台《开讲啦》节目中的演讲，第二篇是一位学生的演讲稿。第一篇演讲稿先用演讲者亲身经历的一个故事说明什么是"理想"：理想就是人生的方向；然后讲了理想对人生的重要意义：理想带来快乐的人生；最后用爬坡的故事鼓励大家要坚持不懈地实现自己的理想。思路清晰，内容丰富，有很强的说服力和感染力。演讲中用了具体形象的故事来讲道理，容易给人留下深刻的印象。第二篇演讲稿，堆砌了大量抒情性的语句来讲道理，缺乏具体感人的材料，看上去富有激情，但实际上却空洞无物，很难打动人，很难达到演讲目的。

（三）结构

结构就是演讲的思路，如果说材料是珍珠，结构就是把珠子串成项链的线。材料本身是无力的，但是把材料放在结构里，演讲的内容就有了力量感。一样的主题、一样的材料，用不同的方式进行组织和整理，会有不同的效果。成功的演讲必须要有好的结构。

演讲的结构一般包括开头、主体、结尾三个部分。

1.演讲的开头

精彩的开场白，是演讲者与听众的一座引桥，是演讲者与听众建立初步友谊的纽带，它在整个演讲过程中起着不可低估的作用。演讲稿的开头写得好，就能沟通演讲者与听众的感情，集中听众的注意力，唤起听众的兴趣，从而使听众对演讲内容产生一种强烈的渴望感。开头可以不拘一格，但要选择最适于表现主题的形式。比如柴静的演讲“认识的人，了解的事”，讲了四个人身上的四件事，一开场直接阐述发生在第一个人身上的事儿，没有一个完整正式的开头，但丝毫不影响演讲的整体效果，反而增加了演讲的感染力。下面介绍几种开场白的形式。

（1）提问式

一上台便向听众提出一个或几个问题，请听众与演讲者一道思考。这样可以立即引起听众的注意，促使他们很快把思想集中起来，一边迅速思考，一边留神听。听众带着问题听讲，将大大增加他对演讲内容认识的深度和广度。但提出的问题不能太泛，应围绕中心，饶有趣味，发人深省；如果问得平平淡淡，不痛不痒，反而弄巧成拙，失去这种开场白的优势。如：“前些日子有一个在银行工作了十年的资深的 HR（人力资源管理师）在网络上发了一篇帖子，叫作《寒门再难出贵子》，意思是说在当下我们这个社会里面，寒门的小孩想要出人头地、想要成功，比我们父辈那一代更难了。这个帖子引起了特别广泛的讨论，你们觉得这句话有道理吗？”这里的提问传递了演讲者的质疑，为后面的演讲内容做了很好的铺垫。

（2）新闻式

演讲者首先宣布一条引人注目的新闻以引起全场听众的高度注意。这样的开头，一下子就使听众为之震惊，并对事态关注起来。但这种新闻首先必须真实可靠，切不可故弄玄虚；否则，愚弄听众只会引起反感。其次要新，不能是过时的旧闻。

（3）赞扬式

人们一般喜欢被赞扬，演讲者在开场时说几句赞扬性的话，可以尽快缩短与听众的感情距离。但要注意分寸，不要给人哗众取宠、油嘴滑舌的印象。

（4）渲染式

创造适宜的气氛，引发听众产生情感共鸣，引导听众很快进入讲题。

比如一篇题名为“逆流而行”的演讲稿这样开头：“每 11 分钟就有一个美国人死于这种病。这个数量是死于谋杀犯罪案人数的两倍。今年有 4.6 万人死于这种病，而 8 年越南战争的死亡人数也不过是这个数字。在近 10 年里，美国人死于这种病的人数是死于艾滋病 13.3 万人数的 3 倍。这种病将使你我和其他美国人今年在医疗费用上花费掉超过 60 亿美元，并失去劳动能力，更不用说我们所遭受到的生命损失了。我所说的患乳腺癌这种疾病的浪潮可能会直接袭击我们在座的每一个人。”这里通过耸人听闻的事实和数字渲染氛围，深深吸引了听众。

（5）直入式

开门见山，言简意赅，单刀直入，直截了当接触演讲的主题。比如冯仑关于理想的演讲，一开场就告诉大家："我今天跟大家说说，什么是理想，以及我对理想的一些看法。"

（6）道具式

又叫"实物式"，演讲者开讲之前向听众展示某件实物，给听众以新鲜、形象的感觉，引起他们的注意。实物可以是一幅画、一张照片、一张图表、一件衣服等。比如一场关于教育改革的演讲中，一位演讲者开场时展示了一幅齐白石的名画《雏鸡》，说："请看，这幅一米多长、一尺来宽的画面上，齐白石先生只画了三只毛茸茸、憨乎乎的小鸡，其余处处留白。看了这幅画，你是否会想到小鸡和他们长大后的样子呢？这就是留白的魅力，我们做教师的，能否都打破45分钟的满堂灌，也给学生留下无限广阔的回味和再创造的空白呢？"

（7）幽默式

用幽默诙谐的语言和新奇贴切的比喻开头，既能紧紧抓住听众的心，引人发笑，又能活跃会场气氛，让人在笑声中思考。

比如陈秋实《大国风范》，就很生动地讽刺了韩国抢占中国的活字印刷术申报世界非物质文化遗产的可笑行为。用"你都没有自己的文字，你发明活字印刷，你往上印泡菜呀"这样幽默的语言引起听众的共鸣和激情，引领听众深入演讲的主题中。

2. 演讲的主体，是结构的核心部分

（1）3W式

3W即what、why、how，是什么、为什么、怎么做。这是阐发观点和看法类的演讲最适用的结构方式，也是我们写议论文时常用的结构方式。前面《理想丰满》的演讲稿，就采用了这个结构，先提出"理想是什么（理想是方向）"，然后讲"为什么要有理想（理想带来快乐的人生）"，最后说"如何实现理想（坚持不懈）"。这是一个逐渐深入的思维过程，简洁、清晰、深刻。演讲者可以根据论题的需要，调整重心所在，有的话题的重心在"为什么"，有的话题的重心在"怎么做"。

（2）条目式

推荐企业或产品的宣传式演讲，比较常用这种方式。大小条目的安排要有内在的逻辑顺序和详略起伏。大条目中的小条目内容可以按照主次不同，安排先后，主要的放在前面，次要的放在后面。比如上面"我们是这样玩公司"的演讲中，就采用了条目式结构。整个演讲有三大方面内容：（1）概述公司的规模、业务；（2）介绍公司的特点；（3）介绍公司的管理模式。三个部分中，概况说得粗略，没有展开，特点和管理模式做了具体的展开。特点一目了然，就简说；管理模式有创新之处，有吸引人的亮点，则详说。条目式结构要注意的是，条目不宜过多，演讲主要是通过听觉效应传递信息，稍瞬即逝，细碎的内容不如整体的内容留给人的印象深刻。演讲者要把力气花在刀刃上，给听众留下最佳的效果。

(3) 时间式

介绍事件的经过或企业的发展历程，常用时间先后的方式来组织材料，进行演讲，这样符合人们的思维习惯。在介绍的过程中，一定要围绕主题安排详略。如果是阐述事件的演讲，要在事件的高潮处多花力气；如果是关于企业发展历程的演讲，要抓住企业的转型或飞跃期多做渲染。不要平铺直叙，讲一本流水账。

(4) 总分式

总分式包括总分、分总、总分总等。比如，柴静的演讲“认识的人，了解的事”，先分别讲了四个人身上发生的事，最后进行了归纳和总结，升华了主题。我们来看这篇演讲稿。

认识的人，了解的事

十年前在从拉萨飞回北京的飞机上，我的身边坐了一个50多岁的女人，她是30年前去援藏的，这是她第一次因为治病要离开拉萨。下了飞机下很大的雨，我把她送到了北京一个旅店里，过了一个星期我去看她，她说她的病已经确诊了，是胃癌晚期，然后她指了一下床头有一个箱子，她说：“如果我回不去的话，你帮我保存这个。”这是她30年当中走遍西藏各地，和各种人——官员、汉人、喇嘛、三陪女交谈的记录。她没有任何职业身份，也知道这些东西不能发表，她只是说，一百年之后，如果有人看到的话，会知道今天的西藏发生了什么。这个人姓熊，拉萨一中的女教师。

五年前，我采访了一个人，这个人在火车上买了一瓶1.5元的水，然后他问列车员要发票，列车员乐了，说我们火车上自古就没有发票。这个人就把铁道部告上了法庭。他说人们在强大的力量面前总是选择服从，但是今天如果我们放弃了1.5元的发票，明天我们就可能被迫放弃我们的土地权、财产权和生命的安全。权利如果不用来争取的话，权利就只是一张纸。他后来赢了一场官司，我以为他会和铁道部结下“梁子”，结果他上了火车之后，在餐车要了一份饭，列车长亲自把饭菜端到他面前说：“您是现在要发票还是吃完以后我再给您送过来？”我问他：“你靠什么赢得尊重？”他说:“我靠为我的权利所做的斗争。”这个人叫郝劲松，34岁的律师。

去年我认识一个人，我们在一起吃饭，这个60多岁的男人说起丰台区一所民工小学被拆迁的事，他说所有的孩子靠在墙上哭。说到这儿的时候，他也动感情了，他从裤兜里面掏出一块皱皱巴巴的蓝布手绢，擦擦眼鼻。这个人18岁的时候当大队的出纳，后来当教授，当官员，他说他做这些事的目的只是想给农民做一点事。他在我的采访中说到，征地问题给农民的不是价格，只是补偿，这个分配机制极不合理，这个问题的根源不仅出在《土地管理法》，还出在1982年的《宪法修正案》。在审这个节目的时候，我的领导说了一句话："这个人说得再尖锐，我们也能播。"我说为什么？他说："因为他特别真诚。"这个人叫陈锡文，中央财经领导小组办公室主任。

七年前，我问过一个老人，我说："你的一生已经有过很多挫折，你靠什么保持你年轻时候的情怀？"他跟我讲有一年他去河北视察，没有走当地安排的路线，在路边发现了一个老农民，旁边放着一副棺材。他下车去看，那个老农民说因为太穷了，没钱治病，就把自己的棺材板拿出来卖，这个老人就给了他500块钱拿回家。他说："我讲这个故事给你听，是要告诉你，中国大地上的事情是无穷无尽的，不要在乎一时的得失，要执着。"这个人叫温家宝，中华人民共和国总理。

一个国家是由一个个具体的人构成的，它由这些人创造并且决定，只有一个国家能够拥有那些寻求真理的人，能够独立思考的人，能够记录真实的人，能够不计利害为这片土地付出的人，能够捍卫自己宪法权利的人，能够知道世界并不完美，但仍然不言乏力、不言放弃的人，只有一个国家拥有这样的头脑和灵魂，我们才能说我们为祖国骄傲；只有一个国家能够尊重这样的头脑和灵魂，我们才能说，我们有信心让明天更好。

3. 演讲的结尾

演讲的结尾在整场演讲过程中非常重要，往往能起到画龙点睛的作用。结束演讲的方法是多种多样的，没有一种适合于任何特殊情况的通用方法。演讲者可根据自己演讲的具体时间、地点、主题、听者及个性等因素，选择适合于自己的方法。

（1）总结式

在演讲结束时简洁、扼要地对自己已阐述的思想进行总结，帮助听者加深印象。比如之前我们看到那篇介绍公司管理模式的演讲稿就是采用这种方式结尾。"我介绍完毕，其实很粗暴的。总结一下，我们公司的特点有四个：……"

（2）赞颂式

利用赞颂的话结束演讲。赞颂的话可以使会场的活跃气氛达到一个新高潮。但要注意，讲者在说赞颂的话时，不能有过分的夸张和庸俗的捧场，否则就会有哗众取宠的感觉。同时，演讲者说话的表情要自然，态度要严肃，口气要诚恳。

（3）引用式

利用名人的话或轶事结束演讲。权威崇拜是一种普遍存在的社会心理，运用权威和名人的话或者轶事结束演讲，可以使演讲更有说服力。演讲者可以这样说："最后，我想引用×××的话（或者关于×××的一件轶事）来结束我的演讲……"但要注意，讲者引用名人的话或轶事要有针对性，要能丰富和深化自己演讲的主题，要尽量用听众关注度高的素材，不要用过于陈旧和传统的素材。

也可以引用诗词来结尾，使演讲显得典雅而富有魅力，使听者产生清新和优美的感觉。引用的诗一定要短，最好四句，最多八句，尽可能选用演讲者和听众都熟悉的诗句，否则弄巧成拙，反而影响演讲效果。

（4）幽默式

除了某些较为庄重的演讲场合外，幽默式结尾可为演讲添加欢声笑语，使演讲更富有趣味，并给听者留下一个愉快的印象。演讲者利用幽默的方式结束演讲时，要做到自然、真实，使幽默的动作或语言符合演讲的内容和自己的个性，绝不要矫揉造作、装腔作势，否则只会引起听者反感。

（5）呼吁式

利用一些感情激昂、动人心弦的话，对听众的理智和情感进行感召，激励斗志，达到演讲的高潮。

比如美国独立战争前夕，国务卿帕特里克·亨利在弗吉尼亚州会议上的演讲结尾是这样的："我们的弟兄已经奔赴战场！我们为什么还要站在这里袖手旁观呢？先生们想要做什么？他们会得到什么？难道生命就这么可贵，和平就这么甜蜜，竟值得以镣铐和奴役作为代价？全能的上帝啊，制止他们这样做吧！我不知道别人会如何行事；至于我，不自由，毋宁死！"亨利的高呼"不自由，毋宁死！"引发起全场听众高喊"拿起武器"的呼声。此后，"不自由，毋宁死！"成了美国人民争取独立自由的战斗口号。

（6）动作式

在演讲中，演讲者的动作是无声的语言，是与听者交流思想的重要媒介，利用动作结束演讲，是一种具有独特风格的方法。例如，有位演讲者在结束自己的演讲时，穿上外套，戴好帽子，拿起手套，尔后诙谐地对听者说："我已结束了自己的演讲，你们呢？"他的出人意料的绝技立刻博得了全场听者的掌声。

（四）语言

无论主题是否有创意，材料是否丰富，结构是否恰当，演讲过程中，冲锋陷阵的是语言，是每一个字、每一个词。演讲是听觉效应，不是视觉效应，因此，演讲的语言以满足听觉需求为主。庄重典雅、含蓄隽永的文字满足的是视觉需求，放到听觉世界中，则不一定有良好的效果。演讲的语言要满足以下要求。

1. 简洁

人的听觉注意力集中的时间非常有限，因此演讲要用最少的字句，准确、完整地传递尽可能丰富的消息，争取最大程度上说服听众。表达的内容要简短明了，集中概括；表达的线条要清晰明朗，主干突出；表达的句式结构要精练简洁，多用短句，节奏感强。要善于去掉毫无意义的口头语和多余的感叹词之类，如"那个""是不是"

等口头禅。要选择最能准确反映事物本质、表达思想情感的词汇。训练时可以采取限制字数或限制时间复述故事的方式，加强这方面的能力。

2. 通俗

演讲的语言介于书面语和口语之间，因此，必须要通俗易懂。根据听众的文化程度和行业领域，使用大家熟悉的接受度高的词语。避免用接受度低的文言、方言和生僻词汇。比如针对年轻人的演讲，可以大量使用喜闻乐见的网络语，拉近彼此之间的距离。但如果是针对年龄层比较复杂的听众的演讲，则要有选择地使用网络语，过于新鲜，或容易引起感情色彩争议的语言就不宜使用。比如“屌丝逆袭”“小鲜肉”这样的词语，在“90后”听来，是褒义词，而对年纪稍大的人来说，感情色彩可能完全不同。

3. 形象生动

形象生动的语言可以把抽象、深奥的理论具体化、浅显化，容易感染和打动听众。可以通过修辞手法来增加语言的生动形象性。

（1）做比较

用大家熟知的事物解释不熟悉的事物，这是做比较的最大好处，给人们提供了非常形象的推介新知识的方式，可以把复杂的问题简单化。做比较可以是同类相比，也可以是正反对比。我们看下面两段演讲内容：

我们感知的互联网恐慌是一个事实吗？这让我想起我小时候的一个事情，我5岁上学，学校里面我的同桌五大三粗，天天欺负我，我从来不怕他，我最不能忍受的是他说下课要揍我。互联网恐慌就是五大三粗的家伙，它给我们三个字：你等着。很多企业朋友都有这样的体会：它让我们等着。

——选自罗振宇《时间的演讲》

十年前买一根光纤，按单位长度算，一根光纤多少钱？2000块钱。现在按单位长度算，买一根光纤多少钱？一公里的光纤现在是40块钱。按单位长度算，光纤现在比面条便宜，你买一公里面条也不止40块钱！

——选自邬贺铨《互联网改变了什么》

（2）排比

排比可以很好地增强话语的节奏感和语势，大大地增强说话的力度。如下面这段，使用排比的句式把情感推向高潮，增强感染力。

你一辈子都在感受抱怨，那你的一生就是抱怨的一生；你一辈子都在感受感动，那你的一生就是感动的一生；你一辈子都立志于改变这个社会，那你的一生就是斗士的一生。

——选自刘媛媛《寒门贵子》

(3) 设问和反问

设问和反问,也是在演讲中大量用到的修辞方式。反问和设问,都是“明知故问”,在说话时为了表达特殊的感情或引起听者的注意而故意发问。恰当地使用,能很好地吸引听众,增强气势,和排比一样,经常大量地使用在演讲中。

大国有没有他既定的标准?有,四个字——国富民强!中国今天是世界第二大经济体,我们的国家富不富?富!但是作为中国的国民,你们觉得自己强吗?

——选自陈秋实《大国风范》

你们当初当兵,必定不是为了造反,你们沙场浴血,卧冰尝雪,千里奔波,赴汤蹈火,为的不仅仅是效忠君王,保家卫国,更是让自己活得更好,让自己在沙场上挣来的功劳,能够荫及家人,为了让自己能够建功立业,人前显贵,是也不是?

今日站在这里,都是大秦的佼佼者,你们是大秦的荣光,是大秦的倚仗,是也不是?

我大秦曾经被人称为虎狼之师,令列国闻风丧胆,可就在前不久,五国陈兵函谷关外,可我们却束手无策,任人勒索宰割,这是为什么?我们的虎狼之师呢?我们的王军将士呢?都去哪儿啦?

大秦的将士,曾经是大秦的荣光,可如今却是大秦的耻辱!当敌人兵临城下的时候,你们不曾迎敌为国而战,却在王位相争中自相残杀,这就是你们的作为!曾经商君之法约定,只有军功才可受爵,无军功者不得受爵,有功者显荣,无功者虽富无所荣华。可有些人就是不愿意尊商法,要恢复旧制,所以派人来杀我,你们也不情愿、也不想实行新法,是吗?

为何你们站在了靠祖上余荫吃饭的旧族那边,自愿成为他们的鹰犬,助纣为虐,使得他们随心所欲、胡作非为,使得商君之法不得推行,使得兄弟相残、私斗成风?

——根据电视剧《芈月传》台词整理

【练习】

一、阅读下面演讲稿,分析演讲稿的主题、材料、结构及全文的语言特色。

寒 门 贵 子

刘媛媛

前些日子有一个在银行工作了十年的资深HR(人力资源管理师)在网络上发了一篇帖子,叫作《寒门再难出贵子》,意思是说在当下我们这个社会里面,寒门的小孩,他想要出人头地、想要成功,比我们父辈那一代更难了。这个帖子引起了特别广泛的讨论,你们觉得这句话有道理吗?

先拿我自己说,我们家就是出身寒门的,甚至我们家都不算寒门,我们家都没有门。我现在想想我都不知道当初我爸跟我妈那么普通的一对农村夫妇,他们是怎么样把三个孩子，我跟我两个哥哥，从农村供出来上大学、上研究生。我一直都觉得自己特别幸运，我爸跟我妈都没怎么读过书，我妈连小学一年级都没上过，她居然觉得读书很重要，她吃再多的苦也要让我们三个孩子上大学。

我一直也不会拿自己跟那些比如说家庭富裕的小孩做比较，说我们之间有什么不同，或者有什么不平等，但是我们必须要承认这个世界是有一些不平等的。他们有很多优越的条件我们都没有，他们有很多的捷径我们也没有，但是我们不能抱怨。每一个人的人生都不尽相同，有些人出生就含着金钥匙，有些人出生连爸妈都没有，人生跟人生是没有可比性的，我们的人生是怎么样完全决定于自己的感受。你一辈子都在感受抱怨，那你的一生就是抱怨的一生；你一辈子都在感受感动，那你的一生就是感动的一生；你一辈子都立志于改变这个社会，那你的一生就是斗士的一生。

英国有一部纪录片叫作《人生七年》，片中访问了十二个来自不同阶层的七岁的小孩，每七年再回去重新访问这些小孩，到了影片的最后就发现富人的孩子还是富人，穷人的孩子还是穷人。但是里面有一个叫尼克的贫穷的小孩，他到最后通过自己的奋斗变成了一名大学教授，可见命运的手掌里面是有漏网之鱼的，而且现实生活中寒门子弟逆袭的例子更是数不胜数。所以当我们遭遇到失败的时候，我们不能把所有的原因都归结到出生上去，更不能去抱怨自己的父母为什么不如别人的父母，因为家境不好并没有斩断一个人成功的所有可能。

当我在人生中遇到很大困难的时候，我就会在北京的大街上走一走，看着人来人往，而那时候我就想："刘媛媛，你在这个城市里面真的是一无所依，你有的只是你自己，你什么都没有，你现在能做的就是单枪匹马在这个社会上杀出一条路来。"

这段演讲到现在已经是最后了。其实我刚刚在问的时候发现了我们大部分人都不是出身豪门的，我们都要靠自己，所以你要相信，命运给你一个比别人低的起点是想告诉你，让你用你的一生去奋斗出一个绝地反击的故事。这个故事关于独立、关于梦想、关于勇气、关于坚忍，它不是一个水到渠成的童话，没有一点点人间疾苦。这个故事是有志者事竟成，破釜沉舟，百二秦关终属楚；这个故事是苦心人天不负，卧薪尝胆，三千越甲可吞吴。

——据视频整理：http://www.iqiyi.com/v_19rrmk6dso.html，刘媛媛《寒门贵子》

二、在十分钟内讲述一个完整的电影故事。

三、在三分钟内介绍一位家人或朋友。

四、演讲中，借助故事来讲道理是很重要的一个技巧。请完成下面的练习。

请说一个吸引人的故事，说明什么是"奇迹"。

请说一个吸引人的故事，说明什么是"规则"。

请说一个吸引人的故事，说明什么是"机遇"。

五、用以下题目即兴演讲。

1. 社团与学生会有什么区别，谈谈看法。
2. 评价学校的食堂（学校附近交通情况 / 学校的宿舍……）。
3. 对于大学生旷课现象（兼职现象 / 谈恋爱现象……）的看法。
4. 我最喜欢的美食（城市 / 风景……）。
5. 我心中的男神（女神）。
6. 我最囧的经历。

六、用以下题目写演讲稿并演讲。

1. 毕业之后是选择就业还是继续深造？
2. 学会与人相处
3. 当朋友之间不信任了，怎么办？
4. 最大的敌人是自己
5. 学会快乐生活
6. 读书有用吗？
7. 我的大学我做主

七、2001 年 10 月 5 日，耶鲁大学迎来了 300 年校庆。乔治 · 布什、比尔 · 克林顿和希拉里等众多名人参加了这次盛典。耶鲁大学第 22 任校长理查德 · 莱温登台致辞，演讲很短，不到一分钟。演讲内容如下：

“今天，我们不要只说耶鲁的历史上出了五位美国总统，包括近几十年来接踵入主白宫的老布什、克林顿和小布什，也不要只说耶鲁是造就首席执行官最多的大学摇篮，我们更应该记住，耶鲁的毕业生有三位诺贝尔物理奖、五位诺贝尔化学奖、八位诺贝尔人文奖和八十位普利策新闻奖、奥斯卡电影奖、格莱美等奖项的获得者。耶鲁，我们的耶鲁，自始至终坚持为人类文明的社会进步服务的理念！”

请问：理查德 · 莱温的演讲有哪些高明之处？

第四章 社交口才

社交口才指的是人与人之间在社会交往活动中所表现的语言艺术或才能，即能够准确生动地表达自己的思想、意愿，满足社会交往需要的一种表达能力。

一、社交口才的原则

（一）诚实守信

清代章学诚认为“修辞立其诚”，大致可以概括为两个观点：一是持之有故，言之有物，即立论要有根据，文章要有实际内容；二是说写者要表现自己的真实意图，不可虚夸浮文。“修辞立其诚”以及后人对其的诠释都反映了“人言合一”的哲学观。“讲真话”“说实话”“传真情”“如实相告”是对这种含义的一种通俗而简明的说法。它要求社会组织如实地向它的社会公众传递真实而准确可靠的信息。社交语言表达只有以这一思想为指导方针，才能融洽与公众的感情。

诚和信是一个事物的两个方面，诚是信的基础，信是诚的表现形式。真实可信的内容加上热心诚恳的表达形式，语言交际就能达到理想的效果。

（二）意境相合

意境相合，就是要求语言运用与所处的特定环境相切合、相适应。只有在语言和环境相适应时才能获得好的沟通效果。否则，即使话语的意思再好，也难以达到预想的目标。

1. 语言表达必须切合表达主体的身份特征

所谓语言环境，也称语境，就是语言交际所处的现实环境或具体情景。语言环境有广义与狭义之分。广义语境指社会、地域、文化、传统等（宏观），及交流对象的处境、地位、文化、经历、性格、特点等（微观）。狭义语境，即言语语境，是指“前言后语、上文下文”。在运用社交语言的过程中必须考虑这两种语境。

【案例】

在位近60年的维多利亚女王曾把大英帝国的繁荣推向巅峰，但是家庭关系上也难免有些磕磕碰碰。1840年12月，女王和阿尔巴特结婚。一天，两人为一件小事而拌嘴，阿尔巴特一气之下走进私室，紧闭门户，于是女王前去叩门。

“谁？”阿尔巴特在房间里问道。

“英国女王。”

屋内寂静无声，房门紧闭如故。接着，女王又轻轻地在门上叩了几下。

“谁？”

“是你的妻子，阿尔巴特。”

女王的丈夫把门打开。

在这个案例中，可以看出社会角色的意蕴。“英国女王”是社会角色，“你的妻子”是交际角色。在夫妻房间，面对丈夫，以社会角色构建话语，结果吃了闭门羹，改以交际角色调整了话语，才达到交际的目的。每一个语言表达主体都有自己的社会身份、职业、思想性格、文化素养、心理和相应的言语等因素，这些因素都会有意无意地影响到主体的话语建构。如果主体是社会组织的代表，例如代表国家、政府、事业、企业等，讲话或写文章还要受到其组织的自身因素的制约。

2. 语言表达必须适应特定的语言环境

语言环境主要指语言活动赖以进行的时间、场合、地点等因素，也包括表达、领会的前言后语和上下文。语言环境是语言表达和领会的重要背景因素，社交语言表达应当适应特定的语言环境。

第一，注意社会文化背景。特定的社会环境、历史背景、文化特征，往往会赋予语言特殊的附加意义和功能，从而对语言交际产生影响。

第二，注意交际的时间、地点和场合。这种适应关系主要表现在依据一定的时空条件和场合特点去选择语言表达手段，确定话语成品的总体规模和所传递的信息量。任何社交语言交际都要在一定的时间进行，必须受到时间因素的影响与制约。当然社交语言的表达也要认知语用地点，并顺应和利用空间因素来更好地表达社交信息。

第三，注意交际对象的特点。社交语言运用必须重视交际对象的特点，根据对象特点选择恰当的语言表达形式是一种更为直接的制约因素。例如，1979 年 1 月，邓小平副总理应美国总统卡特之邀正式访问美国，在卡特总统举行的欢迎国宴上，邓小平说："我们来到美国的时候，正好是中国的春节，是中国人民自古以来作为'一元复始、万象更新'而欢庆的节日。此时此刻我们同在座的美国朋友有个共同的感觉：中美关系史上一个新的时代开始了。"

（三）自然得体

第一，笼统地说来，所谓自然得体就是言语用得得当、恰当、恰如其分。在语言科学中，得体是指语言运用符合于"语体"的总体要求和风格特点。"语体"既是各种语言表达手段（包括用词、造句、语音、辞格及章法等）的有机统一体，又是语言表达形式与题旨情趣完美适应关系的集中体现。

第二，社交语言应遵循语言规范原则。所谓语言规范，指的是国际、国内公认或法定的语言及其具体语音、文字、词汇、语法标准。遵守普通话语言规范包括两个方面的含义。首先，应当使用纯正普通话，不应当普通话与方言混杂、中外混杂。其次，应当严格遵守现代汉语本身的语音、文字、词汇、语法规范，不读错音，不写错字，不用错词语、句式，不出现语病。普通话在词语、句式上也有比较严格的规范，社交语言表达应当自觉遵守。

（四）公众原则

一切社交实务都围绕着一个总的目标，这就是为社交主体树立良好形象，赢得良好声誉，赢得内外公众的了解、理解和支持。在这个总的目标下，不同社交主体在不同的时期，面对不同的公众时，会有种种各不相同的具体社交实务目的。

第一，要适应公众的年龄特点。

第二，要适应公众的性别特点。

第三，要适应公众的心理特点。

二、社交口才的功能

社交的主要功能是信息传播、协调关系、沟通心灵、塑造形象。社交口才是帮助完成社交功能，促成实现社交目标的制胜武器。

（一）信息传播

社交口才是面对面的双向沟通，既有对外的信息传递，也有向内的信息输入和反馈。它能最快地了解公众，并从公众口中获得信息，从而为组织收集信息，提供决策依据。

（二）协调沟通

组织内部的团结合作是组织成功的基础，组织外部的理解和支持是组织发展的条件。社交口才是面到面的双向沟通，能畅通信息传播，改善内外关系，影响公众态度，激发公众行为。

（三）形象管理

社交口才是塑造良好形象的重要手段。任何组织和个人都需要良好的形象进行社会交往、完成协作、促进发展，社交口才是塑造、维护良好形象的重要方式。

三、社交口才的技巧

（一）介绍技巧

介绍是人际交往中与他人进行沟通、增进了解、建立联系的一种最基本、最常规的方式，是人与人进行相互沟通的出发点。目前社交场合主要有两种介绍语：一是自我介绍，一是介绍他人。

1. 自我介绍

自我介绍要注意声音响亮清晰，对一些容易听错读错的字音要特别加以说明，以免造成误会，同时应注意一些细节：(1) 注意时间。要抓住时机，在适当的场合进行自我介绍，对方有空闲，而且情绪较好，又有兴趣时，这样就不会打扰对方。自我介绍时还要简洁，尽可能地节省时间，以半分钟左右为佳。(2) 讲究态度。进行自我介绍，态度一定要自然、友善、亲切、随和，应落落大方，彬彬有礼。(3) 真实诚恳。进行自我介绍要实事求是、真实可信，不自吹自擂、夸大其辞。

2. 介绍他人

决定为他人做介绍，要审时度势，熟悉双方的情况，应注意：(1) 介绍要注意先后顺序，必须遵循“尊者优先了解情况”的规则，先介绍位卑者，后介绍位尊者。

应当把职位低的先介绍给职位高者，把年轻的先介绍给年长者，把男士先介绍给女士。（2）介绍信息量要适中。（3）介绍语要热情、文雅，并配以恰当的体态语。

（二）寒暄技巧

寒暄能使说话者拉近和谈话对象之间的距离，有利于与对方建立关系、缓和谈话气氛、架设沟通桥梁。

1. 问候型

典型的问候是“你们好”“大家好”等，也可以用英文的问候方式，如“Hi”“Hello”等。也可以用一些貌似提问实际上只是表示问候的招呼语，如“上哪去呀”“吃过饭了吗”“怎么这么忙啊”等。这一类问语并不表示提问，只是见面时交谈开始的媒介语，并不需要回答，主要用于熟识的人之间。

2. 攀认型问候

抓住双方共同的亲近点，并以此为契机进行发挥性问候，以达到与对方顺利接近的目的。如“同乡”“自己喜欢的地方”“自己向往的地方”“自己认为的人间好去处”等就是与谈话对象攀认的契机。

3. 话题型寒暄

寒暄的话题十分广泛，比如天气冷暖、身体健康、风土人情、新闻大事等，但是寒暄话题的选择要讲究，话题内容要积极，能让谈话气氛活跃，避免消极的话题或引起对方反感的话题。

4. 赞美型寒暄

赞美是打开话语交流通道的重要方式。赞美的内容要合适，选择对方感兴趣和容易接受的话题，不要选择容易引起对方排斥的内容。衣着、气质、办公环境、交通工具等都是可以赞美的话题。赞美要自然真诚，不要过于夸张，给人阿谀奉承的虚假感。

（三）交谈技巧

1. 交谈的主题

在交谈之中，以下五类话题都是适宜选择的：

（1）既定的主题。即交谈双方业已约定，或者其中一方先期准备好的主题。例如，求人帮助、征求意见、研究工作一类的交谈，往往都属于主题既定的交谈。选择这类主题，最好双方商定，至少也要得到对方的认可。它适用于正式交谈。

（2）高雅的主题。即内容文明、优雅，格调高尚、脱俗的话题。例如，文学、艺术、哲学、历史、地理、建筑等都是高雅的主题。它适用于各类交谈，但要求面对知音，忌讳不懂装懂，班门弄斧。

(3) 轻松的主题。即谈论起来令人身心放松、饶有情趣、不觉劳累厌烦的话题。例如，文艺演出、时装、美容美发、体育比赛、电影电视、休闲娱乐等。它适用于非正式交谈，允许各抒己见，任意发挥。

(4) 时尚的主题。即把此时、此刻、此地正在流行的事物作为谈论的中心。它适合于各种交谈，但变化较快，在把握上有一定难度。

(5) 擅长的主题。即交谈双方，尤其是交谈对象有研究、有兴趣、有可谈之处的主题。它适用于各种交谈，但忌讳以己之长对人之短，“话不投机半句多”，因为交谈是意在交流的谈话，故不可只有谈话，而难以交流。

2. 忌谈的主题

(1) 个人隐私。即个人不希望他人了解之事。在交谈中，若双方是初交，则有关对方年龄、收入、婚恋、家庭、健康、经历这一类涉及个人隐私的主题，切勿加以谈论。

(2) 捉弄对方的主题。在交谈中，切不可对交谈对象尖酸刻薄，油腔滑调，乱开玩笑，口出无忌，要么挖苦对方所短，要么调侃取笑对方，成心要让对方出丑，或是下不了台。

(3) 非议旁人的主题。有人极喜在交谈之中传播闲言碎语，制造是非，无中生有，造谣生事，非议其他不在场的人士。其实，人们都知道“来说是非事，必是是非人”。非议旁人，反倒证明自己失教，是拨弄是非之人。

(4) 倾向错误的主题。在谈话之中，倾向错误的主题，例如违背社会伦理道德、生活堕落、思想反动、政治错误、违法乱纪之类的主题，亦应避免。

(5) 令人反感的主题。有时，在交谈中因为不慎，会谈及一些令交谈对象感到伤感、不快的话题，以及令对方不感兴趣的话题，这就是所谓令人反感的主题。碰上这种情况不幸出现，应立即转移话题，必要时要向对方道歉，千万不要没有眼色，将错就错，一意孤行。

3. 交谈中的倾听与交流

倾听是一种情感交流活动，也是一种能力，更是一种艺术。倾听还需要通过面部表情、肢体语言、口头语言来回应对方，传递给对方一种你很想听他说话的感觉。

(1) 听事实和情感。

(2) 永远都不要打断对方的谈话。

(3) 清楚地听出对方的谈话重点。

(4) 肯定对方的谈话价值。

(5) 避免虚假的反应。

4. 交谈中的提问技巧

（1）开门见山式。

（2）启发诱导式。

（3）反问作答式。

（4）封闭选择式。

5. 交谈中的说服技巧

说服主要就是说理。但“理”绝不是空洞的，而应有科学的依据和确凿的事实，而且说理的方式方法也要特别讲究。有的人在试图说服他人时，往往是先想好几个理由，然后去和对方辩论或是站在领导者的角度上，以教训的口气指点他人；或是不分时间场合，随意指责批评对方。这些做法，其实都难以说服对方，效果往往也很不理想。要想获得好的说服效果，还需掌握一定的说服技巧。

（1）以理服人。说服者利用双方的利益原则做基础，通过向对方摆事实、讲道理，使对方放弃自己已经形成的意见。

（2）以情感人。从情绪上打动对方，突破对方的情感心理防线，从而改变对方的立场、态度，接受自己的建议。

（3）以退为进。先掩盖自己的真实想法，肯定对方，并理解对方的处境和主观想法，使对方不会产生对立情绪，还认为你理解他。之后用相反的话去刺激他，达到劝服对方的目的。

6. 交谈中的赞美技巧

赞美即表示被赞美者有卓然不凡的地方，也表明赞美者友好、热情的态度，在人际交往中具有不可思议的作用和效果。但在社会交际中，我们往往面对是各种类型的群体，若没有一定的技巧，赞美不但会显得虚伪，反而还可能会词不达意，招致误解。

（1）具体翔实

在社会上，能够取得非常显著成绩的人并不多。因此，在交往中应从具体事件入手，善于发现别人哪怕是最微小的长处，并不失时机地予以赞美。赞美用语愈具体翔实，说明你对对方愈了解，对他的长处和成绩愈看重。用具体的赞美让对方感到你的真挚、亲切和可信，你们之间的距离就会越来越近。如果你只是含糊其辞地赞美对方，比如：“你的眼睛好漂亮！”如果对方真的如此，她只会认为是理所当然的。但如果并非如此，这便成了一种讽刺，还不如说“你很有气质”，效果会更好。

（2）善于发现，因人而异

赞美一定要用心去发现、去挖掘，应善于发现对方身上的闪光点或对方引以为豪的地方。若是发现对方的特色、潜能、优势，是别人谁也没有发现的，甚至是他自己也没有发现的内容，你的赞扬会令他恍然大悟，瞬间就增加自信，从而对你产生好感。当然,对方的优点和长处可以从多个方面来寻找,具体来讲男性可以从发型、额头、鼻子、西装、马甲、衬衫、领带夹、气质、工作、事业、妻子、孩子、车子、房子、爱心、孝心等方面寻找交谈话题;女性可从发型、脸型、肤质、眼睛、眉型、身材、鼻子、项链、项链坠子、皮包、衣服、鞋子、气质、先生、孩子、工作等方面寻找交谈话题。

(3) 自然而然,不露痕迹

赞美最好是组织自己的语言,以一种平实自然的方式表达出来。因为如果在日常生活和工作中用一些非常华丽的辞藻来说明事情,那么可能会被对方认为太过做作,对你的信任可能会打一些折扣,所以用很自然的话语来表达赞美是一种非常好的表达方式。赞美的话不能“一视同仁,千篇一律”。比如,在明知道客户的领带是其夫人“钦定”的情况下,再夸上一句“某某董事长,您这条领带真棒!”简短的一句话,便可收到一举两得的效果,既夸奖了对方的穿着得体,又称赞了对方夫人挑选东西的眼光和品位。

【课堂讨论】

陈教授邀请小林去他家吃饭。席间,为了表示谢意,小林倒了一杯酒,恭恭敬敬地说:“陈教授,这杯酒敬您和您的夫人,祝你们两口子身体健康、事事如意。”教授听了,忍不住笑了。

陈教授为什么忍不住笑了?你觉得小林的称呼得体吗?

【课后思考和实践】

一、问答

明朝有位主修《永乐大典》的翰林大学士解缙,有一天他和明太祖朱元璋一起钓鱼,不一会儿,解缙就钓鱼数条,朱元璋却一无所获,场面十分尴尬。解缙察言观色,随口吟诗一首:“数尺丝纶垂水中,银钩一抛荡无踪。凡鱼不敢朝天子,万岁君王只钓龙。”朱元璋听了,龙颜大悦。

请谈谈解缙的话语策略。

二、甲、乙两位老同学周日闲谈,说起甲的哥哥年近三十仍孑然一身,甲随口说:“他曾谈过几个,都因女方嫌他个子太矮而告吹。”说到这里,甲猛然发觉自己失言,因为乙的个子更矮,而且也因此而苦恼。两人一下非常尴尬,如果你是甲,你怎么缓和这种尴尬气氛?

三、请看下面一段对话。

甲:“我们的意图是使下一次会议能在纽约召开,不知贵国政府以为如何?”

乙:“贵国饭菜的味道不好,特别是我上次去时住的那个旅馆更糟糕。”

甲:“那么您觉得我今天用来招待您的法国小吃味道如何?”

乙："还算可以，不过我更喜欢吃英国饭菜。"

他们俩在谈吃饭问题吗？你认为他们分别表达了什么意思？这种处理方式有什么好处？

四、某班主任初次到一学生家家访时，正好学生父亲的同事也在场。那位同事为了讨好领导，主动向老师介绍说："这是我们厂的厂长，管着好几千人呢。"老师微微一笑，客气地说："这一点我已经从学生登记表中知道了，不过我这次来找的是 ×× 家长。"你觉得那位同事的话题合适吗？假若你是那位同事，你怎么说？

第四编 书面表达

第一章
应用写作概述

所谓写作，是人们用语言符号把感受、认识主观世界和客观世界的思维结果有选择地记录、表述出来的精神活动。

应用写作是写作学科的一个重要分支，它是以应用文书为学习和研究对象，以实用性为明确目的的写作。

一、应用文书的基本知识

（一）应用文书的含义

应用文书是应用写作的文字表现形态。

应用文书是国家机关、企事业单位、社会团体或个人在工作、学习和生活中使用的，用以办理公私事务、传播信息、表述意愿而撰写的具有一定惯用体式的的实用性文章。

（二）应用文书的特点

应用文书在长期的历史发展中，已形成区别于文学作品等其他文类的“个性”，成为文章大家族里的重要成员。学习应用写作，要把握应用文的“个性”。

1. 目的上的实用性

实用性是应用文书最大、最本质的特点。它为解决实际问题或达到某种目的而写，对象明确，这也是它区别于其他文体的主要标志。写一篇请示，是为了向上级请求指示或批准办理某事项。写一篇民事诉状，是为了解决所发生的纠纷。而文学作品则不同，文学作品以审美为宗旨，关注的是人的精神与灵魂，内容上重创新，形式上不一格，多数作品是超越功利性和实用性的。

2. 内容上的真实性

文学作品的真实是艺术的真实，它源于生活，而又高于生活。应用文书为解决实际问题写，强调的是方针政策的正确和客观事实的真实，一切从实际出发，按照客观规律行文，事实正确可信，统计数据准确无误，有根有据，这是应用文书写作对真实性的基本要求。

3. 思维上的逻辑性

思维的逻辑性是指在撰写应用文书时，要讲究逻辑。体现在文章的结构上，要条理清楚段落之间具有明显的逻辑关系；陈述的事项界限清晰，不交叉；内容前后讲究因果，材料能够证明观点。虽然应用文书在撰写过程中也有运用形象思维的时候，但多数文体是以具体的事件（或问题）为中心的，在阐述观点，分析前因后果、现象和本质时，采用的多是逻辑思推的方式。例如，写请示要讲清请示事项和请求批准的原因，写总结则应在陈述具体成绩和存在问题的基础上，分析说明取得成绩和存在问题的原因，科技论文的结论则来自于对材料的分析和对问题的推断等。

4. 格式上的稳定性

格式是在长期的写作实践中形成的，如果逐渐为大家所接受，约定俗成，就称惯用格式；如果格式被法定固化，就称规范格式。应用文书多数有惯用格式，其中党政机关公文具有规范格式。应用文书格式的稳定性，使不同的文种清晰醒目，便于写作、阅读、承办、归档、查询、利用，达到行文的目的。现当代文学作品一般没有固定的格式规定。格式的稳定性是应用文书特有的属性之一。

5. 表达上的简明性

应用文书的篇幅一般比较短小，要求用简练的文字准确地说明情况、表达观点。不追求辞藻的华丽婉约、不需要结构的波测起伏、叙述不用铺陈修饰、议论不必旁征博引，力求简约、平直、朴实、明晰。但简明不等于简单，朴实不等于枯燥。应用文书大多采用记叙、说明、议论的表达方式，避免用比喻、夸张等修辞手法。

6. 写作上的时效性

应用文书的时效性很强。一般来说，应用文书涉及的问题都是待解决的，这就要求应用文书的写作和下发要迅速、及时。例如，会议通知必须在会议开始前的一段时间就下发完毕，一旦会议召开就毫无意义；广告文案的写作是为了推广新产品、唤起消费者的购买欲望，如果产品已经家喻户晓了，广告的效力就会缩小。

（三）应用文书的分类

作为一种应用文体，应用文书有自己独特的思维、表达方式和写作样式，也有较多的种类。目前，学术界普遍以应用文书的使用功用作为分类标准，将应用文书分为通用文书和专用文书两大类。

1. 通用文书

通用文书是指各个领域中普遍使用的文书。通用文书又分为三类。

（1）党政公文

党政公文是指党政机关处理党政、行政事务中使用的文书，包括决议、决定、命令（令）、公报、公告、通告、意见、通知、通报、报告、请示、批复、议案、函、纪要。

（2）事务文书

事务文书是指单位或个人用来传递信息、交流情况、制订计划、总结经验、调查情况、规范行为等使用的文书，包括计划、总结、述职报告、调查报告、简报、会议记录、章程、规则、制度等。

（3）日用文书

日用文书是指单位或个人在日常生活、工作中处理事务、解决同题时使用的文书、包括条据、告示、书信等。

2. 专用文书

专用文书是指在某一领域专门使用的文书。专用文书具有较强的专业特色，常见的专业文书分为以下几类。

（1）财经文书

财经文书是指经济生活、经济活动中使用的文书，包括经济社会中常用的合同、协议书、意向书、市场调查报告、市场预测报告、经济活动分析报告、审计报告、商业广告、产品说明书、招标书、投标书等。

（2）司法文书

司法文书是指司法机关、依法授权的法律组织，以及单位、个人为解决法律事务而作的文书，包括仲裁文书、诉讼文书、公证书等。

（3）科技文书

科技文书是指科技活动、科技成果中形成的文书，包括科研项目申请书、科技实验报告、学术论文、毕业论文、毕业设计说明等。

（4）新闻传播文书

新闻传播文书是指能够反映最新发生的且有社会价值的文书，如消息、新闻专稿、解说词、广告和广播稿等。

（5）外交文书

外交文书是指进行国际联络和外事活动时使用的专用文书，包括国书、照会、备忘录、外交声明等。

二、应用文书的写作基础

一篇规范完整的应用文书一般由主旨、材料、结构、语言四要素构成。这四个要素相互作用，形成有机整体。

（一）主　旨

写文章首先要强调“意”，古文说：“意犹帅也。”人们通常把“意”比作文章的灵魂，这个“意”在文学作品中称主题，在议论中称论点，而在应用文书中称主旨。应用文书的主旨是应用文书中所表达出来的基本意图和目的，是应用写作的出发点，在撰稿前就已经形成，即“意在笔先”。主旨有以下特点。

1. 客观

写作作为精神活动，不可能不打上作者主观的烙印，作者可能对生活表现出某种选择。应用文书作者的写作意图是因客观的现实需要而形成，是生活的某种需要促使作者表明某种态度，如机关应用文书则体现出机关、集体的意志。应用文书主旨的提炼是依材取意，从纯客观的材料中提取，力求尊重事实，不将主观情感强加于客观事实。主旨必须与材料达到本质意义上的契合，体现出客观性的特征，客观需要什么，作者就表达什么。比如，写一则通知，事由往往就是主旨。

2. 单一

文学文本可以一文多义，不同的欣赏者可以从中领略到不同的主题意义，但应用写作要求主旨单一纯粹，即一文一意，每篇应用文书只能表达一个意思。倘若在一篇应用文书中，一题多意，主旨分散，就会使人难以把握。要使主旨单一，作者在动笔前就必须明确写作目的和意图，在行文中就题论事，删除多余的信息和材料。

3. 明晰

应用文书的主旨不仅要在撰稿前就确定，而且要在文本中用简明的语言概括出来，并在文章的显要位置直接而明白地表达出来，如在标题中概括主旨，用“主旨句”在段落的首句揭示等。主旨要清晰明白，以吸引读者的注意力，节省读者的阅读时间，使读者一看就明白，不致产生歧义。这是由应用文书功用性的特点所决定的。

4. 深刻

反映客观的人、事、物的本质和规律时，要挖掘具有实质性的问题，提出有借鉴意义的观点和行之有效的措施，防止表面化、一般化，切忌人云亦云。应“见人所未见，发人所未发”，写出“人人心中有，人人笔下无”的内容来。

此外，体现主旨的方式是：

第一，在标题中点明主旨。标题，顾名思义，就是标示主题（主旨）。应用文书的标题往往直接揭示主旨，起到概括文章事实的作用，使阅读更具有直接性，也便于存档和索引。同时，为了醒目，演讲稿、广告词等文种的标题还要尽量新颖活泼。

第二，在文章的开篇或结尾点明主旨。应用文书经常用一段文字概括主旨，放在显要位置，如文章的开篇或结尾。通篇围绕主旨段展开，统领全文。

（二）材　料

在应用文书中，材料是构成应用文书的基本要素之一，应该说，任何一种写作都离不开材料，而不同功能的写作对材料的要求是不相同的。

1. 材料的含义

材料是作者为了某种写作目的所搜集、积累以及写在文章中用以表现主旨的一系列事实材料和理论材料。

事实材料指实际发生的事实、情况部分，它是在对现实情况做深入调查研究后收集并用于应用文书之中的材料，一般以文摘、提要、简报、统计表等形式记载，有的制作成图表；理论材料又叫政策材料，指党和国家领导人的讲话与指示，党和国家的方针、政策法令、法规和有关的文件，本单位制定与下发的规章制度及文件等。应用文书的材料要通过细心观察、认真调查、大量检索和阅读等途径和方法获取。

2. 材料的选择

一般来说，材料的选择应遵循真实、切题、典型、新颖的原则。

真实。真实的材料才能得出可靠的结论。因此，应用文书写作要求材料真实可靠、准确无误，是既成的事实和论断。

切题。切题就是围绕主题选择材料，材料要与主题对应。应用文书所表达的主旨是单一明确的，这就要求材料与主旨形成一种密切的亲和力，材料的选择和运用以文章所要表达的主旨为依据，材料为主旨服务。

典型。典型是指材料必须是能反映事物本质，又具有代表性与说服力。

新颖。新颖是指材料能够反映时代气息、时代风貌、时代精神，能给人以新鲜感。新颖的材料指：一是新近发生的具有社会意义的事情或新近提出的观点；二是虽不是新近发生的或新近提出的观点，但不为大多数人所知道，能引起人们的注意，给人以新鲜感；三是老材料翻新意。

3. 使用材料应注意的问题

处理好观点和材料的关系。材料是文章的血肉、观点的依托，没有材料，文章就会流于空泛、虚而不美，没有力量；观点是文章的灵魂、材料的统帅，没有观点，文章就会像一个没有主见的人一样，不知其究竟赞成什么、反对什么。

材料产生观点，观点统帅材料，这是使用材料的基本原则。

合理安排材料，体现条理化。根据主旨的需要，合理安排材料的先后顺序。可以按照人们认识事物的规律安排材料，由表及里，由浅及深，由点到面；可以按照事物发生发展的顺序安排材料；也可以按照材料间的逻辑关系安排材料。

恰当剪裁材料，使其详略得当。使用材料时，要根据表达主题的需要分清主次详略。要做到：重要的材料详写，次要的材料略写；新材料详写，旧材料略写；具体的材料详写，概括的材料略写；读者关切的材料详写，读者已知的材料略写。

（三）结　构

一篇好的应用文书，不仅要主题鲜明、突出，材料真实、典型，语言准确、生动，还应当有规范、固定的格式。应用文书的主要结构要素如下：

1. 标题

应用书文的标题要切题、醒目、简练，应直接揭示主旨或表明文章内容。常见的标题类型有以下三类。

（1）公文式标题

公文式标题由发文机关、事由、文种三部分构成，事由的前面一般加入介词“关于”，如《国务院关于建立统一的城乡居民基本养老保险制度的意见》《教育部办公厅关于组织开展中小学校园足球工作专项调研的通知》。除此以外，还有些文章采用类似公文式标题的写法，可以不用“关于”引出事由，但必须有文种名称，如《2017年度工作总结》。

（2）文章式标题

文章式标题可以直接点明文章的内容和范围，如《大学生电子阅读现状分析》《用友神话是如何创造的》《崇高的理想》。

（3）简洁式标题

简洁式标题可以直接采用文种作为标题，如《求职信》《请柬》《合同》。

2. 开头

与文学作品的委婉、含蓄不同，应用文书的开头要求开门见山、直奔主题。常见的开头方式有以下几种。

（1）交代写作目的、起因和依据

此类开头方式经常使用在公文和法规文书中，一般以“为了”“由于……”“鉴于…”“依据……”“根据……”“遵照……”等开头，其依据的内容多为法律法规、文件精神、领导指示。此外，还可以将目的、起因、依据三个方面结合使用。

（2）介绍背景和情况

介绍背景和情况即概括介绍时间、地点、范围、事件等基本要素，多用于会议纪要调查报告、简报等文种。

（3）表明态度

文章开篇对转发、颁布的文件或来函表明态度或进行评价，然后再说明有关事项。转发性的通知、对请示来函的批复常用这种开头方式。

（4）揭示主旨

开篇就亮明观点、揭示主旨，引起读者对文章观点的注意。

（5）问候致意

一般贺信、感谢信、演讲稿多用此方法，目的是给人以亲切感，拉近双方情感距离。

3. 主体

主体是应用文书的核心部分，应安排好主体的表述次序。条理清晰地展开述说，以便使读者更好地把握文章脉络，理解文章主旨。常见的主体结构方式有以下几种。

（1）时序式

时序式是以时间的推移、事物发生发展的过程为序的结构方式，体现为各层次在时间上的先后顺序，多采用夹叙夹议、叙议结合的方法。调查报告、情况通报、工作总结、述职报告多采用这种结构。

（2）总分式

总分式是围绕某一中心点，先做总述，后做分述，分述内容并列分布的结构方式。可以采用“总—分”“总—分—总”“分—总”的结构框架，适用于总结、简报、调查报告等文种。

（3）递进式

递进式是指内容之间层层推进、逐层深入，由浅入深、由表及里地阐述剖析。经济活动分析报告、意见、演讲稿常采用这种方式。

（4）并列式

并列式是文章各层意思无主从关系，并排排列，共同表达主旨。可以按照空间分布安排层次，例如，简报、调查报告、情况通报常常把不同地区、不同部门的动态情况并列报告。可以按照材料的性质归类安排层次，例如，总结、经济活动分析报告可以按照材料的性质分出几个层次；还可以按中心论点的各个侧面提炼分论点，例如，学术论文要求从不同的角度共同论证论点。

（5）逻辑式

逻辑式指采用“提出问题——分析问题——解决问题”的逻辑层次安排结构，

适用于调查报告、市场调研类应用文书。在搭建结构、安排表述层次时，为了更加清晰地展现阐述顺序、便于读者阅读，可以采用以下几个小技巧。

第一，用小标题突出层次。对于篇幅较长、内容复杂的应用文书，可以使用小标题将文章划分出几个相对独立又紧密相关的部分。小标题可以是分论点，也可以是论述内容。小标题的设置应在同一层面且互不交叉包含。小标题的语言应简明精练，句式、字数、词性尽量整齐和谐。

第二，用序数词或数字标注顺序。对在内容上有包含关系或需要分条目说明的文章可以标注数字帮助厘清上下层次关系。使用数字时常用的方式有两种：一是采用“第一”“第二”“第三”或“首先”“其次”“再次”的方式；二是使用数字。使用数字时注意层次关系，一级标题使用“一、二、三”，二级标题使用“（一）”“（二）”“（三）”，三级标题使用“1.”“2.”“3.”，四级标题使用“(1)”“(2)”“(3)”。

第三，注意过渡和呼应。相邻的层次和段落之间需要衔接和转换，以便使文章结构成为紧密联系的有机整体，使读者思路顺势转变。常见的过方式如下。

①关联词过渡。例如，在层次间存在转折关系时可以用“但是”等词语过渡，存在因果关系可以用“为此”等词语过渡，存在分总关系可以用“综上所述”“由此可见”等词语过渡。

②句子过渡。例如，使用总括句或直接使用“……总结（建议）如下”等固定句式都是很好的过渡方式。

③段落过渡。对于篇幅较长的各个层次之间，可以采用过渡段来保持全文的通顺。为使文章主旨突出、结构完整还需要注意不相邻层次和段落之间的关照、呼应。常见的呼应方式有首尾呼应、题文呼应、前后呼应。

4. 结尾

（1）以专用词语结束全文

部分文种有相对固定的结尾用语，如“特此通知”“当否，请批示”“现予以公告”“请尽快函复为盼”。

（2）以点题形式结束全文

在结尾点明主题或深化观点，可以加深读者对文章的理解，多用于工作总结、演讲稿、学术论文。

（3）以号召、希望结束全文

结尾采用号召读者、展望未来、鼓舞士气、寄托希望的方法，适用于行政机关公文中的下行文、会议讲话。

（4）以强调文本要求结束全文

结尾再次强调具体要求，提醒读者注意。

（5）自然结尾

主体部分已经言尽意明，无须结尾，一些公务文书、经济类文书可以采用这一方式。

（四）语　言

应用文书的语言属于事务语体，应遵循一般应用文书的语言要求，做到准确、简明、平实、得体。

第一，准确，指用词确切，表意明确。即正确、恰当无误地表达出所要表达的内容，用词用语含义要清楚，不产生歧义，不引起误会。要注意语意鲜明，不能模棱两可，含糊其辞；词语之间的细微差别，做到字斟句酌，因为一字之差有时会带来严重后果，如条据、合同等；还需做到语法正确，不犯语法、逻辑错误，保证语言的精确表达。

第二，简明，指语言的简洁、明快。财经应用文的语言要求言简意赅，词约义丰，要用较少的文字清楚地表达较多、较丰富的内容，“有话则长，无话则短”。写作时要做到：一是要删去与基本观点的表达没有关系或关系不大的字、句、段，杜绝假话、大话、空话和套话；二是要简化层次，意思表达集中单一；三是要力戒语言的重复、累赘、堆砌和冗长，尽量使用专业术语，酌情使用文言词语，恰当使用缩略词。

第三，得体，指语言既适合所写文种的需要，又能与作者、读者、发稿单位、行文目的，甚至与客观环境和谐一致。如经济新闻的语言讲究客观、真实，而经济通讯除此之外，还要求生动、形象；商品说明书需要准确具体，而商业广告则要求新颖别致；公关文书讲究委婉雅致，而党政公文则要求明确庄重。

第四，平实，指平易、朴实。应用文书是为解决实际问题而写的，它的语言重在实用。为了便于读者理解，应用文语言应力求平白直叙、质朴无华，直截了当、开门见山，不夸张、不雕饰，少用方言土语，禁止滥用文言词语，不用不规范的新造词语，整篇文字都要明白、自然。

应用文书的专门用语有以下几种：

1. 称谓词

第一人称“本”“我”，后面加上所代表的单位简称，如部、委、办、厅、局、厂或所等。

第二人称“贵”“你”，后面加上所代表的单位简称。一般用于平行文或涉外公文。

第三人称“该”，在应用文书中使用广泛，可用于指代人、单位或事物，如“该厂”“该部”“该同志”“该产品”等。“该”字在文件中正确使用，可以使应用文书简明、语气庄重。

2. 领叙词

领叙词是用以引出应用文书撰写的根据、理由或具体内容的词。多用于文章开端,引出法律、法规和政策,指示根据或事实根据;也有的用于文章中间,起前后过渡、衔接的作用。

常用的有:根据、按照、为了、接……、前接或近接……、遵照、敬悉、惊悉、……收悉、……查、为……特……、……现……如下。

3. 追叙词

追叙词是用以引出被追叙事实的词,如:业经、前经、均经、即经、复经、迭经。在使用时,要注意上述词语在表述次数和时态方面的差异,以便有选择地使用。

4. 承转词

又称过渡用语,即承接上文转入下文时使用的关联、过渡词语,如:为此、据此、故此、鉴此、综上所述、总而言之、总之。

5. 祈请词

又称期请词、请示词,用于向受文者表示请求与希望。使用祈请词的目的在于形成机关之间相互敬重、和谐与协作的气氛,从而建立正常的工作联系。

主要的有:希、即希、敬希、请、望、敬请、烦请、恳请、希望、要求。

6. 商洽词

又称询问词,用于征询对方意见和反映,具有探询语气,如:是否可行、妥否、当否、是否妥当、是否可以、是否同意、意见如何。

7. 受事词

受事词即向对方表示感激、感谢时使用的词语。属于客套语,一般用于平行文或涉外的公文,如:蒙、承蒙。

8. 命令词

命令词即表示命令或告诫语气的词语,以引起受文者的高度注意。

表示命令语气的语词有:着、着令、特命、责成、令其、着即。表示告诫语气的词语有:切切、毋违、切实执行、不得有误、严格办理。

9. 目的词

目的词即直接交代行文目的的词语,以便受文者正确理解并加速办理。

用于上行文、平行文的目的词,还须加上祈请词,如:请批复、函复、批示、告知、批转、转发。

用于下行文,如:查照办理、遵照办理、参照执行。

用于知照性的文件,如:周知、知照、备案、审阅。

10. 表态词

又称回复用语，即针对对方的请示、问函，表示明确意见时使用的词语。如：应、应当、同意、不同意、准予备案、特此批准、请即试行、按照执行、可行、不可行、迅即办理。

11. 结尾词

结尾词即置于正文最后，表示正文结束的词语。

用以结束上文的词语，如：此布、特此报告、通知、批复、函复、函告、特予公布、此致、谨此、此令、此复、特此。

再次明确行文具体目的与要求的词语，如：……为要、……为盼、……是荷、……为荷。

表示敬意、谢意、希望的词语，如：敬礼、致以谢意、谨致谢忱。

第二章 公文写作

一、党政公文概述

（一）党政公文的含义

《党政机关公文处理工作条例》:“党政机关公文是党政机关实施领导、履行职能、处理公务的具有特定效力和规范体式的文书，是传达贯彻党和国家的方针政策，公布法规和规章，指导、布置和商洽工作，请示和答复问题，报告、通报和交流情况等的重要工具。”

（二）党政公文的种类

《党政机关公文处理工作条例》中规定的15种公文分别是决议、决定、命令（令）、公报、公告、通告、意见、通知、通报、报告、请示、批复、议案、函和纪要。

1. 决议，适用于会议讨论通过的重大决策事项。

2. 决定，适用于对重要事项做出决策和部署、奖惩有关单位和人员、变更或者撤销下级机关不适当的决定事项。

3. 命令（令），适用于公布行政法规和规章、宣布施行重大强制性措施、批准授予和晋升衔级、嘉奖有关单位和人员。

4. 公报，适用于公布重要决定或者重大事项。

5. 公告，适用于向国内外宣布重要事项或者法定事项。

6. 通告，适用于在一定范围内公布应当遵守或者周知的事项。

7. 意见，适用于对重要问题提出见解和处理办法。

8. 通知，适用于发布、传达要求下级机关执行和有关单位周知或者执行的事项批转、转发公文。

9. 通报，适用于表彰先进、批评错误、传达重要精神和告知重要情况。

10. 报告，适用于向上级机关汇报工作、反映情况，回复上级机关的询问。

11. 请示，适用于向上级机关请求指示、批准。

12. 批复，适用于答复下级机关请示事项。

13. 议案，适用于各级人民政府按照法律程序向同级人民代表大会或者人民代表大会常务委员会提请审议事项。

14. 函，适用于不相隶属机关之间商洽工作、询问和答复问题、请求批准和答复审批事项。

15. 纪要，适用于记载会议主要情况和议定事项。

（三）党政公文的特点

1. 内容的政治性

党政机关公文是国家权力机关意志的表达者。它通过制发公文来传达政策、公布措施、解决问题、推动工作，在各项事业中发挥着阐明事理、启发觉悟和提高认识的作用，是治国理政的重要工具。因此，党政机关公文具有鲜明的政治性。

2. 作者的法定性

公文不同于出版物上发表的文章，也不同于一般图书或资料。党政机关公文由特定的法定机关制定和公布，代表着法定机关或组织的意图。公文的制发者必须是国家行政机关、企事业单位、社会团体及依法成立并能以自己的名义行使权利和承担义务的组织。因此，党政机关公文具有作者的法定性。

3. 执行的权威性

党政机关公文是国家的管理工具，代表国家的权力和意志。因此，公文具有法定的权威性。公文一经下发，其相关单位及成员就必须执行。这是保证党和国家的路线、方针、政策得以顺利贯彻执行的重要前提。

4. 格式的规范性

党政机关公文格式有严格的规范性要求，这种规范性是公文的权威性和法定效力的具体体现，也是文书工作科学化、规范化、适应现代管理和提高政府机关工作效率的客观需要。我国对党政机关公文格式做出了非常具体的规定，要求在进行公文写作时遵照执行。如党政机关公文写作必须根据实际需要选择合适的公文种类，结构安排必须完整、统一等。

5. 作用的时效性

党政机关公文是在现实工作中形成和使用，并为推动现实工作而服务的。公文随着在实际工作中发现问题、提出问题、解决问题而产生，并为现实需要而应用，常会随着公文所要解决的问题得到解决而失去其现实的效用。只是各种文件的实施期限不等，有的时效长些，有的时效短些。如某些具体工作的通知等，在工作完成之后，其效用也就终结了。

6. 制发的程序性

党政机关公文的制发和办理都必须经过严格的处理程序。如公文的制发，一般应经过起草、核稿、签发等程序。几个机关联合发文须履行完备的会签程序，重要的政策性文件还须报上级机关审批或由主管部门批准等。收文也有相应的程序，任何人不得违反公文办理程序擅自处理。

（四）党政公文的格式

中华人民共和国国家质量监督检验检疫总局、中国国家标准化管理委员会于2012年6月29日联合发布的《党政机关公文格式》对党政机关公文通用的纸张要求、排版和印制装订要求、公文格式各要素的编排规则做出了规定。下面分版头、主体、版记等做出说明。

1. 版头

党政公文首页红色分隔线上的部分为版头。它由发文机关标志、发文字号、份号、密级和保密期限、紧急程度、签发人等组成。

（1）发文机关标志

由发文机关全称或者规范化简称加“文件”二字组成，也可以使用发文机关全称或者规范化简称。联合行文时，发文机关标志可以并用联合发文机关名称，将主办机关名称排列在前，也可以单独用主办机关名称；如有“文件”二字，应当置于发文机关名称右侧，以联署发文机关名称为准上下居中排布。发文机关标志居中排布。

（2）发文字号

由发文机关代字、年份、发文顺序号组成。联合行文时，使用主办机关的发文字号。编排在发文机关标志下空二行位置，居中排布。年份、发文顺序号用阿拉伯数字标注；年份应标全称，用六角括号“〔〕”括入；发文顺序号不加“第”字，不编虚位（即1不编为01），在阿拉伯数字后加“号”字，例如：国发〔2019〕3号。上行文的发文字号居左空一字编排，与最后一个签发人姓名处在同一行。

（3）份号

涉密公文应当标注份号，即公文印制份数的顺序号。一般用阿拉伯数字顶格编排在版心左上角第一行。

（4）密级和保密期限

涉密公文的密级分为“绝密”“机密”“秘密”。密级顶格和保密期限编排在版心左上角第二行。

(5) 紧急程度

紧急程度是公文送达和办理的时限要求。根据需要，应当分别标注“特急”“加急”，电报应当分别标注“特提”“特急”“加急”“平急”。顶格编排在版心左上角。公文如需同时标注份号、密级和保密期限、紧急程度，按照份号、密级和保密期限、紧急程度的顺序自上而下分行排列。

(6) 签发人

上行文应当标注签发人姓名。由“签发人”三字加全角冒号和签发人姓名组成，居右空一字，编排在发文机关标志下空二行位置。如有多个签发人，签发人姓名按照发文机关的排列顺序从左到右、自上而下依次均匀编排，一般每行排两个姓名，回行时与上一行第一个签发人姓名对齐。

(7) 版头中的分隔线

发文字号之下 4 毫米处有一条红色分隔线，这条线下面就是公文的主体部分。

2. 主体

公文首页红色分隔线（不含）以下、公文末页首条分隔线（不含）以上的部分称主体。主体包括标题、主送机关、正文、附件说明、发文机关署名、成文日期和印章等。

(1) 标题

公文标题就是公文名称，一般由发文机关名称、事由和公文种类三要素构成。其中事由是对公文主要内容准确而简要的概括，而不是某种精神的抽象。如《国家能源局关于基本建设煤矿安全检查的通知》(国能煤炭〔2014〕12 号)，其中“基本建设煤矿安全检查”就是事由。公文种类应该用党政公文法定的规范化名称，不得生造、变更公文文种。标题中除法规、规章名称加书名号外，一般不用标点符号。

(2) 主送机关

公文的主要受理机关，应当使用机关全称、规范化简称或者同类型机关统称。编排于标题下空一行位置，居左顶格，回行时仍顶格，最后一个机关名称后标冒号。如主送机关名称过多导致公文首页不能显示正文时，应当将主送机关名称移至版记部分。

(3) 正文

公文的主体，用来表述公文的内容。正文的开头为“凭”，即凭什么行文，也就是制发该文的依据或理由。大致情况有：根据国家的方针、政策和法令、法规行文，根据以往先例行文，根据某种理论、道理行文，根据上级或对方来文行文，根据某些好人好事或不良倾向、突发事件、事故行文，根据事物的发展变化行文。具体到某篇公文应如何开头，要根据发文意图、行文对象和文种来确定。

主体部分为“事”，即什么事情或什么事项。根据开头行文的目的和理由，经一定的过渡性词语，如“特做如下通知”“特做如下规定”“报告如下”“请示如下”“答复如下”，转入公文主体。公文主体主要是列举材料、申述观点、叙事说理，尤其要把事说清楚。内容较为复杂的公文，事项很多，要注意事项之间的逻辑顺序和层次安排。

结尾部分可以概括为“断”，即论断、判断，也就是正文的结论部分，多数为提出要求、措施、办法等。有些公文有规范的结束语，如“特此通知”“特此报告”“以上请示妥否，请批示”“此复”等。

公文首页必须显示正文。编排于主送机关名称下一行，每个自然段左空二字，回行顶格。文中结构层次序数依次可以用“一、”“(一)”“1.”“(1)”标注。

(4) 附件说明

如有附件，在正文下空一行编排“附件”二字，后标冒号和附件名称。

(5) 发文机关署名、成文日期和印章

① 加盖印章的公文

成文日期一般右空四字编排，印章用红色，不得出现空白印章。

单一机关行文时，一般在成文日期之上、以成文日期为准居中编排发文机关署名，印章端正、居中下压发文机关署名和成文日期，使发文机关署名和成文日期居印章中心偏下位置，印章顶端应当上距正文（或附件说明）一行之内。

联合行文时，一般将各发文机关署名按照发文机关顺序整齐排列在相应位置，并将印章一一对应、端正、居中下压发文机关署名，最后一个印章端正、居中下压发文机关署名和成文日期，印章之间排列整齐、互不相交或相切。每排印章两端不得超出版心，首排印章顶端应当上距正文（或附件说明）一行之内。

② 不加盖印章的公文

单一机关行文时，在正文（或附件说明）下空一行右空二字编排发文机关署名，在发文机关署名下一行编排成文日期，首字比发文机关署名首字右移二字，如成文日期长于发文机关署名，应当使成文日期右空二字编排，并相应增加发文机关署名右空字数。

联合行文时，应当先编排主办机关署名，其余发文机关署名依次向下编排。

③ 加盖签发人签名章的公文

单一机关制发的公文加盖签发人签名章时，在正文（或附件说明）下空二行右空四字加盖签发人签名章，签名章左空二字标注签发人职务，以签名章为准上下居中排布。在签发人签名章下空一行右空四字编排成文日期。

联合行文时，应当先编排主办机关签发人职务、签名章，其余机关签发人职务、签名章依次向下编排，与主办机关签发人职务、签名章上下对齐；每行只编排一个机关的签发人职务、签名章；签发人职务应当标注全称。签名章一般用红色。

④ 成文日期中的数字

成文日期是会议通过或者发文机关负责人签发的日期。联合行文时，署最后签发机关负责人签发的日期。用阿拉伯数字将年、月、日标全，年份应标全称，月、日不编虚位（即 1 不编为 01）。

（6）附注

附注主要说明公文印发传达范围等需要说明的事项。如有附注，居左空二字编排在成文日期下一行。

（7）附件

附件应当另面编排，并在版记之前，与公文正文一起装订。

3. 版记

公文末页首条分隔线以下、末条分隔线以上的部分称版记。版记包括抄送机关、印发机关和印发日期等

（1）版记中的分隔线

版记中的分隔线与版心等宽，首条分隔线和末条分隔线用粗线，中间的分隔线用细线。首条分隔线位于版记中第一个要素之上，末条分隔线与公文最后一面的版心下边缘重合。

（2）抄送机关

抄送机关是除主送机关外需要执行或者知晓公文内容的其他机关，应当使用机关全称、规范化简称或者同类型机关统称。在印发机关和印发日期之上一行、左右各空一字编排。“抄送”二字后加冒号和抄送机关名称,回行时与冒号后的首字对齐，最后一个抄送机关名称后标句号。如需把主送机关移至版记，就将“抄送”二字改为“主送”。既有主送机关又有抄送机关时,应当将主送机关置于抄送机关之上一行，之间不加分隔线。

（3）印发机关和印发日期

印发机关和印发日期一般，编排在末条分隔线之上，印发机关左空一字，印发日期右空一字,用阿拉伯数字将年、月、日标全,年份应标全称,月、日不编虚位（即 1 不编为 01），后加“印发”二字。

版记中如有其他要素，应当将其与印发机关和印发日期用一条细线分隔线隔开。

二、党政公文写作

（一）党政公文的写作要求

本部分所讲的“党政公文写作”，均指“草拟公文”，因为撰稿人写的仅仅是公文草稿。草拟公文的要求如下：

第一，符合党和政府的方针、政策、法律、法规和规章以及有关规定。若提出新的政策规定，要切实可行，并加以说明。

第二，公文内容要情况确实，观点明确，表述准确，结构严谨，字词规范，条理清楚，语句通顺，文字精练，书写工整，标点准确，篇幅要力求简短。

第三，公文中的人名、地名、数字、引文要准确。若引用公文，应当先引公文标题，后引发文字号。日期应当写具体的年、月、日。

第四，用词、用字准确、规范。文内如使用简称，一般应当在第一次出现时先用全称，并括注简称。文中若有计量，必须使用国家法定计量单位。

第五，格式要符合国家规定。行文规则和公文办理等均应符合 2012 年 4 月 16 日发布的《党政机关公文处理工作条例》及有关规定、细则。

（二）通　知

1. 通知的含义

通知“适用于发布、传达要求下级机关执行和有关单位周知或执行的事项，批准、转发公文”。通知是最常用的一种公文，使用范围相当广泛，可谓公文中的“老黄牛”。

2. 通知的特点

第一，广泛性。通知属于下行文，是要求下级机关办理、周知、执行或服从安排的文种，适用范围广，不受发文机关级别的限制，上至国务院，下至乡、镇人民政府，都可以制发，其他机关、人民团体、企事业单位也都可以制发。通知的内容广泛，社会生活的各方面乃至国家大事都能涉及。通知的行文比较简便，一份通知只布置一项工作、拟制一件事情，对正文的拟写要求也不像有些指挥性公文那样严格。

第二，时效性。所通知的都是需要立即办理、执行或应知的事项。布置的工作若时间性较强，则一定要在开展此项工作之前的一定时间内通知到下级机关，以便有所准备。

第三，执行性。很多通知用以布置和安排工作，要求下级执行。用通知部署工作比较简便，说清楚要做的是什么工作、怎样去做、什么时候完成即可。

3. 通知的类型

（1）处理文件的通知

这类通知通常包含批转、转发有关文件和发布行政规章、管理规章的通知。其中，上级机关转发下级的文件，用批转性通知；下级机关转发上级文件、同级或不相隶属的机关之间的文件，用转发性通知发布法规、规章、办法的属于发布性通知。根据不同的情况，可分为颁发、发布、印发（公布）3 种。一般说来，对比较重要的行政法规、规章、办法用颁发、发布，而对一般性的、暂行或试行的行政规章、管理规章用印发。

（2）布置性通知

布置性通知即工作通知。这是上级机关就某些事项、某项工作，提出工作的具体原则、要求和安排，以让受文单位贯彻执行的通知。这种通知的内容多数不宜以命令或意见行文。

（3）知照性通知

知照性通知即告知有关单位或个人某些事项的通知。如设立或撤销机构、迁移办公地点、启用或更换印章、调整办公时间等事项通知。

（4）会议通知

会议通知即告知有关单位或人员参加会议的通知。

（5）任免通知

任免通知即告知有关单位或个人人事任免的通知。

4. 通知的结构写法

（1）标题

通知的标题因类型不同，写法也不同。

第一，处理文件通知的标题，一般有以下两种写法。

①完全式，由“发文机关 + 发布（批转或转发）被发布（转发或批转）的文件标题 + 文种”构成。被发布、批转、转发的公文若是法规、规章或重要的公文时，一般应加上书名号。有时由于被发布、批转、转发的公文标题中有多个“关于”和“的通知”，或者被发布、批转、转发的公文标题较长，在处理通知标题时，一般可保留末次发布（批转或转发）文件机关和始发文件机关，只保留一个“关于”和一个“的通知”字样。如《×× 县人民政府关于转发〈×× 市人民政府关于转发《×× 省人民政府关于转发人事部 ×× 同志恢复名誉后享受 ×× 级特遇的通知》的通知〉》”，这个标题有 4 个层次，用了 3 个“关于转发”、2 个“的通知”，很不顺口，可把这个标题简化为《×× 县人民政府转发人事部关于 ××× 同志恢复名誉后享受 ×× 级待遇的通知》，至于省、地区等曾转发过等情况，可在正文中交代清楚。

②省略发文机关式，如《关于印发〈×××××〉的通知》。

第二，其他种类通知的标题，写法有以下三种。

①完全式。

②省略发文机关式，如《关于举办班际象棋邀请赛的通知》。

③省略发文机关和事由，只写文种“通知”。这种写法只有在通知范围比较小、内容比较简单时才运用。

（2）主送机关

主送机关即受文对象，根据实际情况，可以是一个或几个甚至所有的有关单位。普发性通知可省去主送单位。

（3）正文

不同类型的通知，其正文写法有所不同。

① 处理文件性通知。正文包括两个部分：第一个部分是批语，第二个部分是写批转、转发或印发的规章或文件。批语内容比较简单，只要说明批转、转发或印发的文件名称和有关要求就可以了，如“现将《关于××××××的规定》印发（或批转、转发）给你们，请……”对有些比较复杂的文件，则结尾或者对如何实施做具体说明，或者阐述该文件的意义所在等。

② 布置性通知（工作通知）。正文通常包括三个部分。第一个部分为引言，说明缘由。引言要简明扼要、抓住要害。第二个部分为主体，即通知的具体内容。如果内容比较复杂，则要分条列项陈述。重要的内容详细写，放在前面；次要的内容应尽量简化，放在后面。第三个部分为结尾，结尾多提出贯彻执行的要求，如“请遵照执行”“请认真执行”等。也有的通知不写结尾。工作通知的写作，一定要开门见山，直接叙述，切忌拐弯抹角。为了使下级机关明白上级的意图，有时也可以做一些简要的分析、说理。

总的说来，工作通知的目的在于布置工作任务，要求下级遵照执行。因此，在撰写时，既要说明“办什么事”“为什么办这些事”，又要说明“怎样办这些事”，以便受文单位更易理解、更方便执行。

③ 知照性通知。这种通知行文的目的是让受文对象了解有关事项，因此正文把事项叙述清楚即可。

④ 会议通知。这类通知是由会议的主办单位向应该参加会议的下属或有关单位发出的，告知参加会议的有关事项。这是最常用的通知之一。

会议通知的正文要交代清楚召开会议的时间、地点，会议名称、参加人员、会议内容和目的，以及与会人员应做的准备和其他有关事项。其中，会议的时间包括报到时间、正式开会时间和结束时间；地点不要只写单位名称，要写具体的路名、街道名和门牌号以及路线；参加人员可根据不同情况直接写“你单位 ××× 参加”，也可写明参加人的身份、职位，由参加单位自定；其他事项包括会议的联系人、联系电话，住房标准，返程交通问题，食宿及会务经费问题，是否有回执等。这些都要考虑周全、书写准确。这类通知通常采用条文式写法。

⑤ 任免通知。任免通知的写法比较简单，格式相对固定，写明任免依据和任免事项、人员即可。如果一份任免通知中，既有任职的同时又涉及免职，按照惯例，应先写任职，后写免职。为醒目起见，通常每个任免事项均单独作为一个段落行文。

（4）落款

如果发文机关在标题中已标明，那么落款时可以省略。

【例文一】

国务院批转国家发展改革委

《关于 2017 年深化经济体制改革重点工作的意见》的通知

国发〔2017〕27 号

各省、自治区、直辖市人民政府，国务院各部委、各直属机构：

国务院同意国家发展改革委《关于 2017 年深化经济体制改革重点工作的意见》，现转发给你们，请认真贯彻执行。

附件：《关于 2017 年深化经济体制改革重点工作的意见》（略）

国务院

2017 年 4 月 13 日

【例文二】

福建省人民政府办公厅关于成立

福建省人民政府信访事项复查复核委员会的通知

闽政办〔2014〕41 号

各市、县（区）人民政府，平潭综合实验区管委会，省人民政府各部门：

为了贯彻落实《信访条例》，进一步完善信访事项处理、复查、复核工作机制，维护信访人合法权益，推动信访事项审核认定办结，依法终结信访事项，经省政府领导同意，决定成立福建省人民政府信访事项复查复核委员会，现通知如下：

一、省政府信访事项复查复核委员会主任由省政府分管信访工作的副省长兼任；常务副主任由省信访局局长兼任，副主任由省监察厅一名副厅长、省人大内务司法委员会一名副主任、省信访局分管副局长和省政府法制办一名副主任兼任，委员由信访量较大的省民政厅、省人力资源和社会保障厅、省国土资源厅、省环境保护厅、省住房和城乡建设厅、省农业厅、省林业厅等省政府工作部门负责人担任。

二、省政府信访事项复查复核委员会的主要工作职责：审核认定省级以下行政机关完成复核的信访事项等。

委员会审核认定办结信访事项，一般由常务副主任牵头办理并审签，重大的报主任审核，并报相关事项分管副省长审签。

省政府信访事项复查复核工作的其他职能、程序和要求仍按已有规定执行。

三、省政府信访事项复查复核委员会日常工作由省人民政府信访事项复查复核办公室（省信访局复查复核处）承担。

福建省人民政府办公厅

2014年3月26日

【例文三】

关于召开2013年全国粮食财会工作会议的通知

各省、自治区、直辖市、计划单列市及新疆生产建设兵团粮食局：

为认真学习贯彻党的十八大精神和李克强总理在国家粮食局视察指导粮食流通工作时的重要讲话，落实全国粮食流通工作会议部署，研究做好2013年粮食财会工作，我局决定召开2013年全国粮食财会工作会议。现将有关事项通知如下：

一、会议内容

（一）总结交流2012年各地粮食财会工作情况。

（二）会审汇编2012年度国有粮食企业会计决算报表，通报全国粮食系统会计表财务分析工作考核结果。

（三）研究布置2013年财会工作。

（四）讨论新形势下如何充分发挥财会职能、服务于“粮安工程”的实施；研究提出进一步完善粮食增值税政策的建议；了解《国家粮食局中国农业发展银行关于进一步加强合作推进国有粮食企业改革发展的意见》（国粮财〔2012〕205号）执行情况，研究缓解基层粮食企业贷款难措施；研究建立国有粮食企业改革发展工作考核评价机制等。

二、参加会议人员

各省、自治区、直辖市、计划单列市及新疆生产建设兵团粮食局分管财会工作的局领导、财会处长和会计报表工作人员各1名。

三、会议时间和地点

会议时间：2013年4月1日报到，2—3日开会，会期1天半。

会议地点：福建外贸中心酒店（地址：福建省福州市五四路73号，电话：0591-63388888)

四、其他事项

（一）请与会单位和人员按照会议通知要求，认真准备书面材料，做好各项与会准备工作。会计报表人员须携带笔记本电脑和本省（自治区、直辖市）决算报表数据（含分户数据）。

（二）请于2013年3月28日前将参会人员的姓名、性别、民族、单位、职务，以及到达车次一并告知福建省粮食局。

国家粮食局财务司联系人：王××

联系电话：010-×××××××，134××××××××

福建省粮食局财会处联系人：陈××

联系电话：0591-×××××××，135××××××××

国家粮食局办公室

2013年3月21日

（三）报　告

1.报告的含义与作用

报告是上行文，适用于向上级机关汇报工作、反映情况，回复上级机关的询问。报告是一种汇报性公文。向上级机关汇报工作是一种工作制度。早在1948年，毛泽东同志就撰写了《关于建立报告制度》一文，作为党内指示下达，强调了建立报告制度的重要性和必要性。

报告只向本机关的直接上级发出。“直接上级”既指直接隶属的领导机关，又指主管的职能指导机关。如福建省公安厅既要向福建省人民政府汇报工作，又要就某项公安业务工作向公安部汇报工作。

报告属于陈述公文，要以具体的事实、情况和确实的数据为汇报的主要内容。表达方式主要是叙述，要直陈其事。其中虽也有阐明观点、论述道理之处，但不宜长篇大论，而只是在叙述事实时摆明观点、讲清道理，点到为止。

2.报告的种类

报告的分类方法很多。从内容分，可以分为综合报告和专题报告；从性质和用途分，汇报工作的称工作报告，反映情况的称情况报告，提出意见或建议的称建议报告，答复上级机关询问的称答复报告等。

（1）综合报告

反映本地区、本单位全面情况的报告称综合报告。这种报告内容全面，篇幅较长，是本机关工作全面总结并向上呈报的重要形式。

（2）专题报告

这种报告的内容比较单一，是单就某一方面情况、某项工作或某个活动向上级所做的报告。专题报告突出“专”字，是一事一报的专门性报告。

上面两种报告从性质上讲，也属于工作报告，都是就本机关工作职能范围内的事项向上级所做的汇报。把上述两种报告分开来讲，是从内容的综合或单一上讲的。以下则侧重从性质、用途上讲。

（3）工作报告

工作报告用于汇报工作。其正文大体分三部分：首先是报告的原因或理由，讲清楚所报告的是什么工作，进展到什么阶段，达到什么程度，要报告哪些问题；其次要写报告的事项，要比较具体地分条分项地陈述所取得的成绩及分析取得这些成绩的原因，包括做法和体会，这是报告的主体部分、关键部分；最后要说明工作中存在的问题和今后的打算。

（4）情况报告

情况报告用于反映情况。它与工作报告的不同之处是：工作报告重在汇报做了哪些工作，怎么做的，取得哪些成绩，还有什么问题，今后怎么做。情况报告重在反映情况，包括上级的决策和部署的执行情况，本机关工作中出现的新问题、新情况，某方面出现问题的处理情况等。这些都需要及时向上级汇报，以便上级及时了解情况，及时处理。

（5）答复报告

答复报告属于被动行文，上级有所询问，下级机关才有答复报告。一般询问，下级可以口头答复。比较重要的事项，上级为了更全面、更准确地了解，往往要求下级予以书面报告，于是形成了答复报告。

答复报告由答复的缘由和答复的事项两部分构成。要紧紧抓住“问”和“答”行文，有所问才有所答，不问则不答，更不要答非所问。

3. 报告的写作要求

报告是陈述性、汇报性公文，主要用于讲述事实、汇报情况。其写作要求是根据这一性质提出的，主要有以下几点。

（1）叙述事实，简明扼要

报告中的事实和情况是为了让上级机关了解实情而写的，所以一般都采用概述的方法，不用细节描述，也不对具体事实进行描写，用语非常简练。但概述不等于笼统，事实要写清楚，情况要摆明确，要给上级机关留下清晰的印象。不要用模棱两可、含糊不清的语言，越是概述，语言越要精确。

概述时，一要注意叙述的条理性，二要注意“点”“面”材料的结合。条理性是指讲事实、摆情况要注意内在联系，要有一个逻辑顺序，不能给人以杂乱无章、颠三倒四之感。“点”是较为典型的具体事实，“面”是概括性很强的事实。两种事实都需要，没有“点”会使报告缺乏说服力；没有“面”，会使事实缺少代表性。两种事实要很好地结合运用。

（2）重点突出，中心明确

报告中的事实和情况要受报告主题的支配，为主题服务，并能强化主题。

【例文】

××省公安厅关于××市百货大楼重大火灾事故的报告

公安部：

××××年2月20日上午9点40分，我省××市百货大楼发生重大火灾事故，市消防队出动15辆消防车，经过4个小时的扑救，大火才被扑灭。这次火灾除消防队员和群众奋力抢救出的部分商品外，百货大楼三层楼房一幢及余下的商品全部被烧毁。时值开门营业不久，顾客不多，加之疏散及时，幸未造成人员伤亡，但此次火灾已造成直接经济损失792万余元。

经查明，此次火灾是因电焊工×××违章作业，在一楼电焊铁窗架时电火花溅到易燃货品上引起的。另外，市商业局对上级领导机关和公安消防部门的安全防火指示执行不力，百货大楼安全制度不落实，许多安全隐患长期未得到解决。电焊加固铁窗，本应停止营业，为了利润，竟边营业边作业，忽视了安全工作，这也是造成火灾的原因之一。

火灾发生后，省人民政府召开了紧急防火电话会议，严肃指出了××市发生火灾的严重性，批评了××市不重视安全工作的错误倾向。我厅×××副厅长带领有关人员赶到现场调查处理。市商业局在市委、市政府领导下，组织力量对财产进行清理；百货大楼职工在总结教训的基础上，在街道路口增设摊点，以缓和市场供应。公安机关对事故责任者×××已拘留审查，市委、市政府在分清责任的基础上，对有关人员也视情节轻重，进行严肃处理：给予专管安全工作的百货大楼党委副书记、副总经理×××撤销党内外职务、开除党籍、开除公职的处分，并交司法部门依法处理；撤销百货大楼党委书记和市商业局党组成员、市百货大楼总经理××的职务；撤销百货大楼副总经理×××、营业部经理×××的职务。

此次火灾事故损失严重，影响很坏，教训深刻。问题虽然发生在××市，但也暴露了我省安全工作上还存在不少问题，有的地区安全制度不落实，检查不认真，隐患整改不力，缺乏针对性的防火措施。我们平时深入了解不够，检查督促不严，因此，也有一定责任。为了吸取教训，防止类似事故发生，已根据我省实际情况，多次通过电报、电传、电话，提醒各地注意，并定于4月20日召开全省安全工作会议，制订下一步安全工作方案，切实把我省安全工作抓紧、抓好。

特此报告

××省公安厅（印）

××××年4月15日

（四）请　示

1. 请示的含义和作用

请示适用于向上级机关请求指示、批准。呈请是对上级有所请求，期复是期待上级答复。所以请示是双向性公文，下级有请求，上级必有答复。它与同为上行文的单向性报告不一样。

报告和请示的不同之处，还有以下三点。一是行文目的不同。报告的主要目的是下情上达，向上级汇报工作、反映情况、提出意见和建议，是一种呈报性公文，不需要上级机关批复；请示的目的是请求上级批准、指示或答复，是呈请性公文，需要上级机关批复。二是行文时间不同。报告是汇报工作和反映情况，当然在工作结束或告一段落以及情况发生之后才能制发；请示是请求批准、指示或答复，应该在工作或活动开展之前行文，不允许先斩后奏。三是收文处理不同。上级机关收到报告，只需要了解情况以做决策参考，不需要答复；收到请示，则要认真研究，尽快给予答复。

报告和请示是两种不同的公文，功能不同，不能错用，也不能连用成“请示报告”。

请示本身也不能乱用。在本机关职责范围内的应由本机关处理，且自己有能力、有条件处理的事项也不需要请示，尤其要防止为推脱责任，事无巨细，件件请示，有上级答复才做处理的做法。当然，有一些必须由上级批准、授权、指示后才可以办理的事项，则必须请示，绝不能目无上级，擅自处理。例如，对新情况、新问题，不知如何处理，要向上级请示处理办法的，要请示；涉及本机关全局性的重大问题，在本机关职责范围内不能也不便处理的，要请示；对增设机构、增加编制、上项目、列计划、申请经费、购置设备等事项，要请示；对由上级管理的干部的任免和聘用，要请示；对上级机关的指示、规定等，因不理解而无法执行或执行起来不适合本单位实情，需要请求上级给予指示或予以改变或允许变通执行的，也要请示。

2. 请示的种类

请示大都按行文目的分类。根据行文目的，可把请示分为请求指示性请示和请求批准性请示两种，现分述如下。

(1)请求指示性请示

这类请示是向上级要政策,要办法。对上级机关文件中规定的某些政策界限把握不准,而本机关无权解释或不能擅自决定时,请求上级机关给予指示,这是要政策;遇到新情况、新问题,在本机关过去的职责权限内从来没有处理、解决过,请求上级机关给予指示,这是要办法。这类请示要把请示的原因、事项写清楚。如果是对政策、法规等理解上存在问题,就要把政策、法规出自上级的什么来文,标题、文号是什么,原文是怎么写的,一一引述清楚,再交代存在的问题是什么;如果是工作中遇到了新情况、新问题,就要把新情况、新问题是什么,是怎么出现和产生的交代清楚。请求事项就是请示要求,请求上级机关给予什么指示,要写得非常明确。

【例文】

××省财政厅关于《会计人员职权条例》中
“总会计师”是行政职务不是技术职称的请示

×府财〔××××〕××号

财政部:

国务院××××年国发〔××××〕××号通知颁发的《会计人员职权条例》规定,会计人员技术职称分为总会计师、会计师、助理会计师、会计员四种。其中“总会计师”既是行政职务,又作为技术职称。在执行中,工厂总会计师按《条例》规定,负责全工厂的财务会计事宜;可是每个工厂尤其是大工厂,被授予总会计师职称的有四五人,究竟由哪一位负责全厂财务会计事宜、执行总会计师的职责与权限呢?我们认为宜将行政职务与技术职称分开,总会计师为行政职务,不再作为技术职称。比照国务院颁发的《工程技术干部技术职称暂行规定》,将《条例》第五章规定的会计人员职称中的“总会计师”改为“高级会计师”。

以上请示是否妥当,请批复。

××省财政厅(印)
××××年×月×日

(2)请求批准性请示

这类请示多数是下级机关要增设机构、增加编制、上项目、列计划、申请经费、购置设备而向上级机关请求批准时用的。简言之,就是向上级机关要人、要钱、要物。另外,下级机关在自己管辖的职权范围内要采取重大举措,这举措将会造成较大的社会影响,自己不便擅自行动而需要征求上级机关批准后才能实施,这也需要写请求批准性请示，如《北京市人民政府关于采取果断措施控制北京大气污染的紧急请示》。

这类请示的重点在于请示的原因。原因即说服上级机关批准的理由。交代不清，请求批准的理由不充分，说服力不强，请示很难得到批准。在写清楚原因的基础上，再明确提出请示要求。请示要求就是请求批准什么：要人、要钱，要写清楚准确的数目；要物，要写清楚物的品名、品牌、规格、型号、数量等。

下面是一份请求批准增设机构的请示。

【例文】

××市××局关于成立老干部办公室的请示

市政府：

随着干部制度的改革和时间的推移，我局离退休干部日益增多，截至目前已近千人。由于没有专门的管理服务机构和工作人员，致使这些老同志的政治学习和生活福利得不到应有的组织和照顾，一些实际困难得不到妥善解决。为了使离退休老同志老有所为、老有所养、老有所依，充分反挥余热，根据上级有关部门的规定和离退休老同志的迫切要求，我们拟成立老干部办公室。现将成立老干部办公室的几个问题，请示如下：

一、老干部办公室的主要职责是做好离退休干部的管理服务工作。具体任务是：

1．组织离退休干部学习党的方针、政策，使他们了解党和政府的大事，了解新形势，跟上新形势；

2．定期召开离退休干部座谈会，交流思想；

3．开展丰富多彩的文体活动，增进离退休干部的身心健康。

二、老干部办公室的编制及干部调配等问题，具体意见如下：

1．老干部办公室直属我局领导，拟设处级建制；

2．该办公室拟设行政编制5名，其中主任（正处级）1名，副主任（副处级）1名，编制由局内调配解决，办公经费由局行政费中调剂解决。

以上请示妥否，请批复。

××市××局（印）

××××年5月20日

3. 请示的写作要求

请示的写作要求主要是针对请示正文提出的。

(1) 结构清楚，段落分明

请示正文一般为三段式结构。第一段是请示的原因，阐述请示的理由；第二段是请示的事项，即请示的要求；第三段为结尾语，结尾语在写作实践中形成了一套独特的规范化用语，如“以上意见是否妥当，请指示”“特此请示，请予批准”“以上要求，请予审批”“以上请示当否，请核（审）示”“以上请示，请予批复”等。

(2) 理由充足，要求具体

请示正文的第一段为请示的理由。理由要充足，有说服力。例如，要写一份修缮办公楼请求上级拨款的请示，如果只写“办公楼陈旧，设备老化”显然理由不足，关键是写清楚办公楼怎么陈旧，哪些设备老化，老化到什么程度，如果不修，将产生哪些不利影响。把这些关键的事项交代明白，理由才充分，上级才有可能批准拨款。

理由要集中，不要分散上级领导的注意力。例如，要写一份购买大客车做班车用的请示，就要集中力量写为什么要买大客车做班车，以前职工是怎么上下班的，现在为什么要用班车。这些情况写清楚了，这份请示就有了说服力。请示中不必写班车的司机从哪里来，司机的工资、客车的保养维修费从哪里出这些事项，更不要写职工原来坐公交车上下班常遇上交通堵塞，有的职工只好骑自行车上下班等情况。因为写这些不仅会分散上级领导的注意力，而且可能会留下上级领导不批准买车、不关心职工生活的话柄。

请示正文的第二段是请示要求。要求要具体，不能笼统。请求指示，要具体写出是请求什么样的指示；请求办法，要具体写出是请求什么样的办法。不能只把问题推给上级，不提供具体的指示要求和解决问题应采取的具体办法。如果这样，实际上是给上级出难题，这是不允许的。请求上级拨款的请示，也不能只笼统写一个钱数，如上一个工程项目请求上级拨款500万元人民币，应该简要地列出工程概算，让上级领导知道为什么要拨款500万元。要求具体，才便于上级批复。

(3) 一事一文，主送明确

一事一文，是请示内容上的要求。请示内容要单一，必须就一件事或一个问题提出请示，不要几件事混在一份请示中。上级机关的主管职能部门有业务分工，问题解决的难易程度也不一样，一文数事不便于上级批复。

主送明确，是对请示行文方向的要求。请示的主送机关只能是一个，是本机关直接隶属的上级领导机关或直接的上级业务指导机关，且不应该主送上级机关的领导人个人。不能多头请示，也不能越级请示。

（五）函

1. 函的含义和用途

函适用于不相隶属机关之间商洽工作、询问和答复问题，请求批准和答复审批事项。

函在党政公文中是唯一的平行文。不相隶属机关之间，不论级别高低，都不存在职权上的指挥与服从关系，都是平等的，它们之间的行文只能用“函”。函的使用范围广，使用率极高，可谓公文中的“轻武器”。具体来讲，函的用途主要包括以下四个方面：

（1）平级机关或不相隶属机关单位之间的公务联系。

（2）向无隶属关系的业务主管部门请求批准有关事项。

（3）业务主管部门答复审批无上下级隶属关系的机关请求批准的事项。

（4）机关单位对个人的事务联系，如答复群众来信等。

2. 函的特点

（1）沟通性

对于不相隶属机关之间相互商洽工作、询问和答复问题，起着沟通作用，充分显示文种的功能。这是其他公文所不具备的特点。

（2）灵活性

函的灵活性表现在两个方面：一是行文关系灵活，函是平行公文，但是它除了平行行还可以向上行文或向下行文，没有其他文种那样严格的特殊行文关系的限制；二是格式灵活，除了国家高级机关的主要函必须按照公文的格式、行文要求行文外，其他一般比较灵活自便，也可以按照公文的格式及行文要求办，可以有眉首，也可以没有眉首、不编发文字号，甚至可以不拟标题。

（3）单一性

函的主体内容应该具备单一性的特点，一份函只宜写一件事项。

3. 函的种类

按内容和用途可分为商洽函、询问函、答复函、请求批准函等，现分述如下。

（1）商洽函

机关、单位之间商洽、开展工作联系事项用商洽函。这种函的正文分为缘由、事项、结尾三部分。缘由是讲发函的原因、根据、理由或情况，如第一次联系，还要简单介绍一下本机关、本单位。事项是商洽函的主体，是商洽的内容所在，要讲清楚需要商洽的具体事项，希望对方如何协助或办理。这部分要观点明确、意见具体，便于对方理解和答复。结尾是提出予以复函或办理的具体要求，如“上述要求，请予函复”“祈请函复为盼”“如蒙慨允，不胜感激”等。如主体部分已有这些要求，不写结尾也可以。

【例文】

关于组织开展打击稀土开采、生产、流通环节违法违规行为专项行动的函

工信部联原函〔2013〕344号

有关省、自治区、直辖市人民政府：

为落实近期国务院领导同志批示精神，根据《国务院关于促进稀土行业持续健康发展的若干意见》(国发〔2011〕12号)“地方政府对本地区稀土行业管理负总责”的要求，经稀有金属部际协调机制成员单位研究，自2013年8月15日至11月15日开展打击稀土开采、生产、流通环节违法违规行为专项行动（专项行动方案见附件）。本次专项行动的责任主体是稀土生产地地方人民政府。请各相关省（区、市）人民政府统一组织相关部门，按照专项行动方案开展工作，并将有关情况函告工业和信息化部。

附件:《打击稀土开采、生产、流通环节违法违规行为专项行动方案》

工业和信息化部 公安部 国土资源部 环境保护部 海关总署 国家税务总局 国家工商行政管理总局 国家安全生产监督管理总局

2013年8月5日

(2) 询问函

询问函所问的问题是本机关职责范围内应当予以解决但又无据可查或难以解决的问题。被询问的机关可以是与此问题有关的平级机关或不相隶属的机关。询问函的正文分为缘由、问题、结尾三部分。缘由是问题产生的情况、原因或者起因、过程，交代缘由才能使对方了解问题产生的原因或背景，以便答复。问题部分要把问题究竟是什么,请求对方解答或解决什么,都写清楚。结尾部分一般提出明确要求,如“请予协助为盼”“请即函告”等。

(3) 答复函

答复函也称复函，它具有明确的针对性，即针对询问函而做的答复。答复一定要依据本机关的职责范围、本机关的客观条件和能力去解答。复函不能越职越权去处理或解答问题。

一些政府主管职能部门对有关单位发来请求批准的函的答复，也用复函。要注意，这里不能用“批复”，因为批复只“适用于答复下级机关的请示事项”。非下级机关的有关单位用“函”向政府主管职能部门请求批准,政府主管职能部门只能用“复函”去回答有关单位的请求。这类复函对有关单位有指示和约束作用，其效力相当

于批复。

复函的正文一般分为引述、答复、结尾三部分。引述即引述来函，是答复的起因,规范句式为“你单位 × 月 × 日《××××××××》(××〔××××〕××号)来函收悉”。答复是复函的实质性内容，要据实据理据情予以中肯回答，如给解决办法，办法要切实可行。结尾多用“此复”“专此函告”等。

【例文】

福建省人民政府办公厅关于同意
福州市高级技工学校、福州市第二高级技工学校为技师学院的函
闽政办函〔2014〕44 号

省人力资源和社会保障厅：

你厅《关于请求批准福州市高级技工学校、福州市第二高级技工学校为技师学院的请示》（闽人社报〔2014〕3 号）悉。根据《福建省人民政府办公厅关于印发福建省举办技师学院实施意见的通知》（闽政办〔2007〕100 号）精神，鉴于福州市高级技工学校、福州市第二高级技工学校在师资和硬件方面符合技师学院设立标准，且已按规定完成了申报程序和省技师学院评议委员会审议，经省政府研究，同意福州市高级技工学校、福州市第二高级技工学校为技师学院。请你厅指导技师学院根据社会发展和经济建设的需要，加强基础设施建设，优化培训资源，提高师资队伍水平，提升办学质量，加快培养步伐，为实现福建“百姓富、生态美”的目标培养更多高技能人才。

福建省人民政府办公厅
2014 年 3 月 31 日

(4) 请求批准函

这是向有关职能部门请求批准的函。“有关职能部门”是指平行的或不相隶属的政府主管职能部门。因有关职能部门不是发函单位的上级机关，所以请求不能用“请示”，只能用“函”，但这种函代行请示职能，主管部门收到这种函，应视同请示，不能因为是“函”而置之不理。对这种函的答复，用复函。

第三章 事务文书写作

计划是前进方向上的“路标”，是一切行动的先导，也是实施目标的手段。古人云“深计远虑，所以无穷”。有了计划，工作就有了明确的目标，就能统一思想，协调行动，掌握进程。科学的、切实可行的计划，对我们的工作、学习、生产、科研等都有着重要的指导、推动与保障作用。

一、计划

（一）计划的概念与类型

计划是党政机关、社会团体、企事业单位和个人，为了实现某项目标和完成某项任务而事先做的安排和打算，是对未来一定时期内的工作、生产、科研和学习等拟定目标、任务、步骤、措施和完成期限的一种事务文书。在现代社会里，一个行动、一项任务，常常要牵连到众多的因素和极其复杂的关系，要想围绕整体目标协调一致地行动，必须有一个统一严格的计划作为纲领；否则，实现目标的活动便会成为杂乱无章的活动。

计划是计划类文书的统称。常见的“规划”“部署”“安排”“设想”“打算”“方案”“纲要”“思路”“要点”“意见”等，都是人们对今后工作或活动做出的部署与安排，因而也都属于计划这个范畴。

【例文】

××西服店××××年“双增双节”工作计划

国务院倡导开展“双增双节”活动。为开展好这项活动，我们决定将今年的工作重点调整为“双增双节”活动同深化企业改革一起抓，改善企业经营管理体制，发挥名牌特色产品优势，深入挖掘潜力，以提高经济效益。现根据我商店的实际，确定××××年的工作计划如下：

一、目标

序号	类别	指标	同比
1	销售计划	1600万元	比去年的1552.8万元增长3%
2	周转天数	118天	比去年的122.9天加快4.9天
3	平均流动资金	524.4万元	比去年的530.5万元下降1.15%
4	费用额	68.5万元	比去年的70.69万元下降3.1%
5	借款利息	19.3万元	比去年的20.8万元减少1.5万元
6	削价损失	16.7万元	比去年的33.4万元下降50%
7	毛利率	19.79%	比去年的18.79%上升1%
8	定制加工	5460件	比去年的5300件增长3%
9	上缴税利	262.2万元	比去年的255.7万元增长2.6%
10	利润	218.9万元	比去年的208.5万元增长5%

二、措施和做法

（一）扩大商品销售，提高经济效益

1．抓好产品质量，扩大市场占有率。对产品定期抽样检查，力争正品率达到××%。其中××%的产品质量符合市优和部颁标准。

2．全面分析和预测市场上各型时装的生命周期，合理选择进货渠道，组织适销对路的原料，增加花色品种，妥善安排工作，做到款式新颖、高雅，并做好必要的储备，以满足市场需要。

3．开拓新产品，设计新品种，对库存商品不断更新换代，使产、销、调、存出现良好的运行状态。

4．采取门市销售、预约销售和集会展销等形式，扩大销量。

5．提高服务质量，引发顾客的购买兴趣，唤起消费者的潜在要求。结合创新风柜组活动，争取商店评上“文明西服商店”的称号。

（二）抓好横向联系

1．在全国各地设立特约经销单位。以京、津、沪为据点，向四面扩展；上半年增设××、××、××等×个经销点，下半年再增设××、××、××等×个经销点，逐渐形成一个×××商品的销售网。

2．利用短期贷款，多生产质量优、价格合理的产品，满足各地不同层次的需要。

3．加强横向联系，了解各地市场的风土人情，分析销售趋势；帮助横向联系单位改进柜台设计和商品陈列，提升供应能力。

（三）压缩银行贷款，减少利息支出

1. 加速资金周转，对库存商品不断进行清理、分类，及时处理冷、呆、残损商品，防止资金积压。

2. 缩短生产流转的期限，加工产品及时回收，及时上柜，及时回笼资金，以压缩银行贷款，减少利息支出。

（四）降低成本，节约费用

1. 紧密排料，减少损失，降低消耗。

2. 合理调整库存，减少库存量。

3. 紧缩旅差费，节约水电及文具办公费用。

（五）加强经营管理建设

1. 健全财务报表体制，准确反映单位的经济情况，定期分析各项经济指标完成情况，找出问题，及时处理。

2. 加强管理环节，使进、产、销、存的管理系统化、科学化。

3. 对原材料仓库场地、成品仓库场地、商品陈列室等进行合理的布局，对管理人员加以调整充实。

4. 健全各项考核制度，做到“奖不虚施，罚不枉加”。

×××× 年的任务是艰巨的，但我们有一支热爱商店的职工队伍，有信心完成我们的奋斗目标。

×× 西服商店经理室

2013 年 1 月 3 日

【简析】该计划的正文导言，概述了制订计划的依据和工作思路。主体部分首先用表格表述奋斗目标。将每项指标与上年度实绩做比较，显示了“双增双节”的要求，明确、具体、简洁。然后用条文式写实现目标的五项措施和具体做法，可操作性强。结尾表明实施计划的信心。

该计划的一大特色是表格与条文能很好地结合。不足之处有两个：一是计划中没有写明落实措施和做法的具体步骤，二是各项任务没有具体落实到由什么人做。这不仅是写作思路的问题，还与作者乃至该店领导的素质及工作水平有关。

（二）计划的种类

计划的种类很多，从不同的角度、根据不同的标准可以对其进行不同的分类。

1. 根据内容涉及的范围，分为综合计划和专题计划。综合计划涉及的范围较广泛，是一种比较全面的计划；专题计划涉及的范围较窄，通常是针对某一项具体的工作而制订的。

2. 根据时间长短，可分为长期计划和短期计划。长期计划，时限较长，是一种战略性的宏观安排，通常称规划；短期计划，时限较短，大多是一年，或者是一季、一月、一周、一日的工作安排，一般来说，内容比较具体细致。

3. 根据内容，还可以分作生产计划、建设计划、工作计划、科研计划、教学计划、学习计划等。

4. 根据形式，可分为条文式计划、表格式计划、条文表格兼备式计划等。

（三）计划的格式和内容要素

计划一般由标题、正文、落款部分组成。

1. 标题

标题是计划的名称，计划的标题常用写法是：

（1）制订计划的单位名称 + 计划适用期限 + 计划内容范围 + 文种名称，如《江西省贸易促进会 2010 年对外贸易联络工作计划》；

（2）计划期限 + 计划内容 + 文种，如《国家“十二五”时期文化改革发展规划》；

（3）制订计划的单位名称 + 关于 + 事由 + 文种，如《江苏省贸易促进会关于对外贸易联络工作计划》。

计划的标题写作要规范。计划单位名称要用规范的称呼，计划时限要具体写明，计划内容摘要写明计划所针对的问题。如所制订的计划属未最后确定的计划，可在上述标题的右侧或正下方用括号标注“(草案)”字样。

2. 正文

计划正文一般由前言、主体和结语构成。

（1）前言

一般简明扼要写以下四方面的内容：说明制订计划的依据；概述本单位的基本情况，分析完成计划的主客观条件；提出总的任务和要求，或完成计划指标的意义；指出制订计划的目的。

以上内容可根据实际做出适当选择。前言回答“为什么做”，后以“为此，特制订计划如下”为过渡语，引出主体部分。

（2）主体

一般必须写清以下三方面的内容：目标任务——“做什么”；措施——“怎么做”；步骤程序——“何时完成”。

写作计划主体时，目标、措施、步骤程序，可分开写，也可措施和步骤程序放在一起写。主体的结构根据计划的内容和表述需要，可以选择写条文式、图表式，或条文图表结合式。在正文不便表述的内容，另作“附件”。

（3）结语

结语可以说明计划的执行要求，也可以提出希望或号召。也有的计划不专门写结语。

3. 落款

计划的署名和日期，在正文的右下方。标题中出现计划的制订单位，落款时可省略。

【例文】

个人新学期工作计划

——衡理中学办公室干事 张小亮

又一学期转眼而过，带着已经进入暑期的兴奋心情，带着对下学期开学迎新生的喜悦心情，根据学校的要求我制订了下学期的工作计划书。

一、上传下达，协调各部门，完成好各项工作。根据上级文件精神，协调学校各部门工作，处理好日常事务、教职工思想工作，了解意见，与领导沟通。对于学校重大会议、活动的组织和协调，办公室都必须做到超前的工作原则，尤其要注意活动的细致性、周到性和实效性，根据学校规定和工作需要，协助校长组织安排行政会、教师会和其他会议，做好统筹协调工作。

二、配合各部门，完成好学校的中心工作。本学期学校将开展科艺节、校园艺术节“班班有歌声”、“班班有美展”、安全讲座、演练等，办公室的主要任务是为每一项活动做好它们的组织、协调、后勤服务等工作。

三、负责全校教职工考勤工作。为学校的绩效考评工作提供公平、公正的依据。根据老师当月工作情况和各部门考核结果，将各办公室教师的考勤、请假、外出、迟到、早午晚辅导等情况一一统计汇总，及时公示。严格按照学校考勤制度执行。

四、认真进行文件的管理、分发工作。及时收接学校邮件信息，将文件通知、信息向校长汇报，并将信息传递到相关人员处。督促相关人员完成文件要求，并及时上缴材料。

五、做好全校师生获奖情况的登记、汇总工作。及时通知各项比赛任务，督促完成。将学校的活动进行推广，向媒体推荐学校的优秀活动，并进行报道。

（一）本学期台江区将迎来二赛二比，办公室所有人员积极协调各部门做好办公室工作总结并汇总，顺利通过检验。

（二）本学期我校举行各项活动，办公室要认真负责分配任务，积极协调各部门做好准备，取得良好的成绩。

六、认真做好教师的继续教育审核工作和人事档案工作，督促教师认真参加进修学校组织的继续教育、岗位培训活动，不断丰富教学积淀，拓宽视野。营造浓郁的学习氛围，让教师们在不断的学习中进步，帮助教师进行学历学习的申报。

2013 年 8 月 20 日

二、总结

俗话说："人无远虑，必有近忧。"诸葛亮深谋远虑，所以才能运筹帷幄之中，决胜于千里之外。计划是行动的先导，我们做任何事都要有目的、有准备，计划科学，成功的可能性就大。总结不一定都形成书面文字，但书面总结影响会更深远。在学习和工作中及时总结经验，查找差距和不足，就能不断进步、不断提高。

（一）总结的概念

总结是对前一段的实践活动进行回顾检查、分析评价，从中找出经验教训和规律性认识的一种书面材料。

如果说计划主要是提出"要做什么"和"如何去做"的问题，那么总结则应该说明"做了什么"和"做得怎么样"的问题。总结有利于理性地认识事物；客观评价工作中的功过得失；总结经验，找出教训，交流信息，认识规律；避免今后工作中的盲目性，提高工作效率。

（二）总结的种类

总结的种类与计划的种类是相应的。按照不同的标准，可以分为多种类型。

按内容分，有工作总结、生产总结、学习总结、思想总结。按主体分，有部门总结、单位总结、个人总结。按时间分，有年度总结、季度总结、月份总结、阶段总结等。按性质分，有专题总结、综合总结。

从不同的角度分类后，总结的名称多种多样，但从写作目的、内容和要求来看，总结不外乎就是两大类：综合总结、专题总结。

综合总结是一个单位、一个部门对某个时期情况所进行的全面总结，包括工作情况概括、成绩与经验、缺点与教训等。所要指出的是，综合总结并不等于面面俱到，包罗万象，而是要根据主题的需要有所侧重。

专题总结是选取工作中的某个方面、某些成绩、某种经验、某种问题进行深入阐述的总结，往往偏重于总结工作中的某些突出成绩或典型经验，以点带面，加以推广。它比综合总结使用更广，针对性更强。要求集中一点，突出特色，注重深度，针对性强。

【例文】

××自治区储备局劳动人事处

2013年工作总结

2013年是全面贯彻落实党的十五大精神的一年。我们在上级的正确领导下，深入贯彻党的十五大精神，坚持两个文明一起抓，加强领导班子的建设，加大干部人事制度改革的力度，抓好人才整体性资源开发利用和岗位培训，提高干部队伍素质，为我区储备部门的经济建设，为实现改革发展的新突破，提供可靠的财力支持和组织保障。

一、认真开展机关思想作风和整顿工作。根据区党委《关于整顿直属机关作风，树立社会主义市场经济观念，确保我区改革与发展新突破决策实施的方案》，我局成立了由局党委书记张××为组长的机关作风整顿领导小组，制订了整改方案并切实抓好组织落实……

二、领导班子和干部队伍的建设进一步加强。坚持以思想政治建设为重点，全面推进各级领导班子的建设，提高领导水平和执政水平，大力培养选拔年轻干部。去年8月，将一批德才兼备、35岁左右的年轻干部提拔到县处级领导岗位上来，坚持从严治党，加强对领导干部的监督和管理……

三、加快干部人事制度改革的步伐，推进干部能上能下的机制……通过这些人事制度的改革，健全和完善了干部能进能出、能上能下的竞争机制；建立了一支精干、高效、充满活力的干部队伍；创造了一个公开、平等、竞争、择优的用人环境。

四、认真抓好基层管理制度综合配套改革试点工作……

五、组织开展物资储备知识竞赛活动……

六、加大岗位培训和继续教育的力度……

七、加强对基层单位工资总额的宏观控制和政策指导……

过去的一年，我们取得了一定的成绩，但与上级的要求仍有差距，主要表现在：思维方式和思想观念仍然滞后，跟不上形势发展的需要；不善于运用市场经济的思路和办法来解决问题，工作方法上仍存在忙于具体事务多、深层次研究问题少、参谋助手的作用发挥不够等问题。

在新的一年里，我们将高举邓小平理论的旗帜，深入贯彻党的十五大精神，以改革为动力，以改革促发展，开拓创新，不断攀登新台阶。

2013年12月30日

【简析】这是一份综合性的全年工作总结。这篇总结开头概括介绍了工作的整体成绩，然后分解为七个核心问题，并重点突出前三个方面（机关思想作风整顿、领导班子和干部队伍的建设、干部人事制度的改革）的阐述和总结，结尾提出了今后的努力方向。全文是横式结构，逻辑关系清晰。

（三）总结的格式与内容要素

1. 标题

标题常见形式有三种。

(1) 公文式标题，多用于综合性总结，由单位名称＋时限＋事由＋文种构成，如《××× 公司关于 ×××× 年工作总结》。

(2) 文章式标题，多用于专题总结，即概括文章的内容或基本观点的标题。标题中不出现文种“总结”两字，如《股份制使企业走上成功之路》。

(3) 双标题，正题是观点，副题是单位 + 内容 + 文种，如《健全管理机制，强化内部监督——×× 公司年度财务检查工作总结》。

2. 正文

由开头、主体和结尾三部分组成。

(1) 开头

也叫前言，通常简述工作或任务是在什么形势下，遵循什么思想或方针完成的，有哪些主要成绩，存在哪些主要问题。

(2) 主体

主体一般有以下三个方面的内容：

① 基本做法、成绩和经验，回答“做了什么”“做得怎样”，在什么思想指导下，做了哪些工作，采取了哪些措施，取得了哪些成绩，主客观原因是什么，有哪些体会。成绩、做法是基础材料，经验体会是重点。

② 问题与教训。写工作中存在的问题与不足，不同的总结可以有不同的侧重。

反映问题的总结，重点分析其主客观原因，及由此得出的教训。典型经验总结，这部分不写，也可以把这部分内容合并到“努力方向”中去写。常规工作总结，则概括写存在的主要问题。

③ 今后的工作和努力的方向。这部分内容主要是对下步工作的设想，提出新的目标。回答“今后怎么办”，需写得简单明了。行文应简洁有力，具有鼓动性和号召力。

(3) 结尾

如果主体没涉及问题与措施之类，可以专门用一段简单地写一下这方面的内容作为结尾；如果主体已包括了问题与措施，则不必再写此类结尾，可以写几句激励性质的话，鼓舞大家的斗志，或不另写结尾。

3. 落款

一般在正文的右下方写明总结的单位和时间，时间署在单位之下。如果单位或个人的署名已经署于标题下，此处可省略。如果是用于报送上级的总结，在单位名称处应加盖公章。

【例文】

大学学习生活总结

进入高等学府深造，成为一名跨世纪大学生，这是我儿时以来的愿望和梦想。在跨入××大学校门的那一刻，我儿时的理想终于实现了。大学里浓厚的文化气息和广阔的自由天地让我有了更好的发展机会和空间。我一入学就立志要成为一名思想上进、政治合格、素质过硬、在德智体诸方面全面发展的合格大学生。四年来，我不断朝着这个目标努力学习，踏实工作，努力提高自身素质，争当一名德、智、体全面发展的合格大学生。

回顾这四年来的大学生活，深感本人在各个方面都得到锻炼和发展，特别是在党、团组织领导的帮助下，本人的学习成绩、政治理论水平等都有了进一步的提高。

一、思想政治方面

只有树立了正确的人生观、价值观，树立了为人民服务、为社会主义事业奋斗终生的远大志向，才能为大学四年和今后的学习工作指明方向、提供动力。因此，我在刚入学不久的2012年10月便向敬爱的党组织郑重递交了入党申请书，并从那时起，我就以党员的标准规范自己的学习和工作。在日常的学习工作中就不断认真学习党的各项方针政策，研读各种马列专著，领会和总结毛泽东思想、邓小平理论在实践中运用的原理，并通过参加华侨大学党校和系定期的党章学习小组的学习，使自己的政治理论水平有了显著提高，使自己从思想上逐步成熟起来。在2014年5月被评为“2013—2014年度校优秀共青团员”，并获得2014年度系“优秀学生干部”荣誉称号。在同学当中，充分发挥党员的先锋模范作用，从课堂学习到课外生活再到社会工作，都努力做到严于律己、乐心助人、尽职尽责。

二、学习方面

学生以学为本，大学时代的学习积累是一个极其重要的基础，它甚至会影响人们一生的学习与工作。因此，学习依然是大学生的首要任务，我清楚地意识到，作为一名合格的大学生，必须具备丰富的科学文化知识和过硬的专业技能。因此，“刻苦”“认真”“努力”成为我学习上的座右铭。通过与同学进行经常性的学习经验交流，并虚心向老师和同学请教，不断改进了学习方法，使自己的成绩不断进步，顺利地通过了国家计算机二级和国家英语四级考试。由于学习成绩优秀，我曾三次获得校优秀学业奖学金。

在加强自身理论学习的同时，我还注重自己动手能力的培养，坚持理论联系实际，积极参加课外科技竞赛，在2015年××省第二届大学生点子设计竞赛中获得优秀奖。此外，本人还积极参加假期社会实践活动，并且荣获“××大学2013年度暑期社会实践积极分子”称号。

三、社会工作方面

四年来，我积极参加各项社会工作。作为一名学生干部，在我看来，如果不能实实在在为同学做些实事，则既是对同学也是对自己的不负责。因此，在工作中，我时刻不忘作为学生干部应为大家服务的思想，尽自己所能做好本职工作。

作为院系主要学生干部，在我先后担任班级团支部书记、系团总支组织部部长、系学生党支部宣传委员、信息学院九七年段团总支部书记期间，除了处理好日常事务外，我还能尽自己所能，为同学办些实事。工作大胆而且有自己的思路。我组织郊游活动增进同学间的了解；组织迎新晚会欢迎新入学的同学；举办业余团校增强团员对团的认识；开展民主生活会促进同学间的思想交流。本着服务社会的精神，我还定期组织系里学生干部到××老人院进行维修电器、打扫等义务劳动，受到系领导和老人院院长的好评。日常生活中，我也能关心同学、团结同学，主动帮助有困难的同学，利用课余时间为同学补课。在全体班委的努力和同学们的配合下，我班于2014年5月被评为校“先进班级”和“先进团支部”。我本人也被评为2013—2014年度系“优秀学生干部”。

在校四年，虽然取得了一定成绩，但是在社会实践过程中我明显感觉到自己在社会经验方面的缺乏，在处事方面考虑得就不够周全，书本上的知识也不能很自如地运用到实践中去。虽然经过锻炼，已得到了一定程度的提高，但在将来的工作中一定要继续努力，尽快缩短适应期。

作为大学生，我们应当摆正自己的位置，立志成才，肩负起建设中国的重担，勇攀知识高峰，把报效祖国的远大志向作为发奋学习的强大动力，增强自己的时代感、光荣感、使命感，才能无愧于社会，无愧于人民，无愧于迎接我们的这个伟大时代。

×××

××××年×月×日

三、调查报告

（一）调查报告的定义

调查报告，是报告调查研究结果的文书，是作者有目的地对社会生活的某一事件、某一人物、某一现象、某一问题或某一经验做深入细致的调查研究，然后用科学的方法进行分析而写成的书面报告。

调查报告可以作为领导决策的依据，可以用来推广新生事物、先进典型，也可以揭露社会问题和事实真相。调查报告是在实际工作中使用频率非常高的事务文书。调查报告的写作能力被看成是从事各项工作的基本能力。

（二）调查报告的种类

调查报告依据不同的标准，有不同的分类方法。按功能分，可分为指导型调查报告、定性型调查报告、咨议型调查报告；按反映内容分，又可分为经验调查报告、情况调查报告、查明问题的调查报告等。按内容来分类，很难涵盖；而按功能来分类，相对来说，交叉性较小。

1. 指导型调查报告

指导型调查报告是以社会生活中值得和应该推广的先进经验、优秀典型为调查对象，通过对这些对象进行调查研究，并提出若干值得人们借鉴和思考的问题的调查报告。指导型调查报告的主要任务是为推广先进经验和优秀典型提供依据。在实际工作中，我们能看到有许多工作突出的同志，在发现典型后，可以立刻组织人力进行深入细致的调查，通过对“点”的推广，指导“面”上的工作。

指导型调查报告是总结经验，工作总结也是总结经验。这两种文体有什么区别呢？一是运用材料的范围不同。工作总结仅仅局限于总结本单位、本部门前一阶段已形成的经验；而指导型调查报告反映的对象则相当广泛，可以反映本单位的情况，也可以反映其他单位的情况，可以对过去的材料进行反映，也可以将本单位的材料和其他单位的材料相比较，从而揭示本单位经验的普遍性，用以指导实践。二是写作目的不同。工作总结主要是汇报工作；而指导型调查报告着眼于指导全局工作，常利用大众媒介向社会迅速传播撰写者的观点。三是人称不同。工作总结是由本人或本单位撰文，通常运用第一人称，因此主观性较强，常用“我们认为”“我们觉得”“我们感到”等用语行文；而指导型调查报告是站在全局的高度来写作，通常用第三人称，常以客观、冷静的态度审视调查的对象，在文章中常出现“该单位如何如何”或者“他们的经验是……”等用语。

2. 定性型调查报告

定性型调查报告是一种查明问题的调查报告，是通过对某件、某几件相关的事件或者某个引起争议的人物进行调查，并站在政策的高度做出某种定性且能引起有关人员重视的调查报告。定性型调查报告以核对事实、明断是非、得出正确的结论为写作目的。

3. 咨议型调查报告

咨议型调查报告，针对某个事关全局的问题和国情、民情进行调查，通过分析、对比、评述，向领导者和上级机关的决策者提供意见、建议和方案。现代化的决策非常重视决策前的调查。调查是决策的前提、谋事的基础。

（三）调查报告的写法

撰写调查报告，必须在认真调查、充分占有材料并对材料进行分析研究后，根据调查目的、调查的材料特点选择适当的结构来写作。调查报告在外在结构上一般由标题、正文、落款三部分组成。每一部分根据不同的需要有不同的写法。

1. 标题

调查报告的标题从形式上来看，有单标题和双标题。

单标题，又分为文件式标题、文章式标题。

文件式标题与党政公文的标题写法基本相同。主要有两种形式：一种是“调查机关 + 事由 + 文种”，如《江苏省环境保护局关于环境监测质量的调查报告》；一种是“事由 + 文种”，如《关于普通高等院校艺术教育现状的调查报告》。文件式标题一般用于内部交流的调查报告，特别是作为党政公文的附件下发的调查报告一般都用文件式标题。

文章式标题又有问题式标题、内容式标题两种。问题式标题针对调查的关键点，在标题中提出问题，以引起读者注意，如《儿童究竟需要什么读物？》。内容式标题在标题中标明调查的中心内容，如《“航空母舰”逐浪经济海洋》。

双标题，由正题和副题组成。正题点明调查报告的主旨或揭示调查者对这个问题的看法。副题由调查对象和文种组成，如《情系水世界——对我市水位站、水文站的调查》就是双标题式。

2. 正文

调查报告的正文由前言、主体、结尾三部分构成。

（1）前言

前言部分一般根据主体部分所选择的组织材料的结构顺序来写作。常用的有以下几种：

① 提要式

提要式是指将被调查对象的主要情况、调查后的结论用概要的文字叙述清楚的写法。这种写法能提纲挈领，统摄全文。指导型调查报告的前言部分常用提要法将调查对象的主要情况和调查者的主要观点进行概述。如《××村卫生室建设情况调查报告》的开头就是提要式写法：

> 村卫生室作为医改的重点，是农村三级预防保健网的基础，在农村公共卫生和基本医疗服务中发挥着极其重要的作用。根据全县医药卫生体制改革会议精神，我乡医改工作紧紧围绕医改重点任务，切实加强组织领导，抓住关键环节，狠抓工作落实，较好地启动并完成了各项工作任务。现将我乡村级卫生室建设情况报告如下。

② 交代式

交代式是指简单介绍调查的目的、时间、范围、背景等情况，使读者了解调查过程和写作意图。如《关于义勒力特镇紧缺急需人才的调查报告》的前言就是交代式的写法：

> 按照市委组织部和人社局要求，为切实掌握我镇紧缺急需人才的基本情况，大力推进人才兴镇战略的深入实施，我镇成立了由包海波镇长为组长的人才情况专题调研组，通过走访、调查总结我镇近年来的人才工作相关经验，分析存在问题和成因，并紧密结合我镇实际，提出我镇在2012年以及今后一个时期的人才需求状况。调研报告如下：……

③ 设问式

设问式是指在调查报告的开头，抓住问题的关键，提出问题，引发读者思考，让读者循着作者的思路明了问题的实质的写法。如《××社区治安监管调查报告》的前言用的就是这种写法：

> 住宅小区安全问题成为市民关注的焦点。那么，住宅小区安全状况究竟怎么样？到底存在哪些安全隐患？应采取哪些对策？市政协围绕这一民生问题安排了专题调研。

调查报告的前言还可以有其他写法，但总的要求是要简明扼要，避免与主体部分重复。如果没有必要，也可以不写前言，直接进入主体部分，把前言内容包容在主体部分之中。

（2）主体

调查报告的主体部分是调查报告的内容展开部分。这一部分要以大量的事实、数据反映被调查对象的真实情况，并通过作者的视野，对所调查的现象做出要言不烦的分析和评价，给读者以启迪。主体部分与前言部分是相衔接的，根据调查的意图和材料情况来看，主体部分有以下几种常用的写法：

① 以观点串联材料

调查报告用事实说话，但是调查报告不是简单的调查记录，作者的观点和认识要从材料中提炼出来。因此，有的写作者往往在调查后对材料进行整理和分析，并从材料中梳理出观点，用观点串联材料，用小标题标出观点，将调查报告自然分割成几个部分，每一部分再用具体的材料说明。这种写法理论性较强，材料和观点能有机结合，容易写出深度。咨议型调查报告、指导型调查报告常采用这种结构写法。如《关键是强化管理——河南宋河酒厂调查》有四层观点：第一，提高认识，动真碰硬，是强化管理的前提；第二，争创优质是强化管理的目标；第三，分级核算是实现强化管理的手段；第四，联利无级分配是强化管理的保证。这四层观点层次清晰，一目了然。用观点串联材料，应注意各层观点相互之间不能交叉。

② 以材料的性质归类分层

有些材料提炼观点比较困难，作者要清晰地表达内容，可以按调查的材料性质进行归类，再用序数符号或小标题分成几点叙述，也可以不用序数符号，直接分层叙述。如有一篇题为《毕业前大学生在想什么？》的调查报告就采用了这一顺序。作者对大学生面临的毕业心态、求职过程中起主导作用的因素、大学生对工作本身的看法等几个方面进行阐述。这种写法一般用于主题比较单纯、材料相对集中的调查报告。

③ 以调查的过程为顺序

这是一种以调查者调查的自然线索为顺序的组织材料的方式。有的调查，特别是围绕一个中心事件进行的调查，要将材料梳理成一个个小观点或按材料性质进行归类，可能会比较困难。而按照调查的顺序进行写作，则能让读者循着调查者的视线，观察生活，对事件做出正确的判断。这种写法现场感强，容易组织材料，写起来相对容易，但如果对材料不加剪裁，就容易写成“流水账”。因此，应十分重视对材料的剪裁，详略要得当。这种写法一般用于定性型调查报告。

④ 以逐层深入的思维过程为顺序

以总结现象、分析原因、提供对策的思维过程为顺序，写调查报告。这种写法符合逐层深入的思维规律，能够通过表面现象，挖掘主导现象产生、发展的深层次原因，再提出针对性的建议和对策，富有很强的针对性，适合于咨议型调查报告。

（3）结尾

调查报告的结尾是调查报告的有机组成部分，是调查报告主旨的自然升华和内容的总结。其具体写法要根据主体部分的内容和结构方式而定，常用的有以下几种。

① 总结全文，强化主旨

有些以观点串联材料的调查报告，在分观点叙述后，需要在结尾处根据全文做出结论，借以强化主旨。如《关键是强化管理——河南宋河酒厂调查》一文的结尾是：

> 宋河酒厂迅速崛起的事实表明，公有制企业特别是大中型企业蕴藏着巨大活力，只要转换经营机制，加强管理，它的优越性就能充分发挥出来。

② 揭示问题，启发思考

调查报告是对生活中问题的关注和思考，但写出了调查报告并不表示问题得到解决，作者往往要在文章结尾处，有针对性地提出一些问题，以启发读者思考。

③ 提出建议，引起注意

咨议型调查报告常常在结尾处针对调查的内容提出一些建议，以引起有关方面的注意，敦促有关部门解决问题。

3. 落款

为了对调查的内容负责，最后在正文右下角写上作者的名称和写作时间。如已写在标题下面，此处可省略。

【例文】

福州贵安温泉旅游度假村营业现状调查报告

福州贵安温泉旅游度假村是融会议培训、休闲度假、健身娱乐为一体的花园式温泉养生圣地。本人在该度假村实习了将近半年时间，有幸对度假村营业现状做了调查。

一、贵安温泉旅游度假村概况

度假村占地400亩，坐落于素有中国五大温泉之乡、中国十大温泉休闲基地美誉的连江县贵安村，距福州市区28公里贵新隧道西绕城高速开通后仅12公里，交通便捷，独享优越的地理环境。贵安度假村包括精品温泉酒店、天趣温泉乐园、香屿温泉花田、西溪森林公园。建有各式客房165间、各种规格的会议厅7间。生机盎然的果园花田有100多亩，还配套中餐厅、西餐厅、美容、足浴、湖畔烧烤、高尔夫练习场、露天游泳池、网球场、羽毛球场、台球室、棋牌室等康体健身设施。

温泉部有水岸七星温泉别墅7栋，各具特色的温泉泡池80多个，贵安的温泉富含钾、钙、镁、氟、二氧化硅、氡等10多种有益人体健康的矿质元素，最高水温达82℃，最低水温63℃，现在日合理开采温泉量可达6700吨，居全国前五名。

二、贵安温泉旅游度假村营业现状

2009年6月7日贵安温泉旅游度假村正式营业，2009年共接待145309人。

2010年全年共接待186215人，总营业额为27927585.26元，人均消费为149.97元。2010年只比2009多接待40906人，这之间的差距是微不足道的。然而从2010年与2011年春节黄金周的接待情况分析表中我们可以明显地看出：2011年春节比2010年春节接待多了10506人，增加了105%。涨幅占2009年与2010年全年接待差的1/5。杂项收入增加283593元，同比2010年增长77%。营业总收入增加1712227.2元，同比上升116%，接待人次和营业总收入都是成倍增长的。

从上面的数据中可以明显地看出，贵安温泉旅游度假村的营业现状是非常可观的：接待人数不断攀升，总营业额和知名度也在不断提高。

三、营业额上升的主要原因

1. 政府的大力支持。度假村是福建省“十一五”旅游规划重点建设项目之一，是由福建贵龙房地产开发有限公司和福建西溪森林温泉旅游度假有限公司共同投资开发，是贵安温泉旅游区全面启动以来的首个温泉旅游综合开发项目，在福州的现有水平下作为福州温泉行业的龙头走在前列。福建省旅游有限公司提供福州贵安温泉旅游度假村温泉门票。正是由于政府的这些支持，越来越多的消费人群走进度假村。

2. 贵新隧道的开通。设施设备的改进虽然一定程度带动了这一产业的发展，可是最根本的原因却是贵新隧道的开通。贵新隧道还没开通前必须从福飞路往东（森林公园正门方向）直走，上盘山路后第一个路口往右（往宦溪镇方向），一直沿着大路走才可到贵安村，总路程花费时间大约要45分钟；而贵新隧道开通之后直接上高速，总花费时间只要20～30分钟，缩短了将近一半的时间，这就为客人进入度假村节省了一定的时间。因此度假村的日接待量也由之前的四五百人扩大到目前的将近1000人。

3. 消费水平的提高。消费水平的提高直接影响着人们心目中的消费项目的选择。越来越多人把消费的眼光放在健康养生上。随着市区城市居民收入的增加，居民的消费观念有了明显的改善，在满足了基本生活消费外，更加重视个性的满足、精神的愉悦、舒适的环境。家用汽车等交通工具的普及，也为消费者的消费追求提供了很大的便利。试想，如果人们的消费水平局限于温饱问题或者是物质的追求上，又怎么可能有心思和心情去追求享受、健康、养生的消费方式？

4. 温泉历史文化的影响。福州是中国温泉最为富集的城市之一，伴随着悠久的历史形成了深厚的“温泉文化”。贵安村的温泉资源早在宋嘉祐二年（1057年）就已开发利用敖江水系贯穿全境，补充水源。自古这里就设温泉驿站，供进京赶考的学子歇息补给。宋时，大思想家朱熹曾隐居于此，结庐讲学；贵安村名也因他而得名，寓贵人安康之意，村内至今仍保存有“朱文公祠”遗址，据考证建于清光绪年间。

1983年，胡锦涛来到贵安，视察当地经济社会发展情况，更使它闻名遐迩。生活水平的提高让越来越多的人注重文化底蕴的沉淀。温泉对于福州人不只是泡澡那么简单，在他们心目中，温泉是大自然的恩赐，包含丰富的文化语言，而温泉澡堂是最好的载体。

5. 贵安温泉旅游度假村本身的建设和发展措施。遵循“御风、沐泉、心自宽”的思绪，秉持“健康养生、泉在贵安”的理念，充分利用贵安温泉旅游度假村山清水秀、温泉资源丰富的优势，打造天趣温泉，适应大众的消费需求。以在福地贵安祈福、享福的福文化为基础，引进国际先进的水疗、康疗、水浴、游乐设施，深度挖掘温泉养生健体、美容、娱乐功效。相比于起步阶段的艰辛和客人前期的质疑，经过2009年、2010年的发展和宣传，度假村已经进入稳步增长和成熟期，因此2011年的客流量是成倍增长的。

6. 度假村营销手段的发展：同城网预订扩大了消费群。网络预订与公司预订部相结合扩大了度假村的消费群。网络日新月异的今天，不适当地运用网络营销策略是不可能跟上时代潮流的。在这一点上，度假村运用了同城网预订快速、方便，结合价格上优惠的特点走进了消费者的心中。网络的传播速度是非常惊人的，随着时间的流逝，无形中消费群也在扩大。

四、影响企业发展的问题及其解决办法

以上各种优势的结合决定了今日度假村的营业现状的迅速发展，但是在可喜的营业现状中，企业并没获得如期的可观的纯利润。我们在实习中通过深入细致的观察，也发现了目前制约企业发展的瓶颈，如果能够克服并改正这些不良因素的影响，企业的发展将会更上一层楼。

1. 投入成本过高。在看到数据可观的成绩时，管理者是非常善于计算的。为什么如此可观的接待人次和营业总收入下还是没有可观的收入呢？这问题从固定资产的损耗、易耗品的分析中发现了答案。是的，接待人数、营业收入成倍增长的同时，成本也是直线上升的。

那如何有效地控制成本呢？可以从以下两点着手：(1) 树立员工的节约意识和集体观念。不能因为东西不是自己直接花钱买的而变得无所谓，小到一次性纸杯，大到度假村的设施设备，都应该珍惜并认真爱护，做好保养工作。(2) 认真执行绩效考核制度。取消月奖金制度采取“十四薪”后，公司在薪酬考核上采取的是绩效考核的制度，即在保证完成公司规定的目标时应控制成本。只要成本控制合理，又超过营业目标，各部门之间薪水是有差异的。员工能否珍惜的细节直接决定了部门的成本控制能否如期实现。严格执行绩效考核更是督促员工节能降耗的有效渠道。

2. 没有专门的研究，导致温泉旅游资源的经济利用和生产还处在比较低级的阶段。福州温泉开发已经有1000多年的历史，但长期以来，由于温泉文化在福州旅游一直没有列入专门的研究，其开发和管理的很多弊病和矛盾也日益突出，极大地制约了温泉旅游的发展和完善。现在，福州以“温泉旅游”为招牌做生意的大有人在，但是品位不高。

针对这种现状，度假村可以从以下几点着手：(1) 采用先进的旅游指导。客人不同于度假村的服务员，基本上对度假村的项目还是不熟悉的。虽然有老客户，但是员工忙碌的时候常常没办法及时或是适时地帮客人介绍，这不利于新客户群的开辟。自助的路线指导可以解决这个问题。(2) 请专家针对贵安度假村的现状和优势研究开发出特有的项目，开辟商业上的创意和亮点。(3) 根据市场需求适时地更新度假村的设施设备。尤其是客房和别墅里的设施设备，要符合四星级标准。这样既可以提高度假村在客人心中的知名度，又可以更好地满足客人的享受需求，创造更多的利润。

3. 产品过旧。大部分的客人反映原有的设施设备已经过时了。确切地说是客人玩腻了，这很难激起消费的消费心理和好奇心。在这一点上，温泉部已经在逐步改善，二期大型水疗项目将在5月中旬正式投入使用。相信二期大型水疗项目的使用会再次创造接待的高峰期。

4. 水温不稳定，水质跟不上。这是接待高峰期最明显的问题。春节接待高峰，人数剧增，随着而来的是水质的问题。每个池子的接待量是有限的，人员有限，无法及时更换水，导致客人频繁投诉。福州的天气善变得很，时晴时阴，这给调水员很大的压力。园区调水员就一个，而池子却有五十几个，根本不可能在天气变化的第一时间里把水温调过来。调水员碰水的时间越长，手所能承受的水温会变高，导致调水出现问题。鱼疗的水温太低了客人会投诉，高了又会出现水煮活鱼的情况。

因此，园区需要有自动的测水温系统，在池壁装上温度计，让调水员根据天气的变化高效地完成调水。在接待高峰期应增加员工人数，快速更换水质不行的池子，减少客人投诉现象。

5. 周边产业的发展跟不上。度假村的规模是有限的，可以接待、可以容纳的人数也是有限的。周边的餐饮、住宿跟不上也会一定程度地影响度假村的发展。周边餐饮、酒店的发展又跟度假村存在竞争的关系，因此度假村可以适当地选择合作伙伴，更好地完成接待，尤其是在高峰期。

五、结语

通过以上的调查和分析，我们发现：在温泉文化的大背景下，经过政府的支持和企业自身的努力，贵安温泉度假村取得了可喜的营业效果；但是，如果能够积极面对存在的问题，寻找、探索解决办法，度假村的发展一定会有更骄人的成绩。

【课后思考与实践】

一、以“大学 ___ 计划”为题写一篇计划，横线上可以填入阅读、旅游、学习、兼职、生活等内容。

二、以“大学第 × 学年学习总结”为题写一篇总结。

三、从以下话题中选择一项进行调查，写一篇调查报告。

1. 学校食堂食品安全及学生满意度情况
2. 学校周边的饭店食品安全和质量情况
3. 学校周边的交通情况
4. 我校大学生的阅读情况
5. 我校大学生的兼职工作情况
6. 我校大学生的消费现状

第四章　新媒体写作

【案例导入】

2019年6月26日，中国社会科学院新闻与传播研究所、社会科学文献出版社联合发布了新媒体蓝皮书《中国新媒体发展报告（2018）》。蓝皮书汇聚国内50多位专家学者的研究成果，全面概括了2017年以来中国新媒体发展面临的新机遇与新挑战，深入探讨了中外媒体融合、智能媒体发展、知识付费、互联网治理、移动互联网、短视频等问题。

新媒体蓝皮书《中国新媒体发展报告（2018）》，对中国新媒体未来发展提出十大展望：

1. 数字经济引领“数字中国”建设走上新征程。数据显示，2017年，中国信息通信技术发展指数分值为5.60，高于全球平均水平。

2. 人工智能企业迅速崛起，智能互联与万物融合加速到来。

3. 媒体融合系统性创新发展，效果评估不断规范。媒体融合发展战略将进入第五年，需要科学、客观的评估体系。

4. “一带一路”倡议等中国智慧持续推进我国国际传播能力提升。

5. “双微”发展依然强势，今日头条异军突起。2018年春节，微信全球月活跃用户数突破10亿大关；2017年，新浪微博月活跃用户增至3.92亿，实现总营收77.13亿元。

6. 以加强网络舆论引导为主进行互联网内容建设，防范网络思潮风险。

7. 内容价值持续回归，内容付费成为新媒体赢利增长新热点。

8. 政务新媒体不断自我整合，服务功能逐步“实化”和“具化”。

9. 用户个体商业价值被激活，以“社交电商”为代表的社交化产品成为新势力。

10. 互联网治理趋势依然是严管严控，网络安全至关重要。

（来源：人民网，http://media.people.com.cn/n1/2018/0627/c14677-30090913.html）

◆ 思　考

1. 什么是新媒体？

2. 新媒体发展对写作的影响？

一、新媒体写作的基本知识

新媒体（New Media）的概念是戈尔德马克（P.Goldmark）在 1967 年提出的。新媒体，又称数字化新媒体，是相对于传统媒体而言的一种新的媒体形态。

对于新媒体的准确概念，目前学界尚无定论。通常来说，它是指利用数字技术、网络技术，通过互联网、宽带局域网、无限通信网、卫星等渠道，以及电脑、手机、数字电视机等终端，向受众传递资讯的一种新兴传播形态。它包括数字报纸、数字杂志、数字广播、数字电视、数字电影、移动电视、网络、手机短信、桌面视窗、触摸媒体等。

（一）新媒体写作的定义

新媒体时代，在新的文化形态、思维模式、语言习惯、叙事方式面前需要新的话语表达。新媒体写作是在新媒体迅速发展和广泛运用的形势下，应运而生的一门全新的学科。

新媒体写作是以新兴媒体为载体的写作活动，即在网络媒体、移动媒体、户外虚拟平台上进行的互动式写作行为。

（二）新媒体写作的特征

新媒体写作较之传统媒体写作最大的区别在于写作载体的不同，新媒体写作的载体是网络媒体、移动媒体、户外虚拟平台等新兴媒体。与传统媒体写作相比较，新媒体写作具有单一便捷、精短灵活、个性多元、共享互动、包容自主等特性。

1. 单一便捷

新媒体写作是一种单一性的活动。作者只要在自己选定的博客、微博、微信、头条号等自媒体平台上，将写好的文字、图片、音频、视频经过简单的编辑、剪辑、制作后发表出来，便可直接让受众浏览阅读。

2. 精短灵活

新媒体写作讲究短平快，文稿必须精短，言辞提倡平实，传播要求快速。新媒体写作不存在发布时效和发稿时段的限制，网络媒体 24 小时滚动播出，手机等自媒体可以每时每刻、随时随地向自媒体平台发送信息。传统媒体写作有固定的栏目、版块，在篇幅上有规定的文字、图片（或视频、音频时长）；而新媒体则没有这方面的限制，内容也更灵活。

3. 个性多元

新媒体写作扩展了写作的空间，一篇文章里可以配图、配音乐、配视频、引入其他文章，进行简单的排版，做动画效果等。新媒体写作不拘泥于篇幅和风格，内容可以包罗万象，以满足受众多元化的需求。

新媒体时代，人人都在写，人人都在看。每个人都是独一无二的阅读者，而每个参与新媒体写作的人也都是独一无二的写作者。新媒体写作有极强的个体差异，必须呈现个性化，内容至上。

4. 共享互动

新媒体写作不受传播范围的局限，作品发表之后会在一定的受众群体间不断扩散传阅，全球共享。新媒体作者所写作品在新媒体上发表之后，受众群体可以与作者产生互动，可以就作品发表自己的观点和建议，各抒己见；作者可以根据受众对作品指出的某些不足，加以修改，不断优化，使之渐趋完善。

5. 包容自主

新媒体写作对作者的文化水平、专业素质、道德境界、法律意识等没有太大的限制，无准入门槛。作者随时都可以在自媒体与他人进行分享。新媒体写作已经成为全民性的集体表达活动。无论是社会精英还是“草根”百姓，都可以通过自媒体来传播自己的所见所闻，表达自己的所思所想，传递自己的观点，编织自己的人脉网络。

（三）新媒体写作的关键

从本质上说，新媒体写作延伸了写作的概念，在写文章之外，增加了“读者分析”“细分市场”“写作目标”“读者互动”“蹭热点”“自传播属性”“风格化”“多媒体”等理念。如何做好新媒体写作，可以从这八个关键词入手。

1. 读者分析

新媒体是通过网络传达的信息，面向的是千千万万读者，只有筛选自己的受众群体才能把文章更精准地传达给需要的人群。因此写作的第一步就是确定文章受众，明确文章是写给谁看的。明确目标群体，才能更精准地吸粉，文章才有可能得到更广泛的传播。

2. 细分市场

现在很多新媒体都有非常细分的目标市场，比如同样是讲解美妆的内容，有的媒体侧重于产品测评、比价；有的侧重于介绍不同的品牌，提供试用机会；有的侧重于化妆方法、美妆小技巧；有的侧重于深度分析和达人推荐；还有的侧重于讲自己的心得和美妆故事。相同的领域，不同定位的新媒体会呈现截然不同的内容。在定位上，要把握住细分领域。文章做得越精细，风格就越清晰，自然受众就越精准。只有足够聚焦，才能产生足够的影响力。

3. 写作目标

新媒体写作最大的一个特点就是“有用”。作者在动笔前以及写作的过程中，要一直考虑“这篇文章对于读者的意义在哪里”这一问题。是增加一个新知识？是帮忙做了内容的汇总？是说出读者想说却不敢说的话？还是通过有意思的文字给读者带去欢乐？换言之，文章要能够影响别人，对别人有所启发，能够给别人提供切实可行的指导。

4. 读者互动

新媒体相较于传统媒体形式，最大的改进就是用户参与度变强了。现在很多人看文章的乐趣在于看留言，看新闻的乐趣在于看评论，看视频的乐趣在于发弹幕消息。读者和观众越来越希望成为内容产出的合作方，而不仅仅是一个阅读者。新媒体写作中的读者互动主要包括两部分内容：一是接受读者反馈、回答读者提问，让读者有被关注和照顾的感觉；二是根据读者的反馈调整自己的内容，提供更有价值的文章。

5. 蹭热点

新媒体写作有个很显著的特征，那就是内容的实效性特别强。新媒体上的文章发出去之后 24 小时，如果不能引起反响和讨论，之后也就很少有人阅读了。而一般跟新闻热点有关的内容会引起更多关注。因此，新媒体写作中有一个词叫作“蹭热点”。娱乐新闻、体育赛事、重大政策等都可能是热点，蹭热点就是结合时事新闻和自己的定位，以热点新闻做引子，转到叙述自己专业领域的事情上，并做到独树一帜。

6. 自传播属性

过去看一篇文章，看完了就是看完了，不会有其他举动，但现在很多人看到好文章会转发。爆款的文章可能会有几百万、几千万的阅读量。这些阅读很多都是由转发带来的。一篇文章要有较多的转发，需要内外两种推动力。外在推动力就是由人促成转发，比如转发给朋友，求朋友转发；或者设置转发激励，转发给别人帮自己拉票等。内在推动力就是文章自身的传播性。好的文章自带传播力，不需要要求别人，别人也愿意转发。一般来说，内在推动力能让文章传播得更远，因为好的内容可以通过新媒体上的社交关系，影响更深远层次的人。

7. 风格化

对于新媒体来说，好文章的标准似乎没有那么复杂，也许一个标准就够了，那就是“有风格”。什么叫风格？其实就是作者的用词、观点、行文套路有自己的独特性。风格化看起来很容易，但却很难模仿，风格化的背后需要有扎实的写作基础做支撑。

8. 多媒体

新媒体写作扩展了写作的空间，丰富了文章的表现形式，也更符合现在的读者喜欢读图、喜欢有特色内容的需求。现在很多新媒体文章喜欢居中排版，以短句子和多个段落实现文章内容的快速转折，文章整体上变得更有层次，给人的阅读效果更胜一筹。

二、自媒体平台与文本写作

当下，自媒体写作是最为普及的一种大众文化的新媒体写作活动。

（一）自媒体的定义

自媒体（We Media）是指私人化、平民化、普泛化、自主化的传播者以现代化、电子化的手段，向不特定的大多数或者特定的单个人传递规范性及非规范性信息的新媒体的总称。它包括博客、微博、微信、贴吧、论坛、BBS等网络社区。

互联网平台上的主流自媒体表现为个人微博、微信、日记、主页等，其中美国的脸书（Facebook）、推特（Twitter），中国的微博最具有代表性。目前，自媒体平台的主要形态有博客、微博、微信、微信公众平台、头条号、企鹅媒体平台、一点号、百度百家、大鱼号、网易号、搜狐号、新浪看点、论坛、BBS、脸书、推特等。

（二）自媒体的特征

自媒体传播日渐成为全民获取资讯的主要渠道。公众不再通过一个“统一的声音”来获知事物的真相，人人都可以通过自媒体海量的、多元的、全景式的信息，对事物进行甄别、思考和认识。自媒体具有如下特征：

1. 普泛性

自媒体时代，人人都可以拥有自己的媒体。无论你是平民百姓还是社会精英，只要手里有一部智能手机或者电脑，就可以随时随地发表自己的见闻趣事、奇思妙想。自媒体就是公民用来发布自己的所见所闻、所思所想的信息传播平台。

2. 简易性

自媒体操作十分简易，用户只要在腾讯、网易、新浪、优酷等提供自媒体平台服务的网站注册申请，就可以发表文字、图片、视频、音频等信息。

3. 迅捷性

自媒体从信息采集到发布，都是私人化、自主化行为，随时随地都可以发表。信息一旦通过自媒体平台发表，就可以迅速传播给世界各地的网友。自媒体写作者在自己的平台上，撰写什么内容、何时发表，都是自己做主。

4. 交互性

自媒体将信息传播给受众，受众可以与作者互动，对信息中存在的问题提出看法、发表评论、指出文本错漏。作者可以及时纠错，对文稿进行修改、替换或者更新。自媒体受众的聚合是源于某些共同的喜好和关注。一旦某个热点话题在自媒体上传播，自然会引起这些受众产生共同的思想和观点，在互动过程中形成“蝴蝶效应”，产生一定的影响力。

5. 无限性

自媒体是虚拟空间，无论何时何地都可以自由地、无限量地发布自己的信息，不存在发稿时间、媒体版面或者栏目、传播区域等客观条件限制。

（三）自媒体常规文本写作

自媒体的文本写作包括自媒体常规文本写作和自媒体软文写作两大部分。好的自媒体文章必须具有鲜明的主题和清晰的章法，使读者一目了然，或为主题亮点，或为精彩内容，或为独特的叙述语言，或为新颖脱俗的文本所打动。自媒体常规文本写作可以从以下几点入手：

1. 标题写作

网络时代，人们的阅读习惯日渐多元化，普遍倾向于碎片化阅读，其显著特点是标题式阅读。标题是否精彩或者适合读者的审美情趣，往往成为决定读者是否愿意点开标题继续阅读正文的关键。所以，自媒体写作，标题至关重要。常见的自媒体标题写作有如下几种：

（1）引人入胜

标题往往是一篇文章内容的高度概括，能够提纲挈领地彰显文章内容的精华。所以，标题中一定要有文字核心内容的关键词，从而能预先体现文章的焦点、热点、卖点和闪光点。标题应尽可能凸显文章与众不同的信息，以吸引读者阅读全篇。

（2）亲切自然

文章标题讲究朗朗上口，有人情味、口语化，不能咬文嚼字、冷僻晦涩。要求措辞准确、通俗易懂、富有个性，使读者过目难忘。

(3) 富含信息

自媒体文章为博得更多读者的关注，尽量使标题中蕴含更多的关键性的、暗示性的信息。

(4) 巧用动词

自媒体文章标题尽量使用动词，这样能够增添文中事物发生、发展的动态感。读者通过动词的内涵形成某些联想和通感，从而不同程度地对文章产生某种揣测或寄予一定的期望。标题本身要求精短，切忌使用不能表达完整意义的虚词（介词、连词、助词、语气词）。

(5) 题文相符

标题切忌华而不实、哗众取宠甚至文不对题，给人“标题党”的印象。这样即便骗取读者的好奇点开文章阅读，读者也会有“货不对版”上当受骗的感觉，文章可能会被差评、吐槽、“拍砖”和投诉。

2. 正文写作

当读者点开你的文章标题进入正文，说明读者有了解文章详细内容的欲望。因此，正文写作要注意以下几点：

(1) 惊艳开篇

自媒体文章开篇之语一定要精彩脱俗、先声夺人，让读者对下文充满期待。只有这样才能紧紧抓住读者的眼球，使之继续阅读下去。

(2) 原创至上

优秀的文章必须是个人独立思考的原创作品，最忌拾人牙慧、照搬他人文章或在他人文章的基础上改头换面。如果觉得他人的文章与自己的文章主题相符合，可以引用其中的精彩片段，但必须注明出处，并附上链接网址。

(3) 真情抒发

文艺作品唯情感人。好的文章或抒发作者自己的真情实感，或展示个人的真知灼见，或讲述个体生命对大千世界的独特感悟……每一篇优秀的文章往往就是一个独特的、私密的、鲜为人知的精神家园，作者将自己的人生梦想、心路历程与读者分享，以求得交流和共鸣。

(4) 生动幽默

自媒体文章力求生动活泼、简洁明快、风趣幽默，尽可能使读者产生浓厚的兴趣并参与其中展开讨论、交流与互动，引发读者的情感共鸣。

(5) 信息确凿

令人信服的好文章，往往都是以事实说话。文章涉及的事实、信息数据的来源都要有确凿的出处。自媒体文章可以将其他网站与自己文章主题相关的网址进行链接。这样不仅使读者得到拓展性阅读，也增加了文章内容与主题的宽度，扩大了深度。

（6）分类明晰

为了便于读者检索，文章一定要根据内容版块进行准确的分类。读者根据分类通过关键词搜索，能够顺利地查找和浏览到你的文章。

（7）图文并茂

文章写好之后要精心排版，尽量考虑网民“浅阅读”的习惯，精美的文字配以悦目的图片，图文辉映。版面的背景色不宜用冷色调和暗色调，要多用人们喜闻乐见、温暖明快的色调做背景。

（8）建立链接

自媒体文章写好之后要在文章末尾建立相关链接，使文章内容更加丰富、信息更加翔实。读者可以从不同的文章中立体直观地了解相关的信息，拓宽了视野和知识面。同时，通过相关信息链接印证自己所写内容的真实性和权威性，奠定自己在某个领域的专业地位，自然也会增加自媒体平台订阅的粉丝数量。

（9）文本整洁

文章写好之后，要精心排版、反复审读，在审读过程中修正错漏之处，优化语言章法。文章杜绝错别字、语法错误、修辞不当、逻辑不通等问题。微博、微信等自媒体篇幅短小，更强调时效性和即兴性，要求精益求精。

（四）自媒体软文写作

随着新媒体发展，软文营销模式越来越受商家青睐。所谓软文，是相对于硬性广告而言的，指企业营销团队或个人通过在网络、报纸杂志、DM、智能手机等宣传载体上刊登的宣传性、阐释性或叙述性文章。好的软文往往是美文和广告的完美结合，既让商家满意，又令受众喜爱。

1. 软文标题写作

自媒体软文写作与常规文本写作一样，标题是决定软文成功与否的关键。它影响着软文植入品牌的精准用户、目标消费者对文章的阅读兴趣。自媒体软文标题写作要领：

（1）突出需求

一篇好的软文必须要让商家和目标消费群体皆大欢喜。只要投其所好、正中下怀，欲望的诱饵就会产生强大的磁性和魔力。所以，在标题中必须巧妙地体现“买卖双方”的价值诉求，从标题中直接或间接地反映出和目标群体的息息相关的利益问题。例如《买门萨俱乐部制定玩具，给孩子通向名校的路》。

（2）新奇取胜

在营销某个品牌时，事先策划，制造某个新奇的、具有新闻价值和社会影响力的事件，在软文标题中，凸显新奇事件的关键词。经过软文在自媒体平台上推广，品牌会引起一定的社会关注度，让人记忆深刻。例如《速溶咖啡，真的是在喝咖啡？》。

（3）借情说事

策划一个催人泪下的情感故事，将软文宣传的品牌理念巧妙融入故事之中。在标题中要显露出故事内容精彩的端倪，以吸引读者阅读全文。例如《下岗女工自强不息，奶茶店收入超企业十倍》。

（4）制造悬念

软文的故事化演绎是被公认的营销上策，但在标题上必须留下悬念，使读者在简短的暗示性、启发性的标题文字中，能够产生对故事的揣测和期待解密、求得真相的心理，从而细读全文。例如《难道你不知道，这些电影都在广州取景？》。

（5）名人效应

在软文中，运用名人效应实现商家营销策略这一做法屡见不鲜，以美容、养颜、护肤、养生、保健类的软文居多。借助家喻户晓的影视明星、社会名人的故事来做软文中品牌的宣传载体，以博得社会的普遍关注，从而达到品牌价值最大化。例如《马云称赞的良心企业》。

（6）巧用热点

软文与新近发生的重大新闻事件、社会热点问题、网络流行用语、娱乐时尚等巧妙地联系起来，利用这些社会普遍关注的事物来吸引读者注意力，从而带出商家所要彰显的某种商业理念或品牌意识。此外，在标题中，将这些关注热点别出心裁地糅合在软文中，读者通过搜索引擎可以很快发现文章，从而实现高搜索率、高浏览率和高转载量。例如，电视剧《何以笙箫默》流行，软文的标题可以取《〈何以笙箫默〉告诉我们的理财要点》。

（7）文化包装

企业的营销宣传，实际上是文化价值的最大输出，即对企业品牌进行文化包装和宣传，使企业的精神内涵、文化理念和社会形象得以立体展示。软文通常借助与运营品牌内容相吻合或意义相近的名人格言、经典诗词、成语典故、流行歌词、网络热语来制作标题，使本来默默无闻甚至乏善可陈的企业品牌穿上文化盛装，从而使“文化内涵”的外衣不同程度地掩盖了“广告宣传”的实质。例如《狼烟四起，出境游网站最新排名榜》。

2．软文正文写作要领

（1）精准定位

软文写作首先要对软文所宣传的产品或品牌的消费群体进行精准定位。只有明确目标消费群体的年龄、性别、文化层次等概况，才可以量身定制适宜目标群体阅读习惯和审美情趣的文章。同时，应有针对性地选择适合这个特定人群的相关网站自媒体平台发布软文，从而达到精准投放的目的。

例如,《不可不去的春熙路上不能错过的咔淇林》是一家餐饮加盟店的营销软文:“香港铜锣湾、上海南京路、北京王府井、成都春熙路。每一座招牌城市一定有一条招牌街,每一条招牌街上一定有几个招牌店。但是真正能吃得又high,享受得又惬意,花钱又省的，你知道几家？每次逛到春熙路上，你会吃点啥，挤在谁家的店前争先恐后地要这要那？千万不要告诉我是麻辣烫或烤鱿鱼哦……”作者采用互动式内容，显得亲切友好，适合餐饮类的推广。

（2）声东击西

写软文不能让读者窥破软文的广告宣传意图，还需“声东击西”，以分散读者的注意力。要把品牌理念巧妙地植入于娓娓道来的故事情节里，而且要点到为止、不动声色，切忌流露广告痕迹。

例如,云南某专门生产销售杨林酒的企业,产品特色显著:绿色的酒体晶莹纯粹，浸泡药物之后，更有与众不同的保健价值。在软文中，作者没有谈产品本身，而是围绕中国自古以来的绿酒文化进行发散思维，从白居易“绿蚁新醅酒”到晏殊“绿酒初尝人易醉”，再到成语中的“灯红酒绿”“玉液琼浆”等。这看似在研究古酒类文化，实质上却传递出关键信息：白酒其实是大众化的、草根的，而绿酒才是真正古老的、贵族化的。

（3）彰显情怀

真切最能打动人心。在软文中，将商业品牌与文章中的温情故事有机结合，使读者在被感动的同时，不知不觉地接受品牌的某种宣传理念。

例如，《褚时健的创业人生：74岁还在坐牢，84岁成为亿万富翁》的新闻报道以报道有特殊经历的企业创始人为内容，起到了宣传其产品的营销功能。

（4）立意高远

软文尽管是从某个具体事件或细小故事情节着手，但是要微言大义、滴水见海，给读者展现一个具有高尚境界的立意——或弘扬人性的美好，或关乎百姓的冷暖，或有关社会责任与担当。这可以使软文的品牌宣传既脚踏实地、亲切可感，又具有一定的品位、格调和境界。

例如，某汽车SUV品牌在互联网相关论坛上发布一篇软文故事，讲述了汽车的使用者如何从山沟走到大城市，并通过自己的努力拼搏最终从打工仔做到公司副总，购买了该SUV型号的汽车。他喜欢用这款车带着家人在春暖花开时去乡下老家旅游，尽情享受工作以后的温情时光。这篇故事传递的内容和亲情有关，很容易引发不同购买能力、不同文化背景的人产生共鸣。

3. 软文写作步骤

（1）熟知行情

软文写作首先要考虑植入产品或品牌的宣传效果。这就要求作者必须对产品、企业进行研究，了解企业文化、品牌精神及相关人文价值。同时，深入了解和分析市场背景和现状，把握市场行情。作者要熟悉目标消费群体的消费心理和习惯，知己知彼才能“对症下药”地策划软文主题和最佳媒体推广方案。

（2）选择主题

主题的选择对于软文写作来说十分重要。策划软文主题首先要准确了解并掌握目标消费群体的普遍特点，再确定软文的主题思想以及植入产品或品牌的理念和内涵，使其有机融合。

（3）写作软文

软文写作者在熟知行情并选定了主题的前提下，开始软文写作，依照上述软文写作要领精心制作标题，潜心打磨正文，要做到在密密麻麻的文章标题中引人注目，进入正文后又能令人耳目一新甚至耐人寻味。软文的写作原则就是在精短的篇幅里有效地向精准客户传达商家所要推广的商业信息。因此，表达克制，切记冗长。

（4）发布平台

发布平台的选择也是软文成功与否的关键。随着市场的细分化，网络自媒体的读者群体也有分门别类。不同年龄、性别、职业、文化层次的读者群有着不同的网络自媒体平台。所以，软文发布平台的选择一定要有的放矢。要选择主题内容与发布媒体类别、风格和目标读者群体相吻合的平台发布。

三、新媒体新闻与文本写作

新媒体信息化、网络化、数字化、联通化等优越性，给新闻报道带来了多方面、全方位的改变，极大地提高了新闻报道的宣传效率与效能。近年来，我国许多“突发公共事件”都是新媒体第一时间将新闻事实报道出来的。

（一）新媒体新闻写作特点

新媒体背景下，新闻的传播技术、传播载体和用户阅读偏好都发生了一定的改变，越来越多的元素参与到新闻创作和传播的过程中，新闻写作呈现出不一样的写作特点。

1. 视角多元化，题材多样性

随着互联网技术的不断成熟，信息交互性速度非常快。大众能通过手机、电脑、平板等终端设备随时浏览各种各样的新闻信息，也能通过相关平台发布新闻信息，更能针对各类新闻信息进行评价，发表自己的看法。大众不仅是新闻信息的接收者，也是新闻信息的创造者，更是新闻信息的评判者。因此，在新闻写作时要从信息交互所得的信息中选取新闻视角，注重新闻视角的多元化和个性化。新闻写作者要转变思维方式，更多地从大众的角度去思考、去分析，要充分考虑不同阶层受众的阅读水平和理解能力，尽可能采用贴合受众实际的语言表述方式进行写作。同时，还需考虑不同受众群体的阅读喜好和需求，有针对性地进行写作并突出重点内容。这样才能真正满足大众对新闻阅读的需求，突显新媒体新闻的传播价值。

2. 写作特点鲜明，写作形式多变

新媒体时代特别注重人们的浏览习惯，写作的方法也是极便于人们用最短的时间去获取一篇文章的内容要点。因此，新媒体新闻写作大多重视新闻标题的拟制，注重新闻内容的时间性、时宜性和时新性，从多角度、多层次着手，深层次体现新闻内容思想和情感。新闻内容简短概述，突出主题，写作的形式也比较多变。

3. 受众人群众多，信息更新迅速

新媒体的大量使用决定了新媒体新闻具有大量的群众基础，也有相应的关注度和浏览量。随着大数据时代的到来，人们对数据的获取量和阅读量渐渐增多，相应的对新闻的及时性传递也提出了更高的要求。相较于传统的新闻媒体形式，新媒体新闻的信息传递更加迅速。为了保证以最快的速度全面地发布新闻，新媒体新闻的写作过程必须保持动态性，更广泛地用直播的方式发布信息。这种直播以新媒体平台为基础，运用文字、图片和视频滚动发布新闻，用户可以随时随地接收到这些信息。

（二）新媒体新闻写作要领

随着网络技术的快速发展与广泛运用，新闻写作语言也发生了很大的变化：更注重标题的创作，写作过程更具动态化，内容覆盖更具全面性，整体编排更具视觉性。在新媒体环境下，新闻写作需要更加重视标题、导语和摘要的撰写；同时，要不断提高新闻自身的视觉化，实现新闻语言的平民化，从而使得新闻更具传播性和亲和性。新媒体新闻写作需要掌握以下要领：

1. 精心制作新闻标题

新媒体时代，受众面对的是海量的信息，如何让自己的新闻稿件脱颖而出、引人注目？这是新媒体新闻写作的关键所在。受众在瞬息万变、应接不暇的资讯面前，更多地是通过标题来甄别是否属于自己期待关注的文章。标题精彩，受众自然会点击进入页面阅读正文。新媒体新闻写作，标题至关重要。好的标题能够提纲挈领、一目了然，而又暗藏玄机、引人入胜地传递新闻的某种关键性信息。同时，标题讲究含蓄与蕴藉之美，最忌索然无味、一览无余。新闻标题在字数上的最佳形式应该是以中标题为主，字数不应超过 25 个。例如，网易新闻客户端中所有新闻标题的字数基本都在 10 ～ 15 字，且标题能表达出整个新闻内容的核心思想，大众只需要浏览标题就能快速找到自己感兴趣的内容。新浪微博上规定标题要保持在 14 ～ 20 字之间，这样既便于阅读，也不影响内容理解。

2. 写出诱人的新闻导语

导语，是一篇新闻的开头，是最重要、最精彩的部分，能够引导和吸引读者阅读全文的那段简短的文字。一个好的标题可以吸引读者进入新闻主体页面，如果标题后面的导语十分精彩，读者就好往下阅读，反之则另选其他文章。此外，搜索引擎通常情况下是基于新闻导语和概要向读者推荐他们所要查找的信息内容，所以新闻导语的撰写需要突出文章中心思想，便于网络检索，提高读者的信息搜寻效率。

在具体的新闻导语撰写过程中，需要注意以下几方面的内容：

首先，要精心凝练新闻事实的内容，将最新鲜、最有价值的信息提纲挈领、简明扼要地表现出来。由于导语概要处于新闻正文的开头，除了满足有效概括新闻内容的要求之外，其语言还需保持简洁，以保持读者的兴趣。

其次，导语不同于标题，导语具有一定的发展空间，所以新闻导语应该采用不同的格式，以“新颖”吸引读者的注意力；在重视客观反映事情的基础上，新闻导语可以适当设置悬念，从而加深读者的阅读兴趣。

最后，导语必须生动活泼、引人入胜。要用灵动的文字囊括新闻事实的精髓、记者的观点、媒体的立场，从而引起受众的关注和共鸣。

例如，中国日报网题为《工信部紧急提醒！这 29 个 APP 尽快删除！》的文章，导语为：“工业和信息化部昨日发布通告，通报在 2016 年一季度发现不良软件 29 款，有的违规收集使用用户个人信息，有的强行捆绑其他无关 APP，甚至有的恶意‘吸费’。工信部提醒，手机中若有这些 APP，应尽快卸载、删除。”

很显然，提醒、恶意、APP、尽快、删除，可能成为这篇文章的标签，用严密的逻辑和高效的表达让导语快速直入主题。

3. 展示清晰的新闻主体

新闻主体是消息的主干部分，也是详细叙述新闻事实的主要版块，必须条理清晰、层次分明地加以呈现。如果密密麻麻一大片文字，黑压压地展现在读者眼前，会给人一种杂乱无序的感觉，直接影响读者的阅读体验。新闻主体必须采用插题（小标题）来分段叙述。读者通过一个个小标题，能尽快了解每个小节所叙述的主要内容。

在具体的新闻写作过程中，需要注意以下几方面的内容：

首先，需要基于真实性的写作原则，撰写相应的文字内容，建立新闻报道的整体框架。其次，需要选取符合事实、更能够打动读者的图片，帮助读者通过图片更加全面地了解新闻事件。再次，视频的插入需要控制好相应的时间长度，太长或太短都是不合格的，同时新闻视频还要注意相应的画质和清晰程度，从而更加客观清晰地还原相关事件。最后，数据图表的展现使得新闻内容更加条理清晰、更加直观，特别是财经类的新闻报道。通过绘制相应的数据图表，详细地反映新闻内容，使得静态的新闻报道向动态的媒体新闻转变，不仅使得新闻更具传播力，而且也进一步丰富了新闻报道的形式。

例如，新华社推出全媒体报道《"萌"婶代表记——全国人大代表赵会杰和小庙子村的新故事》，在多个直播平台和视频网站引起了重大反响。报道集文字、图片、裸眼虚拟现实 3D 动画、导演级的分镜技巧于一体，运用了新媒体语言和独特的创意。

又如，腾讯的纪实图片故事栏目《活着》多次使用视频、HTML5. 无人机航拍、新闻可视化等技术来表现新闻事件和其中的人物，再配以和读者的实时互动以及社交功能、分享功能，极大地丰富了深度报道的表现形式，相较单一的文字或图像来说更具冲击力。

4. 建立背景材料和信息链接

新媒体新闻在文章末尾提供背景资料和新闻事实内容相关的信息链接，一方面丰富新闻的内容，深化新闻的主题，唤起社会的广泛关注，增强文本的知识性、趣味性和可读性。另一方面，让广大受众了解新闻事实发生、发展的时代背景和社会原因，有助于受众进一步了解新闻事实发生、发展的来龙去脉，加深对新闻事实的认知和理解。

例如，新京报王志安《局面》的江歌案（东京女留学生遇害案）、凉山格斗孤儿事件都十分注意新闻内容的全面性。通过链接与事实相关的资讯，帮助受众了解来自各方的声音和见解，从而开阔视野、透视内容、洞悉全局、增长见识。

（三）新媒体新闻写作基本技法

第一，标题要求单行、实题、朴实、生动形象、通俗易懂。

第二，精心打磨导语，以精练的文字囊括新闻事实的精髓。

第三，行文多用短句，使用散文笔法，语言鲜活、精练紧凑。

第四，文本切忌冗长，尽量精简，准确叙述新闻事实。

第五，善用图片、音频和视频，尽量使新闻充满视觉冲击力。

第六，页面布局要锐意创新，不墨守成规。

第七，注重原创，切忌从传统媒体上“搬运新闻”。

第八，做好相关信息链接，丰富文本内涵。

【课后思考与实践】

1. 在自己的微博或微信等自媒体平台上写一篇美文（题材和体裁不限）。

2. 在自己的微博或微信等自媒体平台上写一篇消息。

3. 根据所学的自媒体写作知识，写一篇软文千字文（商业内容可以模拟），在自媒体平台上发布。

附录

教育部推荐大学生通识教育阅读书目100种

一、文学作品（30 部）

1.《诗经直解》，陈子展，复旦大学出版社 1983 年版
2.《史记注译》，王利器，三秦出版社 1988 年版
3.《唐宋词选》，夏承焘，中国青年出版社 1959 年版
4.《古文观止》，[清] 吴楚材、吴调侯选编，安秋平点校，中华书局 1987 年版
5.《儒林外史》，[清] 吴敬梓著，张慧剑校注，人民文学出版社 1958 年版
6.《雷雨》，曹禺，人民文学出版社 1994 年版
7.《边城》，沈从文，《沈从文文集》第六集，花城出版社 1984 年版
8.《平凡的世界》，路遥，华夏出版社 1998 年版
9.《尘埃落定》，阿来，人民文学出版社 2000 年版
10.《余秋雨简要读本》，余秋雨，文汇出版社 2003 年版
11.《奥德赛》，（古希腊）荷马著，王焕生译，人民文学出版社 1997 年版
12.《神曲》，（意）但丁著，王维克译，人民文学出版社 1997 年版
13.《傲慢与偏见》，（英）简・奥斯丁著，王科一译，上海译文出版社 1996 年版
14.《悲惨世界》，（法）雨果著，李丹、方于译，人民文学出版社 1992 年版
15.《包法利夫人》，（法）福楼拜著，许渊冲译，译林出版社 1992 年版
16.《约翰・克利斯朵夫》，（法）罗曼・罗兰著，傅雷译，人民文学出版社 1957 年版
17.《追忆似水年华》，（法）马塞尔・普鲁斯特著，李恒基、徐继曾译，译林出版社 1995 年版
18.《忏悔录》，（法）卢梭著，周士良译，商务印书馆 1963 年版
19.《蒙田散文集》，（法）蒙田著，黄建华、黄迅译，浙江文艺出版社 2000 年版
20.《德伯家的苔丝》，（美）托马斯・哈代著，张谷若译，人民文学出版社 1984 年版
21.《草叶集》，（美）惠特曼著，楚图南译，人民文学出版社 1987 年版
22.《白鲸》，（美）麦尔维尔著，曹庸译，上海译文出版社 1990 年版
23.《飘》，（美）玛格丽特・米切尔著，戴侃译，外国文学出版社 1990 年版
24.《喧哗与骚动》，（美）福克纳著，李文俊译，上海译文出版社 1984 年版
25.《第二十二条军规》，（美）约瑟夫・海勒著，杨恝等译，译林出版社 1997 年版
26.《雪国》，（日）川端康成著，叶渭渠、唐月梅译，译林出版社 2001 年版
27.《安娜・卡列尼娜》，（俄）列夫・托尔斯泰著，高惠群、石国生译，上海译文出版社 1998 年版
28.《罪与罚》，（俄）陀思妥耶夫斯基著，岳麟译，上海译文出版社 1996 年版
29.《百年孤独》，（哥伦比亚）加西亚・马尔克斯著，高长荣译，中国文联出版公司 1994 年版
30.《不能承受的生命之轻》，（捷）米兰・昆德拉著，许钧译，上海译文出版社 2003 年版

二、社科作品（50部）

31.《中国哲学简史》，冯友兰，北京大学出版社 2012 年版
32.《周易译注》，周振甫译注，中华书局 1991 年版
33.《老子新译》（修订本），任继愈，上海古籍出版社 1985 年版
34.《庄子今注今译》，陈鼓应，中华书局 1983 年版
35.《孟子选译》，杨伯峻译注，人民文学出版社 1988 年版
36.《荀子选》，[战国] 荀况著，张觉撰、方孝博选注，人民文学出版社 1957 年版
37.《韩非子选注》，沈玉成、郭咏志选译，上海古籍出版社 1991 年版
38.《西方文明史》，（美）罗伯特 · E. 勒纳著，商务印书馆 1986 年版
39.《理想国》，（古希腊）柏拉图著，郭斌和、张竹明译，商务印书馆 1985 年版
40.《形而上学》，（古希腊）亚里士多德著，吴寿彭译，商务印书馆 1997 年版
41.《国富论》，（英）亚当 · 斯密著，唐目松译，商务印书馆 2007 年版
42.《实践理性批判》，（德）康德著，蓝公武译，商务印书馆 1960 年版
43.《存在与时间》，（德）海德格尔著，陈嘉映、王庆节合译，三联书店 1999 年版
44.《查拉斯图拉如是说》，（德）尼采著，周国平译，青海人民出版社 1995 年版
45.《存在与虚无》，（法）让 · 保罗 · 萨特著，陈宣良译，三联书店 1987 年版
46.《精神分析引论》，（奥）弗洛伊德著，高觉敷译，商务印书馆 1984 年版
47.《小逻辑》，（德）黑格尔著，贺麟译，商务印书馆 2003 年版
48.《伦理学》，（荷）斯宾诺莎著，贺麟译，商务印书馆 1958 年版
49.《人性论》，（英）休谟著，关文运译，商务印书馆 2002 年版
50.《社会契约论》，（法）卢梭著，何兆武译，商务印书馆 1980 年版
51.《战争论》，（德）克劳塞维茨著，中国人民解放军军事科学院小组译，商务印书馆 1982 年版
52.《情爱论》，（保）瓦西列夫著，赵永穆等译，当代世界出版社 2003 年版
53.《经济学原理》，（美）曼昆著，梁小民译，三联书店出版社 1999 年版
54.《科学与人类行为》，（美）斯金纳著，谭力海等译，华夏出版社 1989 年版
55.《后工业社会的来临》，（美）丹尼尔 · 贝尔著，高銛、王宏周、魏章玲译，新华出版社 1997 年版
56.《在市场里交谈》，汪丁丁，上海人民出版社 2003 年版
57.《文明消失的现代启悟》，盖山林、盖志毅，内蒙古大学出版社 2003 年版
58.《第二性》，（法）西蒙娜 · 德 · 波伏娃著，陶铁柱译，中国书籍出版社 1998 年版
59.《新教伦理与资本主义精神》，（德）马克斯 · 韦伯著，彭强、黄晓京译，陕西师范大学出版社 2002 年版
60.《论法的精神》，（法）孟德斯鸠著，张雁深等译，商务印书馆 1978 年版

61.《历史研究》，（英）汤因比著，刘北成、郭小凌译，上海人民出版社 2000 年版
62.《人生五大问题》，（法）莫罗阿著，傅雷译，三联书店 1986 年版
63.《人性的弱点》，（美）卡耐基著，尹丽丽译，中国文联出版公司 2016 年版
64.《西方美学史》，朱光潜，人民文学出版社 2002 年版
65.《美的历程》，李泽厚，天津社会科学院出版社 2001 年版
66.《权力的转移》，（美）阿尔温·托夫勒著，刘红等译，中共中央党校出版社 1991 年版
67.《文明的冲突与世界秩序的重建》，（美）亨廷顿著，周琪等译，新华出版社 2002 年版
68.《马克思主义经典著作选读》，中共中央马恩列斯著作编译局马列部、教育部社会科学研究与思想政治工作司编，人民出版社 1999 年版
69.《毛泽东选集》，毛泽东，人民出版社 1991 年版
70.《邓小平文选》（第三卷），邓小平，人民出版社 1993 年版
71.《守望的距离》，周国平，北岳文艺出版社 2003 年版
72.《完全成长手册》，（美）唐纳德·H. 维伊斯著，陈永辉译，上海人民出版社 2001 年版
73.《乡土中国》，费孝通，三联书店 1985 年版
74.《中国人》，林语堂，学林出版社 2002 年版
75.《曾国藩家书》，曾国藩，岳麓书社 1986 年版
76.《与鲁迅相遇》，钱理群，三联书店 2003 年版
77.《六大师》，（奥）斯蒂芬·茨威格著，黄明嘉译，漓江出版社 1998 年版
78.《未来之路》，（美）比尔·盖茨，北京大学出版社 1996 年版
79.《大学人文读本》（三卷），夏中义主编，广西师范大学出版社 2002 年版
80.《大学生与现代社会》，朱永新等编，高等教育出版社 2003 年版

三、科技作品（20部）

81.《科学史及其与哲学和宗教的关系》，（英）丹皮尔著，李衍译，商务印书馆 1989 年版
82.《世界史上的科学技术》，（美）詹姆斯 · E. 麦克莱伦第三、哈罗德 · 多恩著，王鸣阳译，上海科技教育出版社 2003 年版
83.《21 世纪 100 个科学难题》，21 世纪 100 个科学难题编写组，吉林人民出版社 1998 年版
84.《技术发展简史》，（美）乔治 · 巴萨拉著，周兴发译，复旦大学出版社 2000 年版
85.《科学革命的结构》，（美）库恩著，李宝恒、纪树立译，上海科学技术出版社 1980 年版
86.《科学的社会功能》，（英）J.D. 贝尔纳著，商务印书馆 1982 年版
87.《院士思维》，卢嘉锡等主编，安徽教育出版社 2001 年版
88.《再创未来——世界杰出科学家访谈录》，（美）托马斯 · A. 巴斯著，李尧、张志峰译，三联书店 1997 年版
89.《科学是美丽的》，沈致远，上海科技教育出版社 2002 年版
90.《科学研究的艺术》，（英）贝弗里奇著，陈捷著，科学出版社 1979 年版
91.《现代科学技术基础知识》，宋健主编，科学出版社 1994 年版
92.《高科技　高思维》，（美）约翰 · 奈斯比特等著，尹萍译，科学出版社 1979 年版
93.《卡文迪什实验室：现代科学革命的圣地》，阎康年，河北大学出版社 1999 年版
94.《生机勃勃的尘埃：地球生命的起源和进化》，（比）克里斯蒂安 • 德迪夫著，王玉山等译，上海科技教育出版社 1999 年版
95.《生命的线索》，（英）约翰 · 苏尔斯顿、乔治娜 · 费著，杨焕明等译，中信出版社 2003 年版
96.《中国创造学概论》，刘仲林，天津人民出版社 2001 年版
97.《激情澎湃——科学家的内心世界》，（美）刘易斯 · 沃尔珀特、（英）艾利森 · 理查兹著，柯欣瑞译，上海科技教育出版社 2000 年版
98.《世界的终极镜像：反物质》，（英）戈登 · 弗雷著，江向东等译，上海科技教育出版社 2002 年版
99.《野兽之美》，（美）纳塔莉 · 安吉尔著，李斯、胡冬霞译，时事出版社 1997 年版
100.《宇宙波澜——科学与人类前途的自省》，（美）F.J. 戴森著，邱显正译，三联书店 1998 年版